初期キリスト教の
宗教的背景

上巻
古代ギリシア・ローマの宗教世界

H.-J. クラウク●著

小河 陽●監訳

吉田 忍　山野貴彦●訳

日本キリスト教団出版局

Hans-Josef Klauck
The Religious Context of Early Christianity: A Guide to Graeco-Roman Religions
Edinburgh: T & T Clark, 2000/ Minneapolis: Fortress Press, 2003
Translated by Brian McNeil

English Translation of *Die religiöse Umwelt des Urchristentums*,
Kohlhammer Studienbücher Theologie, vols. 9/1 and 9/2
Copyright © 1995 W. Kohlhammer GmbH, Stuttgart and © 1996 W. Kohlhammer GmbH.

Japanese Edition Copyright © 2017
Tr. by OGAWA Akira, YOSHIDA Shinobu, YAMANO Takahiko
Translated by Permission of
W. Kohlhammer GmbH, Stuttgart
Published by The Board of Publications,
The United Church of Christ in Japan
Tokyo, Japan

目　次

はじめに　*9*
略語表　*12*
一般的参考文献　*22*

序論　*31*
 1　比較的広汎な課題　*31*
 2　比較的初期の計画　*33*
 3　社会理論からの諸要素　*37*
 4　聖書の理論的枠組(パラダイム)　*40*

第Ⅰ章

日常生活および境界線上の経験：市民宗教と家庭宗教　*45*

A　犠牲祭儀　*45*
 1　犠牲儀式　*46*
 2　神殿と祭壇　*58*
 3　神々と神々の像　*62*
 4　祭司　*67*
 5　祭礼　*71*
 6　犠牲理論　*75*

B　団体　*81*
 1　対外的な現れ方と術語　*82*
 2　個々の例　*87*
 3　外部からの観察　*94*

C　家庭宗教（*Religio domestica*）　*96*
 1　語彙と社会史の予備的設問　*96*
 2　家庭祭儀慣習　*98*

  3 私的聖所　*106*
D 死者の祭儀　*112*
  1 葬礼儀式　*114*
  2 冥界　*118*
  3 死者への食物供与と死者を祝う食事　*121*
  4 墳墓に記された警句(エピグラム)　*125*

第Ⅱ章

神秘の魅力：密儀宗教　*129*

A 現象へのアプローチ　*129*
  1 用語　*131*
  2 現象学　*134*
  3 歴史　*138*
B エレウシスの密儀　*140*
  1 ホメーロス風のデーメテール賛歌　*141*
  2 エレウシスの合言葉(シュンテーマ)　*146*
  3 入会儀礼の3段階　*150*
  4 主要な祝祭　*152*
  5 密儀の内実と意味　*156*
C ディオニュソスの祭儀と密儀　*159*
  1 エウリピデスの『バッカイ』　*160*
  2 密儀宗教　*166*
  3 オルフェウス教　*173*
D アッティスの祭儀　*177*
  1 神話　*178*
  2 祭儀　*179*
  3 密儀の形式と儀式　*181*
  4 牡牛の供犠　*184*
E イシスの祭儀　*186*
  1 神話　*187*

2　祭儀と密儀　*190*
　　3　イシスについてのアプレイウスの書物　*193*
　　4　サラピス　*198*
F　ミトラスの密儀　*199*
　　1　起源の問題　*200*
　　2　入会儀礼の等級と儀式　*202*
　　3　礼拝の場所と祭儀的なイメージ　*206*
　　4　ミトラスの密儀の広がりと意義　*208*
G　評価　*210*

第Ⅲ章

民間信仰：概観——占星術、占い、奇跡、魔術　*215*

A　治癒の奇跡　*216*
　　1　奇跡の行われる場所：エピダウロス　*217*
　　2　奇跡行為者：テュアナのアポロニオス　*232*
B　未来の予言としるしの解釈　*244*
　　1　諸概念に関する説明と一般的な紹介　*244*
　　2　デルフォイ：託宣の場　*251*
　　3　その他の概観　*261*
　　4　託宣の集成：シビュラたち　*270*
　　5　夢とその解釈　*275*
C　魔術　*281*
　　1　外面的な現れ　*281*
　　2　境界線の問題　*288*
　　3　魔術に関わる文学的場面　*292*
　　4　魔術文書　*297*
D　占星術　*308*
　　1　基本的諸要素と歴史　*308*
　　2　文献への反映　*317*
　　3　占星術の手引書　*321*

4　先見　*327*

監訳者あとがき　*331*

聖句索引　*337*
一次文献索引（聖書以外）　*338*
二次文献索引　*343*

下巻目次

第Ⅳ章　神格化された人間：支配者崇拝と皇帝崇拝

第Ⅴ章　幸福を求めて：哲学と宗教

第Ⅵ章　神的源への帰還：グノーシス的変化

装丁　熊谷博人

初期キリスト教の宗教的背景
古代ギリシア・ローマの宗教世界

上巻

凡　　例

・［　］は原著にあった注を、〔　〕は訳者が加えた訳注を意味する。

・聖書の書名の略記法は、『聖書　新共同訳』（日本聖書協会）に基づく。

はじめに

さしあたって、現代ヨーロッパが次の光景を目撃したと想定してみよう。キリスト教信者がアラーないしブラーマを崇拝するために、儒教ないし仏陀の戒律を守るために、神道の基本原理を受容するために、キリスト教会を見捨てる光景を。世界のあらゆる人種の大集合を想像してみよう。アラブのムッラー〔イスラム教国で法学者に対する敬称〕、中国の文学者、日本の坊主、チベットのラマ、ヒンズーの賢者が集合し、全く同時に運命論や予定説、先祖崇拝や神格化された支配者の礼拝、自己滅却によるペシミズムや贖罪を説いているのだが、一方で、これらの僧侶たちは皆われわれの都市に異国風の神殿を建て、その中で彼らの様々な儀式を祝っている——この夢は（それは未来のいつの日か実現されるのを見られるかもしれないが）、コンスタンティヌス時代の古代世界を特徴づけた宗教的混乱についての相当正確な景観をわれわれに与えてくれるものである。(F. キュモン『ローマ異教世界におけるオリエント諸宗教』復刻版、ダルムシュタット、1975 年、178–9 頁)

ベルギーの偉大なるヘレニズム・ローマ宗教史家フランツ・キュモンが、これら数行を 20 世紀初頭に書き記したとき、彼はまるで、彼のその他の才能に並んで、予言的な天賦の賜物を展開していたかのように見える。[20] 世紀末に達した今は、われわれは自分たちが「多文化的」社会というスローガンと直面させられているのを見出す。その多文化的社会とは常にまた多宗教的社会でもあることだろう。これを背景とすれば、キュモンが描いた社会的類似性を描くことは〔今は〕より容易でさえある。初期キリスト教もまた多宗教的世界において自分の道を探していたのであり、もし、われわれが初期キリスト教の文献遺産を正しく理解することを達成すべきであるならば、かの世界の概略を知ることは絶対的に必要である。

以下に提示される説明の目標は控え目なもの、つまり、神学を学ぶ学生た

ちにこの分野における必要な情報を与えるというものである。それはギリシア・ローマの領域に集中していて、キリスト教が（〔それらよりも〕ずっと近かったからという理由で）全く異なった関係を持っていたユダヤ教については取り扱っていない。本書序論はこの目標、〔資料〕選択の基準、そして方法論上の問いについてのより詳細な方向付けを述べている。ここで私が注意しておきたいことはただ、私は問題やテクストに適応させた例示的作業方法を、意識的に採用したということである。このことは、疑わしい場合には、私は可能なテーマについて議論しないで、むしろ、個々の有益なテクストを詳細にわたって紹介し議論するという方を選んだ、ということを意味する。この理由で私は、容易に入手しうる2か国語版〔のテクスト〕を、そして学生たちがこうしたやり方での自身のさらに先の研究に刺激を与えるテクスト蒐集やアンソロジーを、常に挙げた。

　私の主たる問題のひとつは、膨大な二次文献をどう処理すべきかというものであった。私の主導的原則は、「古典的」研究も含めて、比較的古くて重要な研究や、学問研究の現状を示してくれる現代的研究を引用することであった。計り知れない可能性を持った分野を目の当たりにして、このすべてが如何に断片的であるか、他の誰よりも私自身が痛感している。

　本書は、私がヴュルツブルク大学の新約聖書釈義の教授であったときに、ドイツ語で書かれたものである。それは2巻本として1995年と1996年に神学教科書シリーズの一部として発行された。そしてすぐに、（私の驚いたことに）学生たちや同僚たちが同じく、それが非常に有益だと歓迎してくれた。ハンス・ディーター・ベッツは、彼の好意的な書評の中で、こう書いてくれた、「本研究書は、英語圏読者のために翻訳され、改訂され、適応されるならば、ギリシア・ローマ文化を背景とした初期キリスト教の研究に魅了されてはいるが、しかし現在のところ研究の現状についての包括的で詳細な梗概を欠いている者たちすべてにとって、とてつもなく貴重な道具を与えることになろう」（*JBL* 116 [1997] 359）。その頃、既に英語版の計画が進行中であったが、しかしこれが世に出るまでには相当の時間と努力が要求された。現在の書は、実際、単なる翻訳ではなく、原著が改訂され最新のものにされた版である。

　課題の主たる部分の大半は、もちろん、翻訳それ自体（下記を見よ）であるが、しかし、その他にも、古典的テクストについては、英訳版の参照事項

が新たに数多く付加された。そうした情報は、望ましくは、英語圏の読者に対して本書の有益さを相当に高めることであろう。二次文献は、1995–8年の、そして若干は1999年以降の新しいタイトルを含んで、最新のものにされた。ドイツ語版の読者や批評者たちによって指摘された間違いは訂正されねばならなかった。それに、元来の2巻ものは単一の巻に合併されて、参考文献表や索引を再編する必要があった。今ひとつの要因はヴュルツブルクからミュンヘンへの私自身の転居で、ミュンヘンで私は教授として私の師であるヨアヒム・グニルカ先生の後を継いだのであった。しばらくの間、本を積み込んだ箱に囲まれて過ごしたことは、このような仕事を容易にはしなかった！

　私は、英語でこの仕事に着手することを援助してくださった人々すべてに、とりわけ、私の書物を際立って優れたシリーズである『新約聖書とその世界の研究』の1冊に受け入れてくださったその編集者諸氏に、感謝している。特別な感謝を、決定的な刺激を与え、参考文献を改編して適合させるのを助けてくださったジョン・バークレイ氏と、長大な学問的書物の発行に伴うリスクを冒してくださったことに対して著名なスコットランドの出版社ティー・アンド・ティー・クラークの幹部職員諸氏とに、述べなければならない。しかしとりわけ、私の最大の感謝は私の翻訳者であるブライアン・マックニール氏（氏は偶然ながら、私が住んでいるのと同じドイツの町に住んでいる）に述べなければならない。氏は、非常に圧縮した、それゆえ時折複雑なドイツ語テキストを完璧で読みやすい英語に置き換える素晴らしい仕事をしてくださった。またしても、氏はドイツ語圏と英語圏の神学界の間の橋渡しとなる仕事を完遂してくださった。

　1999年5月、ミュンヘンにて

H.-J. クラウク

略語表

* 〔 〕内は 2017 年 2 月現在既刊の邦訳である。複数の訳がある場合には 1 点のみ記載した。

1. 一次資料
アイスキュロス
 Ag. 『アガメムノン』*Agamemnon*〔『アガメムノーン』久保正彰訳、岩波書店、1998 年〕
 Prom. 『縛られたプロメテウス』*Prometheus Bound*〔『縛られたプロメーテウス』呉茂一訳、岩波書店、1974 年〕

アエリウス・アリスティデス
 Or. 『弁論集』*Orationes*

アッピアノス
 Bell. Civ. 『内乱記』*Bellum Civile*

アテーナイオス
 Deipnosoph. 『食卓の賢人たち』*Deipnosophistae*〔『食卓の賢人たち』1–5、柳沼重剛訳、京都大学学術出版会、1997–2004 年〕

アプレイウス
 Apol. 『弁明』*Apologia*
 Flor. 『フローリダ〔抜粋演説集〕』*Florida*
 Met. 『変容〔黄金のろば〕』*Metamorphoses*〔『黄金のろば』上下、呉茂一／国原吉之助訳、岩波書店、1956-57 年〕

アポロドーロス
 Bibl. 『ギリシア神話』*Bibliotheca*〔『ギリシア神話』高津春繁訳、岩波書店、1953 年〕

アリストテレス
 Eth. Nic. 『ニコマコス倫理学』*Nicomachean Ethics*〔『ニコマコス倫理学』朴一功訳、京都大学学術出版会、2002 年〕
 Pol. 『政治学』*Politics*〔『政治学』牛田徳子訳、京都大学学術出版会、2001 年〕

アリストファネス
    Ach.　『アカルナイの人々』*Acharnians*〔『ギリシア喜劇全集』1、岩波書店、2008 年〕
    Pl.　『福の神』*Plutus*〔『ギリシア喜劇全集』4、岩波書店、2009 年〕
    Ra.　『ラーナエ（蛙）』*Ranae (Frogs)*〔『ギリシア喜劇全集』3、岩波書店、2009 年〕

アルテミドロス
    Oneirocr.　『夢判断の書』*Oneirocriticon (Interpretation of Dreams)*〔『夢判断の書』城江良和訳、国文社、1994 年〕

アルノビウス
    Adv. Nat.　『異邦人に対して』*Adversus Nationes*

アンブロシアステル
    Quaest. VNT　『旧・新約聖書の研究』*Quaestiones Veteris et Novi Testamenti*

イグナティオス
    Eph.　『エフェソのキリスト者へ』*To the Ephesians*〔『使徒教父文書』荒井献編、講談社、1998 年〕

ウェルギリウス
    Aen.　『アエネイス』*Aeneid*〔『アエネーイス』岡道男／高橋宏幸訳、京都大学学術出版会、2001 年〕
    Ecl.　『選集』*Eclogues*〔『牧歌・農耕詩』小川正廣訳、京都大学学術出版会、2004 年〕
    Georg.　『農耕詩』*Georgics*〔『牧歌・農耕詩』〕

エイレナイオス
    Adv. Haer.　『異端反駁』*Adversus Haereses*〔『キリスト教教父著作集』2 I、3 I–II、小林稔／大貫隆訳、教文館、1999–2017 年〕

エウセビオス
    Hist. Eccl.　『教会史』*Historia Ecclesiastica*〔『教会史』上下、秦剛平訳、講談社、2010 年〕

エウリピデス
    Alc.　『アルケスティス』*Alcestis*〔『悲劇全集』1、丹下和彦訳、京都大学学術出版会、2012 年〕
    Ba.　『バッカイ』*Bacchae*〔『悲劇全集』4、丹下和彦訳、京都大学学術出版会、2015 年〕
    Hel.　『ヘレネ』*Helen*〔『悲劇全集』4〕
    Hipp.　『ヒッポリュトス』*Hippolytus*〔『悲劇全集』1〕

  Iph. Taur.　『タウリスのイピゲネイア』 *Iphigeneia in Tauris* 〔『悲劇全集』3、丹下和彦訳、京都大学学術出版会、2014 年〕

エピクテートス
  Diss.　『語録』 *Dissertationes* 〔『人生談義』鹿野治助訳、岩波書店、1958 年〕
  Ench.　『提要』 *Encheiridion* 〔『人生談義』〕

オウィディウス
  Met.　『変身物語』 *Metamorphoses* 〔『変身物語』上下、中村善也訳、岩波書店、1981-84 年〕

オリゲネス
  C. Cels.　『ケルソス反駁論』 *Contra Celsum* 〔『キリスト教教父著作集』8-9、出村みや子訳、教文館、1987-1997 年〕

カトゥッルス
  Carm.　『歌集』 *Carmina* 〔『世界名詩集大成』1、平凡社、1960 年〕

キケロ
  Att.　『アッティクス宛書簡集』 *Ad Atticum* 〔『キケロー選集』13-14、岩波書店、2000-2001 年〕
  Divin.　『予言について』 *De Divinatione*
  Dom.　『家について』 *De Domo Sua*
  Fam.　『友人たち宛書簡集』 *Ad Familiares* 〔『キケロー選集』15-16、岩波書店、2002 年〕
  Nat. Deor.　『神々の本性について』 *De Natura Deorum* 〔『キケロー選集』11、岩波書店、2000 年〕
  Phil.　『フィリッピカ』 *Philippics* 〔『キケロー選集』3、岩波書店、1999 年〕
  Quint. Fratr.　『兄弟クイントゥス宛書簡集』 *Ad Quintum Fratrem* 〔『キケロー選集』16〕
  Rep.　『国家について』 *De Re Publica* 〔『キケロー選集』8、岩波書店、1999 年〕
  Tusc.　『トゥスクルム荘対談集』 *Tusculan Disputations* 〔『キケロー選集』12、岩波書店、2002 年〕

偽テルトゥリアヌス
  Adv. Omn. Haer.　『全異端反駁』 *Adversus Omnes Haereses*

偽ルキアノス
  Astrol.　『占星術について』 *De Astrologia*

クレメンス
　　Exc. Theod.　『テオドトス抄』*Excerpta ex Theodoto*〔「アレクサンドリアのクレメンス『テオドトスからの抜粋』全訳」秋山学訳、文藝言語研究：文藝篇、2015 年〕
　　Protr.　『ギリシア人への勧告』*Protrepticus*〔「アレクサンドリアのクレメンス『プロトレプティコス』(『ギリシア人への勧告』) 全訳」秋山学訳、文藝言語研究：文藝篇、2010 年〕

スエトニウス
　　Aug.　『アウグストゥス』*Augustus*〔『ローマ皇帝伝』上、国原吉之助訳、岩波書店、1986 年〕
　　Calig.　『カリグラ』*Caligula*〔『ローマ皇帝伝』下、国原吉之助訳、岩波書店、1986 年〕
　　Claud.　『クラウディウス』*Claudius*〔『ローマ皇帝伝』下〕
　　Div. Jul.　『神君ユリウス』*Divus Julius*〔『ローマ皇帝伝』上〕
　　Dom.　『ドミティアヌス』*Domitian*〔『ローマ皇帝伝』下〕
　　Tib.　『ティベリウス』*Tiberius*〔『ローマ皇帝伝』上〕
　　Vesp.　『ウェスパシアヌス』*Vespasian*〔『ローマ皇帝伝』下〕
　　Vitell.　『ウィテッリウス』*Vitellius*〔『ローマ皇帝伝』下〕

ストバイオス
　　Ecl.　『抜粋集』*Eclogae*

セネカ
　　Ben.　『善行について』*De Beneficiis*〔『セネカ哲学全集』2、岩波書店、2006 年〕
　　Brev. Vit.　『人生の短さについて』*De Brevitate Vitae*〔『生の短さについて』大西英文訳、岩波書店、2010 年〕
　　Cons. Marc.　『マルキアへの慰め』*Consolatio ad Marciam*〔『セネカ哲学全集』1、岩波書店、2005 年〕
　　Ep.　『書簡集』*Epistulae*〔『セネカ哲学全集』5–6、岩波書店、2005–2006 年〕
　　Oed.　『オイディプス』*Oedipus*〔『悲劇集』2、岩崎務訳、京都大学学術出版会、1997 年〕
　　Tranq. An.　『心の平静について』*De Tranquillitate Animi*〔『生の短さについて』〕
　　Vit. Beat.　『幸福な人生について』*De Vita Beata*〔『生の短さについて』〕

タキトゥス
　　Ann.　『年代記』*Annales*〔『年代記』上下、国原吉之助訳、岩波書店、1981 年〕
　　Hist.　『歴史』*Historiae*〔『同時代史』國原吉之助訳、筑摩書房、2012 年〕

ディオ・クリュソストモス
 Or. 『弁論集』 Orationes〔『弁論集 1 王政論』内田次信訳、京都大学学術出版会、2015 年、『弁論集 2 トロイア陥落せず』内田次信訳、京都大学学術出版会、2012 年〕

ディオゲネス・ラエルティオス
 Vit. Phil. 『ギリシア哲学者列伝』 Lives of the Philosophers〔『ギリシア哲学者列伝』上中下、加来彰俊訳、岩波書店、1984-94 年〕

ディオニュシオス
 Ant. Rom. 『ローマ古代誌』 Antiquitates Romanae

テオフラストゥス
 Char. 『性格』 Characteres〔『人さまざま』森進一訳、岩波書店、1982 年〕

デモステネス
 Or. 『弁論集』 Orationes〔『弁論集』1-4、木曽明子ほか訳、京都大学学術出版会、2003-10 年〕

テルトゥリアヌス
 Apol. 『護教論』 Apologeticus〔『キリスト教教父著作集』14、鈴木一郎訳、教文館、1987 年〕
 Bapt. 『洗礼について』 De Baptismo〔『中世思想原典集成』4、平凡社、1999 年〕
 Praesc. Haer. 『異端者に対する抗弁』 De Praescriptione Haereticorum

パウサニアス
 Graec. Descr. 『ギリシア誌』 Graeciae Descriptio〔『ギリシア記』飯尾都人訳編、龍渓書舎、1991 年〕

ヒエロニムス
 Ep. 『書簡集』 Epistulae〔『中世思想原典集成』4〕

ヒッポリュトス
 Ref. 『全異端反駁』 Refutation of All Heresies

ピンダロス
 Pyth. 『ピュティア競技祝勝歌』 Pythia〔『祝勝歌集／断片選』内田次信訳、京都大学学術出版会、2001 年〕

フィルミクス・マテルヌス
 Err. Prof. Rel. 『異教宗教の誤謬について』 Errores Profanarum Religionum

フィロストラトス
- *Vit. Ap.* 『アポロニオス伝』 *Vita Apollonii*〔『テュアナのアポロニオス伝』1、秦剛平訳、京都大学学術出版会、2010年〕

フィロン
- *Abr.* 『アブラハムについて』 *De Abrahamo*
- *Decal.* 『十戒総論』 *De Decalogo*
- *Flacc.* 『フラックスへの反論』 *In Flaccum*〔『フラックスへの反論／ガイウスへの使節』秦剛平訳、京都大学学術出版会、2000年〕
- *Leg. Gai.* 『ガイウスへの使節』 *Legatio ad Gaium*〔『フラックスへの反論／ガイウスへの使節』〕
- *Spec. Leg.* 『十戒各論』 *De Specialibus Legibus*

プラトン
- *Alcib.* 『アルキビアデス』 *Alcibiades*〔『プラトン全集』6、岩波書店、1975年〕
- *Apol.* 『ソクラテスの弁明』 *Apologia*〔『ソクラテスの弁明・クリトン』久保勉訳、岩波書店、2007年〕
- *Charmid.* 『カルミデス』 *Charmides*〔『プラトン全集』7、岩波書店、1975年〕
- *Euthyphr.* 『エウテュプロン』 *Euthyphro*〔『プラトン全集』1、岩波書店、1975年〕
- *Leg.* 『法律』 *Leges*〔『法律』上下、森進一ほか訳、岩波書店、1993年〕
- *Phaed.* 『パイドン』 *Phaedo*〔『饗宴・パイドン』朴一功訳、京都大学学術出版会、2007年〕
- *Phaedr.* 『パイドロス』 *Phaedrus*〔『パイドロス』藤沢令夫訳、岩波書店、2010年〕
- *Polit.* 『政治家』 *Politicus*〔『プラトン全集』3、岩波書店、1976年〕
- *Resp.* 『国家』 *Respublica*〔『国家』上下、藤沢令夫訳、岩波書店、2008年〕
- *Symp.* 『饗宴』 *Symposion*〔『饗宴・パイドン』〕

プリニウス（小）
- *Ep.* 『書簡集』 *Epistulae*〔『プリニウス書簡集』國原吉之助訳、講談社、1999年〕

プリニウス（大）
- *Hist. Nat.* 『博物誌』 *Naturalis Historia*〔『プリニウスの博物誌』1–3、中野定雄ほか訳、雄山閣、1986年〕

プルタルコス
- *Alc.* 『アルキビアデス』 *Alcibiades*〔『英雄伝』2、柳沼重剛訳、京都大学学術出版会、2007年〕

Alex. 『アレクサンドロス』 *Alexander*〔『プルターク英雄伝』9、河野与一訳、岩波書店、1956 年〕

Amat. 『恋愛についての対話』 *Amatorius Liber*〔『モラリア』9、伊藤照夫訳、京都大学学術出版会、2011 年〕

Aristid. 『アリスティデス』 *Aristides*〔『英雄伝』3、柳沼重剛訳、京都大学学術出版会、2011 年〕

Cons. Uxor. 『妻に宛てた慰めの手紙』 *Consolatio ad Uxorem*〔『モラリア』7、田中龍山訳、京都大学学術出版会、2008 年〕

Def. Orac. 『衰えてきた託宣について』 *De Defectu Oraculorum*〔『モラリア』5、丸橋裕訳、京都大学学術出版会、2009 年〕

E ap. Delph. 『デルフォイのエイについて』 *De E apud Delphos*〔『モラリア』5〕

Fac. Orb. Lun. 『月の円面に現れている顔について』 *De Facie in Orbe Lunae*

Gen. Socr. 『ソクラテスの精霊について』 *De Genio Socratis*〔『モラリア』7〕

Is. et Os. 『イシスとオシリスについて』 *De Iside et Osiride*〔『モラリア』5〕

Lys. 『リュシアス』 *Lysias*〔『モラリア』10、伊藤照夫訳、京都大学学術出版会、2013 年〕

Pomp. 『ポンペイウス』 *Pompeius*〔『英雄伝』4、城江良和訳、京都大学学術出版会、2015 年〕

Pyth. Or. 『ピュティアの託宣について』 *De Pythiae Oraculis*〔『モラリア』5〕

Quaest. Conv. 『饗宴録』 *Quaestiones Conviviales*〔『モラリア』8、松本仁助訳、京都大学学術出版会、2012 年〕

Sept. Sap. Conv. 『七賢人の饗宴』 *Septem Sapientium Convivium*〔『モラリア』2、瀬口昌久訳、京都大学学術出版会、2001 年〕

Ser. Num. Vind. 『遅すぎる神罰について』 *De Sera Numinis Vindicta*〔『モラリア』7〕

Suav. Viv. Epic. 『エピクロスによれば楽しく生きることはできないこと』 *Non Posse Suaviter Vivi secundum Epicurum*〔『モラリア』14、戸塚七郎訳、京都大学学術出版会、1997 年〕

Thes. 『テセウス』 *Theseus*〔『英雄伝』1、柳沼重剛訳、京都大学学術出版会、2007 年〕

Tit. 『ティトゥス』 *Titus*〔『プルターク英雄伝』5、河野与一訳、岩波書店、1954 年〕

プロティノス

Enn. 『エンネアデス』 *Enneads*〔『プロティノス全集』1–4、水地宗明ほか訳、中央公論社、1986-87 年〕

略語表

ヘシオドス
 Op. 『仕事と日々』 *Opera et Dies* 〔『仕事と日』松平千秋訳、岩波書店、1986 年〕
 Theog. 『神統記』 *Theogonia* 〔『神統記』廣川洋一訳、岩波書店、1984 年〕

ペトロニウス
 Sat. 『サテュリコン』 *Satyricon* 〔『サテュリコン』国原吉之助訳、岩波書店、1991 年〕

ヘロドトス
 His. 『歴史』 *Histories* 〔『歴史』上中下、松平千秋訳、岩波書店、1971–72 年〕

ホメーロス
 Il. 『イーリアス』 *Iliad* 〔『イリアス』上下、松平千秋訳、岩波書店、1992 年〕
 Od. 『オデュッセイア』 *Odyssey* 〔『オデュッセイア』上下、松平千秋訳、岩波書店、1994 年〕
 Hom. Hymn Dem. 『ホメーロス風賛歌、デーメテールへの賛歌』 *Homeric Hymn to Demeter* 〔『ホメーロスの諸神讃歌』沓掛良彦訳、筑摩書房、2004 年〕

ホラティウス
 Ars Poet. 『詩論』 *Ars Poetica* 〔『ホラティウス全集』鈴木一郎訳、玉川大学出版部、2001 年〕
 Ep. 『書簡詩』 *Epistulae* 〔『ホラティウス全集』〕
 Sat. 『風刺詩集』 *Satires* 〔『ホラティウス全集』〕

ポルフュリオス
 Abst. 『節制について』 *De Abstinentia*
 Ant. Nymph. 『ニンフたちの洞窟について』 *De Antro Nympharum*

ユウェナリス
 Sat. 『風刺詩集』 *Satires* 〔『サトゥラエ』藤井昇訳、日中出版、1995 年〕

ヨセフス
 Ant. 『ユダヤ古代誌』 *Antiquitates Judaicae* 〔『ユダヤ古代誌』1–6、秦剛平訳、筑摩書房、1999–2000 年〕
 Ap. 『アピオン反駁』 *Contra Apionem* 〔『アピオーンへの反論』秦剛平訳、山本書店、1977 年〕
 Bell. 『ユダヤ戦記』 *Bellum Judaicum* 〔『ユダヤ戦記』1–3、秦剛平訳、筑摩書房、2002 年〕
 Vit. 『自伝』 *Vita* 〔『自伝』秦剛平訳、山本書店、1978 年〕

リウィウス
    Urb. Cond.　『ローマ建国史』 *Ab Urbe Condita* 〔『ローマ建国以来の歴史』1-5、9、岩谷智ほか訳、京都大学学術出版会、2008-2016 年〕

ルキアノス
    Alex.　『アレクサンドロス』 *Alexander* 〔『偽預言者アレクサンドロス』内田次信ほか訳、京都大学学術出版会、2013 年〕
    Philops.　『嘘好き』 *Philopseudes* (*Lover of Lies*) 〔『食客』丹下和彦訳、京都大学学術出版会、2014 年〕

ルクレティウス
    Rer. Nat.　『事物の本性について』 *De Rerum Natura* 〔『物の本質について』樋口勝彦訳、岩波書店、1961 年〕

Gen	創	創世記
マカ (1, 2, 3, 4)		第 1, 2, 3, 4 マカバイ記
Ps	詩	詩編
Ps Sol	ソロ詩	ソロモンの詩編
Sib		シビュラの託宣
Sir		シラ書
Tob	トビ	トビト記
Wis	知	知恵の書

2. 一次資料集

BGU	Aegyptische Urkunden aus den Staatlichen Museen zu Berlin: Griechische Urkunden
CIL	Corpus Inscriptionum Latinarum
CIMRM	M. J. Vermaseren, *Corpus inscriptionum et monumentorum religionis Mithriacae*
FGH	F. Jacoby, *Die Fragmente der griechischen Historiker*
FVS	H. A. Diels, *Die Fragmente der Vorsokratiker*
IG	Inscriptiones Graecae

IGRR	R. Cagnat et al., *Inscriptiones Graecae ad Res Romanas*
ILS	H. Dessau, *Inscriptiones Latinae Selectae*
LSAM	F. Sokolowski, *Lois sacrées de l'Asie Mineure*
LSCG	F. Sokolowski, *Lois sacrées des cités grecques*
LSCS	F. Sokolowski, *Lois sacrées des cités grecques. Supplément*
NHC	Nag Hammadi Codex
OGIS	W. Dittenberger, *Orientis Graeci Inscriptiones Selectae*
PGrM	K. Preisendanz, *Papyri Graecae Magicae*
POxy	Oxyrhynchus Papyri
PTebt	Tebtunis Papyri
RecUB	Reclams Universal-Bibliothek, Stuttgart
SEG	Supplementum Epigraphicum Graecum
SIG	W. Dittenberger, *Sylloge Inscriptionum Graecarum*
SVF	J. von Arnim, *Stoicorum Veterum Fragmenta*

3. 学術雑誌、叢書、論文集

これらは S. Schwertner, *Internationales Abkürzungsverzeichnis für Theologie und Grenzgebiete*, Berlin 2nd edn. 1992. に従う。

一般的参考文献

本文の中で、二次文献は著者名だけで引用されている(不明瞭な場合は、タイトルの略記も添えられている)。読者はまず当該の節の冒頭に掲げられている参考文献リストを参照すべきである。そこで完全な書誌情報か、さもなければ先行リストへ(リスト1等々として引用されている)の参照指示を見出すことができる。同じ方法が脚註においても用いられている。

リスト1　宗教研究

P. Antes, 'Religion in den Theorien der Religionswissenschaft', *HFTh* 1 (1985) 34–56.

E. Durkheim, *The Elementary Forms of Religious Life: A Study in Religious Sociology*, London and New York 1995; French original 1912.〔デュルケーム『宗教生活の基本形態』上・下、山﨑亮訳、ちくま学芸文庫、2014年〕

R. B. Gladigow and H. Kippenberg (eds.), *Neue Ansätze in der Religionswissenschaft* (FRW 4), Munich 1983.

B. Grom, *Religionspsychologie*, Munich and Göttingen 1992.

F. B. Jevons, *An Introduction to the History of Religion*, London 9th edn. 1927.

G. Lanczowski (ed.), *Selbstverständnis und Wesen der Religionswissenschaft* (WdF 263), Darmstadt 1974.

―――― *Einführung in die Religionswissenschaft*, Darmstadt 2nd edn. 1991.〔ランツコフスキー『宗教現象学入門』佐々木倫生／高田信良訳、海青社、1983年〕

G. van der Leeuw, *Religion in Essence and Manifestation*, 2 vols., Gloucester, Mass. 1967.

U. Mann (ed.), *Theologie und Religionswissenschaft: Der gegenwärtige Stand ihrer Forschungsergebnisse und Aufgaben im Hinblick auf ihr gegenseitiges Verhältnis*, Darmstadt 1973.

J. Z. Smith, *Map is not Territory: Studies in the History of Religions* (SJLA 23),

Leiden 1978.

F. Stolz, *Grundzüge der Religionswissenschaft* (KVR 1527), Göttingen 1988.

G. Sundén, *Die Religion und die Rollen: Eine psychologische Untersuchung der Frömmigkeit*, Berlin 1966.

A. Vergote, *Psychologie religieuse*, Brussels 1966.

J. Waardenburg, *Religionen und Religion: Systematische Einführung in die Religionswissenschaft* (SG 2228), Berlin 1986.

M. Weber, *Gesammelte Aufsätze zur Religionssoziologie*, vols. 1–3 (UTB 1488–90), Tübingen 7th–9th edns. 1988〔ヴェーバー『宗教社会学論選』大塚久雄／生松敬三訳、みすず書房、1972年〕；第1巻の中の最も関連のある諸論文は *The Protestant Ethic and the Spirit of Capitalism*, London 1930〔ヴェーバー『プロテスタンティズムの倫理と資本主義の精神』大塚久雄訳、岩波文庫、1989年〕および *From Max Weber: Essays in Sociology*, ed. H. H. Gerth and C. Wright Mills, 2nd edn. London 1991として翻訳されている。

―― *The Sociology of Religion*, London 1965.〔ヴェーバー『宗教社会学』武藤和夫ほか訳、創文社、1980年〕

F. Whaling (ed.), *Contemporary Approaches to the Study of Religion*, vols. 1–2 (RaR 27–8), Berlin etc. 1984, 1985.

G. Widengren, *Religionsphänomenologie* (GLB), Berlin 1969.

リスト2 ギリシアおよびローマ宗教史

F. Altheim, *A History of Roman Religion*, London 1938.

M. Beard, J. North and S. Price, *Religions of Rome*, vol. 1: A History, Cambridge 1998.

U. Bianchi and M. J. Vermaseren (eds.), *La soteriologia dei culti orientali nell'Impero Romano* (EPRO 92), Leiden 1982.

F. Bömer, *Untersuchungen über die Religion der Sklaven in Griechenland und Rom*, vols. 1–4 (AAWLM. G), Mainz 1957–63; vol. 1 はさらに Wiesbaden 2nd edn. 1981; vol. 3 はさらに Stuttgart 2nd edn. 1990（FASk 14として発行）.

J. N. Bremmer, *Götter, Mythen und Heiligtümer im antiken Griechenland*, Darmstadt 1996.

R. van den Broeck and M. J. Vermaseren, *Studies in Gnosticism and Hellenistic*

Religions (EPRO 91), Leiden 1981.

L. Bruit Zeidman and P. Schmitt Pantel, *La Religion grecque*, Paris 2nd edn. 1991.

W. Burkert, *Structure and History in Greek Mythology and Ritual*, Berkeley 1979. 〔ブルケルト『ギリシャの神話と儀礼』橋本隆夫訳、リブロポート、1985 年〕

―――― *Homo Necans: The Anthropology of Ancient Greek Sacrificial Ritual and Myth*, Berkeley 1983. 〔ブルケルト『ホモ・ネカーンス――古代ギリシアの犠牲儀礼と神話』前野佳彦訳、法政大学出版局、2008 年〕

―――― *Greek Religion*, Oxford and Cambridge, Mass. 1985.

―――― 'Griechische Religion', *TRE* 14 (1985) 235–53.

F. Cumont, *The Oriental Religions in Roman Paganism*, London 1911, reprint New York 1956.

J. Dalfen, G. Petersmann and F. F. Schwarz (eds.), *Religio Graeco-Romana* (Festschrift W. Pötscher) (GrB.Suppl. 5), Graz and Horn 1993.

L. Deubner, *Attische Feste* [1932], Vienna 2nd edn. 1966; reprint Hildesheim 1969.

M. P. J. Dillon (ed.) *Religion in the Ancient World: New Themes and Approaches*, Amsterdam 1996.

E. R. Dodds, *The Greeks and the Irrational*, Berkeley 1966. 〔ドッズ『ギリシャ人と非理性』岩田靖夫／水野一訳、みすず書房、1972 年〕

L. R. Farnell, *The Cults of the Greek States*, vols. 1–5, Oxford 1896–1909.

J. Ferguson, *The Religions of the Roman Empire* (AGRL), London and Ithaca 1970.

A. J. Festugière, *Études de religion grecque et hellénistique* (BHPh), Paris 1972.

M. L. Freyburger-Galland et al., *Sectes religieuses en Grèce et à Rome dans l'Antiquité païenne* (Realia), Paris 1986.

J. Geffcken, *The Last Days of Greco-Roman Paganism*, Amsterdam and Oxford 1978.

F. Graf, *Greek Mythology: An Introduction*, Baltimore 1993.

O. Gruppe, *Griechische Mythologie und Religionsgeschichte*, vols. 1–2 (HAW V/ 2. 2–2), Munich 1906.

J. E. Harrison, *Prolegomena to the Study of Greek Religion*, Cambridge 3rd edn. 1922, reprint Princeton 1991.

O. Kern, *Die Religion der Griechen*, vols. 1–3, Berlin 1926–38, reprint 1963.

K. Latte, *Römische Religionsgeschichte* (HAW 5.4), Munich 2nd edn. 1992.

J. H. W. G. Liebeschuetz, *Continuity and Change in Roman Religion*, Oxford 1979.

R. MacMullen, *Paganism in the Roman Empire*, New Haven 1981.

L. H. Martin, *Hellenistic Religions: An Introduction*, Oxford 1987.

R. Muth, *Einführung in die griechische und römische Religion*, Darmstadt 1988, 2nd edn. 1998.

M. P. Nilsson, *Griechische Feste von religiöser Bedeutung mit Ausschluss der attischen*, Leipzig 1906, reprint Darmstadt 1957.

―――― *Geschichte der griechischen Religion*, vols. 1–2 (HAW V/2.1–2), Munich 3rd edns. 1977, 1974.〔ニルソン『ギリシア宗教史』小山宙丸ほか訳、創文社、1992年〕

A. D. Nock, *Essays on Religion and the Ancient World*, vols. 1–2, Oxford 1972.

R. M. Ogilvie, *The Romans and their Gods in the Age of Augustus*, London 1969.

R. Parker, *Miasma: Pollution and Purification in Early Greek Religion*, Oxford 1983.

F. Pfister, *Die Religion der Griechen und Römer mit einer Einführung in die vergleichende Religionswissenschaft: Darstellung und Literaturbericht (1918–1929/30)* (JKAW. Suppl. 229), Leipzig 1930.

E. des Places, *La Religion grecque: Dieux, cultes, rites et sentiments religieux dans la Grèce antique*, Paris 1967.

S. Price, *Religions of the Ancient Greeks*, Cambridge 1999.

H. H. Schmitt and E. Vogt (eds.), *Kleines Wörterbuch des Hellenismus*, Wiesbaden 1988.

W. Speyer, *Religionsgeschichtliche Studien* (Collectanea 15), Hildesheim 1995.

P. Stengel, *Die griechischen Kultusaltertümer* (HAW 5.3), Munich 3rd edn. 1920.

Z. Stewart, 'La religione', in R. B. Bandinelli (ed.), *La società ellenistica* (Storia e Civiltà dei Greci 8), Milan 1977, 501–616.

J. Toutain, *Les Cultes païennes dans l'empire romain*, vols. I/1–3 (BEHE. R 20, 25, 31), Paris 1905–20, reprint Rome 1967.

R. Turcan, *Les Cultes orientaux dans le monde romain* (Histoire), Paris 2nd edn. 1992.

M. J. Vermaseren (ed.), *Die orientalischen Religionen im Römerreich* (EPRO 93), Leiden 1981.

H. S. Versnel (ed.), *Faith, Hope and Worship: Aspects of Religious Mentality in the Ancient World* (SGGR 2), Leiden 1981.

U. von Wilamowitz-Möllendorf, *Der Glaube der Hellenen*, vols. 1–2, Darmstadt 5th edn. 1976.

G. Wissowa, *Religion und Kultus der Römer* (HAW 4.5), Munich 2nd edn. 1912, reprint 1971.

リスト3　最初期のキリスト教の環境

H. D. Betz, *Lukian von Samosata und das Neue Testament: Religionsgeschichtliche und paränetische Parallelen* (TU 76), Berlin 1961.

―――― *Hellenismus und Urchristentum: Gesammelte Aufsätze*, vol. 1, Tübingen 1990.

―――― *Antike und Christentum: Gesammelte Aufsätze*, vol. 4, Tübingen 1998.

R. Bultmann, *Primitive Christianity in its Contemporary Setting*, London 1956.〔ブルトマン「原始キリスト教」八木誠一／山本泰生訳、『ブルトマン著作集6』新教出版社、1992年〕

C. Clemen, *Religionsgeschichtliche Erklärung des Neuen Testaments: Die Abhängigkeit des ältesten Christentums von nichtjüdischen Religionen und philosophischen Systemen*, Giessen 2nd edn. 1924, reprint Berlin 1973.

A. Deissmann, *Light from the Ancient East*, 2nd edn. London 1927.

M. Fédou, *Christianisme et religions païennes dans le Contre Celse d'Origène* (ThH 81), Paris 1988.

E. Ferguson, *Backgrounds of Early Christianity*, Grand Rapids 1987, 2nd edn. 1993.

A. J. Festugière, *L'Idéal religieux des Grecs et l'Évangile* (EtB), Paris 2nd edn. 1932, reprint 1981.

―――― and P. Fabre, *Le Monde gréco-romain au temps de Notre-Seigneur*, vols. 1–2 (BSCR 73/74), Paris 1935.

J. Finegan, *Myth and Mystery: An Introduction to the Pagan Religions of the Biblical World*, Grand Rapids 1989.

R. L. Fox, *Pagans and Christians in the Mediterranean World from the Second Century AD to the Conversion of Constantine*, Harmondsworth 1988.

W. L. Knox, *Some Hellenistic Elements in Primitive Christianity* (SchLBA 1942),

London 1944.

H. Koester, *Introduction to the New Testament*, vol. 1: *History, Culture and Religion of the Hellenistic Age*; vol. 2: *History and Literature of Early Christianity*, Philadelphia and New York 1982, 2nd edn. (of vol. 1) 1995.〔ケスター『新しい新約聖書概説』上（ヘレニズム時代の歴史・文化・宗教）、井上大衛訳、新地書房、1989年、同・下（初期キリスト教の歴史と文献）、永田竹司訳、新地書房、1990年〕

B. Lang, *Sacred Games: A History of Christian Worship*, New Haven 1997.

J. Leipoldt and W. Grundmann (eds.), *Umwelt des Urchristentums*, vol. 1: *Darstellung des neutestamentlichen Zeitalters*, Berlin 8th edn. 1990.

E. Lohse, *The New Testament Environment*, London 1976.〔ローゼ『新約聖書の周辺世界』加山宏路／加山久夫訳、日本基督教団出版局、1981年〕

B. J. Malina, *The New Testament World: Insights from Cultural Anthropology* [1981], Louisville 2nd edn. 1993.

J. Martin and B. Quint (eds.), *Christentum und antike Gesellschaft* (WdF 649), Darmstadt 1990.

B. F. Meyer and E. P. Sanders (eds.), *Jewish and Christian Self-Definition*, vol. 3: *Self Definition in the Greco-Roman World*, Philadelphia 1982.

A. D. Nock, *Conversion: The Old and the New in Religion from Alexander the Great to Augustine of Hippo*, Oxford 1933, reprint 1952.

H. Preisker, *Neutestamentliche Zeitgeschichte* (STö.H 2), Berlin 1937.

K. Prümm, *Religionsgeschichtliches Handbuch für den Raum der altchristlichen Umwelt: Hellenistisch-römische Geistesströmungen und Kulte mit Beachtung des Eigenlebens der Provinzen*, Freiburg i.Br. 1943, reprint Rome 1954.

C. Schneider, *Geistesgeschichte des antiken Christentums*, vols. 1–2, Munich 1954.

W. Speyer, *Frühes Christentum im antiken Strahlungsfeld: Ausgewählte Aufsätze* (WUNT 50), Tübingen 1989.

J. E. Stambaugh and D. L. Balch, *The Social World of the First Christians* (LEC 2), London and Philadelphia 1986.

P. Wendland, *Die hellenistisch-römische Kultur in ihren Beziehungen zum Judentum und Christentum* (HNT 2), Tübingen 4th edn. 1972.

R. L. Wilken, *The Christians as the Romans Saw them*, New Haven 1984.〔ウィルケン『ローマ人が見たキリスト教』三小田敏雄ほか訳、ヨルダン社、1987年〕

D. Zeller, *Christus unter den Göttern: Zum antiken Umfeld des Christusglaubens* (Sachbücher zur Bibel), Stuttgart 1993.

リスト4 テクストと画像の蒐集

C. K. Barrett, *The New Testament Background: Selected Documents*, London 1957.

M. Beard, J. North and S. Price, *Religions of Rome*, vol. 2: *A Sourcebook*, Cambridge 1998.

K. Berger and C. Colpe, *Religionsgeschichtliches Textbuch zum Neuen Testament* (TNT 1), Göttingen 1987; rev. Engl. edn.: M. E. Boring et al., *Hellenistic Commentary to the New Testament*, Nashville 1995.

L. Boffo, *Iscrizioni greche e latine per lo studio della Bibbia* (BSSTB 9), Brescia 1994.

D. R. Cartlidge and D. L. Dungan, *Documents for the Study of the Gospels*, Cleveland etc. 1980.

V. Ehrenburg and A. H. M. Jones, *Documents Illustrating the Reigns of Augustus and Tiberius*, Oxford 2nd edn. 1955.

H. Freis, *Historische Inschriften zur römischen Kaiserzeit von Augustus bis Konstantin* (TdF 49), Darmstadt 2nd edn. 1994.

H. Geist and G. Pfohl, *Römische Grabinschriften* (TuscBü), Munich 2nd edn. 1976.

J. Hengstl, *Griechische Papyri aus Ägypten als Zeugnisse des öffentlichen und privaten Lebens* (TuscBü), Munich 1978.

G. H. R. Horsley (ed.), *New Documents Illustrating Early Chritianity*, vols. 1–6, Macquarie University 1981–92; vols. 7–8 (ed. S. R. Llewelyn), Macquarie University 1994, 1998.

R. Kieffer and L. Rydbeck, *Existence païenne au début du christianisme: Présentation de textes grecs et romains*, Paris 1983.

K. Latte, *Die Religion der Römer und der Synkretismus der Kaiserzeit* (RGL 5), Tübingen 2nd edn. 1927.

J. Leipoldt, *Die Religionen in der Umwelt des Urchristentums* (BARG 9–11), Leipzig 1926.

――― and W. Grundmann (eds.), *Umwelt des Urchristentums*, vol. 2: *Texte zum neutestamentlichen Zeitalter*, Berlin 7th edn. 1986; vol. 3: *Bilder zum neutestamentlichen Zeitalter*, Berlin 6th edn. 1988.

R. MacMullen and E. N. Lane, *Paganism and Christianity, 100–425 CE: A Sourcebook*, Minneapolis 1992.

M. P. Nilsson, *Die Religion der Griechen* (RGL4), Tübingen 2nd edn. 1927; Eng. trans. *A History of Greek Religion*, Oxford 1949.

R. Penna, *L'Ambiente storico-culturale delle origini cristiane: Una documentazione ragionata* (La Bibbia nella storia 7), Bologna 2nd edn. 1986.

G. Pfohl, *Griechische Inschriften als Zeugnisse des privaten und öffentlichen Lebens* (TuscBü), Munich 2nd edn. 1980.

A. Rumpf, *Die Religion der Griechen* (BARG 13–14), Leipzig 1928.

L. Schumacher, *Römische Inschriften* (Latin/ German) (RecUB 8512), Stuttgart 1988.

序　論

1. 比較的広汎な課題

　新約聖書を取り巻く環境についての、知的、宗教的、文化的、社会的、また政治的観点からの知識は、新約聖書諸文書についてのわれわれの理解にどのように貢献してくれるのか、そしてこの知識は、最初期キリスト教の誕生にどのような光を照らしてくれるのか。この問いは、それ自体は、確かに新しいものではない。現代の学者は聖書についての教父や中世の解釈を研究するとき、これらの釈義家が聖書本文を説明するために、如何にしばしば古典的な著述家を引用し、また彼らを有益に利用しているかを見て、絶えず驚かされる。この傾向は、近代の始め、宗教改革の脈絡（コンテクスト）でより強くなった。なぜなら、宗教改革者たちの多くが抜群の人文主義的教育を受けていたからである（例えば、カルヴァンの最初期に出版された研究はセネカの『憐れみ深さについて』の註解書であった）。啓蒙主義と共に、歴史的脈絡の考察は方法論上の原則にまで高められた——それを、人は歴史的・批判的方法の形成に向かっての最初の一歩と呼んで良いだろう。今日に至るまで、（しばしばそれと明瞭に述べられてはいないとしても）歴史的脈絡の考察は、この方法の諸前提のうちで自明と見なされているもののひとつである。この方法の初期の代表者のひとりであったヨハン・ヤコブ・ヴェットシュタインは18世紀に、これに古典的な定式表現を与えた。

　ヴェットシュタインはバーゼルのプロテスタント牧師であったが、新約聖書についての本文批評的研究を始めたために、彼の教区の役職を失った。その後、彼は当時あらゆる自由主義的精神のメッカであったアムステルダムに行き、そこで1751/2年に新約聖書の2巻本版を出版したが、それはそれ以降頻繁に増刷されてきた。その脚註における古典著述家から引かれた類似箇所の決して凌駕されることのないような蒐集量ゆえに、依然として必要不可

欠のものにとどまっている。第2巻の補足は「新約聖書の解釈について」という短い論説を含んでいるが、その7番目のルールは次のように記されている[1]。

「もうひとつ別のルールは遙かにずっと有用で、ずっと容易に理解できるものである。つまり、もしあなたが新約聖書の諸文書を十全かつ完全に理解したいならば、それらが使徒たちによって遺産として最初に伝えられた者たちの位置にあなたを置くことである。あなた自身を考えの中でそれらが最初に読まれた時代と地域に移せ。できる限り、これらの人々の習慣、慣習、慣わし、意見、受け入れられていた考え方、格言、象徴言語、そして日常的表現、それに彼らが他者を説得しようとする、あるいは信仰の基礎を提供しようとする場合のやり方や仕方に習熟するように努めよ。とりわけ、あなたがひとつの箇所に向かうとき、神学であれあるいは論理であれ、あなたはいかなる現代的体系の手段によっても、あるいは今日通用している見解という手段によっても、なんの前進も遂げることはできないということを念頭に置いておけ」。

200年以上経ってもなお、これは非常に尊敬に値する、そして感銘深い綱領である。実際、それは、コミュニケーションを指向する現代文学理論の助けによって、ただただ方法論上の支持を確かなものとするだけである。すなわち、テクストは（テクスト自身の内部での構造に関連して）内部的関連を示すだけではなく、（テクスト外部での状況に関連して）外部的関連をも示す。テクストは暗黙のうちに、テクストが創作された時代の文化的知識全体を前提としており、その結果、もしテクストが十全に理解されるとすれば、含意された文化的記号体系（コード）の知識もまた必要である[2]。ただ単に、ここで現れる宏大な全体像を完全に概観することは途方もない課題である。事の本質上、

---

1 J. J. Wettstein, *Novum Testamentum Graecum*, vol. 2, Amsterdam 1752, reprint Graz 1962, 878. 翻訳はW. G. Kümmel, *The New Testament: The History of the Investigation of its Problems*, London 1973, 50に従う。Wettsteinの著作の新版については、現在はG. Strecker and U. Schnelle (eds.), *Neuer Wettstein: Texte zum Neuen Testament aus Griechentum und Hellenismus vol. 1: Texte zur Briefliteratur und zur Johannesapokalypse*, Berlin 1996; cf. H. J. Klauck, 'Wettstein, alt und neu: Zur Neuausgabe eines Standardwerks', *BZ* NF 41 (1997) 89–95を見よ。

2 例えば、M. Titzmann, *Strukturale Textanalyse: Theorie und Praxis der Interpretation* (UTB 582), Munich 1977, 263–330の「解釈上の付加的な前提としての文化的知識」についての部分を見よ。

そしてわれわれの資料の断片的性格のゆえに、人が為しうるのはせいぜい、これによって幾分かわれわれは前進するという希望のうちに、模範的に作業することであろう。われわれはおおよその評価で満足しなければならないであろう。

2. 比較的初期の計画

リスト5

W. Bousset, 'Die Religionsgeschichte und das Neue Testament', *ThR* 7 (1904) 265–77, 311–18, 353–65; 15 (1912) 251–78.

H. Gunkel, *Zum religionsgeschichtlichen Verständnis des Neuen Testaments* (FRLANT 1), Göttingen 1903.

K. Holl, *Urchristentum und Religionsgeschichte* (SASW 10), Gütersloh 1925.

H.-J. Klauck, *Herrenmahl und hellenistischer Kult: Eine religionsgeschichtliche Untersuchung zum ersten Korintherbrief* (NTA NF 15), Münster 2nd edn. 1986.

G. Lüdemann and M. Schröder, *Die religionsgeschichtliche Schule in Göttingen: Eine Dokumentation*, Göttingen 1987.

G. Lüdemann (ed.), *'Religionsgeschichtliche Schule': Facetten eines theologischen Umbruchs*, Frankfurt a.M. 1996.

K. Müller, 'Die religionsgeschichtliche Methode: Erwägungen zu ihrem Verständnis und zur Praxis ihrer Vollzüge an neutestamentlichen Texten', *BZ* NF 29 (1985) 151–92.

H. Paulsen, 'Synkretismus im Urchristentum und im Neuen Testament', in W. Greive and R. Neumann (eds.), *Neu glauben? Religionsvielfalt und neue religiöse Strömungen als Herausforderung an das Christentum*, Gütersloh 1990, 34–44（本巻全体が混淆主義の問題点と非常に関連がある）.

J. Z. Smith, *Drudgery Divine: On the Comparison of Early Christianities and the Religions of Late Antiquity* (JLCR 14), London 1990.

A. J. M. Wedderburn, *Baptism and Resurrection: Studies in Pauline Theology against its Graeco-Roman Background* (WUNT 44), Tübingen 1987.

もし、人が宗教形態の起源とその基本的テクストとを研究しようと望むならば、自明の最初の一歩はその環境における一般的な宗教的風潮を調査することである。宗教史学派は20世紀の初めに、古典時代の非ユダヤ諸宗教を研究することにおいてこれを行った。

　1880年代に、若い何人かのプロテスタント神学者や釈義家たちが、新約聖書はそのヘレニズム的異教的諸前提に非常に強い強調を置いて解釈されるべきだという確信を共有して、テュービンゲンに集った。キリスト教がその最初の段階において晒されていた〔ローマ〕帝国時代のヘレニズム的混淆主義（この術語は、古典時代の種々様々な宗教形態の混合を指す、Paulsenを参照せよ）の影響の範囲が調査されなければならない。この創立世代の中に――ほんの若干の傑出した名前を挙げれば――われわれは様式史批判の創設者と見なされるヘルマン・グンケル、ヴィルヘルム・ブセット、それにヨハネス・ヴァイス（われわれは第1コリント書の画期的な註解書で、ヴァイスから多大の恩恵を受けている）のような釈義家たちを見出す。このグループは、彼らの考えを推敲し、出版物や公開講義や学問的教育を通して広めることにおいて、比較的すばやく成功を収めた。こうして、例えば彼らは、宗教史の諸前提に基づいて、旧約聖書や新約聖書のテクストが短くそして一般的に受け入れられる形で説明されるような、自分たち自身の註解書シリーズを創設した（これが、この註解書シリーズが、保守的グループの間で非常に早く、「異端者の聖書」という名前で受けとめられた理由である）。彼らはまた、「宗教史的民間本（Religionsgeschichtliche Volksbücher）」（宗教史についての通俗書、リスト59にあるBrücknerとHeitmüllerを参照せよ）シリーズを開始したが、このシリーズは彼らが自分たちの洞察をより広く世間に伝達することを可能とした。この学派は世紀の変わり目頃に絶頂点に達し、およそ1920–30年頃までずっと、独立した神学運動と同定されていた。

　宗教史学派の代表者たちは特にキリスト教的と、そしてキリスト教徒たちの独創的創作物と、一般的に見なされていたものの多くを周辺環境の諸宗教から派生させることに躊躇しなかった（さらなる情報は第II章Gを見よ）。彼らがここで、複雑な状況を不当に単純化して、多くの問いをあまりに単刀直入に判断し、その結果、彼らが多数の誇張を犯す羽目になったことは疑いない。しかしこのことは、彼らが問うた諸々の問いの有益さに変化をもたらすものではない。理解しうることだが、そのような見解に対しての荒々しい

反応が引き続いて起こった。この学派に反対して、非キリスト教的諸宗教へのあらゆる種類の依存が否定され、そして実際、あらゆる類似性や比較可能性が拒否された。なぜなら、キリスト教はあらゆる点においてその独創性や優越性が証明されなければならなかったからである。1930 年代以降次第に増大してゆく傾向は、最初期キリスト教の中のできる限り多くのものを旧約聖書および同時代のユダヤ教の基礎の上に説明しようとすることであったが、この傾向もまた宗教史学派からの挑戦に対する応答と見なされねばならない。この観点は、パウル・ビラベックによる数巻からなる記念碑的な『タルムードおよびミドゥラッシュからの新約聖書註解』や、10 巻からなる『新約聖書神学辞典』の多くの項目にその決定的な表現を見出した。しかしながら、ここでは、疑わしい方法論によって、かなり後代のものに違いないラビ文献が、1 世紀のユダヤ教の標準としてしばしば採用されている。これに加えて、様式史批判や編集史批判のような新しい方法によって与えられた魅惑、ならびに宗教史学派の最初期の研究によって鼓舞された自由主義神学に反対する弁証法神学の振り子の揺れ戻しは、しばらくの間は、この学派によって提起された問いは完全に背後に退いたことを意味した。そのような理論的枠組(パラダイム・シフト)の変化は学問においては繰り返し経験されるものである。

　われわれは、既に新しい理論的枠組(パラダイム・シフト)の変化が起こっていると語るようなところにまで行って良いのかどうかという問いを調べる必要はないが、しかし、宗教史の問いが有益でもあり必要でもあるという新しい意識が生じていることは確かに疑う余地がない。詰まるところは、われわれはここでユダヤ教かそれともヘレニズムか、自立かそれとも依存かというような反立命題(アンティテーゼ)によって助けられはしない。この点を今少し展開させて欲しい。

　イエス運動が、旧約聖書によって深く特徴づけられたパレスチナ・ユダヤ教に根差していることはもちろん完全に本当のことである。他方で、新約聖書諸文書のすべてがギリシア語で創作されたこと――ギリシア語に翻訳されたのではないこと――は偶然のことではない。キリスト教が瞬く間に地歩を固めることを許したのは、地中海地域のギリシアおよびローマ諸都市であった。そして、キリスト教が数字的にその最大の成功を収めたのはそれらの諸都市においてであった。これに加えて、ユダヤ教はヘレニズム的ディアスポラにおいて数量的に強力であって、異教的環境と種々様々な程度に対話に関わったのであり、この対決のプロセスがある程度の非ユダヤ教思想に適応す

るよう導いたのである。かくして、ユダヤ教環境と非ユダヤ教環境との間に対立(アンティテーゼ)を打ち立てることはできないのである。説得力ある大局観を獲得するためには、人はこれらの全分野において研究しなければならず、膨大な量の資料は作業の分割をやむをえないものとする。

　もしアプリオリに〔無批判に〕、すべてを、次のような依存があるという可能性のもとで考えようとするならば、人は、この資料を適切に見るための能力に、不要な制限を加えることになるだろう——特定の理由によって、ある現象を非キリスト教的な起源を持つものと見なすのであれ、護教的な先入観によって、いかなる非キリスト教的影響が存在することにも異議を唱えるのであれ。テクストへの説得力あるアプローチはこうした双方の袋小路を避けることだろう。まず必要なことは現象をそれ自体で把握し、提示し、評価することである。比較をすることで、人は注意深く、近似性と依存とを区別しなければならない。人は、依存の歴史的蓋然性と事実上依存していることの双方を確定しなければならない。しかし、人はまた、構造上の近似性を評価し説明しなければならない。各々のテクストの相違と特に特徴的なものとが本当に現れ出てくるのは、比較においてのみである。キリスト教の特に特徴的なものは、多くの場合に、詳細や個々の点にというよりは、キリスト教的な意味世界の構造を作り上げている全体的パターンや統一的中心点に見出されるものだということを、批判的眼力ははっきりと見て取ることだろう。これに加えて、異教の影響の受容や同化吸収もまた肯定的に、キリスト教信仰の統合力の徴として評価することができる。この力は、相違する諸要素を融合することができるのである。

　ここで、われわれは宣教についての現代神学がキリスト教の文化適応(インカルチュレイション)という題目のもとで取り扱っている問いに触れる[3]。かつての宣教の実践もまた適応や順応の必要性を良く理解していた。宣教師たちは福音が外国の輸入品と見えないように、地元文化の生活様式、言語、服装等々に適応する運命にあった。明らかに、福音が文化に適応されるべきだという要求はもっと先を行く。各々の文化の地元の担い手たちは、福音をあらゆるレベルで、自

3　以下を見よ。H. Waldenfels, HRGF 169–73; A. Quack, HRWG II, 283–9; P. Stockmeier, 'Die Inkulturation des Christentums', *LS* 39 (1988) 99–103; K. Hilpert and H. Ohlig (eds.), *Der eine Gott in vielen Kulturen: Inkulturation und christliche Gottesvorstellung (Festschrift für G. Hassenhüttl)*, Zurich 1993.

分たち自身の環境に固有の表現形態において新たに表現し直し、実際新たに受肉させる、彼ら自身の神学を展開しなければならない（それに、彼ら自身、実際にそうすることを望む）。これは同時に、内部から文化を変容することに貢献することも意図されている——その際に、文化の福音化という、それに対応する観点にも正当な重みを与えながら。というのは、両者、すなわち福音の文化適応と文化の福音化とは分かちがたくひとつになっているからである。理想的状態においては、人はこれが世界的な全体教会の信仰の宝庫を富ませてくれるであろうと希望して良いだろう。

　福音の文化適応というこの観点は、旧約聖書とユダヤ教という世襲遺産を一方に、そしてギリシア・ローマ世界の思想の地平を他方に抱えて、両者の間の緊張のうちに推し進められた、原始キリスト教神学史の最初期の段階に適用することもできる。この事実の最小限の、そして同時に最も一般的な帰結は、福音のキリスト教宣教告知を受容するためには、少なくともこの非ユダヤ教的地平が提示されねばならないということであった。

　この道を進むことは、われわれが宗教史学派の袋小路の幾つかを克服することを許してもくれる。なぜなら、宗教史学派は福音受容のための全地平には関心がなく、その調査を主に「依存」や「影響」があると疑われたような点に制限した。しかしながら、この道はわれわれを２つの新しい困難に巻き込む。それというのも、われわれの幅広い出発点は議論の領域が計り知れない規模を持つようになることを意味するからである。かくして、選択の基準がわれわれが描く像の中で要求される。そして、より根本的に、われわれは「宗教現象」という用語が意味することについて、そしてこれらがどのようにして識別できるのかについて、おおよその記述を必要とする。

3. 社会理論からの諸要素

リスト６

F. X. Kaufmann, *Religion und Modernität: Sozialwissenschaftliche Perspektiven*, Tübingen 1989.

T. Luckmann, *The Invisible Religion*, New York 1967.〔ルックマン『見えない宗教——現代宗教社会学入門』赤池憲昭／ヤン・スィンゲドー訳、ヨルダン社、1976年〕

序　論

H. Lübbe, *Religion nach der Aufklärung*, Graz 1986.

N. Luhmann, *Funktion der Religion* (Theorie), Frankfurt a.M. 1977.〔ルーマン『宗教社会学——宗教の機能』土方昭／三瓶憲彦訳、新泉社、1989 年〕

H. G. Soeffner, *Die Auslegung des Alltags*, 2: *Die Ordnung der Rituale* (stw 993), Frankfurt a.M. 1992.

　われわれはこれらのうちの後者から始めよう。しかし、われわれは宗教を定義しようとする多くの試みのリストにさらに今ひとつの試みを加えるような過ちを犯したくはない[4]。われわれには、(N. Luhmann をその主たる代表者のひとりとする) 体系の理論から諸要素を採用する、有効な、一般的記述をすることで十分である。この脈絡において、宗教とは社会の内部における非常に厳密な機能を持った社会的な記号体系と理解される。そうした機能は、社会だけが供給しうるものである。

　かくして、宗教は (a) 行為の可能性を絞り込むという必要性に、意味深い正当化でもって貢献する。このことをより完全に表現すると、個々人は理論的には、無限に豊かな行為の可能性に直面する（例えば、職業の、あるいは生活の伴侶の選択）。そして、その反応は〔混乱による〕目眩状態である。人は常に、自分はより貧弱な選択肢を好んで、より優れた可能性を拒否してしまったのではないかという疑いを持ちうる。個々人が完全に絶望しないために、選択肢の数が熟知しうるだけの理解可能な数量に削減されなければならない。そして、ひとたび決定がなされるや、その決定は引き続き安定している必要がある。ここで助けとなるのが、私がこの道を選びそれに忠実にとどまることは〔私よりも〕もっと上にある力の意志なのだと知ることである。

　宗教はまた、(b) 道が終わりに来てしまったとき、それ以上もう何もできず代わりの選択肢が手近に何もないときに起こるような不慮の事態を克服することに、不可欠の貢献をする。死——自分自身の死や他者の死——はここで真っ先の位置を占めるが、しかし病気、事故、あるいは職業上での、ないしは人間間の関係での失敗を挙げることもできよう。体系(システム)全体が摩擦なく機能しているというイメージによって導かれる理論の内部で、この地点におい

---

[4]　リスト I に挙げられた参考文献を参照せよ。以下の部分については、特に Stolz, Whaling、そして HRWG I の序文諸項目を参照せよ。

て、宗教が自分の活躍する場を見出すギャップが生じる。宗教は、死者がエーリュシオンにおいて不死なる神々との交わりのうちに居住する約束を与えることで、死から恐怖の一部を取り去る。宗教は病人をアスクレピオスのような癒しの神々や、あるいは自分たちの治療法でもって行動を起こす奇跡行為者たちのもとに案内する。専門化のプロセスが始まる[5]。その使命を果たすために、宗教は神話的物語や、儀式化された仕草や、諸々の役割の絵や構築物や、敬虔の対象物や、祈りのテクストや、その他諸々の要素からなる象徴世界を築き上げる。これらは個々の文化に特有の性格を持っており、かくして、文化ごとに実際面では非常に異なったものであり得る。しかし、それらはいわゆる人生の「究極の問い」についての意思疎通(コミュニケーション)を容易にするという機能を共有している。

　フランツ・クサヴェル・カウフマンが宗教の以下の6つの機能を識別するとき、彼はさらにもっと区別された分析を行っている。その機能は以下のように記述される（Kaufmann 84-8 参照）。1. 自己認識(アイデンティティ)の確立（とりわけ、情緒的絆や恐怖と対処することを通して）。2. 行為の指針（すなわち、慣習では充分ではない例外的状況における信者の振る舞いの手引き）。3. 不慮の事態の克服（上記を見よ）。4. 社会的統合（社会の「接着剤」としての宗教）。5. 宇宙化（すなわち、無意味さや混沌への釣合重りとしての、その内部で世界を解釈し理解する統一された枠組の確立）。6. 世界から距離を保つこと（ここでわれわれが見出すのは、例えば、預言者たちの異議申し立て、あるいは修道士たちの荒野への隠遁である）。このより複雑な枠組もまた、古典世界で為される多様な提供や貢献の担い手たちの正体を確認するために、何の困難もなくそこに適用することができるだろう。しかし、詰まるところは、個々の現象が優先されなければならない。それら個々の現象は事例研究(ケース・スタディ)の中で記述され解読されなければならない（Soeffner 17-19 に見られる、体系(システム)理論の一般化への傾向に対する批判と、「社会学上の小説家」の対立する描写(ポートレート)を参照せよ）。

　宗教現象の体系理論的記述は、もしそれが自身の限界に気づいているとするならば、真理主張や絶対性の主張について、肯定的であれ——これはその

5　かくして、例えば双子の神であるディオスクーリは古典時代には海で危険に陥った者たちを救出する責任を負っていた（使 28:11 参照）。

ような記述からは、いずれにせよ期待できないだろうが——あるいは否定的
であれ、何の断言もしない。もちろん、このモデルが宗教を何か別のものに
還元し、そして詰まるところ、それを文化と社会へと解消させる傾向を持っ
ていることは否定できない。循環論法の危険にもかかわらず、この傾向を避
ける方法は、個人的に関係している者たちが自分たち自身について語ること
を真剣に受けとめることである。かくして、われわれもまた、ある時点での
特定の文化領域の人々自らが、そこで心霊的な力(ヌーミナス)の働きを認識し、純粋に
世界内的地平を越え出る超越を見たところの、宗教、信仰、敬虔、それに神
的なものの経験という項目のもとに理解したことに注意を払うべきであろう。
(宗教についての比較的以前の学問的研究において慣例的であったような)
この内部的見解への排他的集中は、その場合にはわれわれはわれわれの記述
に対する客観的基準を欠くことになるという理由で、推奨することができな
い[6]。しかし、外部からのアプローチと内部からのアプローチは、両方が一緒
にされると、宗教史の研究に対する十分な指針(パラメーター)を提供してくれる。

4．聖書の理論的枠組(パラダイム)

『知恵の書』13–15 章にある異教的な偶像崇拝についての長い補足は、ユ
ダヤ教的な神信仰が宗教という現象と対決するための観点を提供した方法に
対する歴史的な範例(パラダイム)として注目に値するように思われる[7]。それは鋭敏な観
察をする能力、集中的な知的対決、高度な省察、それに哲学者の間での同時
代の議論についての知識を証言するものである。全くの容赦のなさにもかか
わらず、著者はやみくもに激烈な論争に従事しているのではなく、基本的な
問題点についての差別化された見方をしようと努めている。彼の分析による
と、宗教とは、その言葉の最も広い意味において、自然と人間生活における

---

[6] 私はただついでながらにのみ、こうした徴候はわれわれを宗教の機能主義的見方や本質主義的見方との間の論争に連れゆくということを指摘しておく。このことについては、Luckmann, とりわけ H. Knoblauch による、議論を最新のものにしてくれるまえがき (独語翻訳 *Die unsichtbare Religion*, Frankfurt a.M. 1977 の中で、7–41 頁) と、あとがき (164–83 頁) を参照せよ。

[7] M. Gilbert, *La critique des dieux* (リスト 80) 参照。

不慮の事態を克服することのうちにその起源を持っている。

1. 人間は自然の万能の前には無力に感じ、こうして自然の力を神格化することへと傾く（知 13:1–9）。
2. 人間は人生を送るうちに悲痛な喪失を経験する。愛する子供の死、自分の妻の、両親の、そして友人の死である。死者を英雄や神々の地位に高めることはこれと折り合いをつける試みである（14:15）。
3. 人々は助けを求めるとき、すがることのできる誰かあるいは何かを必要とする——われわれは海上での嵐をこの種の直接的窮地の例として良いであろう。より良い可能性がないために、彼らは自分たち自身のために自分たち自身の神を作り、そしてその助けを祈願する（13:10–14:11）。
4. 人間は、あらゆる障害に対して自分の意志を押しつけ、また自分自身の境界線を押しつける、軍事的また政治的権力に魅了される。人間たちはそうした権力を宗教的範疇で解釈することを避けられない。この結果として、支配者たちや皇帝たちの崇拝が生じる（14:16–20）。
5. しかしながら、エジプトの動物崇拝の場合は、著者の解釈学的努力は崩壊する（15:14–19）。初めは、特定の理由で人間に特別に有益であった動物たち、人間が生き延びるために必要であった動物たち、あるいは例えばフィロン（『十戒』77）のように、人間に特定的利益を提供した動物たちが崇められたのだと考える者たちの方がここでは一歩先んじている。
6. 社会の共同生活に対するその意義において、宗教は社会的な記号体系として省察され始める。もっとも、たいていは神々の誤った崇拝は、誤った社会的慣習と結びついているという否定的な意味においてであるが（14:21–31）。

知恵の書の著者は読者の心に、彼が聖書的な神信仰の確固たる土台の上で評価を企てているということに何の疑いも残さない。しかし彼は、ここで聖書の肖像禁止に基づいて可能であったはずのように、純粋に演繹的な仕方で進んではいない。その代わりに、彼は帰納的方法によって世界と経験の現実に光を投げ掛けることを試みる。これは、彼が異教的な神信仰と取り組むと

きにさえも、彼の出発点にある真の知恵的要素である。

　本書におけるわれわれの研究領域の選択は紙幅の制限によってのみ決定されてはおらず、ある程度は外面的考慮によって導かれたものである。つまり、新約聖書の光に照らされて、そのテクストのより良い理解を期待して、われわれは特に参考になると思われる、それゆえ、釈義的研究において（多かれ少なかれはっきりと）頻繁に言及される事柄について議論する。関連用語リストの基礎として二次文献を用いることは容易であろうが、しかしここで、われわれは実例として、聖書テクストに、つまり、ルカの使徒言行録に従う[8]。

　サマリアにおいて、最初の宣教師たちはシモンと呼ばれる男に出会う。その男をルカは魔術師として描く（使8:9）が、初期キリスト教教父たちは彼をグノーシスの祖先と見なしている。フィリポが洗礼を授けたエチオピア人（8:26–40）やカイサリアの百卒長コルネリウス（10:1–48）は既にユダヤ教に対して偏見がなかった。ヘロデ・アグリッパは支配者崇拝に適合した人目につく態度をとる（12:21–22）。キプロス総督〔プロコンスル〕セルギウス・パウルスは彼の宮廷にユダヤ人魔術師や（おそらく）占星術師たちを抱えている（13:4–12）。リストラで、パウロとバルナバは「町の外のゼウス」〔の神殿〕の祭司の計画から、つまり、彼らに対する雄牛の儀式的ないけにえから、かろうじて免れる（14:11–18）。フィリピで、パウロは占いの霊を持った少女と出会う（16:16–18）。アテーナイで彼は偶像神の像に満ちた町に激怒し、ストア派やエピクロス派の哲学者たちと議論し、「知られざる神」への祭壇を発見し、そして彼の説教の中で用語上は疑わしくもストア派に近づく（17:16–34）。エフェソではユダヤ人祓魔師がイエスの名前を用いて運試しをするが、銀細工師たちはパウロに対する攻撃で偉大なる女神アルテミスの名において統一戦線を築く一方で、信じた者たちは悔い改めに満たされ、彼らの妖術書を燃やす（19:11–40）。マルタの住民たちは初めはパウロを復讐の女神に呪われたものと見なすが、その後は彼を神として歓呼する（28:1–6）。われわれは――われわれの網を少し広く投げ掛けると――密儀宗教の言語に

---

[8] B. Wildhaber, *Paganisme populaire*（リスト80）; H.-J. Klauck, 'With Paul in Paphos and Lystra: Magic and Paganism in the Acts of the Apostles', *Neotest.* 28 (1994) 93–108; Idem, *Magie und Heidentum in der Apostelgeschichte des Lukas* (SBS 167), Stuttgart 1996 参照。

出会う。Ⅱコリ 12:4 で（ἄρρητα ῥήματα〔言い表しえない言葉〕）、フィリ 4:12 で（μεμύημαι〔私は秘訣を授かっている〕）、Ⅱペト 1:16 で（ἐπόπται〔目撃者〕）、そしてコロ 2:8 もまた哲学（φιλοσοφία）の論争的文脈で語っているから、おそらくはその 2:18 で。最後に、牧会書簡は「不当に知識（グノーシス）という名を与えられている知識（グノーシス）」を攻撃する（Ⅰテモ 6:20）。

　もし、われわれがここで挙げられている諸概念だけから推論するとしても、われわれは以下に続く数章で適切な簡潔さでもって議論されることになる資料の本質的な構成要素を既に持っていることになる。最初に、公共の生活における宗教表現（神殿、犠牲、祭、祭司職）、集団における、私宅における、そして個人的な生活における宗教表現に関する一般的な章が来る。次いでわれわれは、これまでかまびすしい議論の対象となってきた密儀宗教に向かう。そして天文学、占い、奇跡や妖術信仰、ならびに支配者や皇帝の崇拝、そして初期皇帝時代に属する宗教次元での哲学が続く。最後に、グノーシスについての章が来る。グノーシスが他の話題と共に、ひとつのグループになるかどうかについて、意見の相違があることだろう。しかし、グノーシスは釈義において幾分漠然とした事柄として規則的に出てくるし、それは幾つかの時期には宗教史についての論争の必須の決定因であったこともある。かくして、本書で意図された読者は、グノーシスがキリスト教以前に、そしてキリスト教の外で、存在していたかどうかを知ることに確かに興味を持っているに違いない。

第 I 章
日常生活および境界線上の経験：市民宗教と家庭宗教

A　犠牲祭儀

　われわれの出発点としてもう一度、使 14:18 を選ぶことにしよう。小アジアのリストラの町で、民衆は癒しの奇跡から 2 人のキリスト教宣教師パウロとバルナバを、人間の姿を採って現れたゼウスとヘルメスだと推定した。彼らに犠牲を捧げるために、「町の外のゼウス」の神殿の祭司も、群衆と並んで、花冠と必要物で飾り立てられた雄牛を引いてきた。この物語で語られないままでいる幾つかの点は補充的情報によって満たされることが求められる。この神殿やその他の神殿は、どんな種類の神殿であったのだろうか。祭司の役目とはどんなものだったのだろうか、また祭司たちはどのようにして徴募されたのだろうか。犠牲の通常の手続きはどんなものだったのだろうか。民衆はそれにどの程度まで参加したのだろうか。どのような神々に犠牲が捧げられたのだろうか。犠牲の慣習の背後にはどのような種類の期待があったのだろうか。

　われわれは以下に続く節において幾つかのテクストを取り上げ、これらの問いにこれまで取り組んできた方法を例示したいと思う。時折、これはほとんど知られていない地域への非常に長い旅となることもあろう。しかしわれわれは、犠牲の慣習は古典古代全体において第一級の社会的また宗教的現実であったことを心に留めておくべきである。それは生活の中で自明の何かであった。犠牲はユダヤ教でも捧げられていた。もっとも、ユダヤ教では犠牲はエルサレム神殿に集中し、その神殿が紀元 70 年に破壊されるまで十分な機能を果たしていたのではあるけれども。パレスチナ出自のユダヤ人キリスト者たちさえも多分、初めはイースター後もエルサレムの町で神殿犠牲に参

加し続けたようであり、神殿からのキリスト者たちの離脱は、それに応じてのイエスの十字架上の死の新しい解釈と相俟って、エルサレムにおけるヘレニスト・ユダヤ人キリスト者のグループの中で初めて始まったようである。とにかく、キリスト教誕生のための偶発的な史的要因(パラメーター)のひとつは、それが犠牲文化の中でその最初の形を整えたという事実であった。犠牲はキリスト教において神学的また霊的カテゴリーとして活発であり続けただけではない。それは、キリスト教思想とキリスト教敬虔の中枢で安定した位置を獲得しさえしたのである。これらすべての理由は、犠牲に関わる基本的問題に綿密な注意を払うだけの価値があることを明らかにしてくれる。

1. 犠牲儀式

(a) 通常の形態

リスト7

G. J. Baudy, 'Hierarchie oder: Die Verteilung des Fleisches', in B. Gladigow and H. G. Kippenberg, *Ansätze* (リスト1) 131–74.

G. Berthiaume, *Les Rôles du mágeiròs: Étude sur la boucherie, la cuisine et le sacrifice dans la Grèce ancienne* (Mn.S 70), Leiden 1982.

J. Casabona, *Recherches sur le vocabulaire des sacrifices en Grec, des origines à la fin de l'époque classique* (Publications des Annales de la Faculté des Lettres NS 56), Aix-en-Provence 1966.

M. Detienne and J. P. Vernant (eds.), *The Cuisine of Sacrifice among the Greeks*, Chicago 1989.

S. Eitrem, *Opferritus und Voropfer der Griechen und Römer* (Videnskapsselskapets Skrifter, II, Hist.-Filos. Klasse 1914, 1), Kristiana (Oslo) 1915, reprint Hildesheim 1977.

R. Hägg (ed.), *Ancient Greek Cult Practice from the Epigraphical Evidence*, Stockholm 1994.

V. J. Rosivach, *The System of Public Sacrifice in Fourth-Century Athens* (ACSt 34), Atlanta, GA 1994.

A 犠牲祭儀

I. Rudhard and O. Reverdin (eds.), *Le Sacrifice dans l'antiquité* (EnAC 27), Geneva 1981.

F. Rüsche, *Blut, Leben und Seele: Ihr Verhältnis nach Auffassung der griechischen und hellenistischen Antike, der Bibel und der alten Alexandrinischen Theologen. Eine Vorarbeit zur Religionsgeschichte des Opfers* (SGKA.E 5), Paderborn 1930.

P. Stengel, *Opferbräuche der Griechen*, Leipzig and Berlin 1910.

A. Thomsen, 'Der Trug des Prometheus', *ARW* 12 (1909) 460–90.

ギリシア人とローマ人にとって、犠牲の通常の形態はいわゆる屠殺犠牲で、それには犠牲の食事が続いた。ホメーロス叙事詩(これは正当にも「ギリシア人の聖書」と呼ばれてきた)は幾つかの素晴らしい初期の例をわれわれに提供してくれる。もちろん、叙事詩は儀式テクストではないけれども、それらの中に書かれている順序は、若干の詳細は変化しているとしても、後の儀式と基本的な特徴の点で一致しているのである。3つの鍵テクストがわれわれのこれより先の議論の基礎として役立つだろう[1]。

テクストの実例

1. トロイアへの旅の途上で、ギリシア人はアポロンの年老いた神官クリュセスの娘を捕虜として連れ去るが、アポロンは野営地に疫病を起こすという手段でもって彼女を故郷に帰すことを彼らに強いる。この故郷帰還はオデュッセウスに率いられた派遣代表団によって遂行されるが、そのときオデュッセウスは彼らと共に100頭の牛の贖罪の生け贄[2]を持っていく。神官は彼の娘を祭壇で受け取り、彼の神アポロンに呪いをギリシア軍から取り除いて彼らを懲らしめることを止めるように頼む。犠牲儀式は次のように記述される(*Il.* 1.458–68)。

---

[1] ホメーロスからの翻訳:Martin Hammond, *The Iliad*, London 1987; E. V. Rieu, revised by D. C. H. Rieu, *The Odyssey*, London 1991.

[2] Hecatombという用語は厳密には100頭の(ἑκατόν) 雄牛 (βοῦς) の犠牲を表示するが、しかし、それはより一般的な意味で、ただ単純に特別に大きくて厳かな犠牲を意味するだけに用いられる。

彼らが祈り終え、大麦の粒を振りかけてから、彼らは先ず犠牲獣の頭を後ろに引き、それらの喉を切り裂いた。そしてそれらの皮を剥いで、腿を切り取り、二重に重ねた脂身で大腿骨を包んで、その上に生肉を置いた。年老いた者がそれらを割った薪の上で焼き、その上にきらきら輝くぶどう酒を注ぎかけた。その老人の脇で、若者たちが五叉になった鉄串を手にしていた。しかし、腿肉片がよく焼き上がり、彼らが臓物を味わってから、彼らは残りを細かく切り刻んで、それを鉄串に刺しとおし、念入りに炙りあげてから、全部を取り下ろした。彼らがその仕事を終えて食事の準備を整えると、彼らは食事にかかった。平等に分けられた食事について彼らの望みはそれ以上何ひとつなかった。

2. 言及すべき『オデュッセイア』での最初の犠牲は、ネストールがテレマコスの訪問を受けたときに、女神アテーナーに捧げる雌牛の犠牲である。このテレマコスは彼の父親であるオデュッセウスを捜していた。ここで、われわれは雌牛の角を金色に塗るというような、付加的な詳細を見出す（Od. 3.436f.）。またもや、われわれは聖なる大麦の粒が撒き散らされるのを見る。ここでの新しい要素は、例えば、その動物の額から幾分か毛を切り取って燃やすこと、そしてその場に居合わせる婦人たちが狂喜しあるいは叫び声をあげる儀式である（Od. 3.445-63）。

年老いた戦車駆者ネストールは、祓い清めの水[3]と振り撒かれた麦粒でもって儀式を執り行い始め、アテーナーに熱心な祈りを捧げつつ、犠牲の頭の毛を切り取って火の中に投じた。彼らが祈祷を済ませ、麦粒を振り撒き終わるやすぐに、ネストールの息子で意気盛んなトラシュメーデースが間近に歩み寄り、（手斧を）振り下ろした。その斧は若雌牛の頸の腱を切り裂き、若雌牛の力を緩めた。すると、女たち、ネストールの娘たちや嫁たち、それに敬愛される奥方エウリュディケーまでが、神々へ雄叫びをあげた。この奥方はクリュメノスの娘たちの長女であった。そして男たちが若雌牛の頭を広々と開けた道の大地から持ち上げて支えていると、男たちの頭領であるペイシストラトスが喉を切り裂いた。そ

---

[3] これは両手を洗うために用いられる、Il. 1.449 参照。

して、それから黒い血が流れ出て、命が骨を離れ去ったとき、すぐさま体を細かく切断し、ただちに腿の骨肉を定式通りにそっくり切り取ると、脂肪を二重にしてそれを包みかぶせた。そして、それらの上に生肉を置いた。老人がそれらを薪の上で焼いて、きらきらするぶどう酒を注ぎかけた。その傍らで若者たちが手に五叉の鉄串を捧げ持っていた。腿が完全に焼けて、彼らが臓物を味わい終わると、彼らはその他のところを細かく切って串に刺し通し、手に鋭い先で肉を刺し通す串を持って、炙り続けた。

3. 第3の例はわれわれを、対外的な形の犠牲の食事を伴う夕方の正餐が執り行われる家庭領域に連れていく。オデュッセウスは人知れず、年老いた乞食に身をやつして、彼の故郷の島であるイタカにある屋敷に戻ってくる。そして、豚飼いのエウマイオスに歓待される。彼らは生き生きとした会話のうちにその日を過ごすが、オデュッセウスは本人であることを見破らせることはない。われわれの場面は夕方になったときに始まる（*Od.* 14.413–38）。

気高い豚飼いは自分の仲間たちに呼び掛けて言うことに、「豚どものうちで最上のものを連れてきなさい、遠国からの客人のために犠牲として殺したいから。われわれ自身もご相伴にあずかろう、もう長いこと白い牙をむく豚どものために、いろいろ難儀を耐え忍んできたのだから。他方で、他の奴らがわれわれの労苦に償いもせずむさぼり食っているというのに」。そう言いながら、彼は容赦のない青銅の刃物で薪を断ち割り、そして他の者たちが5歳になるよく肥えた豚を連れてきて、それを炉のそばに立たせた。豚飼いは、心の善良な男であったから、不死なる神々のことも忘れていなかった。それでまず儀式を始めるに白い牙の豚の頭の毛を切り取って火に投げ込み、あらゆる神々に向かって、思慮に富むオデュッセウスが自分の館に帰ることのできるように祈った。それから彼は薪を割るときに残して置いた樫木の一片を振りかざして一打ちすると、命は豚を離れ去った。それから彼らは豚の喉を切り裂き、毛を焼き、そしてすばやくすっかり切りほぐした。さて豚飼いは最初の捧げ物として生肉をすべての足から切り取ると、豊かな脂肉の中において、それらに挽き割り麦の粒を振りかけてから火の中に投げ入れた。残りの部分を

細かく切ると、鉄串に刺し通して、非常に慎重に炙りあげてから、すべてを鉄串から抜き出して、調理台の上に山と放り込んだ。それから、豚飼いが切り分けるために立ち上がった。なぜなら彼の心は公平さを知っていたものだから。彼はその全部を切り分け、7つに区分すると、そのひとつをニンフたちへ、ひとつをマイアの息子ヘルメスへ、祈願を込めて脇に置いた。そして残りをおのおのに配った。しかし、オデュッセウスには名誉の贈り物として白い牙の豚の背骨付きの長い肉を与えた。

体系化

もし、われわれがこれらのテクストから形式的なシステムを作り上げるとすると、われわれはギリシア人の間での（およびすべての本質的な点でローマ人の間でも）犠牲の食事を伴った通常の形の屠殺犠牲の骨格を見出す。それは、部分的には他の資料からの情報で完全にされねばならないものである。どんな理由のためであれ犠牲が捧げられなければならないとき、最初に為されなければならないことは動物を選ぶことである。その選択は儀式に、敬意が払われるべき特定の神に、そして関係する人々に利用できる可能性に左右される。疑いもなく、われわれの最初の例に出る雄牛と雌牛の犠牲は最も多大な費用のかかるやり方で、したがって事実上稀であったやり方を表す。（エウマイオスの場合のように）豚あるいは山羊を犠牲にすることはより普通であったであろうが、羊（「犠牲の小羊」というわれわれの諺を参照）を用いることはさらにもっと普通であったろう。ローマ人たちは、*suovetaurilia* と彼らが呼ぶ完璧で荘厳な清めの犠牲を持っていた。そのように呼ばれたのは、それがイノシシ（*sus*）、羊（*ovis*）、それに牛（*taurus*）に関係していたからである。鳥類もまた用いられた。かくして、死につつあったソクラテスは彼の臨終の際の言葉でもって、「われわれはまだアスクレピオスに雄の鶏を捧げる義務がある」ことを思い出させる（*Phaed.* 66 [118a]）。それはなべて食用になる動物（それだから、例えばこの文脈で馬や犬は挙げられない）かつ飼いならされた動物であって、狩猟で得られた獲物ではない。選ばれた動物は汚点のないものでなければならず（Seneca, *Oed.* 299f. 参照、「純白の背をした雄牛と一度も曲がった頸木の下に首を垂れたことのない若雌牛を祭壇に引いて来い」）、またその動物が犠牲の場所まで行列行進で導かれていくとき、それは強制されて進むのではなく、自由に進んでいくのでな

A 犠牲祭儀

ければならない。動物はリボンや花輪でもって、場合によっては、その角が金色に塗られさえして、飾られる。参加者もまたその頭に花冠を戴く。フルート奏者が音楽の伴奏を提供する。

　彼らが既に火が燃えている犠牲祭儀の場所に到着すると、参加者一団は祭壇の周囲を取り囲む輪になるように進む。彼らは皆、泉か川から汲まれた水で彼らの手を清める。動物もまた水を（稀にはぶどう酒を）振りかけられることもある。これが刺激となって動物がその頭をぐいと動かすように仕向け、そしてこの動作が合意を表すうなずきと解釈される。しかし、最も重要なことは、犠牲を捧げる者たちは（ホメーロスでそうであるように）大麦の穀粒を、あるいは（ローマ人の間でそうであるように）塩をふりかけられたきめの粗い粗挽き粉（*mola salsa*、そこから *immolare*「犠牲に捧げる」という動詞が派生している）を動物と祭壇の上に撒き散らす。犠牲を執り行う祭司は動物の眉毛から若干の毛を切り取り、それを火に投げ入れる。その後、彼は犠牲が奉献される神に向かって祈りを捧げる。大型の動物の場合、参加者の１人が犠牲用斧か、槌か、あるいは重い木片でもって動物の額に強烈な一撃を加えて気絶させる。大型であれ小型であれすべての獣の喉は、血が頸動脈から自由にほとばしり出るように、切り開かれる。女たちの挙げる儀式的な犠牲の叫び（ὀλολυγή）がこれに随伴し、これが屠殺の中核となっている。その血の幾分かは祭壇に飛び散るが、その他はただ地上に流れるだけで、後になってから取り片付けられねばならない。

　死んだ動物は今や専門家の技でもって皮を剥がれ、各部に切り分けられる。ホメーロスでは食べることのできる内臓部分は直ちに火で焼かれて、食べられた。ローマ人の間では、これは腸卜、すなわち内臓による診断（下記第Ⅲ章 B, 1（b）を見よ）の場所となった。骨は脂で覆われてぶどう酒をふりかけられて、祭壇の上で神々のために燃やされた（ホメーロスで言及されている肉の小片は、後には使われなくなった）。本来の犠牲祭儀行為は、今や祭礼を祝う者たちによって催される食事に取って代わられる。この食事のための肉は鉄串で焼かれるか、さもなければ深鍋で料理される（Herodotus, *Hist.* 2.42.3 にある、犠牲式用の包丁と焼き肉用鉄串と料理用器の三つ組みを参照のこと）。肉の一部は神殿か祭司のものになる。もし、余りにも多くが残ったなら、家に持って帰ることができるし、あるいは肉市場で売られる。

　全体として捉えると、基本構造は次のように記述すれば適切であると言え

51

るだろう。「動物犠牲は肉の食事が後に続く儀式的屠殺である」[4]。多数の細部が非常に詳細にわたって調査されねばならないし、この調査はある程度次の節で行うことにする。例えば、この儀式はどこで行われるのだろうか。ホメーロスからの最初の2つの例はただ祭壇についてだけ語っており、われわれもまた祭壇の言及でもって通常神殿と関連づけがちである。誰がこの儀式を取り仕切るのか。一般的な用語を用いれば、社会で尊敬を得ている人たちである。われわれの挙げた最初の例では、アポロンの祭司、息子たちや随行者を伴った王、宮廷の飼育長である。歴史がさらに先に進むと、これはますます専門家や役人の手に移っていく。ここで、われわれは祭司の役割について問わねばならない。どんな機会に犠牲が捧げられるのだろうか。われわれの挙げる例は、基本的に、次のような特定の状況から生じた自発的な行為のものである。すなわち、行方不明になっていた娘の帰還、戦友の息子の訪問、見知らぬ者を温かく持て成す歓待である。しかし、神殿日課における規則的な犠牲に並んで、公共の祭りでの定められた犠牲の機会もあった。どの神々に犠牲が捧げられるのか。われわれは公の儀式においてオリンポスの諸 神(パンテオン)の一員であるアポロンとアテーナーに捧げられる犠牲を見たが、すべての神々や、ヘルメスやニンフたちについてもまた聞かされた。われわれはこれについてさらに調査しなければならない。この儀式の起源は何だろうか、そしてその厳格な遵守責任を負っているのは誰か。一般的な答えは、万事はνόμος〔法律〕に基づいている、すなわち、受け継いだ慣習や慣わし、不文律に基づいている、というものであるはずである。儀式の正しい順序は社会的に仲介され、世代を通じて伝えられてきた伝統から出ている。ここで本質的なことは、人が参照する手引き書でも犠牲儀式を正しく挙行する方法の教育でもなく、模倣である。すなわち、伝えられ、そしてめったに疑問に付されることのなかった遺産の中で自分自身が占めるべき位置につくことである。

問題

われわれがここで議論する唯一の注目すべき要点は犠牲物の分配である。それは、食べることのできる肉と皮、すなわち、使用することのできるものは何でも人間のものであり、他方、神々が受け取る主たるものは単に骨と脂、

4　W. Burkert, *Religion*（リスト 2）103.

A 犠牲祭儀

そしておそらく血である——もし人間がそのように望むならばだが。より正確に言えば、神々が享受するものはすべて、風刺作家ルキアノスが犠牲に批判的な彼の随筆の中でからかって述べているように、犠牲の火から立ちのぼるような脂の蒸気である（*De Sacrificiis* 9）。

> 彼らは地面を見下ろし、どこかで火がつけられたのを見ることができるか、あるいは犠牲のにおいが煙にまつわり立ちのぼり運ばれてこないか、身をかがめてあらゆる方角を見る。もし誰かが犠牲を捧げるなら、皆が快く持て成されていると思い、煙に口を大きく開け、祭壇に注がれた血を飲むのである、あたかもハエの如くに。しかし、彼らが家で食事をする場合、その食事は、ネクタールとアンブロシアである。

実はルキアノスはここで間接的に、神々は本当に犠牲の食物を必要とはしていないことを特筆している。なぜなら、神々が消費する唯一のものはネクタールとアンブロシアという天の食物だからである。しかし、犠牲慣習のこの根本的な相対化は不平等な分配を満足のいくように説明していなかった。ヘシオドスが『神統記』（535–57、Thomsen 参照）の中で語っているような、プロメテウスの詐欺についての物語は、どうしてこのようなことになったのかを説明しようと試みる。プロメテウスは、貴重な肉を動物の皮に包み込み、それを胃で覆って、それが魅力ないように見せ、他方で白い骨ときらめく脂は魅惑的に配置することで、ゼウスを出し抜くことに成功する。ゼウスは選択するよう差し出されたとき、骨と脂の方を選ぶ。ヘシオドスによれば、ゼウスはプロメテウスが何を考えていたかを完全によく知っていたのだけれども、故意にこうするのである。しかし疑いもなく、ヘシオドスの背後にはより古い版の神話があり、その中では、ゼウスは全く単純に欺かれたのである。しかし、この初期段階の物語でさえも、ここで問題にされている犠牲の習慣と比較すると、二次的である。その目的は、後の時代に、この奇妙な慣習の理由を与えることである。われわれはこの物語の中で、神々に対する一種の罪悪感、ないしは儀式が執り行われる仕方に対する驚きを見てとることができる。しかし確かに、事はこのような結果になり、違った風にはならなかったという安堵感も見てとれる。なぜならば、人間は生きることができるためには、神々よりもはるかにもっと動物の肉と皮を緊急に必要としているから

である。罪はこの慣習の創始者としてのプロメテウスに手際よくかぶせられ、彼は既にこの背信に対する彼の身代りの罰を受けていた（周知のごとく、彼はまた火を天から盗んで、それを人間に与えていたから、彼はカウカッソスの岩の上に鎖で繋がれていた。鷲が規則的にやって来て、彼の肝臓を食べたが、それは常に新たに発達して、最後にはヘラクレスが彼をこの責め苦から解放するまで続いた）。われわれは既にここで、すべての神話的説明パターンの背景にある屠殺儀式の起源は、人間が肉を得る必要であったかもしれないと敢えて推定してもよいかもしれない。

このギリシア・ローマ犠牲慣習に最も近い並行は、行為の順序という点で、旧約聖書にあるヘブライ語で *zebach(im)* と呼ばれる屠殺犠牲に見出される。われわれが屠殺、血の儀式、神に属する部分の焼却、そして供宴という同じ順序を見出すのはここだけである。個々の点での相違も多く存在する。かくして、旧約聖書では神はギリシア人の間でよりももっとたっぷりと分け前を受け取り、その結果プロメテウスの欺きのような考えに対する余地はない。ユダヤ伝承のみが、人間が血を飲む一切の行為を絶対的に排除するという原則を知っている。それにもかかわらず、われわれは目立った類似性を見て取ることができ、それは既に多種多様な仮説を生み出してきた。われわれは地中海地域の初期文化段階で複雑な繋がりを想定しなければならない。

(b) 特別な形態

リスト8

H. Dohrmann, *Anerkennung und Bekämpfung von Menschenopfern im römischen Strafrecht der Kaiserzeit* (EHS.R 1850), Frankfurt a.M. etc. 1995.

D. Gill, 'Trapezomata: A Neglected Aspect of Greek Sacrifice', *HThR* 67 (1974) 117-37.

D. D. Hughes, *Human Sacrifice in Ancient Greece*, London and New York 1991.

M. H. Jameson, '*Theoxenia*', in R. Hägg (ed.), *Cult Practice*（リスト7）35-57.

F. Schwenn, *Die Menschenopfer bei den Griechen und Römern* (RVV 15.3), Giessen 1915.

W. Speyer, 'Das letzte Mahl Jesu im Lichte des sogenannten Eidopfers', in Idem, *Christentum*（リスト3）477-92.

A 犠牲祭儀

われわれは幾つかの特別な形態についての議論で始めることにしよう。それによって、われわれは少なくとも古典時代の犠牲についての考えの全体的パノラマを概観することができる。

贈り物の犠牲

肉のみならず、他の自然の産物、例えばぶどう酒、油、蜜や乳、もちろんパン、ケーキ、それに多数の種類の焼いた物さえも、犠牲祭儀に属していた。そうした物は犠牲の中でなされる独立の贈り物としての役割を果たすことができる。液体の場合、それらは例えば御神酒、つまり飲み物の贈り物、であり得る。その場合、幾分かのぶどう酒が神のために地面に注がれて、その残りは奉献者が飲んでしまう（σπονδή）、あるいは、器〔の中身〕が完全に空っぽになるまで地上に流されてしまう（χοή）。他の場合、こうした自然の産物は、初物の犠牲の中で差し出され、その際にはそのときどきの果実の初物が特別な器で捧げられる。

燔祭の犠牲

われわれは旧約聖書の記述から焼き尽くす捧げ物に、あるいはもっと正確に言うと燔祭の犠牲に、慣れ親しんでいる。その犠牲では、炎が犠牲にされた物全部を焼き尽くしてしまい、犠牲の食事を持つことは当然不可能である。類似する燔祭の犠牲は、さほど顕著な位置を占めてはいないが、ギリシア人やローマ人の間でも、主として贖罪の儀式や下界の神々の祭儀において見出される。他と区別するさらなるしるしは、燔祭の犠牲においては、時折食用にできない家畜や狩猟で捕らえられた野獣さえも焼かれることである——極端な場合には、生きたままで焼かれさえした[5]。

誓いと契約の儀式

拘束力ある協定が結ばれる際の、古代の誓いの儀式をわれわれに示してくれるのは、またもやイーリアスである。（ギリシア側の）主役であるメネラ

---

[5] 帝政時代にパウサニアスによって語られている、パトラエの（オリンポスの女神）アルテミス・ラフリアを讃えての奇妙な燔祭の儀式を参照、*Graec. Descr.* 7.18.11–13、これについて、W. Burkert, *Religion*（リスト2）62f. 参照。

オスと（トロイア側の）パリスとの間の個人的な闘争が戦争という最終的決断をもたらすことになる。アガメムノンはこれについて、プリアモスと拘束力ある協定を結ぶ。彼は2匹の小羊の喉を切り裂き、それらの羊の血が地面に流れる。この上にぶどう酒が注がれ、そして誓いの言葉が話される（*Il.* 3.299f.; 4.159f.）。

> どちらの側が最初に誓いを踏みにじったにせよ、このぶどう酒がこぼれるごとく彼らの脳みそが地にこぼれるように……
> その誓いや小羊の血や混じり気のないぶどう酒の御神酒、そしてわれわれが信頼しあって交わした右手は決して効果なきものではない。

　その儀式の効果は第1に、契約を破る相手は（魔術的に）自身に呪いを受けるということ、つまり、屠殺された動物と注ぎ出されたぶどう酒に起こったことと同じことが、彼に起こるだろうという想定に基づいている（Speyer参照）。ここでは契約の食事は必要とされない。そして事実、その場面の元来の雰囲気に合致しない。しかし、純粋な誓いの儀式と、通常の犠牲形式や、われわれが幾つかの民族に見出す血盟の義兄弟の慣習とが融合されることを通じて、次第にそのような食事が持ち込まれていった。この融合は、最終的には、少年を殺してその内臓を食べるとか（Dio Cassius 37.30.3）、あるいは自分の血をぶどう酒と混ぜて飲むことによって（Sallust, *Catiline* 22.1–3）、契約を自分の陰謀仲間と交わしたと言われるカティリナについて語られたような、ぞっとさせる物語へと通じていった。

　同時に、われわれはここで、人身御供の痕跡を見出す（Schwenn; Hughes; Dohrmann参照）。それは確かに、歴史時代には至極稀な例外であったが、しかし、神話上の伝説にも、噂や小説家によって愛されるような扇情的な物語にもしっかりと固定されている（古典的名小説もまた本当の人身御供や虚構的な人身御供のぞっとさせるような記述を幾つか含んでいる）。

神接待（神々を手厚く持て成すこと）

　古典時代は広義の犠牲祭儀に神接待も含んでいた。神々に示される儀式的な持て成し、あるいは神々に食物を差し出すことである。これは神殿の中や野外で私的また公的な行為として、定められた日や特定の機会に起こっ

た。必需品は食べ物を受け取る食卓と、装飾された神々の像が席を与えられる長椅子である[6]。この特別な形はラテン語で *lectisternium* (*lectus*「休息場所」と *sternere*「拡げる」、席に着く、から派生)と呼ばれている。リウィウスは、干魃や疫病や軍事的敗北の際になされる吉兆判断が好ましくなかったときに催される *lectisternia*〔神々の饗宴〕について語っている。それらは庶民の間で催される食事に伴われた (*Urb. Cond.* 5.13.6–8)[7]。

> 聖なる儀式を執行する任務を負っていた二人連帯長官の2人は、そのとき〔紀元前401年〕ローマの町で初めて神々の饗宴 [*lectisternium*] を制定し、8日間を通して、アポロンとプラトーナ〔=アポロンとディアーナの母なるレートー〕、ヘルクレースとディアーナ〔=アルテミス〕、メルクリウス〔=ヘルメス〕とネプトゥーヌス〔=ポセイドーン〕を、当時準備し得た最大の豪華さでもって、覆いとクッションのある食事用安楽椅子 [*stratis lectis*] の上で、宥め鎮めた。この儀式は私的に〔家庭で〕も祝われた。町全体で、〔家々の〕戸口が開かれ、あらゆる物がだれかれの別なく自由に用いられるように戸外に置かれた。見知った者も見知らぬ者も、たまたま通りかかる者は客として歓待に招き入れられ、敵対する者たちとも好意あるまた親しい口調で話し、口論や争いが和らげられた、と言われている。〔祭の〕これらの日々には、獄に繋がれた者たちも鎖を取り去られた……。

この行為は招待された神が(言わば)本人自ら現れ、食事をするという望みが含まれているが、その食事は恐らく実際には祭司か参加者によって食された。クルト・ラッテによれば、*lectisternia* は新しい形態の敬虔であり、それは「広範囲の大衆に、伝統的な神々の祭儀よりも、神々に近づいて、神々の恩恵が確実であることを自分たちに確証させる、より直接的な可能性を与

---

[6] ギリシアの例はマグネシアから出土した碑文 SIG 3/583 = LSAM 32 (196 BCE) で、それによれば、3脚の長椅子に12体の神々の彫像が置かれていた。これについては、O. Kern, *Religion* (リスト 2) III.177 を参照。

[7] 本文については、L. Fladerer, *Livius: Ab urbe condita / Römische Geschichte. Liber V/5. Buch* (RecUB 2035), Stuttgart 1993. B. O. Foster, *Livy: History of Rome*, vol. 3 (LCL 172), Cambridge, Mass. and London 1924. をも参照。

えた」[8]。

われわれは、特定の機会に催された、こうした lectisternia と、神殿で継続的になされた神々への食べ物の奉仕とを区別できる（Gill あるいは彼が資料としたテクストである Dionysius of Halicarnassus, *Ant. Rom.* 2.23.5 を見よ、「私は聖なる家々でどのように彼らが神々に食事を供するかを見た。木製の食卓の上に、籠や陶器の器に入れ置かれた大麦のパン、ケーキ、小麦、および初物の果物を」）。神々と人間の交わりにおいて取られる食事という考えがそうした儀式の中で示されているのかもしれないが、しかし、それは決してはっきりとは述べられていない。それがはっきりと表現されているのが見出されるところでは、それは神話的領域や時間に移される。例えばホメーロスでは、神々がはるか遠方のエチオピア人たちやパイアケス人たちの持て成しを享受する（*Il.* 1.423f. および頻繁に）。あるいは最古の時代についてヘシオドスは次のように語る。「その時代には、食事は共通になされていた、不死の神々と死すべき運命の人間とが同じ慣習を持っていた」（断片 1、Merkelbach-West）。

しかしながら、神々の持て成し（テオクセニア）という概念の中に古い考え方は存続している。神々は人間から滋養物を受け取ることを頼みにしている、人は神々が力を保ち生き続けることのできるように、神々に食物を提供しなければならない、という考え方である。これは風刺作家たちが軽蔑をこめて攻撃できた点であったが、それはわれわれが既にアリストファネスの喜劇『鳥』の中で見出すとおりである。そこでは、プロメテウスがどのように「夷狄たちの神々が飢え死にしそうになってイリュリア人たちのようにわめき立て、そしてゼウスが、切り刻んだ臓物を輸入するために、港を開いて交易を許すのでなければ、高きにいますゼウスに襲いかかると宣告し」て脅すのである（1520–4）。

2. 神殿と祭壇

リスト 9

---

[8] *Religionsgeschichte*（リスト 2）242.

A　犠牲祭儀

S. E. Alcock and R. Osborne (eds.), *Placing the Gods: Sanctuaries and Sacred Space in Ancient Greece*, Oxford 1994, pb. 1996.

N. Marinatos and R. Hägg (eds.), *Greek Sanctuaries: New Approaches*, London 1993（詳細な参考文献表を備えている [192–227]）.

E. M. Orlin, *Temples, Religion and Politics in the Roman Republic* (Mn. S 164), Leiden 1996.

G. Roux, *Temples et sanctuaires*, Lyons 1984.

J. E. Stambaugh, 'The Functions of Roman Temples', *ANRW* II/16.1 (1978) 554–608.

　神々の規則的な食事のための食卓は神殿の中にあった。屠殺犠牲のための祭壇は外部に、入り口の前に置かれていた。ギリシア語は食卓にはτράπεζα、祭壇にはβωμός という2つの異なった用語を持っている。われわれはここで、古典時代の神殿施設の特徴を見ておきたい。それは、われわれが今日神礼拝のための空間あるいは教会の建物として考えるようなものとはほとんど共通点がない。古典的神殿の理念型的な基本形式は次の通りである。建物の形は長方形で、その建物に導きのぼる階段がついている。その長方形の真ん中にひとつの閉ざされた部屋、*cella* がある。その部屋の中に、天井にある明かり取りを通して、ないしは東の方角に開いている扉を通して、光が降り注ぐ。通常幾分高くなっている後壁を背にして、その神殿が奉献された当の神像ないしは女神像が立っている（時折、2体の神々が祀られたり、より稀にはもっと多数の神々が祀られていることもある）。神々の食事のためのτράπεζαと、香を焚く小さな祭壇、そして幾つかの祈願のための贈り物を除けば、神殿施設のこの中心部には他の調度品はほとんど何もない。とにかく、*cella* は決して信者が集まるための部屋としても犠牲を献げる部屋としても使用されてはいない。神殿内部の雇われ人たちが使用するために、あるいは道具類を保管するために、他の小部屋が幾つか *cella* の背後に置かれることもある。神殿宝庫もまたたいていはここにあった。神殿宝庫は奉納物、財政的な寄進、また徴収された賦課金からなり、相当の価値にのぼった（神殿の機能のひとつは、お金が安全に保管されるために預金することのできる、あるいは利息を支払って借金することのできる、銀行としてのそれであった）。*cella* の前には戸外に通じる控えの間があった。そして、柱で支えられた柱廊玄関(ポルチコ)が、

同様に戸外へと開かれて、その周りを取り囲んでいた。

　神殿の内部は厳粛な静けさのうちにたたずんでいた。その内部に訪問者が入ることは時折でしかなかったからである。礼拝は外で、つまり、表玄関の前で、執り行われた。前述の屠殺犠牲がなされたのはここであった。犠牲の火が燃えていた犠牲の祭壇はここに置かれていたのである。最初期には、祭壇として役立つように、草や石が層を成すように積み上げられていた。以前の犠牲の残留物が積み上げられて作られた、灰の祭壇もまた見出される。ペルガモンのゼウスの祭壇（これは今日ベルリンの博物館島で感嘆することができる）、あるいはアウグストゥスの平和の祭壇 *ara pacis* のような、堂々たる規模にまで達するのは稀にしかすぎなかった。たいていは、比較的小さな、大理石と石の塊からできた殆ど真四角の、ないしは丸い祭壇を見出す。比較的大きな動物が屠殺されたのはそのような祭壇の上ではなく、祭壇の近くで屠殺されたのであった。祭壇に血を撒き散らしたり、捧げられた大麦を火の中に投げ入れて、神の取り分を火で燃やすにはそれで十分であった。犠牲肉の準備や食事も、むしろピクニックのように、戸外でなされた。しかし、多くの神殿にはそれ自身の台所や食事部屋もあった（例えばコリントのアスクレピオスの神殿やデーメテールの神殿がそうである）[9]。

　神殿施設全体は *temenos*（τέμνω「切る」あるいは「切り取る」から派生、ここでは特に境界を定められた聖なる区域を示すもの）と呼ばれた、はっきり境界が定められた空間の内部にあった。泉、あるいは木々の小さな集まりがある区域が選ばれる傾向があった。泉や洞窟もまたそれだけで、神的なものがその存在を感じさせる聖なる場所と考えられ得た（Ovid, *Fasti* 3.295–8 参照、「そこアウェンティヌスの丘の麓に、樫の木の陰におおわれてほの暗き小森があった。それを目にする者は、『ここに神が住み給う』と言い得たことであろう。そのただ中には草が生え、そして緑したたる苔におおわれて、絶えることなくわきいずる泉の水路が岩より流れ出る」）[10]。

9　以下を見よ。M. Lang, *Cure and Cult in Ancient Corinth: A Guide to the Asklepieion* (American Excavations in Old Corinth: Corinth Notes 1), Princeton 1977; N. Bookidis, 'Ritual Dining in the Sanctuary of Demeter and Kore at Corinth: Some Questions', in O. Murray (ed.), *Sympotica: A Symposium on the Symposion*, Oxford 1990, 86–94, あるいは Idem, 'Ritual Dining at Corinth', in Marinatos and Hägg 45–61.

10　Pliny the Younger, *Ep.* 8.8.1–7 にある、聖なる洞窟の素晴らしい記述をも見よ。

A 犠牲祭儀

　上記の記述はその主要な特徴においてエルサレム神殿にもあてはめることができる。神殿の内部に何の神像も立ってはおらず、ただ契約の箱だけがおそらくは神が座っていた古代の神座の名残として置かれていたという違いはあるのだが。この他に、神殿に近づく規則が特に厳格に定められていた。異邦人たちのための外庭、女たちのための庭、男たちのための庭があり、そして大祭司の他は誰一人一番奥の区域に入ることは許されていなかったが、その大祭司にしても年に1度しか許されていなかった。同様の規制が、すなわち、特定グループの排除と近づくことのできない内部領域、いわゆる adyton が、非ユダヤ教神殿にも存在していたが、しかしそれらは通常のケースではなかった。犠牲の祝いに参加することは何ら非常に厳しい条件と結びついてはいなかったから、難しい儀式を伴った長期にわたる準備段階は、密儀宗教の祭儀の場合（後述第Ⅱ章を見よ）を除いては、例外であった。しかし一定のタブーの概念は確かに確立されており、清浄さについて最小限の規定が生じるに至った。短期間の性的節制は、ペルガモンのアテーナー神殿に由来する以下の有益な例（前133年）に見られるように、前提とされることがあった[11]。

　　誰でも女神の神殿を訪れたいと願う者は、町に居住する者もその他の誰でも、当日には彼自身の妻あるいは彼女自身の夫との性交を、そしてその前日には別の女あるいは男との性交を控えていたのでなければならず、また必要なみそぎを実施しなければならない。同様に、そのような人は、その前日に死体の埋葬あるいは産気づいた女の分娩と接触したことがあってはならない。もし、彼が葬式の宴や埋葬式に出てから来たのであれば、彼は自分自身に四方八方ぐるりと水をかけ、水の入った水盤が据えられている戸口を通り抜けて、その当日には清浄であるようにしなければならない。

11　SIG 3/982.9 = LSAM 12.

3. 神々と神々の像

リスト10

P. Desideri, 'Religione e politica nell' "Olimpico" di Dione', *QSt* 15 (1980) 141–61.

P. F. Dorcey, *The Cult of Silvanus: A Study in Roman Folk Religion* (CSCT 20), Leiden 1992.

G. Lieberg, 'Die theologia tripertita in Forschung und Bezeugung', *ANRW* I/4 (1973) 63–115.

L. R. Lind, 'Roman Religion and Ethical Thought: Abstraction and Personification', *CJ* 69 (1973/4) 108–10.

C. R. Long, *The Twelve Gods of Greece and Rome* (EPRO 107), Leiden 1987.

R. Muth, 'Vom Wesen römischer "religio" ', *ANRW* II/16.1 (1978) 290–354.

G. Radke, *Zur Entwicklung der Gottesvorstellung und der Gottesverehrung in Rom* (Impulse der Forschung 50), Darmstadt 1987.

A. Sprague-Becker, 'The theologia tripertita in Dio Chrysostom's Olympian Oration', *CIW* 87 (1993) 50–4.

　神殿の全体構想によれば神殿内部は、祭儀像によって表現されている神にとっての住居と考えられていた。他の神々の影像もまた奉納物として置かれることもあった。こうした祭儀像の幾つかは特に魅力的でもない古びた時代物の木彫像（ξόανα）であったが、しかしより時代の新しい奉納物（ἀγάλματα）や影像はしばしば青銅ないしは大理石、あるいは堅木の芯を持った黄金ないし象牙作りの壮麗な作品であった。神々は人間の姿で表現され、非常に沢山の神々がいた。ギリシア人の間におけるこの神人同形的多神教はその基本的方向づけを2つの起源から得ていた。初期の叙事詩とその後の造形芸術である。ヘロドトスが次のように書くとき、彼は前者を表現している。「ヘシオドスとホメーロスはギリシアにおける神々の系統図を作り上げ、それらの神々に渾名を付け、彼らの間に役割や名誉を分配し、そして彼らの形姿を作り上げた」（*Hist*. 2.53.2）。

　これは、紀元前1世紀にローマ人作家ムキウス・スカエウォラとウァッローによって展開されて、いわゆる *theologia tripertita*〔三部神学〕になった

(Lieberg 参照)。彼らは詩人たちの神話的神学と、宗教に関する法律や法律全体に付与される宗教的基礎に見出される政治家たちの政治的神学と、そして神的なものの本質について省察することを任務とする哲学者たちの形而下的ないしは形而上学的神学とを、区別した。紀元 100 年頃にプルタルコスも慣れ親しんでいたこの図式 (*Amat.* 18 [753c–f]) は、変形された形で、ディオ・クリュソストモスが紀元 97 年(あるいは 101 年か 105 年)に、オリンポスの競技で行ったオリンピア演説の基礎となっている (Desideri; Sprague-Becker 参照)。オリンポスは世界の七不思議のひとつであるフェイディアスの力強いゼウスの彫像がその神殿の内部に建っていた町である。

ディオによれば、神的存在についての考えはあらゆる人間が生まれつき、まさに理性という賜物と共に、それも太古の時代から持っているものである (*Or.* 12.27)。この生来の考えが自然の不思議と遭遇する中で発達し、概念化のプロセスへと導かれる (28–32)。ディオ自身はそれをこのように要約している (39)。

> われわれは、神についての表象と神的存在の想定の原初的起源として、あらゆる人間にある生来の考え——実際の事実と真理から帰結として生じるもの——を挙げた。それは過誤や偶然から生じたのではなくて、非常に力強くまた昔からずっと存続していた。つまりそれはあらゆる人々の間で生じており、存在し続けるのである。それは本当に、理性的人種に共通かつ共有される何物かである、と。

この表象の推敲は、(a) 詩人たち、(b) 立法者たち、(c) 造形芸術の代表者たち(ディオはありとあらゆるタイプを挙げている)(44)、そして最後に (d) 哲学者たちの仕事であった。修辞的技法でもって、ディオはここで彫刻家のフェイディアス自身に語らせる。フェイディアスは彼が創作したものの出所(ソース)としてのホメーロスを引き合いに出す。彼がやったことと言えば、神々を言語という手段で叙事詩に記述したものを芸術という造形品に移し替えたことがすべてである、と。ディオの代弁者として、フェイディアスはなぜ人間が神々の像を慕い焦がれるのかについてもまた説明する (60f.)。

理性を持った人間は実際これらすべて[天的な顕現]を崇敬する。理性

的人間はそれらを、自分たちが遠くから見る、祝福されたる神々と見なすのである。しかし、神的なものへと傾く意向ゆえに、あらゆる人間には近いところから神を敬い礼拝することを強く慕い焦がれる心がある。神に近づき、そして犠牲を捧げて花冠を戴かせたいという懇願の仕草をもって神に触れるのだ。なぜなら、乳幼児たちが彼らの父親や母親から引き離されたとき、恐ろしい思慕や切望の情を抱き、またしばしば居ない両親に向かって夢の中で両手を差しのばすと全く同じように、人間は神々に対して振る舞うからである。なぜなら、彼らの恩恵と彼らの親族関係ゆえに、神々を正当に愛し、またあらゆる仕方で神々と共におり、また神々と親密な関係を持ちたいと熱望するのである。

比較から、夢の世界におけるように、隔たりが残ることが、つまり神は神の像に完全に吸収されず、単純にそれと同一ではないことが明らかになる。ソクラテス以前の哲学はそのような混同に対して既に警告を発していた。おおまかに言ってディオと同時代の大プリニウスは、彼の『博物誌』にある宗教哲学についての重要な補説の中で、神の像と形姿を求めての探求を人間的な弱さの印として批判した（*Hist. Nat.* 2.14）。

ホメーロスの中では、神々は人間のように見えるだけではない。彼らの振る舞い方もまた人間のようであり、彼らの間で愛し、苦しみ、憎み、そして衝突する。彼らは家族関係を持っている。彼らは人間の生活に介入し、助けたり罰したりする。しばしば、神々の天上は、人間社会の諸領域が超地上的領域へと投射された、その別形であるように見える。しかし神々を人間と区別するものは、(a) より優れた知識と、(b) より優れた、ただし完全に無限のというわけではない力と、(c) 不死性である。全体として、神々は多様な形態の秩序立った現実の基本的な形式を表現するものであり、この現実は非常に様々な要求をもって人間と対決する[12]。

そのような神々の数は潜在的には何らの制限もなく増加しうる。特に、抽象的な言葉もまた人格化することができ、神的形姿になり得ること——例えば、ゼウスの娘ディケー（正義）、あるいは神格化された説得術の神ペイト

---

[12] このように、H. Kleinknecht, *TDNT* 3.68 が表現。他ならぬ K. Rahner (*Schriften zur Theologie*, vol. 1, Einsiedeln 3rd edn. 1958, 104) ほどの学者がこの表現を受け入れ、自分自身の表現としている。

――を考えれば、そうである。しかし、一般的な崇敬を享受した周知の神々の数は比較的少数に留まった。それらの神々の大半は、親族一門としてテッサリア北部にある神の山オリンポスの雲にそびえる頂に住んでいる（これが、彼らが「オリンポスの神々」と呼ばれる理由である）。体系化の古典的な試みは十二数で仕上げようとする傾向がある（Long 参照）。この体系は複雑な現実とは完全には即応しないが、われわれはごく重要なギリシアの神々（〔下のリストでは〕ローマでおおよそ相当する神々は括弧に入れられている）を数え上げるときに、その指針を与える基準としてそれを用いることができる。

1. ゼウス（ユピテル）、神々と人間の父。
2. ヘーラー（ユーノー）、ゼウスの配偶者。
3. ポセイドーン（ネプテュヌス）、ゼウスの兄弟で海の神。
4. アテーナー（ミネルウァ）、アテーナイの町を守護する女神、神話によれば、ゼウスの頭から飛び出て、武装した処女で戦士。しかし女たちを気遣い彼女らを助ける者でもある。
5. アポロン、ゼウスの息子、とりわけ神託の神としてデルフォイに住んでいる。たいてい、青年期の盛りにある男として描かれている。
6. アルテミス（ディアナ）、アポロンとは双生児で、動物たちの女王、狩猟の女神である。
7. アフロディーテ（ウェヌス）、愛の女神。
8. ヘルメス（メルクリウス）、神々の伝令、商人と盗人の守護者。死者の魂を下界に導く者でもある。
9. ヘファイストス（ウォルカヌス）、鍛冶職人、火と職工人の仕事の神。
10. アレス（マルス）、戦争の怖ろしい神――そして滅多にホメーロスに言及されないから、幾分他の神々から距離を置いているが、しかし例えば、密儀宗教の祭儀に例外的に重要な神である。
11. デーメテール（ケレス）、穀物の女神。
12. ディオニュソス（バックス）、酒の神。

例えばハーデース（プルートー）のような、若干の神々はこのリストから漏れている。なぜならば、ハーデースは冥府の神であるが、彼は神々の山以

第 I 章　日常生活および境界線上の経験：市民宗教と家庭宗教

外の場所に住んでいたからである。ギリシアとローマの宗教史の手引き書は個々の神の形姿を紹介するに、モノグラフ的な形で個々の章の中で、それぞれの神話を語り、それぞれの祭儀を記し、そしてそれぞれの役割を素描するが、しかしわれわれはこうした主題はここでは展開することができない。われわれはただ、ローマの宗教についてのひとつの観察だけを加えておく（Muth; Lind 参照）。一般的に、特に比較的初期の段階については、よりはっきりと区別する必要があろう。例えば、ローマ人の間では、神々についての神話的物語や神々の像はギリシア人の間におけると同じほどの中心的な役割を演じていない。ローマ人は、神が何を為したかによって、神と知り認める。その見事な例は頭を 2 つ持つ神ヤヌスである。ヤヌスは開かれた扉や閉じられた扉の神で、この神に相当する神はギリシアの神々(パンテオン)の中には存在しない。敷居をまたぐことが良い結果をもたらすか、あるいは悪い結果かはこの神の責任であった。ローマ人の間では、実質的にあらゆる行為がこのような仕方で概念化され神格化され得た。そして、このことは過剰なまでに多量の名前〔の神々が存在すること〕へと導いたのである。ギリシアの神々への同化吸収は前 3 世紀末に始まった。それはとうていすべての場合に円滑に（それに相応した、この同化吸収のプロセスに必要とされた神々の重要性の評価を伴って）は成功しなかったが、その結果は、初期帝政時代には、もはや単純に相互並立する 2 つの体系は存在せず、多数はあっちに行ったりこっちに来たりして交換可能であるもののように見えた。

　P. F. ドーシーのローマ神シルウァヌスについての研究はどのようにして〔神々の間の〕個性が維持されたかの例である。この農業、森林、狩猟、そして辺境の神は、碑文によって最も頻繁に証言されている神であるが、しかし、彼は自身の公式の祭儀を持っていなかった。つまり国家の神殿と祝祭と休日を持っていなかった。彼は特に 2 世紀と 3 世紀に諸都市の平民の間で人気があった。それは確かに、田園の世界に対するノスタルジックな思慕と都市の悲惨な境遇から逃げ出す希望を露呈している（Dorcey 32 参照）。

　儀式を正しく執り行うことに固執することもローマ宗教の特徴であったし、特徴であり続けた。式典は最後の最後の詳細に至るまで正しく執行されなければならず、それら詳細の何ひとつ変えられてはならなかった。祭儀を行う人々はこれに対する責任を持っていて、その儀式的任務は公衆の参加、つまり一般民衆の参加がない場合にさえ有効に遂行することができた。

4. 祭司

リスト 11

M. Beard and J. North (eds.), *Pagan Priests: Religion and Power in the Ancient World*, London 1990.

A. Bendlin et al., 'Priesthoods in Mediterranean Religions', *Numen* 40 (1993) 82–94（ビアードとノースの評論）.

R. S. J. Garland, 'Religious Authority in Archaic and Classical Athens', *ABSA* 79 (1984) 75–123.

A. and I. König, *Der römische Festkalender der Republik: Feste, Organisationen und Priesterschaften* (RecUB 8693), Stuttgart 1991, 105–34.

J. Scheid, 'Les Prêtres officiels sous les empereurs julio-claudiens', *ANRW* II/16.1 (1978) 610–54.

L. Schumacher, 'Die vier hohen römischen Priesterkollegien unter den Flaviern, den Antoninen und den Severern (69–253 n.Chr.)', *ANRW* II/16.1 (1978) 655–819.

G. J. Szemler, 'Priesthoods and Priestly Careers in Ancient Rome', *ANRW* II/16.3 (1986) 2314–31.

　ホメーロスの例においては、社会的尊敬を受けている人々が犠牲を執り行う責任があった。王、軍の指揮官、家の主人である。この可能性は存在し続けたが、しかし時が経つにつれ、専門化することが不可避となり、祭司の役職が生じてきた──〔この役職は、〕ギリシア人やローマ人の間では、われわれが長いキリスト教の伝統の影響下でこの概念に連想しがちなものとは著しく違っている。

　われわれはプラトンで始めることにする。彼は晩年の作品の中で、都市国家の体制について記しており、その体制のために祭司と女祭司は神殿を管理するものと、もくろまれている（*Leg.* 6.7 [759a–760a]）。彼らは籤を引くことによってこの役職を受け取るから、決定は神による事の導きに委ねられたように見える。しかし、籤によって選ばれた者たちはさらに今ひとつの検査を受けねばならない。その検査は、彼らが身体的な欠陥を持っておらず、嫡出の出生であり、尊敬される家族の出身で、そして流血の罪や同様の犯罪

とは無関係であるかどうかを確定するものである。この最後の必要条件は彼らの両親にもあてはまる。プラトンはこの役職の任期を僅か1年としており、そしてこの役職に就くために比較的高い年齢の敷居、60歳という敷居を置いている。これはおそらく、直接的な祭司活動の期間に対して性的節制が要求され、これはより高齢であれば比較的容易であると考えられたという理由からであろう。国家は2つないし3つの宝庫を管理する義務があり、神殿財宝と神殿区域を監査する主たる責任を担っていた。プラトンは祭司階級の任務を次のように定義している。「伝承されてきた聖なる言説によれば、祭司階級は犠牲という手段によって、神々が喜ぶ贈り物をどのように彼らに持っていけばよいのか、また同様に、神々がわれわれの願い事を成就してくれるように祈りによってどのようにわれわれを助けてくれるかを知っている」(*Polit.* 29 [290c])。

上述の帰結として、国家に属する、あらゆる非の打ち所なく自由で健康な男性市民は（そしてそれ相応にあらゆる女性市民もまた）、もし籤が彼ないし彼女に当たったなら、そのような役職を担うことができた。このことはまた、そのような任務は副次的職業としてのみ遂行されたのであり、それが彼／彼女の人生の主たる生きがいでは決してなかったことを意味する。

祭司は何をしなければならなかったか？　彼らの活動は場所的にひとつの特定の神殿とひとりの特定の神に結ばれており、このことだけで、〔祭司という〕一般的概念や明瞭な輪郭を持った固有の祭司身分は存在しなかった。祭司は自分の神殿区域内で、組織体のために、そして儀式のスムーズな進行のために配慮する。彼らの責任範囲に入るものは、建物の維持と、外側の秩序と、そして彼らが導き、祈りを唱える犠牲の祝いを正しく遂行することであった。比較的大きな神殿施設では、祭儀に関わる他の役人たちや奴隷たちが祭司たちを援助した。プラトンがもくろむ年齢制限は決して拘束力があったわけではなかったことが明らかになっている。籤を引くことによる決定と同様、民衆による選挙というような他の可能性もわれわれは見出す。多くの祭司的役職は家族の中で相続されることや、あるいは他に——特に小アジアや他の島々でそうであったように——買収によって獲得されることもあった。相続されたないし買収された役職は、しばしば1年とかひとつの祝いの期間という制限に制約されることはなく、生涯全体にわたって占められた。そうした買収は前100年から後100年の間の時期、カルケドンのアスクレピオ

A 犠牲祭儀

ス神殿の祭司職についての法律によって例示することができる[13]。

> ［アスクレピオスの祭司は］祝いの間花冠を身につけねばならず、また公共の食事に赴かねばならない……。祭司職は体が完全無欠で公の儀式に与る資格を持っている者によって買われねばならない。しかし、ひとは祭司職を息子のために買うことも許される。さもなければ、ひとは自分以外の他人のためにそれを買うことは許されない……。彼が買収の全代価を支払い終わったときに、彼はその役職に就任することができる。彼自身が就任の式典の費用を支払わねばならない。祭司は神殿を毎日開かねばならない。しかし、彼はアスクレピオス神殿の柱廊玄関(ポルチコ)が清潔に保たれていることにも気を配らねばならない。彼はマカネイオス月以降定期的に収入を受けることができる。買収代価は……5,038 ドラクマ 4 オボロスにのぼる。買収者はマトリス、メニオスの息子である。

そのような役職を買収した者は、そのことが彼に公的な名誉と社会的名声の増加をもたらすことを望んだ。祭司たちのために町の劇場には特別な座席が取っておかれた。引用したばかりの碑文は祭司たちがその活動から収入を得ることを示している。自然の産物という形で、犠牲の贈り物の一部が祭司に与えられた。犠牲動物の腿にあたる部分や聖なる食卓に置かれた贈り物である。犠牲動物の皮もまた貨幣価値を表し、これについて正確な帳簿がつけられた。われわれは犠牲動物の皮の売却についての勘定だけが記された碑文を持っている[14]。売却益は国家のものであったが、しかし祭司たちもまた特定事情に応じてその分け前を受け取った。神殿財産もまた収入をもたらし得た。つまり、そこから寄贈がなされた。時々、神殿区域内に公の住居を得ることが可能であった。他方で、祭司もまた非常に重い支出をする義務を有することもあり得た。この碑文においては、祭司は彼自身の就任に際して祝典のために自分自身の財布から支払うことが要求されている。

個々の神のために建てられた個々の神殿の領域ではギリシア人とローマ人との間に多くの類似点が存在していたが、しかしローマ人の間では、国家が

13　SIG 3/ 1009 = LSAM 5 参照。
14　例えば、SIG 3/ 1029（M. P. Nilsson, *Religion*（リスト 4）71 に掲載）。

宗教の公的営為の監督と執行を公的な祭司職に委ねており、彼らには相当にギリシア人の間でよりも高い社会的名声が与えられていた[15]。そのような生涯にわたる終身祭司職はあらゆる政治的キャリアの不可欠の部分であったし、したがってそれは多くの人々にやたらに欲しがられたことを想起しなければならない。新しいメンバーは祭司団体自身によって選ばれたり、元老院によって、あるいは皇帝によって選ばれたりもした。実際のところは、ごく僅かな者たちだけが、何とか2つ以上の祭司職を獲得することができた。ユリウス・カエサルは彼自身の手に pontifex maximus〔最高神祇官〕の任務と卜占官の任務とを結びつけたが、しかし皇帝アウグストゥスのようにすべての重要な祭司職を一身に引き受けることに成功したのは、非常に例外的な出来事であった――それは逆に、時に脅かされることもあった彼の権力基盤を拡大することにも役立った。アウグストゥス自身が彼の行為についての記事の中で書きとどめている。「私は pontifex maximus また卜占官であり、quindecemviri sacris faciundis〔挙行さるべき祭礼の15人〕と、septemviri epulonum〔祝宴世話人の7人〕の団体に属し、私はアルウァル兄弟団〔古代ローマで、農耕と大地の女神ディアに仕える12人の神官団〕の一員、sodalis Titius〔ティティウスの会員〕、また fetialis〔従軍祭司〕であった」[16]。

pontifex という名前は「橋の建設者」を意味する。この役職の起源は橋の点検や維持であった。16名の神祇官がおり、pontifex maximus を宗教問題におけるローマ最高位の権威として彼らの長としていた。彼らは暦の問題を調整し、祝祭日を定めて、宗教的問題に関する疑問に助言を与えた。augur〔卜占官〕は前兆を解釈する任務を持っていた。鳥たちの飛び方や雌鶏が種をつ

---

15 Pliny the Younger, *Ep.* 4.8.1f. を参照。そこでは、小プリニウスは卜占官となったことを喜んでいるが、「先ず第1に、比較的重要ではない事柄においてさえ元首の依頼に応えることは素晴らしいからであるが、しかしまた、この祭司職それ自身が古くて聖なるものであり、それが生涯全体にわたって授けられるという事実もまたそれに何か尊ぶべき特別なものを与えるからでもある」。

16 *Res Gestae* 7;（以下に続く記述についてもまた）以下の文献に見られる、説明と参考文献表を伴った本文を参照、E. Weber, *Augustus: Meine Taten/Res Gestae Divi Augusti* (TuscBü), Munich and Zurich 5th edn. 1989; M. Giebel, *Augustus: Res gestae/Tatenbericht* (RecUB 9773), Stuttgart 1975, reprint 1991; M. Beard et al., *Religions*, vol. 1（リスト2）186–92 を見よ。F. W. Shipley, 'Res Gestae Divi Augusti', in Idem, *Velleius Paterculus: Compendium of Roman History* (LCL 152), Cambridge, Mass. and London 1924, reprint 1979, 332–405.

いばむ仕方に基づいて、彼らは幸先の良いお告げや危険なお告げを確かめた（下記第Ⅲ章 B.1（b）を見よ）。*quindecemviri sacris faciundis*（「挙行されるべき神聖なる行為に対する責任を持った15人の男たち」）はシビュラの託宣の書を研究し、地中海地域全体からローマに浸透した異国の祭儀を精査した。*septemviri epulonum* は式典の主人役を務めた7人の男たちで、大休日に公の食事を準備調達し、こうした機会に神々に対する儀式的食物を供えた。これらはローマの4つの大きな祭司団体である。さらに若干の専門職は以下の通り。アルウァル兄弟団（*arva*「耕地」から由来）は、神聖なる小さな森の中にある牧草地を通る行列行進を伴う非常に古い農業儀式を執り行い、また紀元1世紀以降は皇帝祭儀にも熱心であった。*sodales Titii*、つまり、ローマの前史に属する伝説的な王ティティウス・タティウスの仲間たちについては、名前以外われわれは知らない。アウグストゥス自身が彼らを復興させたようであるが、しかし彼らの役割が何であったのかは不確かである。*fetiales*〔*fetialis* の複数形〕もまたアウグストゥスが復興させる以前には数百年間消え去っていた。彼らは異国部族に宣戦布告する責任を持っていたが、その布告は敵の領地に木製の槍を投げ入れる象徴行為を伴った。彼らはまた、誓いを確約するための犠牲という形で、和平を結んだ。

5. 祭礼

(a) 概観

リスト12

M. Beard et al., *Religions*, vol. 2（リスト4）60–77.

F. Bömer, *P. Ovidius Naso: Die Fasten*, vols. 1–2 (WKLGS), Heidelberg 1957.

L. Deubner, *Feste*（リスト2）.

W. Fauth, 'Römische Religion im Spiegel der "Fasti" des Ovid', *ANRW* II/16.1 (1978) 104–86.

J. G. Frazer, *Ovid: Fasti* (LCL 253), rev. by G. P. Goold, Cambridge, Mass. and London 1989.

A. and I. König, *Festkalender*（リスト11）.

M. P. Nilsson, *Feste*（リスト 2）.

R. M. Ogilvie, *Romans*（リスト 2) 78–107.

V. J. Rosivach, *System*（リスト 7) 9–67.

J. Rüpke, *Kalender und Öffentlichkeit: Die Geschichte der Repräsentation und religiösen Qualifikation von Zeit in Rom* (RVV 40), Berlin 1995.

H. H. Scullard, *Festivals and Ceremonies of the Roman Republic*, London 1981.

J. E. Stambaugh, *The Ancient Roman City* (Ancient Society and History), Baltimore 1988, 221–4.

H. S. Versnel, *Inconsistencies in Greek and Roman Religion*, II: *Transition and Reversal in Myth and Ritual* (SGRR 6.2), Leiden 1993, 136–227.

　ギリシア・ローマ世界はユダヤ教の安息日やキリスト教の日曜日のような週毎の祭日を持っていなかったが、しかし重要さの程度は様々であるが、多数の祭日があり、不規則な間隔で1年全体にわたって散らばっていた。公式の暦を伴った長い聖礼碑文の断片（LSCS 10; LSCG 16–17）はアテーナイの町の祭礼周期について特に優れた情報を与えてくれる（Deubner 参照）。毎年の主たる祭礼は町の女神アテーナーを称えての「パンアテーナイア」で、1年の始まりである8月にあった。それに先だつ月に女たちによって織られた、女神のための新しい着物が船の荷車に帆のように結びつけられて、祭礼の行列行進で町を通り抜けてアクロポリスのアテーナー神殿にまで運ばれて、そこで古い木製の女神像にその着物が着せられた。4年ごとの大パンアテーナイアの機会には、同盟諸都市やアテーナイから建設された植民市もまた、アテーナイに犠牲動物や贈り物と共に代表団を派遣した。他の人気の高い祭礼はアンテステリアで、これは酒の神ディオニュソスを称えて3日間行われた祭典で、1年の早い時期に開かれ、その2日目には儀式的な飲酒競争を伴っていた。その勝者は、2リットル以上の酒を満たした取っ手付き水差しを最初に空にすることができた者であった。

　オウィディウスはその著『祭暦 (*Fasti*)』（Bömer; Frazer 参照）の中で、150日以上の祭日を持ったローマの祝祭年について記述し説明したが、しかしながら、その多くは何らの荘厳さをもって祝われることはなく、ただ国家神殿において一定の式典が要求されただけであった。残念なことに、1月から6月までの時期を扱う最初の6巻しか残存していない（Ogilvie によって

完全な記述がなされている）。それ故、とりわけ、12月に行われる著名なサテュルナリアの祭礼について、われわれはオウィディウスの記述を持っていない。それは、公共の犠牲祝祭と社会秩序の一時的緩和とを伴った、一種のローマのカーニバルであった（Versnel 参照）。プリニウスは彼が書いた手紙のひとつの中で、自分が田舎にある地所に自分のために防音装置を施した部屋を作り、サテュルナリアの時に、鍛冶奉公人たちが建物の別の部分でドンチャン騒ぎを起こしているときにさえも、そこで煩わされることなく勉強することができた、と書いている（*Ep.* 2.17.24）。

われわれはただ、中程度の重要性を持った2つのアッティカの祭礼、タルゲリアとブフォニアだけを詳細に学ぶことにしよう。なぜなら、それらの祭礼は、犠牲の慣習の起源と意味に関する現代の研究における主要な論争に対する例示資料として適切だと思うからである。

(b) 個別例

リスト13

W. Burkert, *Homo Necans*（リスト2）135–43.

L. Deubner, *Feste*（リスト2）158–98.

F. Schwenn, *Menschenopfer*（リスト8）26–59.

J. P. Vernant, 'A General Theory of Sacrifice and the Slaying of the Victims in the Greek *Thusia*', in Idem, *Mortals and Immortals: Collected Essays*, ed. F. I. Zeitlin, Princeton 1991, 290–302.

タルゲリア（Thargelia）

Thargelion とは、アテーナイの夏の月々のひとつの名前である。前6世紀の詩人ヒッポナクスに帰せられている多少不明瞭な本文は、毎年この月の6日／7日に執り行われたと言われている儀式について記している[17]。

これが、古代にどのように「身代り（スケープゴート）」が、清めが、執り行われたかである。神々の怒りによって科せられた大災害が町を襲ったとき——飢え

17　Frags. 5–11 West.

であれ、あるいは疫病であれ、あるいはその他の損害であれ——彼らは苦難が襲った町のための清めと「身代り」として、他の誰よりも醜悪な者を犠牲として捧げた。[町から]さほど遠く離れていないところで、彼らは犠牲をある場所に立たせ、彼にチーズとパン、それに乾しいちじくを与えた。それから、彼らは玉ねぎと野生のいちじくとその他にも野生の木々に育ったものとでもって彼のペニスを7回打った。最後に、彼らは彼をこれら野生の木々の上に乗せて燃やし、(私が語ったように)苦難に襲われた町のための贖罪として、その灰をすべて海中に散らし風にのせて飛ばした。この風習の全体について卓越した記述をしているのはヒッポナクスである。

並行伝承は2人の「身代り」について語るか、さもなければしばらくの間供宴でもって最善の処遇を与えられ、それから同じ運命をこうむる1人の哀れな男について語っている。燃やす代わりに、民衆が石と殴打で町の領地から「身代り」を追い払うことで満足するのでなければ、彼は岩から投げ落とされることもあった。後者の方が多分、実際に起こったこととより合致していたと判断される。正真正銘の人身御供の遺物がまだおぼろげに感知されうるが、それは恐らくはただ神話的基層に属しているだけである。

ここで「身代り」と訳された単語はギリシア語で φάρμακος (男性形) である。φάρμακον (中性形) は薬ないし毒のことである。この名前それ自体でもって、身代りである代行人は、救済と贖罪の手段と解釈される。このことは、本文中で「清め」(καθαρμός) という単語が用いられることによって強められる。ニルソンの翻訳「身代り」('Sündenbock') は旧約聖書に出る類似の儀式によって示唆され、また実際、レビ16章に並行がある、ただし、そこでは民全体の科を負わされて荒野の中に追い払われるのは動物である——人間ではない。この排除の儀式はわれわれがこれまで見てきた犠牲の基本形とは相当に異なっている。われわれは以下でこの点に立ち戻ることにする。

ブフォニア (Buphonia)

1年の終わりに、つまりおおよそ7月に、アテーナイの町は *dipolieia* (町の神としてのゼウスの祭礼) を祝う。その祭礼で *buphonia* (雄牛の屠殺) と

呼ばれる儀式が実施される。われわれはポルフュリオスにある長い記事[18]やその他の資料から出来事の順序がどうであったか分かっている。雄牛が祭壇の周りの柵の内に引き入れられ、犠牲の大麦を食べる最初の獣が斧で殺された。屠殺者は逃げ去り、その一方で残った者たちはその獣の皮を剝ぎ、切り分けて、その肉を焼き、それを食べた。それから雄牛の皮に詰物がされ、その動物があたかも畑に働きに出たがっているかのように見えるような仕方で鋤の前に置かれた。最後に法廷の審理が開かれ、そこですべての者たちが雄牛の死に対してお互いを非難し合い、遂には包丁が有罪であると見なされて海の中に投げ入れられた。

その形式は通常の屠殺犠牲のそれである。特別な点は、正真正銘の「無実の喜劇」（Burkert）が挙行されることである。雄牛は余りに急いで大麦の粒を食べたから、雄牛に起こったことのすべての科は雄牛自身にある。その責任は町の共同体全員に割り当てられ、その後に、この集団内部で、命のない道具に割り当てられる。それはまるで、あたかも犠牲が、日常生活のこの普通の事実が、それにもかかわらず容易に解消できない科の感情の貯蔵庫であり、こうした感情をこの特別の場合に表現することが許されるとでもいうように思われる。

6. 犠牲理論

リスト 14

G. Bader, *Symbolik des Todes Jesu* (HUTh 25), Tübingen 1988（とりわけ Burkert および Girard について）.

W. Burkert, *Wilder Ursprung: Opferritual und Mythos bei den Griechen* (Kleine Kulturwissenschaftliche Bibliothek 22), Berlin 1990.

——— *Homo Necans*（リスト 2）.

E. Ferguson, 'Spiritual Sacrifice in Early Christianity and its Environment', *ANRW* II/23.2 (1980) 1151–89.

R. Girard, *Violence and the Sacred*, London and Baltimore 1977.〔ジラール『暴力と

---

18 （Theophrastus による）*De Abstinentia* 2.29f.

聖なるもの』古田幸男訳、法政大学出版局、2012 年〕

―――― *Le Bouc émissaire*, Paris 1981.

H. Hubert and M. Mauss, *Sacrifice: Its Nature and Function*, London 1964; French original in *Mélanges d'histoire des religions* (Travaux de ASoc), Paris 2nd edn. 1929, 1–130, also in M. Mauss, *Oeuvres*, vol. 1, ed. V. Karady (Collection 'Le Sens commun'), Paris 1968, 193–307.〔ユベール／モース『供犠』小関藤一郎訳、法政大学出版局、1990 年〕

B. Lang, *Sacred Games*（リスト 3）.

K. Meuli, 'Griechische Opferbräuche', in *Phyllobolia (Festschrift P. von der Mühll)*, Basel 1946, 185–288; also in Idem, *Gesammelte Schriften*, ed. T. Gelzer, vol. 2, Basel and Stuttgart 1975, 907–1021.

R. Parker, *Miasma*（リスト 2）257–80.

W. R. Smith, *Lectures on the Religion of the Semites: The Fundamental Institutions*, London 3rd edn. 1927.〔スミス『セム族の宗教』前編・後編、永橋卓介訳、岩波文庫、1942–43 年〕

F. T. van Straten, 'Gifts for the Gods', in H. S. Versnel, *Worship*（リスト 2）65–151, esp. 83–8.

（a）贈り物としての犠牲

　新約聖書にも見出せる犠牲のための用語は δῶρον、「贈り物」である（マタ 5:23f.）。プラトンはまさしくこの定義を与えている（*Euthyphr.* 14c）。「犠牲を捧げるとは何かを神々に与えることを意味する［δωρεῖσθαι］」。広範に広まっている見解、これはユベールとモースにも彼らの古典的研究の出発点として役立った見解であったが、それは犠牲を神に対する贈り物と理解する。人が何か貴重なもの、何か消費できるものを自分自身に使用するのをやめて、贈り物として神々に提供するのだ、と。このことは秘められた動機なしに時々起こることがあるが、しかし、神々が生き続けるように栄養物を提供するとか、あるいは神が効果的な助けを与えてくれるように刺激するという意図を持っていることもある。この後者の可能性は、*do ut des*「私が〔あなたに〕与えるのは、あなたが見返りに〔私に〕与えてくれるためにだ」という諺に要約されうるような、いささか異なった意図に幾分とも近づく。人間

は、神に何かを与えるが、しかし神から何かを、すなわち、嘆き悲しみの情況において助けを、あるいは物的な繁栄を見返りに受け取ることを期待していると、交換条件を提案しているのである。最後に、贈り物は神々の怒りを宥め、神々を人間と新たに和解させることに役立つこともできる。

この最後の考え、すなわち怒れる神の和解はごく容易に燔祭ないし焼き尽くす犠牲に結びつけられる。この場合には、犠牲にされる物すべてが炎の餌食になって、その結果正真正銘の苦痛に満ちた放棄が引き起こされる。しかし、この種の犠牲に関わる破壊性のことを考えれば、これを贈り物という風に語ることは困難である。それに、交換という性格を屠殺犠牲の通常の形と結びつけようと試みるならば、やはり問題がある。なぜならば、上で示したように、神々にはあまりに乏しい分け前しか与えられず、結果として生じる彼らの良心のとがめを宥めるために、人間はプロメテウスの詐欺の物語を採用しなければならないからである。恐らく、簡単な形の犠牲の贈り物ないしは神々への食物の供与ならばこのような仕方で解釈できるだろう。しかし、ここでもまた、この線に沿っての理解の妥当性は、神々のために用意された贈り物を食べるのがしばしば人間——祭司、神殿職員、あるいは祭礼を祝う者たち——であるという事実によって妨げられる。かくして、プラウトゥスの喜劇『黄金の壺』の中で狡猾な奴隷は言う、「女神フィデスよ、私は蜜で甘くしたぶどう酒で満ちた器をまるごと犠牲としてあなたに捧げます。それが私めがするつもりのことでございます。しかし、その後で、私めはそれを自分で飲み干すつもりでおりますので」と（621-3）。

(b) 共同（*communio*）としての**犠牲**

比較的初期の学問的研究（Smith 参照）は一時、共同の犠牲の理論を支持する傾向があったが、この理論はもはやさほど人気はない。この理論によれば、犠牲の基本的な考えは神々と人間の間の食卓の交わりである。プルタルコスがある点で素描する犠牲行為の理想的描写はこの方向を指し示しているように見えるが、しかし、それをより精密に読んでみると、それは何か幾分異なったことを語っている。「なぜなら、祭礼で喜ばしいことはぶどう酒の量でもなければ炙り焼かれた肉の量でもなく、神が助けを与えてくれて、今起こっていることを受け入れてくれるという大いなる希望と信仰である」

(*Suav. Viv. Epic.* 21 [1102a])。

　プルタルコスは犠牲の際に神が臨席することについて語っているが、しかし神が直接食事に参加することについては語っていない。通常の場合、この臨席はむしろ違った風に考えられていたことは確かである。神は犠牲の贈り物を受け取り、そして寛大にもそれらの犠牲を人間の手に戻す主人と見なされていただろう。他方で、神を持て成すことにおいては、神は客の役割を引き受けるのだが、そこでは人間が直に参加することはさほど目立ってはいなかった。この2つの光景は確かに重なっており、時折神々と人間が共同する食事がはっきりと演出されることはあった（下記 B, 2（c）を見よ）。それにもかかわらず、神が直接的に人間の食卓の交わりに分かち与かるという考えは、経験された現実というよりは、むしろ神話的な理想から来ている。余りに多くのデータは、われわれがこれをあらゆる犠牲の慣習の基礎にある基本的な考えとして受け入れることに反対する[19]。

（c）身代り（スケープゴート）のメカニズム

　ルネ・ジラールの犠牲解釈は最近多くの論争を引き起こしている。彼の出発点はあらゆる社会に潜在する、暴力に走るたやすさである。社会がこれによって完全にずたずたに引き裂かれて共倒れの闘争に引き込まれないために、攻撃への潜在力は時々発散されることを許されねばならない。周期的間隔を置いて、この攻撃はすべての危害の責任が帰せられる部外者（アウトサイダー）に向けられる。それから彼らは追い払われ殺害される。この手続きは、人間の命が失われるのだから、多大の経費を含む。長期的にはそれは維持されえない。このことが、それが社会の部外者から引き離されて、*mimēsis*（模倣）のメカニズムという手段によって、犠牲に捧げられる動物に移される理由である。動物の血まみれの犠牲を制度化し規則的間隔を置いて反復することには何の問題もない。それは元来のドラマにかつて付与されていた価値のすべてを獲得してきた。それは攻撃的暴力を縛り付けて社会的「接着剤」として役立つ。

　古典的な「身代り（スケープゴート）」がこの解釈に着想を与えていることは明白である。

19　A. D. Nock, *Essays*（リスト 2）582 をも見よ、「神は時には客であり、またある時には主人であったが、人は自分の距離を維持した」。

あるいは、異なった言い方をすれば、それは事実、pharmakoi としての人間を伴うギリシアのタルゲリア thargelia であれ〔前述 73–74 頁を見よ〕、あるいは旧約聖書の正真正銘の身代り〔の山羊〕であれ、身代り犠牲儀式の正しい解釈であることは明白である。そして、この仮説がこれを神学的に翻案しキリスト論に応用しようとする者たちにとって魅力的である理由は、直ちに明らかである（Bader 参照）。しかし私は、このことすべてがギリシア人やローマ人の間における屠殺犠牲の通常の形と何の関係があるのか分からない。本質的には異なった現実が単純に相互に同等視されてきたような印象を受けるのである。

(d) 部族史による説明

現在のところ、屠殺犠牲の起源を最も説得的に説明するのはメウリとブルケルトの汎用モデルである。ブフォニア buphonia における「無実の喜劇」〔前述 74–75 頁を見よ〕はここで関係している事柄を示している。初めは犠牲は儀式化された屠殺以上の何物でもない。農耕文化に由来する若干の変化を含んだ、前歴史的また初期歴史的狩猟時代からの遺物として生き残った何か以上のものではないのである。犠牲の儀式は申し開きの機能を持っており、動物が殺されるときに人間が経験する罪悪感を軽減する——人は食べて生き延びるために殺さねばならないが、しかし人は殺すことが常に有罪をほのめかすこと、そしてそれによって他の形の命に終止符を打つ可能性を持っていることを知っている。加えて、農夫たちは畜殺用包丁の餌食となる家畜動物と不断の接触を持っている。祭壇や神殿の壁に頭蓋骨を積み上げたり、あるいは、まず初めに保存される骨を特別な仕方で取り扱うこと、並びに皮を保存することや、もちろんなおさらのことにブフォニアにおいて雄牛に詰め物をすることなど、そうした多くの個々の詳細は、動物が無傷のままに留まることが理想であることを示している——動物は、少なくともその〔生物〕種が決して死に絶えないという意味で、生き残るべきである。こうしたすべての感情と結びついているのが、犠牲動物が犠牲の場所へと進む犠牲の行列行進の中で快く進み、人為的に導入された頭の頷きを通してその同意を知らせるのだから、動物は自分が犠牲に捧げられることに合意しているのだという考えである（Plutarch. *Quest. Conv.* 8.8.3 [729f] 参照、「今日でさえも、飲み物の

捧げ物が動物のうえに注がれ、同意してうなずく前に動物が屠殺されることのないよう大層な注意が払われる」)。

多分、元来は屠殺の行為は逐一犠牲であったとわれわれは仮定しなければならない。この手続きにおける神々の役割は次第に強化され、比較的後期になって前面に出てきた——ただし、われわれの知識に関する限り、この「後期」とは実際には、われわれが知っている最初期の歴史時代に当たるのであるが。ギリシア人やローマ人にとっての犠牲の本質的な局面のひとつは、それが彼らに肉を手に入れることを許すということであるから、その習慣自体はなおもより古い前段階を示す。

この仮説の力強さは、それが神々の側の見かけ上の不利益というような、犠牲習慣の多くの目立った特異点を満足させるまで説明してくれることである。当然——これはその仮説の限界であるが——われわれが研究することのできる歴史時代においてさえ、犠牲を捧げた者たちはそのような相互関連を意識していなかったし、またこのことは、それが〔犠牲習慣と〕個人的に掛かり合っている者たちの自己理解によって内部から提案された説明というよりは、むしろ伝承史を取り扱うシステムに関する理論のように、外部から提案された説明であることを意味する。犠牲に掛かり合った者たちが実際に感じたことを確認するためには、われわれは最小公分母としてプルタルコスが語っていること（上記(b)での記述を見よ）を保持することができる。つまり、喜び溢れた非常に具体的な祭礼と結びついた、神のある種の臨席の経験である。

かくして、「犠牲習慣」という一般用語は多数の現象を包み込み、そのうちの幾つかは重要な相互の関わりを示さないが、他方で幾つかは実際には相互に矛盾する。このことは、普遍的に有効な理論の探求を不可能にする。われわれは部分的な局面に光を投げ掛ける部分的な答えで満足しなければならない。この意味で、人はジラールの仮説を身代りのメカニズムと関連づけることができるが、しかしただそれとだけである。ブルケルトのモデルは屠殺犠牲のひとつの本質的局面を明るみに出し、その由来をよりはっきりとさせる。*communio* の期待と *do ut des*〔私もやるからあなたもよこせ〕の態度、これらの痕跡は、贈り物の性格と同様に、他所でも発見できるだろう。

その論理的帰結は、もしキリスト教神学に犠牲のカテゴリーを採用するのならば、人はこれらと厳密にどんな内容と前提を関連づけるのかを心に留め

ねばならない。確かに、「犠牲」という一般的で画一的な用語で語ることは不利を招くことであろう。人がどんなにイエスの十字架上の死を犠牲と解釈したいと願っても、人は犠牲の慣れ親しんだ形はこれと完全には適合しないことを確言しなければならず、その結果、十字架上の死は既存の犠牲概念を内部から破裂させ、そして事実、あらゆる犠牲を終わらせるに至る何かを必然的に伴ったのである。このことは、われわれがさらに先に進んで、非キリスト教的古典時代に既に知られていた犠牲用語の精神化が実際に何を意味するかについて省察するように導くべきである。お金を「犠牲にする」とは何を意味するのか、あるいは「人命の犠牲」とは何を意味するのか。これはどの程度まで隠喩(メタファー)であり、どの程度まで現実であるのか。

B 団体

われわれは本章においては「都市と家庭における宗教」をわれわれの指針となる主題に選び、そしてこのプログラムの内部で、これまでとりわけ都市と国家における宗教の公共的実践に集中してきた。その中心に立っていたのは犠牲であり、それには関連する祭礼や建物および祭儀要員がすべて伴っていた。都市(ポリス)の公共的性格から家の内部的領域に移行する道筋で、われわれはその敷居のところで、都市よりも小さく、しばしばひとつの家の中に住みついているが、しかし家族よりも大きな、それ自体で存在する何物かに遭遇する。それは私的団体である。ヘレニズム・ローマ時代のたいていの団体は、少なくともそれらの外面的形態という点では、祭儀的団体であり、またこのことがそれらを興味深いものとするばかりか、宗教史の研究に必須の研究事項とするのである。われわれは最初にその現象全体と関連する術語とを眺め、次いで有益な個々の実例に向かうこととする。諸団体の宗教生活に関しては、われわれは長々と語る必要はない。なぜなら、ここには宗教の公共的実践からわれわれが知ることとなった諸特質が、そのすべての本質的な点で再生産されているからである。

1. 対外的な現れ方と術語

リスト 15

F. M. Ausbüttel, *Untersuchungen zu den Vereinen im Westen des Römischen Reiches* (Frankfurter Althistorische Studien 11), Kallmünz 1982.

W. M. Brashear, *Vereine im griechisch-römischen Ägypten* (Xenia 34), Constanz 1993.

W. S. Ferguson, 'The Attic Orgeones', *HThR* 37 (1944) 61–140.

P. Hermann, J. H. Waszink, C. Colpe and B. Kötting, art. 'Genossenschaft', *RAC* 10 (1978) 83–155.

J. Kloppenborg and S. Wilson (eds.), *Voluntary Associations in the Graeco-Roman World*, London 1996.

G. La Piana, 'Foreign Groups in Rome during the First Centuries of the Empire', *HThR* 20 (1927) 183–403, esp. 225–8l.

W. Liebenam, *Zur Geschichte und Organisation des römischen Vereinswesens: 3 Untersuchungen*, Leipzig 1890, reprint Aalen 1964.

R. MacMullen, *Roman Social Relations 50 BC to AD 284*, New Haven 1974, 72–87.

O. M. van Nijf, *The Civic World of Professional Associations in the Roman East* (Dutch Monographs on Ancient History and Archaeology 17), Amsterdam 1997.

F. Poland, *Geschichte des griechischen Vereinswesens* (Preisschriften ... der Fürstlich Jablonowskischen Gesellschaft 38), Leipzig 1909, reprint 1967.

M. San Nicolò, *Ägyptisches Vereinswesen zur Zeit der Ptolemäer und Römer. Erster Teil: Die Vereinsarten. Zweiter Teil: Vereinswesen und Vereinsrecht* (MBPF 2), Munich 2nd edn. 1972.

M. L. Strack, 'Die Müllerinnung in Alexandrien', *ZNW* 4 (1903) 213–34.

E. Ziebarth, *Das griechische Vereinswesen* (Preisschriften ... der Fürstlich Jablonowskischen Gesellschaft 34), Leipzig 1896, reprint Wiesbaden 1969.

（a）現象の記述

「ローマ人たちの意志により公式あるいは非公式に支配され、ギリシアが

政治的に無力であった時代に、ギリシアは団体の会員であることに比類のない熱狂さを示す……。都市はもはやその支配的役割を何ら担ってはいなかった。なぜなら、〔ローマ〕帝国がそれに代わっていたからである……。より大きな帝国という単位の中で πόλις〔都市〕が廃墟となったその上に、団体が生まれ育つ」（Strack 223–5）。かくして、古典的な自発的団体がヘレニズム時代やローマ時代に全盛期にいたる。それは、都市構造(ポリス)の崩壊と最初はアレクサンドロス大王とその後継者たちの、次いでローマ人たちの政治的優位のお陰でもあった。社会生活は団体の中に移り、その範囲もより小さなものとなった。会員数の下限はおよそ10人から12人であり、上限はおよそ100人から200人である。たいていの団体は、たとえ外面的特徴に過ぎなかったとは言え、ひとりの神とその祭儀とに関係を持っていた（Strack 224、「ギリシアのほとんどあらゆる団体が、何らかの神ないし英雄との密接な結びつきを持っていた。団体が求める目的が、宗教的、科学的、芸術的、社会的、あるいは社交的なものであったかどうかは全く関係なかった」）。多くの団体名が神の名前に基づいて作られた。酒の神ディオニュソスは特に人気が高かったが、それにははっきりした理由があった。ディオニュソスの崇敬は宴会が催されることを許したからである。われわれはこの形跡を Διονυσιασταί（「ディオニュソス信奉者」）や同様の名前の新造語——「サラピス信奉者」はギリシア・エジプト神サラピスを称える団体、「救済者信奉者」は救済者たる神を称える団体——のような団体名に見出す。公的祭儀ではほとんど注目されなかった神々が団体の中に自分たちの場を見出すことはあり得たし、私的な祭儀団体はギリシアあるいはローマで地歩を固めることを求めた東方からの異国祭儀にとっては理想的な組織形態であった。

　団体の生活の主たる要素は、規則的な間隔で催される犠牲の祝祭や共同の食事であって、団体の目的や定款にもよるだろうが、毎年その神の祭礼ないしは創立の祭礼時に、月に1度、あるいはもっと頻繁にさえ催された。われわれは団体においても宗教的慣わしの基本構造を見出す。食事の準備としての犠牲である。これを実施するためには、外的条件が整えられていなければならなかった。会合と祝いのために適切な部屋が必要とされた。言い換えれば、団体のためには前提として家が必要とされたのである。儀式の準備と執行の責任を負う人物たちが任命されねばならなかったし、またかくして、構造や機能や役職が生じた。時が経つにつれ、団体の名称自体に関しても、団

体の内部的組織の記述に関しても、華々しく豊かな称号群が存在するに至った。われわれは次節において極めて重要な専門用語を学ぶこととするが、またこうして、この現象の歴史的展開と内部の分化についてより詳しく把握することにする。

(b) 専門用語

碑文からわれわれが知るところの、アテーナイにあった最古の諸団体（例えば、SIG 3/1095–7; 1100–2; LSCS 20.125）は、前5世紀からのものである。それらの会員は ὀργεῶνες（Ferguson 参照）と呼ばれた。これは、ὄργια、つまり、ギリシア語で「神聖な仕事」を意味する単語と関連しており、われわれが「orgy〔乱痴気騒ぎ〕」という単語から連想する否定的含みをいまだ持っていない。意訳すると、ὀργεῶνες とは「犠牲の仲間たち」、すなわち犠牲の食事を一緒に祝うために集まってくる人々のことである。アリストテレスは共同体の形を語る際に、他の、もっと直接的な諸団体の名称を用いている（*Eth. Nic.* 8.9.5 [1160a19–25]）[20]。

> 祭儀団体 [θιασωτῶν] や食事クラブ [ἐρανιστῶν] のように、団体 [κοινωνίαι] のなかの幾つかは楽しみのために生じたように見える。なぜなら、これらの団体は犠牲や時間を一緒に過ごすための組合だからである……。彼らは犠牲を執り行い、犠牲に結びつけて会合 [συνόδους] を執り行う。そうして、彼らは神々を崇敬し、また自分たちのために快楽を伴った息抜きを提供するのである。

このテクストは典型的な概念をわれわれに提供してくれる。まず第1に、κοινωνία「共同体」（*communio*）であり、これはあらゆる形の共同体を表す一般用語で、時には「会社〔コーポレーション〕」と翻訳するのが最も良い。これと関連しているのが中性の τὸ κοινόν「共通に所有されているもの」、「協同」であり、団体制度において比較的しばしば団体の共通の関心事、その基金、ま

---

20 以下を参照。F. Dirlmeier and E. A. Schmidt, *Aristoteles: Nikomachische Ethik* (RecUB 8586), Stuttgart 2nd edn. 1983; H. Rackham, *Aristotle: Nicomachean Ethics* (LCL 73), Cambridge, Mass. and London 1926.

84

た単純に団体それ自身を言い表すのに用いられる。かくして、τὸ κοινὸν τῶν Διονυσιαστῶν「ディオニュソス信奉者の団体」と言うことができた。それから、われわれはアリストテレスに θίασος という用語を見出すが、これは「宗教組合(ギルド)」と翻訳される。辞書はこれを、祝祭を開催することに関心を持った団体の名前、神を称えて犠牲や行列行進やその他の式典を組織するために集合し、またそうすることで快適な時間を過ごした集団と定義する。これが団体を言い表す最も重要な単独の用語である。これと並んで、われわれは古典著述家が動詞 ἐράω「愛する」と（おそらくは二次的に）関連づける ἔρανος を持っている。Ἔρανος はもともとは各自が持ち寄る形で友人たちによって共有される食事を言い表す。そこから派生して、それはその後、共通の基金を持った諸団体に適用される。それはしばしば「食事クラブ」と翻訳される。アリストテレスはまた、その会合に σύνοδος という単語を採用している。この語はしばしば、とりわけエジプトで、団体それ自体を言い表すのに用いられた。

われわれは συσσίτιον と ἑταιρία という用語もまた見出す。前者は特にスパルタで十分な証言があり、そこではそれは食事する諸団体、犠牲の会、軍事的一団のことであった。他所ではひとつの団体の名前としても用いられているこの単語（例えば Polybius 20.6.6）は、σῖτος（「穀粒」、そこからより一般的に「滋養物」）から派生しており、語構成それ自体が既に、共同の食事という側面を際立たせる。Ἑταιρίαι は友人たちの集団である（ἑταιρός「仲間」から派生）。Τεχνῖται という名前は τέχνη（「芸術」、「技術」）から派生しており、これはとりわけ芸術家、例えば一緒に集合し、実質的に常に劇場の神であるディオニュソスを彼らのパトロンに選んだ劇場の役者たちの諸団体によって用いられた。アレクサンドリアの製粉業者の団体を忘れてはならない（Strack 参照）。実情(リアリティ)は同じではないけれども、中世のギルドや職業団体をかすかに想起させられる。

ローマの諸団体のありとあらゆる多様性にもかかわらず、ラテン語資料の中で最も普通に用いられる用語は *collegium* である。ローマ人たちは管理下に置かれていなかった団体には猜疑心を抱いていた。そこで、彼らはギリシア人たちよりも公的な任務との繋がり、法的統制、それに（もしこの単語を用いたければ）団体の検閲をより明瞭に定義していた。団体の自由の濫用が脅威を示すときには、それは厳格に制限された。かくして、小プリニウスは、

小アジアの総督であったとき、職工人の如何なる組合(ギルド)も形成することを許されなかった。これらの組合はただ公共の消防士としてのみ奉仕することが意図されたのであるが（*Ep.* 10.22.3）、しかしトラヤヌスは彼らが政治的に破壊的な ἑταιρίαι に展開していくことを恐れた（34.1）。この禁止は、われわれがキリスト教徒についてのプリニウスの有名な手紙から知るとおり、小アジアのキリスト教徒にも影響を及ぼした（96.7）。

　以下に挙げる個々の例の中で比較的詳細に立証されることになる内部的な区別に関しては、われわれは今の時点では、ユダヤ教やキリスト教を調べるときに興味を引く若干の概念のみに注目しておきたい。団体の会員の集会は非ユダヤ教資料の中でも συναγωγή「シナゴーグ」と呼ばれることがあった（LSCG 177.93f.; 135.20）。この単語の基本的意味は単に「共に導くこと」、「一緒に来ること」であるから、このことは特に驚くべきことではない。団体の役員のひとりは γραμματεύς で、彼は書記の仕事をする。実際、彼の役職は「ある程度、団体制度全体の典型と見なすこと」ができ、また「金庫係のそれよりもさらに広く行き渡っている」（Poland 383）。われわれはエジプトの団体の役職者として πρεσβύτεροι「長老たち」も見出す。この文脈で、ἐκκλησία が団体制度において採用されるのははなはだしく稀であるという事実にも注意しなければならない。ポーランドが集めた広範なテクスト収集で、ἐκκλησία が、都市(ポリス)の市民の集会と明らかに類似して、団体メンバーの公式集会を示すのはただ3つだけである（332）。専門用語のこの明々白々な控え目の使用という背後には、多分、私的団体と市民の公共的集会との間の区別の意識が存在している。

　団体は全体として、確かに民衆の広い階層からのメンバーを包み込んでいたが、しかし、われわれは個々の団体における傾向を、むしろ社会的同質性の観点から見るべきである。団体に一緒に集まって来た人々は、家族の結びつきとか、あるいは似通った職業、同一の地理的な由来、あるいは同一の社会階層の仲間であるというような、別の諸々の理由から既にお互いに接触があった。女たちや奴隷たちも幾つかの自由民の男たちの団体に確かに入会を認められていたが、しかしわれわれは奴隷たちや自由民の男たちだけのための幾つかの団体についても知っている。そのような同質的な団体は社会秩序を固定する効果を持っていた。それらは社会的な統合を促進させる傾向を持たなかったのである。かくして、それらは奴隷たちに自分たちの集団内部で

は一体感を与え、彼らの自己意識を高めることもできたが、しかしそれらは自由民と奴隷の間の溝を埋めることは何らできなかった。

　個々の例は極めて多く、そこからひとつを選別することは難しい。特にそれらを家族祭儀(ファミリー)、家庭祭儀(ドメスティック)、あるいは死者の祭儀から区別する、明瞭な境界線を引くことはいつも可能ではない。以下の部分で、私はただ専門的釈義文献において既に何度も注目を浴びてきたテクストだけを紹介する。

2. 個々の例

（a）エピクテータの創立

リスト16

B. Laum, *Stiftungen in der griechischen und römischen Antike: Ein Beitrag zur antiken Kulturgeschichte*, vols. 1–2, Leipzig 1914, 復刻版は Aalen 1964; その II.43–52 に 43 番として、IG XII/3 no. 330 に従って本文を独語翻訳と共に掲載、この一部は LSCG 135 にも見出せる。

A. Wittenburg, *Il testamento di Epikteta* (Università degli studi di Trieste. Pubblicazioni del Departimento di scienze dell'antichità 4), Trieste 1990（英語翻訳も共に）。

　われわれは死者の記憶を目的とした団体の創立で始める。これについてわれわれに情報を与える碑文はギリシアの島テラで見つかったもので、およそ前 200 年の時代からのものである。その内容は以下の通りである。

　テラ島出身のエピクテータという名前の婦人は、夫と 2 人の息子を亡くしていた。彼女の夫が最初に死んだ息子のために建てていたムーサイの聖所近くに（8–13 行参照、「わが夫フェニックスよ、我らの亡き息子クラテシロコスのためにムーサイの聖所をも建て、また自身とクラテシロコスの浮き彫りや肖像を柱に刻ませし者」）、彼女は亡くなった 3 人のために英雄たちの森を設立し、男性親族からなる大きな資本金を備えた祭儀団体を——τὸ κοινόν と呼ばれる（e.g. 203 行および他の多くの個所で）——創設した。その利息から、男たちは毎年記念の祝いを計画準備するようになっている。新しい

メンバーは彼ら自身の財布から祝いの一部を金銭的に支えることで、参加費用を支払わなければならない。男たちは3日にわたる期間、妻子を伴ってこの祝いにやって来る。最初の日に、彼らはムーサイに犠牲を捧げ、2日目には英雄の地位を与えられた夫婦エピクテータとフェニックスに、そして3日目には同じ地位を与えられた2人の息子に犠牲を捧げる。エピクテータの娘たちの子孫の中から、いつでも最年長の息子が「ムーサイと英雄たちの祭司職」を執行する（57-8行）。

エピクテータはこのことについての一切を遺言の中に書き記したが、これは一定の形式を与えられて碑文に刻まれた。かくして生み出された団体の厳かな決議がその遺言を承認し、さらに幾つかの規則、例えば食事とσυμπόσιον〔酒を酌み交わしての談話〕の間にムーサイと、夫婦と、そして彼らの息子たちへの御神酒が捧げられるとか、客人各々が3度の酒杯を受けるなどの規則を付加する。犠牲の厳密な規則が創設者たる英雄のために何を燃やすべきかを定めている。すなわち神々への通常の取り分だけ（190行、「聖別されるものと考えられた部分の犠牲」）、それにケーキやパンの塊や魚もそうである。或る条項は、団体がひとたび生じるや、その団体が自ら解散することを禁じる（255-67行、「［これの］唯一の例外は団体を解散することについての決議である。何人も、これを口頭でも文書でも提案することは許されない……。しかし、もしそのような提案が口頭であるいは文書によってなされたならば、それは無効であって、このように語ったり、あるいはこの提案をした者は誰であれ、団体から追放され、また500ドラクマの罰金を支払わねばならない」）。正しく役職と呼べるものは2つあった。「監督」[21]と会計係である。メンバーたちは犠牲に際して順番に主人役を務めたようである。問題あるケースを解決するためには独自の委員会が設置され、また最後に記録係も挙げられている（279-80行、γραμματοφύλαξ）が、この者は遺言と定款が書かれた木製書字板を保管する小箱を持っている。これらは「ムーサイの聖所にある祈願の奉納物の基部に刻み込まれ」てもいた（275-6行）。

21　ギリシア語でἘπίσσοφος（203行および頻繁に）、彼の任務については、とりわけ203-4行を見よ。「1人の選出された者が、毎年祭礼の2日目に集会を（σύλλογον）招集せよ」。

(b) 至高のゼウス礼拝者

リスト17

C. Roberts, T. Skeat and A. D. Nock, 'The Guild of Zeus Hypsistos', *HThR* 29 (1936) 39–88.

M. San Nicolò, *Vereinswesen* (リスト15) II.206f.

J. Ustinova, 'The Thiasoi of Theos Hypsistos in Tanais', *HR* 31 (1991) 150–81.

　一葉のパピルス（PLondon 2710 = SGUÄ 7835）が、これを調べた人たちによってプトレマイオス時代の終わり頃（前69–57年）に年代づけられているが、それはエジプトにおける祭儀組合の定款、あるいは恐らくはそのような定款の概要か、メンバーが使用するための短縮版を含んでいる。文書の冒頭で年代を記した後に、その定款は決まり文句からなる願いでもって始める。

　　幸運があるように。至高のゼウスの団体（σύνοδος）のメンバーが、自分たちに有効であるようにと、自分たちに与えた定款。彼らの規則に従って活動し、彼らが最初に行ったことは、冒頭に記した月と日から1年の間彼らの総裁として、テエフベンニスの息子で、その地位と男たち（つまり、他のメンバーたち）にふさわしい教育を受けた男ペテスコスを選んだことであった。彼が、寄付金を支払った者たちすべてのために、月に1度ゼウスの聖所で酒盛りの供宴を組織するためであった。そしてその供宴の折りには、集会室で彼らは御神酒と祈りを捧げ、そして神のためまた主のため、つまり王のために、他の慣例の儀式を［実施することになっている］。すべての者たちは団体に関する事柄において総裁と総裁の補佐役に従い、彼らは、彼らに命じられるそうした機会や集合や集会（συναγωγάς）や小旅行に出席しなければならない。そして、彼らのうちの誰一人、……党派［σχίσματα］を作ったり、あるいは総裁の友誼を別の友誼のために離れたりすることは許されない。酒盛りの供宴で誰一人、他のメンバーの素性を尋ねたり、あるいは他のメンバーを軽蔑したり、彼について醜聞を流したり、彼を非難したり、彼をとがめたり、［目下の］年度に彼が参加することを拒否したり、あるいは共同の酒盛りの供宴の邪魔になるようなどんな障害も置いたり……してはならない。

パピルスが終わりに向かって次第に状態が悪くなっていくものだから、さらにある数行は判読できないでいる。これらの行は、寄付金が支払われる方法についてのさらなる規則を含んでいたように思われる。共同で催される行事への出席とその機会での行儀良い振る舞いの義務が、非常に高く評価されてきたように見える。というのも、まさに酒盛りの供宴は悪い方に転じて、不行跡や口争いに行き着きかねない危険があるからである。会員資格は少なくとも１年間維持されねばならなかった。このテクストは内部でのグループや派閥の形成に対して（パウロがＩコリ1:10で同様のコンテクストにおいて用いている単語を採用して）警告を与えている。〔メンバーの〕各々から最小限の忠誠心が要求される。団体の宗教的目標——ゼウス神殿でゼウスを至高神として、そしてゼウスに並んでエジプト王をキュリオス〔主〕として崇拝すること——は幾分わざとらしく見える。内部的な組織化の程度はほんの始まりとのみ呼べるものである。この組織化は１年任期で選出された総裁と総裁を助ける補佐役を持つことでことが足りる。

(c) アテーナイにおけるイオバッカイ

リスト 18

R. L. Fox, *Pagans*（リスト 3）85–8.

E. Maass, *Orpheus: Untersuchungen zur griechischen, römischen, altchristlichen Jenseitsdichtung und Religion*, Munich 1895, reprint Aalen 1974, 14–71.

L. Moretti, 'Il regolamento degli Iobacchi ateniesi', in *L'association dionysiaque dans les sociétés anciennes: Table ronde ...* (CEFR 89), Rome 1986, 247–59.

G. Scheuermann, *Gemeinde im Umbruch. Eine sozialgeschichtliche Studie zum Matthäusevangelium* (FzB 77), Würzburg 1996, 17–20, 29–43（この碑文について）．

M. N. Tod, *Ancient Inscriptions: Sidelights on Greek History. Three Lectures*, Oxford 1932, reprint Chicago 1974.

Βάκχος（ラテン語の同義語 *Bacchus* と共に）はディオニュソス神の名前のひとつである。「Io」はその神の礼拝での詠嘆として用いられていた。イオ

B 団体

バッカイ（*Iobacchae*）とはディオニュソス〔女性〕崇拝者たちのことで、彼らは〔女性信徒を中心に〕アテーナイにおいて自分たちの神を称えるために祭儀団体を形成していたのである。より厳密に言えば、彼らは入信者たち——この場合は、団体のメンバーを意味するのと大差ない——のみが近づくことを許された神秘祭儀を執り行った。定款文書は前178年より少し前の碑文の中で書き留められたが、しかしそれは比較的長い前史を持っている。社会的立場からすれば、このグループは、彼らの後援者(パトロン)が他でもない百万長者のヘロデス・アッチコスであったから、むしろ上層階級に属していた。

その碑文[22]は、（いわば）それ自身に言及して、現在の定款が施行された団体集会の議事録でもって始まっている。会員の同意の叫びが書き下ろされる、「最高位の祭司ヘロデス・アッチコス万歳」、「今や、われわれはすべてのバッコス団体のうちで第1のものである」と（24-7行）。定款は会員入会と入会費用のための規則でもって始まる（32-41行）。会合が毎月9日、創立日、そしてディオニュソスの通常祝祭日と特別祝祭日とに開催されることが規定されている（42-7行）。月々の寄付金が支払われないと、グループの集会から追放されるとの威嚇がある（48-53行）。幾分非体系的な方法で、入会方法についての詳細がここで新たに加えられている（53-62行）。集会では「誰も歌ったり、大騒ぎしたり、あるいは拍手喝采することは許されないが、しかし各々は祭司ないし大バッコスの指導の下に、静かにそして順序よく話し、また彼に指定された役割を演じねばならない」（63-7行）。テクストは何度か、それぞれの会費を遅れずに払うことや懲罰（68-72、96-107行）、ならびに尊敬に値する振る舞い方（73-95行。争わない、お互いに非難し合わない、等々。108-10行参照）の重要性を挙げている。祭司は、大バッコス（「ディオニュソスの長たる崇拝者」、118-21行）によって犠牲に際して援助を受けつつリーダーシップをとる責務を担っている（111-17行）。以下の筋書きはこのグループの特殊性を表現している（121-7行）。

そして、取り分が切り分けられるとき、そのときには祭司、副祭司、大バッコス、会計係、ブコリコス、ディオニュソス、コレー、パライモン、

22　本文：SIG 3/1109 = LSCG 51; 英訳はTodおよび M. W. Meyer, *Mysteries*（リスト30）96-9; R. MacMullen and E. N. Lane, *Paganism*（リスト4）69-72にある。

アフロディーテおよびプロテウリュトゥモスがそれらを味わう。そしてこれらの名前［すなわち役割］はすべての会員の間で籤によって割り当てられるべきである。

　団体の5人の役職の担い手——祭司、彼の代理、大バッコス、会計係、そして恐らく踊りを導く者——に並んで、5人の神々ないし英雄が挙げられているが、良く知られた者たち（ディオニュソス、コレーすなわち少女、アフロディーテ）も、あまり馴染みのない者たち（英雄パライモン、プロテウリュトゥモス＝おそらくこのためだけに創作された存在で、わかりやすいメロディとそのメロディの作曲者の人格化）もいる。籤の当たった団体会員は明らかに関係する神の仮面を身につけて、団体の代表としての5人の役職の担い手たちと共に、団体の〔崇拝する〕神々の代理として、神の持て成しを執り行ったようである。こうして、神々自身が団体の食事での客であるという考えが視覚的に描き出される。

　これに加えて、われわれは〔以下のことは〕ただ挙げるだけでよい。すなわち、秩序が保たれることを見守る人々が存在したこと（94–5行と136–46行にある *Eukosmos*、144行にある部屋の監督者としての「馬たち」）、会合は団体に所属する建物で行われ、その建物には団体自身の食事部屋があったこと、会員たちは家族的行事の場合や彼らが公的名誉を受けるようなときには、特別の寄付金をするように頼まれていること（127–36行）、上で挙げられた会計係は書記（γραμματεύς）を必要とするかどうか、自分自身の責任で決定できること（155–9行）、そして、仲間の会員の葬儀に参列することは名誉の義務であること（159–63行）、である。

(d) ラヌウィウムにおけるディアナ崇拝者たち（*cultores Dianae*）

リスト19

F. M. Ausbüttel, *Untersuchungen*（リスト15）．

F. Bömer, *Untersuchungen*（リスト2）I.87–98: 'Begräbnisvereine'.

R. MacMullen, *Roman Social Relations*（リスト15）78f.

―――― and E. N. Lane, *Paganism*（リスト4）66–9.

A. Müller, 'Sterbekassen und Vereine mit Begräbnisfürsorge in der römischen

Kaiserzeit', *NJKA* 15 (1905) 183–201.

　古代のラヌウィウムの町はイタリアのローマからさほど遠くないところにある。そこで発見された2部からなる碑文（ILS 7212 参照）は紀元136年6月9日の日付を持っており、そしてこの碑文は、自らをコレギウム（*collegium*）と呼び、そのメンバーが自分たちをディアナの崇拝者でアンティヌス信奉者（*cultores Dianae et Antinoi*）と理解する団体の定款を提供してくれる。ディアナというのは良く知られた狩猟の女神である。アンティヌスはハドリアヌス皇帝の愛人であった。彼〔アンティヌス〕が130年にナイルでおぼれたとき、皇帝はすぐさま彼に英雄の地位を与えた。その団体の排他的ではないとしても支配的ではあった関心は、そのメンバーたちが適切に埋葬されることに配慮することであった。この理由で、比較的古い研究は「葬儀団体」と語っていたが（Bömer 参照）、しかしより最近の研究はこの点でより慎重であるよう注意する（Ausbütel 参照）。なぜなら、こう呼ぶことはこの団体の他の目的を過小評価することになるからである。

　この碑文の導入部分はわれわれに、この団体がどのようにして生じたかについて情報を与えてくれる。尊敬された市民ルキウス・カエセンニウス・ルフスは15,000セステルティウスを融通して、その金額が生む利息から団体はその費用の大部分をまかなうことができた。月々5アースの寄付金は年におよそ15セステルティウスとなり、僅かであったが、とはいえ1度限り支払う入会金は100セステルティウスと相当の額にのぼった。その導入部はローマ元老院の布告からも引用している。この布告がこの種の団体の創立を一般的に認めているのか、それともまさにこの個別のケースに言及したのであるのかどうかは論争されている。

　個々の規則の中で、われわれは以下のものに注目すべきである。もし、メンバーが町から20マイル以内で死んだら、3人の男が選ばれ、そこに赴いてその場で埋葬しなければならない。かかった費用はすべて、旅費も含んで、払い戻されるべきである（I、26–33行）。もし、メンバーの1人が奴隷として死んで、彼の主人ないし女主人が悪意で死体を引き渡すことを拒んだ場合、それにもかかわらず葬式は死んだ人の肖像を掲げて営まれるべきである（II、3–4行）。もし、誰かが自殺したなら、彼のために費用が支払われてはならない（II、5–6行）。奴隷が解放されたときには、彼は団体にひと壺の

良いぶどう酒を支払わねばならない（7–8行）。祝祭の食事は後援者(パトロン)カエセンニウスの誕生日と彼の父親の誕生日、彼の母の誕生日、彼の兄弟の誕生日、また英雄と宣言されたアンティヌスの誕生日、そして団体の創立日でもあったディアナの誕生日に催される（11–13行）。4人の「食事司」(*magistri cenarum*) が、会員リストへの加入承認の日付にしたがって、毎年任命されるが、これらの者たちは簡単な食事を準備する責任を担う（15行、「数壺の良質のぶどう酒、会員各々に2アースの値段のパン、4匹の鰯(いわし)、ソーセージ、温かい湯と持て成し」）。1人の人が選ばれる、5年間続く役職もある。選ばれたその1人は彼の役職期間中はあらゆる寄付金を免除され、すべての分配で倍の分け前を受け取る（16–20行）。争いごとが祝祭日の食事の快適な雰囲気を妨げたりしないように、争いごとは *conventus*、つまり業務会合で処理される（23–4行）。良好な秩序を乱すことに対しては金銭的な罰が科せられる（25–8行）。

さらに多くの証言を加えることができようが、しかし、われわれは既にはっきりと多数の恒常的要素を見てきた。こうした要素は役職と食事の双方を含み、また良好な秩序への際立った関心である（Ⅰコリ 14:40 参照）。

3. 外部からの観察

リスト 20

M. Klinghardt, *Gemeinschaftsmahl und Mahlgemeinschaft: Soziologie und Liturgie frühchristlicher Mahlfeiern* (TANZ 13), Tübingen 1996.

T. Schmeller, *Hierarchie und Egalität: Eine sozialgeschichtliche Untersuchung paulinischer Gemeinden und griechisch-römischer Vereine* (SBS 162), Stuttgart 1995.

M. Weinfeld, *The Organizational Pattern and the Penal Code of the Qumran Sect: A Comparison with Guilds and Religious Associations of the Hellenistic-Roman Period* (NTOA 2), Fribourg (Switzerland) and Göttingen 1986.

しかし、古典時代の団体は外部から見れば——すなわち、われわれの場合、ユダヤ教やキリスト教の立場から見れば——どんなものであったのだろうか。

どのような結びつきが存在するのだろうか。ユダヤ教の観点から、フィロンは大都市アレクサンドリアにおける団体の生活を、都市総督フラックスを告発する文書の中で厳しく批判している。騒乱が起こり、その災いがユダヤ人にもふりかかった。フィロンは首謀者らが、諸団体の存在する環境の中で活動していると見る（*Flacc.* 136–7）。

> この都市には多数のメンバーを持った諸団体［θίασοι］が存在し、彼らの交わり［κοινωνία］には何ら健全なるものはない。それは混ぜられていない〔純な〕ぶどう酒、酩酊、酒盛り、そしてこうしたものらから生じる野放図な振る舞いに基づく。住民たちによってそれらは集会［σύνοδοι］あるいは単純に寝床［κλῖναι］と呼ばれている。イシドロスはこれらの団体のすべて、ないしはほとんどにおいて首席を占めており、酒盛り頭、寝床頭、町を騒がす者と呼ばれている。

このような痛烈な批評の後で、われわれはさらなる証言を探し求める必要があろうか。ユダヤ教とキリスト教は、自分たちを評価して、自分たちを単純に私的な祭儀団体と同レベルに置きたくなかったことは疑いもない。しかし、時々、人の自己評価と他の人々によってなされる評価との間には相当の溝がある。われわれは、諸団体の生活に由来する一般用語は、ギリシア語を話すユダヤ人の間でもまた採用されているという事実を省察しなければならない。モシェ・ワインフェルドはクムラン共同体の組織形態と罰則をヘレニズム・ローマ世界の専門的また祭儀的団体と比較し、ヘレニズム的・ローマ的諸団体において、クムランで見出されるこれら2つの分野におけるほとんどあらゆるものとの厳密な並行が存在するという結論に到達している。部外者は、ユダヤ教グループが東方からやって来て、ひとりの至高の神を崇拝していた祭儀団体と同じようなものだという印象を持ったかもしれない。同じことは、ギリシア・ローマの諸都市にあるキリスト教共同体についてもあてはまる。彼らもまた、中立的観察者には、私宅に集って共同の食事を祝うメンバーを持った、新しく輸入された東方の神の神秘的団体であるように見えた（Klinghardt 参照）。このことは、キリスト教徒をして、この混同を解消するために最善の努力をするよう喚起した。ここでのひとつの可能性は、自分たちを ἐκκλησία と呼んだこと、またもうひとつの可能性は社会的統合と

キリスト教的慈善活動を強化したことであった。

C 家庭宗教（*Religio domestica*）

1. 語彙と社会史の予備的設問

リスト21

S. Dixon, *The Roman Family* (Ancient Society and History), Baltimore and London 1992.

J. F. Gardner and T. Wiedemann, *The Roman Household. A Sourcebook*, London 1991.

W. K. Lacey, *The Family in Classical Greece*, London 1968.

D. Lührmann, 'Neutestamentliche Haustafeln and antike Ökonomie', *NTS* 27 (1981) 83–97.

D. M. MacDowell, 'The οἶκος in Athenian Law', *CQ* 83 (1989) 10–21.

H. Moxnes (ed.), *Constructing Early Christian Families. Family as Social Reality and Metaphor*, London and New York 1997.

B. Rawson (ed.), *The Family in Ancient Rome: New Perspectives*, London 1986.

I. Richarz, *Oikos, Haus und Haushalt: Ursprung und Geschichte der Haushaltsökonomik*, Göttingen 1991, 15–42.

P. Spahn, 'Oikos and Polis: Beobachtungen zum Prozess der Polisbildung bei Hesiod, Solon and Aischylos', *HZ* 231 (1980) 529–64.

―― 'Die Anfänge der antiken Ökonomik', *Chiron* 14 (1984) 301–23.

J. E. Stambaugh, *City*（リスト 12）157–82.

A. Strobel, 'Der Begriff des "Hauses" im griechischen und römischen Privatrecht', *ZNW* 56 (1965) 91–100.

U. Victor, *[Aristoteles] ΟΙΚΟΝΟΜΙΚΟΣ: Das erste Buch der Ökonomik – Handschriften, Text, Übersetzung und Kommentar – und seine Beziehungen zur Ökonomikliteratur* (BKP 147), Königstein 1993.

D. Wachsmuth, 'Aspekte des antiken mediterranen Hauskults', *Numen* 27 (1980) 34–75.

　ラテン語資料（Cicero, *Dom.* 51.132; Suetonius, *Claud.* 12.1）は私的に遂行される形の祭儀に対して *religio domestica*、「家庭宗教」という概念を採用している。その重要性にもかかわらず（Wachsmuth 34「家庭祭儀は世界宗教の最古の祭儀のひとつであると共に最もゆるぎないもののひとつでもある」）、この主題は「現在に至るまで研究の中では驚くほど無視されてきた」。われわれはギリシア宗教ないしローマ宗教についての全般的な専門書を持っていない（同書）。われわれは言語学的また社会史的な若干の予備的情報から始める。

　ギリシア語では家はοἶκοςあるいはοἰκία（両名詞の間に何の本質的相違もない）と呼ばれており、ラテン語ではそれには2つのずっと異なる用語がある、すなわち *domus* と *familia* である。これらの用語は2つのはっきり異なった領域を対象にする。「家」とは先ず第1に建物、住宅を言い表すが、しかし家族をも言い表すのであって、これは両親と子供たちからなる核家族（現代的な研究は、今日まさにそうであるように、古典時代でもこれが通常のケースであったことを示す）から、奴隷や親族や友人また庇護下にある者たちを含むより大きな家族まである。これらを関連づける要素を見つけることは、難しいことではない。家族、特に影響力のある大きな家族は、やはりそれ相応の建物に住むことであろう。

　この広義の意味での家は、双方の観点を統合して、古典世界の最も重要な社会的また経済的な構造であったということには完全な一致がある。それは、より大きな政治的単位を作り上げるための基礎的要素として、またモデルとして役立つ。既にアリストテレスが、*oikos* と *polis*、家と都市国家の間の密接な構造的類似性に注目している。*polis* は大きな家のような働きをしており、またこれらの家々の家長たちが都市市民の全体集会で議席と発言権を持っていたという事実によって、家と直接的に結びついてもいた（*Pol.* 1.3.1 [1253b1–10]）[23]。

---

[23] F. F. Schwarz, *Aristoteles: Politik. Schriften zur Staatstheorie* (RecUB 8552), Stuttgart 1989; H. Rackham, *Aristotle: Politics* (LCL 264), Cambridge, Mass. and London 1934 参照。

そして、ポリスがどんな要素から構成されているか今やはっきりしたから、われわれは最初に、家庭管理について［περὶ οἰκονομίας］語らなければならない。なぜなら、あらゆるポリスは家庭から［ἐξ οἰκιῶν］成り立っているからである。そして家庭管理の方はまたもや、家庭が構成されている諸部分に分節される。家庭は、その完全な形態において、奴隷と自由人から成り立っている。各々の単位は最初に、その最小の構成要素を見ることで精査されるべきである。家庭の最初で最小の構成要素とは、主人と奴隷、夫と妻、父と子供たちである。かくして、われわれは最初に、これら3つの関係について、それらがどのような関係にあるか、そしてどのようにあるべきかを考察しよう。

古典時代に、οἰκονομικός、正しい「家庭管理人」というタイトル、あるいは περὶ οἰκονομίας、正しい「家庭管理」というタイトルを持ったテクストからなる特定の文学ジャンルが発展したという事実から、家に付属する重要性を判断することができる[24]。これらの経済に関するテクストはとりわけ、妻の夫として、子供たちの父親として、そして奴隷たちの主人として現れる、家の主人の役割に関心を持っていることは注目に値する。このことは、とりわけローマ法によって *pater familias*、すなわち家族の長に属するものとされた議論の余地なき権威主義的位置をわれわれが意識するのに十分である。

2. 家庭祭儀慣習

リスト22

C. Bergemann, *Politik und Religion im spätrepublikanischen Rom* (Palingenesia 38),

---

24　Richarz および Victor 参照。この種の最古の専門研究はクセノフォンの *Oikonomikos* (G. Audring, *Xenophon: Ökonomische Schriften* (SQAW 38), Berlin 1992; E. C. Marchant, *Xenophon: Memorabilia and Oeconomicus* (LCL 168), Cambridge, Mass. and London 1923 参照) である。新約聖書釈義は 'Haustafeln'（家庭道徳訓）についての議論というコンテクストで、また最初期のキリスト教共同体における奴隷の位置についての論争において、このジャンルに特別の注意を払ってきた。

Stuttgart 1992, 3–85.

J. R. Clarke, *The Houses of Roman Italy 100 BC–AD 250: Ritual, Space, and Decoration*, Berkeley 1991, esp. 1–29.

D. P. Harmon, 'The Family Festivals of Rome', *ANRW* II/16.2 (1978) 1592–1603.

M. P. Nilsson, 'Griechische Hausaltäre', in Idem, *Opuscula Selecta* III (Skrifter utgivna av Svenska Institutet i Athen 8° 2.3), Lund 1960, 265–70.

——— 'Roman and Greek Domestic Cults', ibid. 271–85.

D. G. Orr, 'Roman Domestic Religion: The Evidence of the Household Shrines', *ANRW* II/16.2 (1978) 1557–91.

H. J. Rose, 'The Religion of a Greek Household', *Euphrosyne* 1 (1957) 95–116.

M. Vandoni, *Feste pubbliche e private nei documenti greci* (TDSA. Serie papirologica 8), Milan and Varese 1964.

D. Wachsmuth, 'Aspekte'（リスト21）.

C. K. Williams II, 'The City of Corinth and its Domestic Religion', *Hesp.* 50 (1981) 408–21.

(a) 基本的評価に向かって

　ギリシア・ローマ宗教の全体構造の内部において家庭祭儀が占める大きな重要性は、生活と経済の基本形式としての家庭的仲間意識の有する社会的価値に対応している[25]。ここで、われわれはキケロが彼自身の家について述べる演説からの一節で[26]始めて良いだろう。その一節については、ディートリッヒ・ヴァクスムートがこう言っている、「古典文献全体の中で、古典的な家の宗教性についてのこれより洞察力ある、あるいはこれより正確に言い換えた説明は存在しない」（43頁、さらにベルゲマンも参照）。とは言え、われわれが家の宗教的価値についてのその記述を正しく評価するとするなら、われわれは法廷の前でのこの演説のジッツ・イム・レーベン〔背景〕に精通していなければならない。

25　新約聖書の観点からも興味深い町、つまりコリントについては、Williamsを見よ。

26　以下を参照。M. Fuhrmann, *Marcus Tullius Cicero: Sämtliche Reden*, vol. 5 (BAW), Munich and Zurich 1978, 202–79; N. H. Watts, *Cicero: Orations*, vol. 11 (LCL 158), Cambridge, Mass. and London 1923, 132–311.

キケロの政敵の 1 人であるププリウス・クロディウス・プルケルは、キケロが前 58 年に追放されたとき、パラティウム〔の丘〕にあったキケロの美しい家を我が物としていた。彼は神の彫像をこの敷地に立て、その場所をその神のために奉献させた。1 年後に、キケロが追放先から戻ってきて、かつて自分のものだった家を再び所有したいと思った。彼は最終的にそうすることに成功したのだが、それは 2 つの演説と一連の交渉のお陰であった。しかし、問題があった、なぜなら、彼の敵はその家が今や *locus sacer*〔聖なる場所〕であり、もはや世俗的使用に引き渡すことはできない、と主張したからである。キケロは、私人たる市民の住宅は奉献されはしないという原則があることを立証しなければならなかった。神殿と違って、そうした家は俗的な住居であるし、そうしたものに留まる、と。彼はまた、家にはどれほどに強烈な感情的かつ宗教的価値が付属していることか、そしてまさにこの理由で、それは軽々にその所有者から没収すべきではないということを示そうと試みた。

キケロによれば、宗教的価値とその論理的帰結としての保護権は建物のいかなる聖別を通しても生じはせず、その建物に住む者たちによる敬虔なる意図でもって実行される宗教的慣わしの形を通して生じるものである。「聖なる」家とは、家庭祭儀の注意深い執行で際立った「敬虔なる」家である。これが（ヴァクスムートの見解においては）キケロからの有名な引用に見られる *sanctus* という語を理解する仕方である。それは、いわば引用符の中にある（*Dom.* 41.109）。

Quid est sanctius, quid omni religione munitius quam domus unius cuiusque civium? Hic arae sunt, hic foci, hic di penates, hic sacra, religiones, caerimoniae continentur: hoc perfugium est ita sanctum omnibus, ut inde abripi neminem fas sit.
何がより一層「聖なる」（'sanctum'）ものであろうか。何が、あらゆる宗教行為によって市民のひとりひとりの家よりも守られていようか。ここに祭壇がある、ここに炉床が、ここに家庭の神々が、ここに祭儀が、宗教行為が、儀式がひとつ所に置かれている。この逃げ場は、すべての者にとって、何人もそこから引き離されるべきでないほどに「聖なる」ものである。

C　家庭宗教

　このテクストはわれわれに研究のための幾つかの問いを提起する。家の中にはどのような種類の祭壇が見出されただろうか。炉床の意味とは何だろうか。「家庭の神々」という言葉でわれわれは何を理解すべきなのだろうか。どんな儀式や宗教的慣わしが家の中で特別な位置を占めているのだろうか。次節はこれらの問題についてのほんの若干の指示を提供するだけである。

(b)　個々の形態

家庭の神々

　われわれは家庭の神々で始める。これらはギリシア人やローマ人の間では非常に多数存在していた。ここで、われわれは先ず第1に、「神々と人間たちの父」(これはホメーロスにおいてゼウスに固有の形容辞である) ゼウスを挙げねばならない。この神は、ふたつの特別な役割を持った、一種の超地上的な「家の父」として、地上の家にとって特に重要であった。すなわち (a) ゼウス・ヘルカイオスとして、そして (b) ゼウス・クテーシオスとしてである。(a) ヘルカイオスは ἕρκος、農場を囲む境界線、から派生する。ゼウス・ヘルカイオスは垣根に囲まれていた住宅の神として機能した。(b) クテーシオスは κτᾶσθαι、「獲得する」、あるいは κτῆμα、「所有物」から派生する。クテーシオスとして、ゼウスは所有物を警護し、その増加に貢献する。

　家の中でゼウスの傍らにいるのはとりわけ、炉床とその上で燃えている火の女神、家庭生活と家族の一致和合の女神ヘスティアである。これと対応するラテンの女神はウェスタで、この女神はローマの家庭祭儀ならびに国家祭儀で中心的な場を占めていた(周知の「ウェスタの乙女たち」は、カピトリウムの丘にある彼女の古い神殿の中で、ローマの町における和合一致の守護女神としてのウェスタの聖なる火を警護する責任を負っていた)。

　この他、ローマ人たちは家庭の神々として、われわれがキケロのテクストの中で出会うペナテスとラレスを崇拝していた。学者たちはこれらの神々の厳密な由来について意見を異にする。多分、ペナテス(単数形は決して用いられない)は、言語学的にではないとしても、少なくとも実質的に *penus*、つまり家に保管された物品の蓄え、それに収納室と関連がある。一方で、ラレス(単数形も見出される、*Lar familiaris*)は亡くなった家族の一員の霊、さもなければ、別の見解によれば、元来は特定場所の守護霊を体現する。プ

ラウトゥスは彼が著したある劇の序幕で、家庭の神自身を舞台に登場させる（*Aulularia* 1–25）。

> ［エウクリウスの家から出てくる］家庭の神：誰も私が誰であるか不思議がることのないように、私は短く述べるとしよう。私は、私が出てくるのを君たちが見たばかりの家の *Lar familiaris* である。私は今や何年にもわたってこの家を所有しまた見守ってきた。既に、今この家に住む男の父親や祖父のためにだ。……その男（つまり、現在の所有者）にはただひとりの娘がいる。彼女は毎日私に焼香あるいは御神酒を供えてくれ、あるいは何らかの仕方で何度も何度も私に祈りを捧げる、私を花輪で飾りながら。

家の祭壇

神の小さな像を備えた家の祭壇（Nilsson 参照）は、ギリシア宗教史の初期の段階に、すなわちミノア時代やミケーネ時代にあったことが立証されている。いわゆる家庭の神殿（Orr 参照）が、ヴェスヴィオが紀元 79 年に噴火したときに溶岩に覆われ、それゆえ紀元 1 世紀の状態を反映する 2 つの町ポンペイやヘルクラネウムの発掘で多数の家から発見された。これらの神殿は、そこに小さな神々の影像が置かれるように、壁に設けられた窪みか、あるいはさもなければ、同じ目的で壁につるされた木製の棚である。柱礎に置かれた神殿模型や神々を描写する壁画も同じ役目を果たす。ポンペイで数百も見つかった携帯用家庭祭壇もまた、同じ領域に属するものである。これらの家庭聖所の大半はラレスに奉献されたもので、そこからその名前 *lararium* がある。ペトロニウス『サテュリコン』の中で、主人公〔サテュロス〕が金持ちの招待主トリマルキオの家に入ったとき、直ちに入り口の背後に「隅に堂々たる櫃［*grande armarium*］が置かれていて、そこに収容された小さな礼拝堂［*aedicula*］の中に銀のラレス［*Lares argentei*］が立っている」のを見る（29.8）。

家庭の宗教儀式

家庭儀式は毎日の食事時に特に集中してなされる。食卓に置かれたあらゆるものからごく一部は神々のものとする。ギリシア人の間では、食事か

C　家庭宗教

ら酒宴に移行する際は連続する3度の儀式的な御神酒奉献を伴った。そのうちの1度はアガトス・ダイモーンになされたが、この神は家の善霊を代表し、しばしば飼い馴らされた蛇でもって表現される。プルタルコスは客たちを招いての宴会の食卓を「親交と歓待の神々の祭壇」と呼んでいる。それを取り除くことは結局「家庭の崩壊」へと至ることだろう（*Sept. Sap. Conv.* 15 [158c]）。ローマのペナテスへの犠牲のお供えは家庭の食事で *patella*〔小皿〕の上に置かれた。食卓からこぼれ落ちたものは何でも死者のものとなり、火の中に投げ入れられた。オウィディウスはこう書いている（*Fasti* 6.305–10）。

> 昔の日々には、煖炉の前の長椅子に座るのが慣わしであった。そして、食事時には神々が臨在していると信じていた。……今日の時代にも、この古い習慣のなにがしかが残っている。清潔な器がウェスタに犠牲に供えられる食物を運ぶ。

他にも家庭儀式の機会は、1年の巡る間に、また人生の重要な出来事の折に生じた。誕生、発育、結婚、そして死はその痕跡を家族生活の上に残し、家の中での宗教儀式を伴った（Harmon 参照）。アテーナイオスによれば、古代の料理人は家族で捧げる犠牲のための専門家でもあって、このことは例えば婚礼では重要であった（*Deipnosoph.* 14 [659d]「古(いにしえ)の料理人 [μάγειροι] は結婚やその他の宴会の機会に犠牲を司ったから、犠牲儀式にも経験を積んでいたことは全然道理に合わぬことではない」）。スエトニウスは、皇帝クラウディウスが彼の娘の婚約や孫の誕生日が公的に祝われること（それは国費で行い得たのに）を拒否したことを実例に挙げて、クラウディウスが私的な行状において慎み深かったことを賞賛している。これらは単に *religione domestica* として、つまり宮廷における家庭儀式でもって祝われたのである（*Claud.* 12.1）。

（c）公的と私的の関係の批判と決定

これらすべてにもかかわらず、家庭祭儀は哲学者や政治家の間で無制限の人気を得ていたわけではない。批判の声も、特にプラトンから聞かれる。プ

ラトンは家庭犠牲を禁止する方を好んだ[27]。

> 以下の法はすべてのものに例外なく適用される。誰ひとり自分自身の家に聖所を持つことは許されない。しかし、もし誰か犠牲を捧げる気持ちにさせられるように感じたときには、人は犠牲を捧げに公共の聖所に行って、それらを聖別することに気を配ることを職務としている祭司や女祭司に供え物を手渡すべきである。彼自身、そして彼が彼と共に祈って欲しいと願う者とが一緒になって、祈るべきである。

プラトンが彼の否定的な立場の理由づけとして持ち出すのは、そうもしなければ、女たちや苦しむ者たちは、自分がそうだと思うところならどこにでも聖所を設けるような迷信を持っており、さらにはそのような家庭聖所のあることが神々に対する違反者たちに過ちを犯すことを許してしまうような濫用が起こるからである。プラトンのテクストの中で過ちに対して課せられた懲罰の脅しは、神否定が証明されたときには死刑にまで至るほどであった。この原則は、確かに国家が私的祭儀を統制下に置くという益に適っていたが、そこまで厳しい形で確立することには成功しなかった。家族が厳格にそれ自身の限界を、すなわち家の範囲内で行われ、かつ伝統的な家庭儀式であるという限界を、保っている限りは、危険視されることはほとんどなかったように見える。問題となり始めるのは、家族と団体を分離している境界線が越えられて、そして、東方からの異国風(エキゾチック)の形態の宗教が導入されたときであった。リウィウスはローマにとってのこの危険を早くも前 429 年に記している（*Urb. Cond.* 4.30.9–11）。

> 疫病によって体が攻撃されただけではない。多種多様な迷信が、たいていは外部から、人間の精神にも侵入した。それは、宗教的狂気にとらわれた者たちを食い物にする人々が、先見者であると自称して、新しい犠牲の慣わしを家々に導入することによってであったが、そうしてついには、市民たちの指導的な男たちが大衆を恥ずかしいと思うまでになった。それというのも、彼らはあらゆる街区の中に、またあらゆる小聖所の中

---

27 *Leg.* 10.16 (909e).

C 家庭宗教

に、異国の、そして見知らぬ贖罪の犠牲が、神々が恩寵を示してくれるようにと懇望する意図でなされているのを見たからである。それゆえに、aediles〔古代ローマの、公共建築物や祭儀などを管理する官職〕はローマの神々だけが、そして決して父祖たちから受け継いだ仕方以外では、礼拝されることのないように見張ることを託された。

　これはわれわれを家庭祭儀と公的祭儀の間の基本的関係の問いへと導く。ヴァクスムートはそれを正しくもこう表現している。すなわち、並行関係と敵意の両方が存在している、と。並行関係が存在するのは、家庭祭儀は（団体のように）多かれ少なかれ国家祭儀から知られていた宗教慣行の、とりわけ種々の形式の犠牲の、ある基本的諸形式を再現しているからである。しかし、これらの形式は家の中では統制できず、また標準化もできなかった。そしてこの状況が敵意へと導くこともあった。家庭祭儀は公的祭儀と釣り合いをとる役割も担っている。なぜなら、家における宗教実践は個人生活と直接的な結びつきを持っているからである。宗教儀式は大小の危機に、変転の困難な時点に、また季節の移り変わり、それに昼夜の交代という慣れ親しんだリズムに随伴する。家庭祭儀は、とりわけ外国の祭儀形式が定着することを可能にする迂回路を提供したことによって、公的祭儀に対する敵対的効果も持っていた。このことは、とりわけ家の中で起こったのであり、異国祭儀は家を起点に人知れず広まり、その後安定した独自の現実として公的世界の中に姿を現すまでに至ったのである。

　家庭から、例えば会合部屋を供えた団体へと至る、あるいは部分的に家の中で遂行された秘密祭儀へと至る、あるいはまた家の中で学派の長の周りに集合した哲学学派へと至る多くの結合線を辿ることができるだろう。ここでは、われわれはただひとつの線を辿ることにする。純粋な家庭礼拝を越え出た私的な聖所や私的祭儀という形で、公的範囲にまで家を開放したことである。

3. 私的聖所

(a) デロスにおけるサラピス祭儀

リスト 23

H. Engelmann, *The Delian Aretalogy of Sarapis* (EPRO 44), Leiden 1975.

M. Totti, *Ausgewählte Texte der Isis- und Sarapisreligion* (SubEpi 21), Hildesheim 1985, 25–8.

O. Weinreich, *Neue Urkunden zur Sarapis-Religion* (SGV 86) Tübingen 1919.

L. M. White, *The Social Origins of Christian Architecture*, vol. 1: *Building God's House in the Roman World. Architectural Adaptation among Pagans, Jews and Christians* (HThS 42), Valley Forge 1996, 32–40.

　地中海デロス島におけるサラピス祭儀の歴史は、以下の事情についての完璧な例をわれわれに提供してくれる。すなわち、多くの抵抗にもかかわらず、どのようにして異国祭儀が、家族の宗教的傾倒と種々多様な建物の活用とを通して、ギリシア世界に足場を得ることができたかについての事情である。その物語は前280年から前200年に至るまでの3世代にわたっている。アポロニオスと呼ばれたひとりのエジプト人祭司がメンフィスの町から移住してきてデロス島に住みついた。この島は交易の要所であったが、またギリシア神アポロンの聖なる領地でもあった。それゆえ、異国の神々を移入することが簡単だとはとても見えなかった。

　にもかかわらず、年長のアポロニオスはサラピス神の小さな影像を手荷物の中に持っていた。彼はデロスで部屋を借りて、この宿泊所の部屋の一室にその影像を据え、それを崇拝できるようにした。エジプトでは普通であったように、彼の祭司職は息子のデメトリオスが継承した。明らかに、彼らはエジプトからの他の移民をサラピス礼拝のために獲得するのに成功し、そして次第に借用した宿泊所が余りにも狭くなってきた。慎ましやかな富が蓄積され、これが大胆な計画を実現することを許した。この決定的な好機は孫の年少のアポロニオスの下でやって来た。神が夢の中で彼に現れ、自分はもはや借用の宿泊所に住みたくはなく、自分の神殿が欲しいというお告げを与えた。

孫は適当な土地区画を獲得し、そこに、非常に慎ましやかな建物ではあったが、「神殿」を建てた。それを発掘した考古学者たちはそれが粗悪な材質のものであったと語っている。厳密に神殿と呼ばれて良いものは、ただの一部屋の規模、4.10 × 3.20 メートルしかなかった。その下部には井戸を持った地下聖堂があって、明らかに祭儀を目的としたものだった。その複合建築物は中庭（12 × 6 メートル）、入り口区域としての柱廊玄関(ポルチコ)、それに2つの大部屋——そのひとつ（およそ40平方メートル）は食堂に適したように見える——それらで全部だった。

　この展開は祭儀用建物（たとえほんの慎ましやかなものであったにせよ）で頂点に達するのだが、抵抗に遭い、年少のアポロニオスは突然裁判審理に巻き込まれた。多分、自分たちはアポロン神に対する恩義のもとにあると考え、異国祭儀を大目に見ることを欲しなかった保守的勢力が彼を告訴したのであり、そしてアポロニオスはこの施設のための公式の許可（それは私的な住宅におけるサラピス礼拝のためには必要なかったものである）を当局から得ることを怠っていた、ということのようである。この他に、彼は自分の建物で隣接する土地の区画を侵害していたようである。厳しい罰がその祭司を脅かしたが、しかし、彼を告訴した者たちは法廷では驚くほどに穏やかであった——恐らくは、法廷に多数のエジプト人たちが臨席していたことが彼らを怯えさせたのだろう。年少のアポロニオスは罰金を免れ、そして彼はこれをサラピス神の奇跡的介入のお陰とした。サラピス神は判決の前に、2度目の夢の中で彼にこのお告げを与えていた、「われわれの訴訟は勝利する」と。

　われわれがこのことを知っているのは、すべてが決着したあとに、年少のアポロニオスが施設の中庭に円柱を立てたからである。この円柱の上に碑文があり、そこには家族の歴史と夢の中でのお告げについて記され、その終わりには長々としたアレタロジー、つまりサラピス神の諸々の奇跡的な行為が列挙されていた。

(b) フィラデルフィアにおける私的祭儀

リスト24

S. C. Barton and G. H. R. Horsley, 'A Hellenistic Cult Group and the New Testament Churches', *JAC* 24 (1981) 7–41.

K. Berger and C. Colpe, *Textbuch*（リスト4）274–6; M. E. Boring et al., *Hellenistic Commentary* 468f.

S. K. Stowers, 'A Cult from Philadelphia: Oikos Religion or Cultic Association?', in A. J. Malherbe, F. W. Norris and J. W. Thompson (eds.), *The Early Church in Its Context: Essays in Honor of E. Ferguson* (NT.S 90), Leiden 1998, 287–301.

O. Weinreich, *Stiftung und Kultsatzungen eines Privatheiligtums in Philadelphia in Lydien* (SHAW.Ph 1919,16), Heidelberg 1919.

　前1世紀に属する、小アジアのフィラデルフィアにおける私的祭儀の彫像がある。このテクストは1914年に初めて公刊されたが、しかし釈義家たちがそれに注目するまで長い時間がかかった。碑文（テクストSIG 3/985 = LSAM 20）を含んでいる部分の高さは98センチで、幅は推測で35–40センチあった。右端は全体が破損していて、われわれがそのテクスト全体を解釈しようと試みるときにはこの事実が重要であることが分かる。内容から、われわれはそのテクストを長さの異なる4つの部分に分けることができる。

　1. 第1部（1–11行）では、創立者のディオニュシオスが自己紹介する。彼は「自分の家への出入りを男たちにも女たちにも、自由人たちにも奴隷たちにも認めた」（4–5行）。彼はその設立目標として健康、繁栄、そして名声を挙げる。彼が眠っているときに、これらの目標を実現するようにとの指示がゼウスによって彼に伝えられた。しばしばそうであるように、ここでもまた夢の中でのお告げという形は、述べられている内容を正当化するつもりのものである。6行目以下は神々が列挙されている。

　最初にゼウス・エウメネース（形容辞「エウメネース」は情深いないし親切な、を意味する）とゼウスの女性同伴者ヘスティア（家庭祭儀に典型的、上記を参照）が、そして「他の救いの神々」（この神々としては、例えばディオスクーリ、双子の兄弟神、が指示されているかもしれない）が来る。次に挙げられる名前のうちの幾つかは神格化された抽象概念である――エウダイモニア（健康）、プルートス（富）、アレテー（美徳）、ヒュギエイア（健康、第1行参照）、アガテー・テュケー（幸運、幸運の女神）、アガトス・ダイモーン（家の善霊、上記参照）、ムネーメー（記憶）、カリテスないしグラケス（祝福をもたらす3人の女神）、それにニケー（勝利の女神、この女神

は企て全体の無敵の前進と貫徹を助けるであろう）。

　もし「救いの神々」と「グラケス」という集団名称をそれぞれひとつの名前に数えるとすれば、ここに、われわれは全部で 12 の神々を持つことになるが、それらの神々の祭壇がディオニュシオスによって彼の家の中に据えられた（11 行）。彼は恐らく祭壇に付随していたであろう〔神々の〕肖像や彫像に言及していない。これを聞いたとき、人は自動的に、12 ないしはそれ以上の等身大の彫像とそれに相応する祭壇を備えた、大きな、独立して建っている建物を思い描くが、しかしこれは必ずしもそうである必要はない——ここでわれわれはポンペイの家庭神殿を思い起こすだけでよい。そのような神殿であれば神々全体(パンテオン)を広々した一室に収用することができただろうし、そうした部屋の玄関にはおよそ 1 メートルの高さがある碑文を置くための十分な空間があっただろう。

　2. 長い第 2 部は神の定めを個々に列挙している。儀式慣習が、古いものも新しいものも、共に言及されている（12–14 行、「父祖の慣習に従って、またここに記されているように、聖別や清めや密儀を執り行うこと」、さらに犠牲をも参照、55 行）。この家に入る際に（すなわち、恐らく、初めて入るときに）誓いが必要とされている。それは祭儀の仲間に加わることを意味するからである。この誓いは、否定的な悪徳目録に列挙された、ある道徳的不作法を避けることについて語っている（12–15 行）。

> この家に入る際には、男も女も、自由人も（家庭）奴隷も、〔以下のことを〕すべての神々にかけて誓うべきである。自分たちが故意に、男や女に対するいかなる詐欺も、また人間に対して有害ないかなる毒も、あるいは悪意のある魔術的呪文も知ることはないし用いることもない、と。媚薬も堕胎薬も避妊薬も〔胎児〕殺しの手段も、自分たち自身それらを服用しないし、他の者にそう助言することもせず、あるいはその片棒をかつぐこともしないと。彼らはこの家に対して好意的であることを決して止めはしない。そして、もし、誰かがこうしたことの何かを行ったり計画したりするなら、彼らはこれを許してはならず、あるいは黙ってそれを見逃してはならず、それを暴露して反対しなければならない。

このテクストの続きは、ここで関係する道徳性は比較的厳格であることを示す。少年との性交渉は、不倫や処女の陵辱と全く同じように否定される。もし、テクストを完全に文字通りに受け取るなら、男性に対して残されている唯一の逃げ道は遊女や未婚の女奴隷の範囲の中にしかない。家族の絆を強め、また危険を与えかねない魔術をかわそうとする明白な意図がある。ここには、実質的にも術語的にも、かの時代の医学倫理との接触点がある。もし、祭儀仲間のメンバーがこれらの掟を破ったなら、その者は一時的に祝いから閉め出されるか、とりわけ「神々の悪しき呪い」でもって威されるか（43-4行）、あるいは厳しい神の罰でもって威される（50行）。従順である者たちには、神々は「恩寵を示し、常に彼らに、神々が神々を愛する人間たちに常習的に与えてきたような良きものを与えるであろう」（46-8行）。報酬と懲罰、ここでこれらは共に世界内的に考えられている。

3. 第3部では（50-60行）、導入的に次のように記されるとき、何か新しいものが関与してくる。すなわち、「これらの神の定めはアグディスティス、この家の最も聖なる守護者かつ貴婦人（οἰκοδέσποιναν τοῦδε τοῦ οἴκου）の足下に」置かれた。なぜならば、このアグディスティスは、種々様々な名前で現れる小アジアの母なる神の顕現であるから。54-5行によれば、彼女はここで「〔人間の〕男女に、自由人にも奴隷にも、彼らがここに書かれたことを遵守するように、立派な態度を鼓舞する」役目を持っている。このことは、アグディスティスが父祖たちから受け継いだ慣習との関連で見られねばならないことを意味する（14行）。その家の元来の女神として、彼女はディオニュシオスの家族における宗教生活のより古い段階を象徴する。新しい万神殿(パンテオン)の中では、彼女の場所は家庭の女神ヘスティアによって占められる。それにもかかわらず、父祖たちの慣習が忘れ去られたのでないのと同じく、アグディスティスは単純に忘れ去られたのでない。われわれの碑文に書き下ろされ、基本的には、家族生活に正しい構造を与えるという目的を持っている新しい規則が、広範囲の祭儀団体のメンバーに受け入れられ守られるようにこの女神自身が注意しなければならない。この神学的根拠づけは、結果として、命令が守られているかどうかをどのようにしてチェックできるかを示す、以下のような指図となる（55-60行）。

C　家庭宗教

　　犠牲の際に、月ごとの犠牲であれ、年ごとの犠牲であれ、男でも女でも自分に自信を持っている者たちは神の掟が書かれているこの碑文に手で触れ、誰がその掟に忠実に従っており誰が忠実に従っていないかが明らかになるようにすべきである。

　これは、この碑文が祭儀部屋の入り口に置かれていたというわれわれの想定を確証するものである。誰でも咎(とが)のある者で、それでもそれに手を触れる者は、神の報いがすみやかにその者の上に下ることを知らねばならない。彼は、今後遭遇するあらゆる災難やあらゆる悪運のようなものは、この邪悪なる行為に対する神の罰であると理解しなければならない。

　4. 60–5 行の結びは審判者たるゼウスに向けられた祈りであって、それは創設者ディオニュシオス自身がこのような仕方で碑文に触れることを視覚的に表現し、この世界内で起きる救済の期待を言葉にしたものである。

　　救い主ゼウスよ、ディオニュシオスが手を触れる行為を慈悲深くまた好意的に受け入れ、あなたの恩寵のうちに彼と彼の家族に良き報酬、健康、救い、平和、陸と海での安全……を与え給え。

　まとめよう。ディオニュシオスは、彼の家族共々女神アグディスティスを彼の家で家庭の女神また守護神として礼拝していた。この女神の受容は伝統的な道徳態度の体系を受容することを伴っていた。しかしその後、現代化の変化が起こる。その帰結は次の３つであった。第１に、霊感を吹き込む力としてのアグディスティスは背後に退き、その位置を、可視的な祭壇と肖像を備えた、新しくより大きなギリシア・ヘレニズムの神々(パンテオン)に譲り渡す。第２に、昔の伝統は、医学倫理から引かれまた強固に家族と関連する新しい諸要素を備えた、明確に表現された定款へと展開される。第３に、これらと同時に、ディオニュシオスは彼の家を同じような意向を持った訪問者たちに開放したが、これらの訪問者は恐らく、主として近隣の血縁関係のある家庭の者たちであった。ディオニュシオスの家は、フィラデルフィアの町で家族および家庭道徳観を彼と共有する人々のための中心また支援場所に発展していく。彼らはこうした考えを遵守し、それゆえ適切な神々の守護の下に祭儀団体に

共に参加するのである[28]。

D 死者の祭儀

リスト25

A. H. Armstrong, *Expectations of Immortality in Late Antiquity* (AqL), Milwaukee 1987.

G. Binder and B. Effe (eds.), *Tod und Jenseits im Altertum* (Bochumer Altertumswissenschaftliches Colloquium 6), Trier 1991.

E. F. Bruck, *Totenteil und Seelgerät im griechischen Recht: Eine entwicklungs-geschichtliche Untersuchung zum Verhältnis von Recht und Religion mit Beiträgen zur Geschichte des Eigentums und des Erbrechts* (MBPF 9), Munich 2nd edn. 1970.

F. Cumont, *Recherches sur le symbolisme funéraire des Romains* (BAH 35), Paris 1942.

—— *Lux perpetua*, Paris 1949.

A. Dieterich, *Nekyia: Beiträge zur Erklärung der neuentdeckten Petrusapokalypse*, Leipzig and Berlin 2nd edn. 1913, reprint Darmstadt 1969.

G. Gnoli and J. P. Vernant, *La Mort, les morts dans les sociétés anciennes*, Cambridge and Paris 1982.

M. Herfort-Koch, *Tod, Totenfürsorge und Jenseitsvorstellungen in der griechischen Antike: Eine Bibliographie* (Quellen und Forschungen zur antiken Welt 9), Munich 1992.

R. Herzog, 'Fest, Terror und Tod in Petrons Satyrica', in W. Haug and R. Warning (eds.), *Das Fest* (Poetik und Hermeneutik 14), Munich 1989, 120–50.

H. von Hesberg, *Römische Grabbauten*, Darmstadt 1992.

K. Hopkins, *Death and Renewal* (Sociological Studies in Roman History 2),

---

28 新約聖書との比較（家庭仲間、悪徳一覧、ガラ 3:28、役職の問題、儀式、等々）については、Berger and Colpe（リスト 24）を参照。

Cambridge 1983.〔ホプキンス『古代ローマ人と死』高木正朗／永都軍三訳、晃洋書房、1996年〕

S. C. Humphreys and H. King (eds.), *Mortality and Immortality: The Anthropology and Archaeology of Death*, London 1981.

D. C. Kurtz and J. Boardman, *Greek Burial Customs*, London 1971.

J. Leipoldt, *Der Tod bei Griechen und Juden*, Leipzig 1942.

F. Pfister, *Der Reliquienkult im Altertum*, vols. 1–2 (RVV 5.1–2), Giessen 1909, 1912.

W. Pötscher, 'Die "Auferstehung" in der klassischen Antike', *Kairos* 7 (1965) 208–15.

E. Rohde, *Psyche: The Cult of Souls and Belief in Immortality among the Greeks*, London 1925.

E. Samter, 'Antike und moderne Totengebräuche', *NJKA* 15 (1905) 34–45.

H. Sonnemanns, *Seele – Unsterblichkeit – Auferstehung: Zur griechischen und christlichen Anthropologie* (FThSt 128), Freiburg i.Br. 1984.

　自分自身の死であれ、あるいは他の人々の死であれ、死は人間生活に同伴しそして不可避的にそれを制限する限界(ホライゾン)であるから、死との取り組みは社会システムの中での宗教的要因の有効性を試す決定的試金石である。死と対処するために展開された戦略には、われわれがこれまで取り組んできた3つのレベルすべてが含まれる。先ず第1に、それらの戦略は死者が属する家に関わるが、しかし、死者の埋葬と記憶のための関心はひとつの団体が設立されるときの主要な関心であり得たことは、われわれの既に見てきたことであり（上記、B, 2 を見よ）、これが公的性格をも持ち得ることを理解するには、ペロポネソス戦争で倒れた者たちのうちの最初の者たちの葬礼の祝い（Thucydides 2.34.1–18）と、それに続くペリクレスによってなされた大葬儀演説を想起するだけで十分である。死は葬儀演説（*epitaphios logos*）と慰安文学にそれ自体の文学的ジャンルをさえ生み出している。われわれは死後の生に対する特別な希望についての問題を、密儀宗教との関連で議論することにする（下記、第Ⅱ章を見よ）。われわれは種々様々な哲学学派の終末論について非常に詳細に議論する機会をも持つことになるが（第Ⅴ章を見よ）、そこでわれわれは、死後の生についてのプラトン的神話にプルタルコスが与

えた形式を見ることにする。ある意味で、死はわれわれが描くどんな絵にも遍在すると人は言うことができる——犠牲にも、あるいはわれわれが支配者祭儀との関連で立ち戻る必要があることだが、死者の英雄化にも——なぜならば、死は生活のほとんどすべての次元に介入してくるからである。

　ここでこの問題のもうひとつのアプローチとなるものが死者の祭儀である。人々はどのように死者を取り扱っていたのだろうか。死者の埋葬のために、彼らの墓の世話のために、彼らの追憶を維持するために、どんな儀式が発達したのか。こうした儀式は社会構造の内部で何を成し遂げるのか、そしてそれらは死者に適切な存在様式についてどんな言明をしているのだろうか。ここでもう一度われわれはそうした儀式を遂行する者たちの意識と、儀式それ自体について語ることとを区別しなければならない。確かに、儀式を執り行う者たちの意識を把握することは非常に難しいが、他方で儀式は、客観的に幾分かなりとも語ることを可能にしてくれる。もし正しい判読の仕方が分かっているならのことであるが。現代における類似はキリスト教の葬送儀礼であるかもしれない。それはユダヤ教的またキリスト教的な死者の復活の希望に深く印づけられたテクストと式典を持っている。たとえこの儀式の参加者全員が、この確信を共有しているわけではない事態が長い間続いてきたとしても、である。

1. 葬礼儀式

リスト26

F. Bömer, *Ahnenkult und Ahnenglaube im alten Rom* (ARW.B 1), Leipzig and Berlin 1943.

J. Bremmer, *The Early Greek Concept of the Soul*, Princeton 1983.

L. Morris, *Death-Ritual and Social Structure in Classical Antiquity* (Key Themes in Ancient History), Cambridge 1992.

A. D. Nock, 'Cremation and Burial in the Roman Empire', in Idem, *Essays*（リスト 2）277–307.

R. Parker, *Miasma*（リスト 2）32–73.

E. Rohde, *Psyche*（リスト 25）3–54, 156–216.

A. Schnapp-Gourbeillon, 'Les funérailles de Patrocle', in G. Gnoli and L. P. Vernant, *La Mort*（リスト 25）77–88.

(a) 葬儀

われわれの出発点として、われわれは『イーリアス』の最後から2番目の巻（23）に記されている、アキレウスの戦死した友パトロクロスのために準備された、大がかりな葬儀を選ぶことにする。それは死者のための哀悼で始まるが、喪の食事へと移りゆく。この食事の準備過程で、屠殺された動物の血が死体の上に注がれる（23.34）。その夜の間に、パトロクロスの魂が、眠っているアキレウスの夢の中に現れ出て、不満を述べる（23.69–74）。

> 君は眠っている、そして俺を忘れてしまっているのだ、アキレウスよ。俺が生きていた間は、君は俺のことに決して無頓着ではいなかったが、しかし俺が死んだ今となってはな。できるだけ早く俺を埋葬してくれ、俺がハーデースの門をくぐることができるように。遠くから亡霊どもが俺を近づけないようにするのだ、疲れた亡者の幽霊どもが。奴らは俺が三途の川を渡って奴らの仲間に加わるのを許そうとせず、俺は虚しく、広い戸口を持ったハーデースの館の前をさまよっているのだ。

アキレウスはもう一度友を抱擁しようと切望しつつ彼に向かって両手を差し伸ばしたが、「亡霊は、かすかな叫びを立てて、煙のように地の下へいってしまった」（23.100f.）。驚いて、アキレウスは言う（23.103–7）。

> ああ、ハーデースの館においてさえも、心は全くなくなっているが、亡霊［ψυχή］とか幽霊［εἴδωλον］とかいうものは、何かしらあるのだ。というのも、いたましいパトロクロスの亡霊が一晩中私のところに来て立ち、あるいは泣きながらあるいは嘆きながら、私にひとつひとつ指図したが、驚くほど彼の姿そのままだった。

われわれは、ここで魂が死者の哀れな「複写」としてのみ現れることに注目する。魂は実に死者に似ているが、しかし何らの生命力を持っていない

(葬儀用の壺の表面に、死者は人間のような形姿をした、翼を持った小さな存在として描かれるが、しかしごく小さくて、ほとんど透けて見える)。ハーデースに存在することは全然魅力的ではないが、それにもかかわらず彼らが彷徨い歩くよりはましであるように見える。パトロクロスの魂はアキレウスが翌日彼の死体を炎にくべるときに初めて休息を見出す。彼と一緒に——死者の祭儀に典型的である焼き尽くす犠牲の形で——羊や野牛や馬そして犬らを炎の中で燃やし、そして残酷の極みは、12人のトロイア人の戦争捕虜を燃やすことである。これらの捕虜を、こうすることをもくろんで、アキレウス自身が殺害した (23.175f.)。くすぶる灰がぶどう酒でもって消ししずめられ、それからパトロクロスの白くなった骨が集められて黄金の壺に納められ、その壺の上には土が山盛りにされた。この後直ちに、競争と競技が行われ、その日の終わりには祝いの食事が各々の船の上で催された。

(b) 葬礼儀式

　この古典的事例は、家族の誰かが死んだときにはいつでも、簡素化された形で行われる、後代の死者の儀式の基本的パターンを示してくれる。死者の魂の休息に対する驚くべき関心には隠された側面があり、この隠されたモチーフは、多分、公然と言及されるモチーフと同じだけ重要である——換言すれば、その儀式は彷徨い歩く魂の侵入に対して生者に安心を与えるのに役立つ。死者の魂はみだりに立ち入り危険となり得るのである。命の領域と死の領域とをはっきりと境界で区別し、一方の側から他方の側への境界通過ができるだけ制限されるようにすることを狙いとするのは、生者の利益のためである。これが、死と接触することになった者たちすべてがそのことによって汚れ、その結果、浄化の複雑な手続きが必要となるという基本的事実の原因である (Parker 参照)。女神アルテミスが、愛するヒッポリュトスの死に際に、彼に「さようなら。死んだ人を見ることも、いまわの際にある者たちの息によって目が汚されることも、私に正しいことではない」(Euripides, *Hipp.* 1437f.) と告げるとき、彼女さえもこの法の支配下にあることを示している。

　死者の祝いの標準的要素を定めるために一部は法さえ制定された。それらの法の意図のひとつは、葬儀の準備が過度に華麗になることを妨げるためであった (例えば、SIG 3/1218 = LSCG 97)。死体は洗浄され、油を塗られ、白

い衣類にくるまれ、そして花が撒き散らされる——つまり、そうして清浄であることが宣言される——そして家の玄関ホールに棺台が据えられる。哀悼する女たちが嘆きの歌を歌い、胸を打ち、髪を引きちぎる。家の入り口には清めのみそぎのための水が入った壺がある。煖炉の古い火は消され、後に新しい火がおこされる。1日か2日経った後、死んだ人が横たわっている棺台に葬礼行列が随伴して町の外にある共同墓地に出て行く。祭司たちはこの祭礼行列には同伴しない。というのは、それは彼らの義務の一部ではないからである——これはわれわれに奇妙だという印象を与えるが、しかし古典時代には当然のことと見なされていた。ソフォクレスは彼の『アンティゴネー』の中で、死者の埋葬が「敬虔心（pietas）」の第1命令であったことを印象深く示した。しかし、埋葬慣習や実際は変化する。われわれが見てきたように、パトロクロスの死体は燃やされた。これは、エピクロス学派のローマ人信奉者ルクレティウスによって、彼の教育詩『事物の本性について』の中で批判されている[29]。

> なぜなら、もし野獣の顎や嚙むことによって死者がぐいと引っ張られることが何か悪いことなら、薪の山で熱い炎に焼かれたり、あるいは蜜で窒息させられたり、あるいは人が氷のように冷たい石材の平面に横わって冷たさで硬直すること、あるいは土の重みで沈められて上から押し潰されることが、それよりもっと酷いことではないのか、私には分からない（3.888–93）。

　より風変わりな形式も確かに存在するけれども、基本型は火葬と土葬の2つである。紀元1世紀には土葬が、ギリシアと小アジアを含む、帝国の東半分全体において支配的であった。その一方で、首都ローマを含む、帝国の西半分では逆の展開が起こっていた。ここでは、死体は火葬され、その後骨壺はカタコンベ（これはキリスト教徒の発明ではなかった）のような場所に置かれた。われわれはどのようにしてこの地理的な配分が起こったのか、またどのような要因がこの2つの異なった方向への展開へと導いたのか、詳細に

29　H. Diels and E. G. Schmidt, *Lukrez: Von der Natur* (TuscBü), Munich and Zurich 1993; W. H. D. Rouse and M. F. Smith, *Lucretius* (LCL 181), Cambridge, Mass. and London rev. edn. 1982 を見よ。

調査する必要はない。しかしわれわれは、この均衡が維持されなかったことを特筆しなければならない。より大きな統一に向かっての動きが東から始まり、その結果、土葬が西部でも次第に普通となり、およそ紀元200年頃から支配的となるに至り、その結果、紀元3世紀は実質的に死者の土葬だけを知ることになる。ユダヤ教とキリスト教は、土葬を彼らの抱く死者の復活に対する希望と結びつけていたので、土葬のみを受け入れていた。ユダヤ教もキリスト教も、こうした全体的傾向において決定的な役割を演じなかったということでは、学者たちの見解は一致している。それにもかかわらず、ユダヤ人とキリスト教徒の排他的態度は、この点においては反対に逆らって地歩を固める必要がなく、至る所で受け入れられた慣習に遭遇したことは幸運な事情であった（Morris 68 を参照、「この儀式上の統一と、それがキリスト教徒の好んだユダヤ教慣習とも偶然に重なり合っていたことが、新しい信仰の拡散を助けたに違いないことはまずもって否定できない」）。

2. 冥界

リスト27

H. D. Betz, *Lukian*（リスト 3）81–99.

G. Dietz, 'Der Mythos von Odysseus in der Unterwelt: Zu den Jenseitsvorstellungen in den Epen Homers', *BSIM* 22 (1989) 5–42.

C. Sourvinou-Inwood, *'Reading' Greek Death: To the End of the Classical Period*, Oxford 1996, 10–107.

リスト 25 と 26 の参考文献

　『オデュッセイア』第11巻はネキュイア、すなわちオデュッセウスの冥界への旅を含んでいる。このテクストはハーデースに関する表象の展開に対して、他のどんなテクストよりも大きな影響力を持っていた（ウェルギリウスの『アエネイス』第6巻にある冥界へのアエネアスの旅は、ローマ世界に関する限りはこのテクストに匹敵するかもしれない）。冥界への入り口は神話的な世界にあり、また絶えず暗い霧に覆われているが、その入り口でオデュッセウスは死者の魂を次のような仕方で呼び集める（*Od.* 11.24–37）。

D　死者の祭儀

　私は鋭い剣を太腿の脇から引き抜いて、長さも幅も一腕尺の穴を掘った。そしてすべての亡者たちに向けて、私はその穴の周りに献酒を注いだ、まず最初に蜜と乳を混ぜたものを、その次には甘いぶどう酒を、3番目に今度は水を。その上に、白い大麦の粗挽き粉を撒き散らした……。誓願と祈りでもって私は亡者の族へ祈り終えてから、羊どもを捕らえてその頸を穴の中へと切り落とすと、黒々とした血が流れた。すると亡者たちの魂が幽冥界の底から集まってきた。

犠牲動物の湯気を立てている温かい血は冥界から魂を誘い出す。しばらくの間、新鮮な血が彼らに新しい生命力を吹き込む。だから、彼らはそれを渇望するのである。このような仕方で、オデュッセウスはテーバイの先見者テイレシアスから自分自身の未来について何事かを知りたいと思った (11.90–6)。換言すれば、彼は口寄せをして死者を呼び出し、死者たちに問いを発しているのである。オデュッセウスの母親は血を味わうけれども、彼は彼女の魂をつかまえることはできなかった。彼女は彼が抱擁しようとすることから3度逃れ (11.207f.)、次のような説明をする。

　しかし、これが死ぬべき人間の、誰でも死んだならば、こうと決まった掟というものなのです。なぜなら、もはや腱が肉と骨とを保持しておらず、燃える火の激しい力がそれらを壊してしまうので、いったん生気が白い骨を離れるや、魂が夢と同じに飛んで行ってしまうのですよ。

この場面の続きには、神話的伝承上の多くの人物が登場する。彼らはオデュッセウスの傍らを通り過ぎ、彼と若干の言葉を交わす。かくして、例えば、アキレウスの魂は冥界における存在のあり方について不満を述べる。「無分別な死者、務めを終えた人間らの幻像 [εἴδωλα] が住む」、と。彼自身は、「死んでしまった亡者すべての君主であるよりも、むしろ田畑で働く農奴として他人に仕える方が私には望ましい、たとえ公田を持たない男で、生計も豊かでない者のところであっても」(11.489–91)。この巻の終わり近くで、オデュッセウスは、冥界で罰を受けている者たちにも会う。その中にはタンタロス──水が彼の頤にまで届くが、しかし彼が〔水を飲もうと〕屈み込むや

119

否や水が引くものだから、彼は決して水を飲むことができない——や、シジフォスがいた。シジフォスは、繰り返し繰り返し、大きな岩を頂上まで転がし上げるが、その岩はいつも、頂上から再び転がり落ちる（11.582–600）。彼はヘラクレスにも会うが、ヘラクレス自身は不死の神々の間に居場所を与えられて、神々の食卓での食事に与っているから、ただ彼のεἴδωλον〔幻像〕にのみ会うのだが（11.601–4）。

　こうして、その死体が沈められる地下の暗い領域[30]（旧約の Sheol を参照）で虚しく存在している無能の幻影という一般的考えは、次の２つの方法で満たされる。第１に、特に邪悪な人物に対する残酷な懲罰という怖ろしいイメージが提供されるが、こうしたイメージは次のように説明することができる。すなわち、罪人が地上で生きている間にその体に加えられたときにのみ本当に意味あるような罰を、死後の命に投影したものである、と。この投影の目的は、地上の存在状態に対する正当な相殺を可能とすることである。第２に、例外的な善行やより一層の敬虔に対する報いは、邪悪な者たちに対する罰に相応すべきであるが、オデュッセウスはここでは非常に控え目である。ヘラクレスの場合にのみ、われわれは確かにそのような可能性を見る。ここでわれわれはエーリュシオンにも言及しなければならない。エーリュシオンとはほんの僅かな者たちだけが入ることを許される楽園的な居住場所である。これが何処にあるのか、またひとはどのようにしてそこにいる者たちの生存状態について想い描けるのか、は不明瞭なままである。たいてい、それは祝福された者たちの島と呼ばれ、海の彼方にある神話的領域に位置している。比較的古い神話においては、エーリュシオンに到達する者たちは死ぬ前に地上から体ごと移されて、そこに受け入れられるのだが、しかし、死後にエーリュシオンに入る者たちもまたいた。ホメーロス以後は、魂の居住場所が次第に星の輝く天に移されるように展開していく傾向がある（下記参照）。まさに終末論の分野では人間が確かに、事実上矛盾する確信を全く同時に抱くのであり、そこにわれわれは厳格な論理や完全な首尾一貫性を求めるいかなる要求もしてはならない。

30　Cicero, *Tusc.* 1.36「なぜなら、体は地に倒れ、大地で覆われる *humo tectis*（そこから、『埋葬する *humari*』と言われる）から、地下で死者たちの残りの命が継続すると見なされていた。この見解の結果として大きな間違いが生じたのだが、詩人たちはそうした間違いを増幅しただけであった」。

3. 死者への食物供与と死者を祝う食事

リスト 28

H. D. Betz, *Lukian*（リスト 3) 71–4.

P. A. Février, 'Kult und Gesellgikeit. Überlegungen zum Totenmahl', in J. Martin and B. Quint, *Christentum*（リスト 3) 358–90.

E. Freistedt, *Altchristliche Totengedächtnistage und ihre Beziehung zum Jenseitsglauben und Totenkultus der Antike* (LQF 24), Münster 1928.

H.-J. Klauck, *Herrenmahl*（リスト 5) 76–88.

T. Klauser, *Die Cathedra im Totenkult der heidnischen und christlichen Antike* (LF 9), Münster 2nd edn. 1971.

G. Koch, *Sarkophage der römischen Kaiserzeit*, Darmstadt 1993.

E. Maass, *Orpheus*（リスト 18) 205–46.

A. D. Nock, 'Sarcophagi and Symbolism', in Idem, *Essays*（リスト 2) 606–41.

R. N. Thönges-Stringaris, 'Das griechische Totenmahl', *MDAIA* 80 (1965) 1–99.

R. Turcan, 'Les Sarcophages romains et le problème du symbolisme funéraire', *ANRW* II/l6.2 (1978) 1700–35.

(a) 死者への犠牲

　もし、オデュッセウスが冥界への入り口で行うことを口寄せの特別な意図から切り離すとすれば、われわれがそこで手にするのは死者への供食、ないし死者への犠牲である。人は死者の墓に行き、そこに食物と飲み物とを供え、一定不変の招待の決まり文句でもって死者たちを食事に呼び招く（「誰それよ、起きよ、そして飲み食らいして楽しめ」）。われわれは、死者と関連する犠牲を司る規定を見出す。つまり、人は墓の西側に溝を掘り、水と油を注ぐべきだという規定である。若干の墓では、飲み物の捧げ物を受けるために考えられた垂直のパイプが直接地中に立てられていた。墓に置かれた底のないシリンダー状の壺も、同じ目的に役立つものであった。液体の方が好まれたのは、液体が土に染み込んでいくことが、下方に死者へと浸透していくプロ

セスの鮮やかなイメージを与えたからである。ルキアノスは、死者の祭儀と死後の命に関する信仰についての重要な証拠である幾つかの著作の中で、そのような慣習に皮肉なひねりを加えているが、それによって彼は、その慣習が2世紀にも途切れない人気を博していたことを確証している[31]。

> さて、彼らはなぜ墓石を花輪で飾り香油を塗るのか。そしてなぜ、彼らは墓塚の前で薪を積み上げ、穴を掘ってから、これら非常に高価な食事を燃やし、また溝にぶどう酒、それに蜂蜜を混ぜた飲み物を、とにかく私はそう憶測するのだが、注ぎ込むのか（*Charon* 22）。

> そして、彼らは私たちが墓前で供える御神酒や燃やし捧げるものによって養われる。それで、地上に友人あるいは親族を残していなかった者、このような死者は食べることができないままで、死者の間では腹を空かせて日を過ごす（*De Luctu* 9）。

死者のための犠牲は定められた日に行われる。ギリシア人の間では（恐らくは死んだ日からというよりは、むしろ埋葬の日から数えて）3日目、7日目ないしは9日目、そして13日目に、ローマ人の間では埋葬の日、9日目、そして毎年死者の誕生日に〔行われる〕。こうした日に並んで、毎年共通の死者の追憶日が導入されていた。アテーナイではこうした日は2月末のアンテステーリア〔花祭〕と関連づけられていた。ローマでは、逝去した両親のためのパレンタリア〔父母慰霊祭〕が2月に守られ、また5月にはレムリア〔死霊祭〕が所帯全員のうちの逝去者のために、守られた。オウィディウスは、レムリアが死者の危険な精霊を宥めることを前面に出しているような印象を与えるが（*Fasti* 5.429–44）、その一方で、彼はパレンタリアについて語るときには、死者がほんの慎ましやかな欲求を持つだけであることを強調している（*Fasti* 2.533–9）。

31 　私が一節を引用した『下界の三途の川の渡し守（*Charon*）』および『喪について（*De luctu*）』の他に、『メニッポスあるいは降霊術、カタプルスあるいは暴君、死者たちの対話、本当の話（*Menippus sive Necyomantia, Cataplus sive Tyrannus, Dialogi mortuorum, Verae historiae*）』2.5–32 も参照せよ。

さらに墓に対して敬意を表すこともある。父祖たちの魂を宥めよ。彼らに建てられた墓石に僅かな捧げ物を持って来るがよい。死者の霊はほんの僅かしか望まない——高価な贈り物よりも敬虔が喜ばれる。最下界のステュクス〔冥府〕には貪欲な神々がいるわけでない。奉納された花輪で覆われたタイルで十分だ、それに少しの穀物、僅かの塩粒、混じりけのない酒で柔らかくされたパン、そしてばらけた数輪のすみれが加えられていれば。

上記に、死者の供食についての2つの潜在的な意味がほのめかされている。死者の魂を宥めることと、死者は死後の生存を維持するための滋養物を生者に依拠しているという確信である。もうひとつの原動力は、食卓の交わりを継続することによって、死の現実を否定したいという願望であったかもしれない。死者に自分自身の食べ物を分かち与えることによって、人は死者との結びつきを維持するのである。最低限でも、このことは生者を死者から1歩ずつ引き離して、死者を悼むプロセスを助けることができる（死者への供食が時をおいて何度か行われる仕方！）。

(b) 葬式の食事

死者と食卓の交わりを持つというこの最後に挙げたモチーフを把握することは、葬式の食事でより容易になるかもしれない。葬式の食事は葬礼儀式の枠組の中で行われたが、しかし墓場自体においてというより、むしろ死者を悼む家の中で行われたギリシアでは、これは περίδειπνον〔周りの食事〕と呼ばれる。なぜなら、その食事は「死者の周りで」持たれたからである。ローマでは、それは *silicernium* と呼ばれる。葬式の食事のもうひとつの機能は、親族たちの悼みの断食を終わらせ、彼らを〔日常〕生活に戻らせることであった。またもや、このことをわれわれに語ってくれるのはルキアノスである（*De Luctu* 24）。

こうしたことどもの最後に、葬式の食事がくる。親族たちが列席して、亡くなった者の両親を慰めて、何かを味わうように説得する。そして、神にかけて（確かに！）、彼らもほとんど3日間も断食して既に衰弱し

きっていたから、喜んで無理強いされようとしているのだが、……そこで、彼らは食べ始めるのだが、最初はそうするのを恥ずかしく思いながら……。

ペトロニウスの『サテュリコン』で描かれているトリマルキオの饗宴で、遅れて到着したひとりの招待客が、自分はこの種の葬礼の食事に与らねばならなかったが、その食卓は非常に豪勢に飾られていたと言って、遅刻の言い訳をする（Sat. 65.11「しかし、われわれは自分たちの飲んだぶどう酒の半分を彼〔死者〕の骨の上に注がねばならなかったけれども、それは非常に愉快であった」）。われわれは記念の食事についても簡単に触れねばならないだろう。それは、死んだ人の記憶を比較的長きにわたる期間を越えても生き生きと保つことに役立っていた。エピクテータがテラ島に創設した団体（上記B, 2（a）を見よ）の中核的使命のひとつは、この記念の食事を催すことであったが、われわれはそれをエピクロス学派の間でも再び見ることになる。エピクロス学派は、人間の記憶において存在し続ける以外の形での死後の生活の形を認めなかったが。

(c) 死者のための食事

異なった術語が採用されているので、上記のものとははっきり区別されているのが、死者のための食事である（Thönges-Stringaris を参照せよ）。言わんとするのは絵画的表現、すなわち死者のための食事の浮き彫り（レリーフ）のことで、その基本的タイプは以下のように描写できる（UUC III no. 18 を参照せよ）。ひとりの男が、玉座に座った女と、酌人の裸の少年と共に、食卓の前に置かれた長椅子に横たわっているのが描かれる。大きなぶどう酒の器が見てとれる。そして、長椅子の上にくつろいでいる男が杯をその少年に差し出している。食卓の上にはパンと果物が盛られている。横になっている男よりも小さな、平伏した人物たちもまた描かれている場合もある。彼らがより小さく描かれているのは、彼らが生者の領域から連れてこられていることの表れである。この絵を解釈することは容易ではない。それは日常生活の一場面として、死後の生活における食事として、自分の記念の犠牲を享受する死者の肖像として、葬式の食事として、認定されてきた。横になっている男は普通の死者

のひとりか、あるいは英雄、あるいは神とさえ考えられてきた。多分、正しい見解は、生き残った家族の成員が、絵と現実の中で、死者の床の周りを囲んで、死による別離の残酷さを減じるために、（上で示したように）彼ら自身の食物と栄養物を彼と一緒に分かち合っているというものである。

われわれはまた、死んだ人間が彼岸の世界において食卓に〔着いて〕横たわっている、死後の世界での食事も見出す。ただし、これはより稀であって、死者のための食事の浮き彫りをこの意味に解釈すべきではない。われわれは、未来へのこの投影を、とりわけ密儀宗教の世界において見出す（下記、第II章を参照）。これと関連する象徴(シンボル)の解釈が石棺美術において論争されている（Turcan を参照せよ）。死後の生活における食事についての主たる図像学(アイコングラフィック)的証拠は、サバジオス祭儀からの観念を再現するローマ共同墓地で見出される一連の絵である[32]——そこには故人のヴィビアをエーリュシオンの野に導く *angelus bonus*〔善なる天使〕が見出され、そのエーリュシオンの野で彼女は *bonorum iudicio iudicati*、すなわち、審判を無事に通過した者たちの食事に参与している。なお、これは時折想定されるように、キリスト教による影響を受けた美術ではない（〔サバジオスという、その〕神の名前というまさにその事実から明らかなように、ユダヤ教からの諸借用は排除すべきではないだろう）。

4. 墳墓に記された警句(エピグラム)

リスト29

A. J. Festugière, *L'Idéal* （リスト3）142–60.

H. Geist and G. Pfohl, *Grabinschriften* （リスト4）.

P. Hoffmann, *Die Toten in Christus: Eine religionsgeschichtliche und exegetische Untersuchung zur paulinischen Eschatologie* (NTA NF 2), Münster 3rd edn. 1978, 44–57.

R. Lattimore, *Themes in Greek and Latin Epitaphs* (Illinois Studies in Language and

---

32 UUC III nos. 68–70; F. Cumont (plate 4.1 in French edition: *Les Religions Orientales dans le Paganisme Romain*, Paris 1929) を参照。なお、Maass も参照せよ。

Literature 28.1–2), Urbana 1942, reprint 1962.

R. Merkelbach and J. Stauber, *Steinepigramme aus dem griechischen Osten*, vol. 1, Stuttgart 1998.

W. Peek, *Griechische Vers-Inschriften*, vol. 1: *Grab-Epigramme*, Berlin 1955.

―――― *Griechische Grabgedichte* (SQAW 7), Berlin 1960.

G. Pfohl, *Inschriften*（リスト4）．

　われわれがここで描き出している絵の全体が過度に確信に満ちたものとならないように、そして、それによって誤解に導くことのないように、以下のことが強調されてしかるべきであろう。すなわち、広範な懐疑的傾向が認識できるだけではなくて、この懐疑的傾向が、察するところ、大半の人間が死に対して持つ最も優勢な態度である、と。われわれはこれをとりわけ、現存する何千という葬式警句から見ることができる。実のところ、少数ではあるがホメーロスに従って大衆に好まれるところとなった確信を、すなわち、義人の魂は軽く、それゆえ天に昇るという確信を示しているものもある。これは、魂に天の住まいをあてがう、あるいは魂を星と同一視する（アリストファネス『平和』832-3参照、「そして、人々が語っていることは本当ではないのかね――人は死んだ後には天空で星になる、と」、Hoffmann参照）、星幽体（アストラル）不滅への希望の諸々の形と結びつけることができる。しかし、死後の生活への希望について暗示だけでも含んでいるのは、葬式警句のたかだか10パーセントと見積もられている。これは、たとえその種類によって課せられた制限（ジャンル）を思案しても、そして未来の希望に関する葬式警句の事実上の沈黙が必ずしもそのような希望を排除しないことを念頭に置いても、全体として高い数字ではない。しかし、考察すべき材料は、はっきりした諦めの痕跡を帯びているような警句によって提供されている。われわれはここで、しばしば見出されるひとつの正式な型に基づく3つの変形（バリエーション）を引用しよう[33]。

οὐκ ἤμην, γενόμην, οὐκ ἔσομ'
οὐ μέλει μοι. ὁ βίος ταῦτα.

33　Geist の434–5番、Pfohl の31番、Festugière 158 の註2、Peek, *Grabgedichte* 453番を参照。

私は存在していなかった、私は存在してきた、私はもはや存在しないだろう。
私は気に掛けない——人生とはこうしたものだ。

Non fui, non sum, non curo（n.f.n.s.n.c. と略記される）
私は存在していなかった、私は存在していない、私は気に掛けない。

Nil fui, nil sum;
et tu, qui vivis,
es bibe lude veni.
私は何物でもなかった、私は何物でもない。
そしておまえ、生きている君よ、
食べ、飲め、遊べ、来たれ！

　これは、われわれを最後にはパウロに連れてくる。彼はこう書いている（Ⅰコリ 15:32）、「もし、死者が起こされないとすれば、それなら食べたり飲んだりしようではないか。なぜなら、明日にはわれわれは死んでいるのだから」。ここで彼自身は、非常に沢山の人々が彼自身の時代にどのように人生を悟っていたかを極めて手短に表現する、彼より古いスローガンを取りあげているのである。

第 II 章

神秘の魅力：密儀宗教

A 現象へのアプローチ

リスト 30

W. D. Berner, *Initiationsriten in Mysterienreligionen, im Gnostizismus und im antiken Judentum,* theological doctoral dissertation, Göttingen 1972.

U. Bianchi, *The Greek Mysteries* (IoR XVII/3), Leiden 1976.

———— and M. J. Vermaseren (eds.), *Soteriologia*（リスト 2、関連論文を多数収録している）.

Bibel und Kirche 45 (1990), Heft 3: *Mysterienkulte* (=117–58).

W. Burkert, *Ancient Mystery Cults*, Cambridge, Mass. 1987.

F. Cumont, *Religions*（リスト 2）.

F. Dunand et al., *Mystères et syncrétismes* (EtHR 2), Paris 1975.

L. F. Farnell, *Cults*, vols. 3–5（リスト 2）.

M. Giebel, *Das Geheimnis der Mysterien: Antike Kulte in Griechenland, Rom und Ägypten*, Zurich and Munich 1990.

J. Godwin, *Mystery Religions in the Ancient World*, London 1981.〔ゴドウィン『図説古代密儀宗教』吉村正和訳、平凡社、1995 年〕

K. H. E. de Jong, *Das antike Mysterienwesen in religionsgeschichtlicher, ethnologischer und psychologischer Beleuchtung*, Leiden 2nd edn. 1919.

O. Kern and T. Hopfner, art. 'Mysterien', *PRE* 16 (1935) 1209–1350.

H.-J. Klauck, *Herrenmahl*（リスト 5）.

B. M. Metzger, 'A Classified Bibliography of the Graeco-Roman Mystery Religions 1924–1973 with a Supplement 1976–1977', *ANRW* II/17.3 (1984) 1259–1423.

M. W. Meyer, *The Ancient Mysteries: A Sourcebook. Sacred Texts of the Mystery Religions of the Ancient Mediterranean World*, San Francisco 1987; new ppb. edn. 1999.

K. Prümm, art. 'Mystères', *DBS* 6 (1960) 10–225.

R. Reitzenstein, *Hellenistic Mystery Religions: Their basic ideas and significance*, Pittsburgh 1978.

C. Riedweg, *Mysterienterminologie bei Platon, Philon und Klemens von Alexandrien* (UaLG 26), Berlin 1987.

N. Turchi, *Fontes Historiae Mysteriorum Aevi Hellenistici* (Ricerche e testi di storia e letteratura religiose 3), Rome 1923.

H. R. Willoughby, *Pagan Regeneration: Study of Mystery Initiations in the Graeco-Roman World*, Chicago 1929, reprint 1960.

D. Zeller, art. 'Mysterien/Mysterienreligionen', *TRE* 23 (1994) 503–26.

　序章で扱った宗教史学派の議論においては、ヘレニズム・ローマの密儀宗教が決定的な役割を果たしていた（この点については本章で論じることになろう）。われわれはまず、用語を調べ、密儀宗教とは何かを問い、その外観、展開、歴史を見ることで事象に接近しよう。次いで、古代において非常に広く行き渡っており、現代においてよく知られているものの中で重要な5つの祭儀に目を向けよう。すなわち、エレウシス、ディオニュソス、アッティス、イシス、ミトラスの祭儀である。

　完璧を期すつもりであれば、なるほど、大小の、大抵がある一地方に結び付いていた他の祭儀にも言及した方がよかろう。しかし、ここでは僅かに以下のものだけに言及しておくにとどめる。すなわち、トラキア沖のサモトラケ島を中心とする「偉大な神々」であるカベイロイの密儀[1]、小アジアのゼウス・パナマロスの密儀[2]、メッセーニアーのアンダニアの密儀（これの神々にパウサニアスはエレウシスに次ぐ、栄誉ある第2の地位を与えた。*Graec.*

---

[1] 例えば、Giebel 89–114; S. G. Cole, 'The Mysteries of Samothrace during the Roman Period', *ANRW* II/18.2 (1989) 1564–98 参照。

[2] H. Oppermann, *Zeus Panamaros* (RVV 19.3), Giessen 1924; P. Roussel, 'Les mystères de Panamara', *BCH* 51 (1927) 123–37 参照。より最近のものとして、L. Wehr, *Arznei der Unsterblichkeit*（リスト 157）356–66。

Descr. 4.33.5) である。前92年の碑文は、これらの密儀における催しの外貌を記録している[3]。しかし、本章で選ばれたテクストによって、密儀宗教の最も重要で基本的な特徴は十分に描かれることであろう。

1. 用語

リスト31

G. Bornkamm, 'μυστήριον, μυέω', *TDNT* 4.802–28.

H. Dörrie, 'Mysterien (in Kult und Religion) und Philosophie', in M. J. Vermaseren, *Religionen*（リスト2）341–62.

E. R. Goodenough, 'Literal Mystery in Hellenistic Judaism', in *Quantulacumque (Festschrift for K. Lake)*, London 1937, 227–41.

J. D. B. Hamilton, 'The Church and the Language of Mystery: The First Four Centuries', *EThL* 53 (1977) 479–94.

A. E. Harvey, 'The Use of Mystery Language in the Bible', *JThS* NS 31 (1980) 320–36.

H. Krämer, 'Zur Wortbedeutung "Mysteria"', *WuD* 6 (1959) 121–5.

C. Riedweg, *Mysterienterminologie*（リスト30）.

J. Z. Smith, *Drudgery*（リスト5）54–84.

H. von Soden, 'ΜΥΣΤΗΡΙΟΝ und *sacramentum* in der ersten zwei Jahrhunderten der Kirche', *ZNW* 12 (1911) 188–227.

われわれは密儀宗教について語る場合、古典期において既に一般的であった語彙を用いる。古典期の著者たちもある特定の形式の宗教を、大抵は複数形を用いて「密儀」（μυστήρια）と呼んだ。このギリシア語はラテン語

---

[3] SIG 3/736 = LSCG 65; 翻訳は UUC II.89f.; Meyer 51–9; これについての M. P. Nilsson の注釈は以下の通り「密儀は、宗教的な祝祭としてよりは、実際に起きていることを鑑みて統制されなければならないし、且つ、警備隊によって抑制されなければならない民衆の祭りとして現れている」(*Geschichte*（リスト2）II.97)。これは、R. MacMullen, *Paganism* （リスト2）23f. で密儀全体に敷衍されている；アンダニアについては、L. Ziehen, 'Der Mysterienkult von Andania', *ARW* 24 (1926) 29–60 も参照。

mysterium を経て、ヨーロッパ諸言語の中に生き残っている（英語 mystery、フランス語 mystère、イタリア語 mistero、スペイン語 misterio など）。

μυστήριον の語源とその基本的意味が何であるかについては、全く明らかというわけではない。動詞 μυεῖν「（儀式に）参加させる」は、名詞 μυστήριον に対応する動詞として二次的に作られたものである。これとは異なるもうひとつの動詞が名詞 μυστήριον の起源として挙げられることがある。すなわち、「閉じる」「閉じたままにする」、具体的に言えば、口あるいは唇を閉じたままにすること、つまり沈黙することを意味する動詞 μυεῖν である。語根 μυ- は擬音語とされる。すなわち、唇を閉じたままで話そうとする際に出る、言葉にならない音（つまり、「ムー」というような音）を模倣したものだ、というのである。ギリシア語単語形成の一般的な法則に従えば、名詞 μυστήριον はこの動詞から派生したかもしれず、そうであれば、ひょっとすると語源学が密儀の本質に光を当てるかもしれない。すなわち、密儀とは、語ることが許されず、口を閉じて沈黙すべき何ものかである、というのだ。しかし、名詞 μυστήριον が動詞 μυεῖν に遡るのかは、確かではない[4]。

古代末期までギリシア人たちはこの μυστήριον を宗教用語としていた。この名詞が日常生活における秘密を意味するものとして世俗的な意味で用いられるのは、全くもって稀であるし、しかも新しい環境においてである。しかし、プラトン以降、μυστήριον が哲学的な問題のメタファーとして用いられるというように、派生的な用法が見受けられるようになった。

プラトンの『饗宴』の中でソクラテスは、予言者ディオティーマから、あなたはなるほど哲学的思索のエロースへの密儀を受けることができるかもしれないが（μυηθείης）、最奥の奥義、すなわち完成（τέλεα）と密儀的な見（ἐποπτικά, *Symp*. 28 [209e–210a]）を得ることができるかどうかは分からない、と語られたと述べる。哲学的な知識の道は、μυστήριον の中に徐々に侵入していくことに似ているのであり、このことが哲学を宗教的に聖なるものと化すアウラで覆うのであるが、明らかにこれがここで目指されていることである。密儀の概念は、祭儀的な行いという意味から離れて、どちらかと言えば秘密の教えという意味を帯びている。

---

4 W. Burkert, *Mystery Cults*（リスト 30）137 n.36,「それは単によく知られた語源学説であるかもしれない」。

A 現象へのアプローチ

　更に複雑なことに、μυστήριον の概念はユダヤ教及びキリスト教において神学的なことが語られる際に用いられる用語ともなった。この橋渡しとなったのは、ヘレニズム・ユダヤ教の知恵文学である。知恵の書には、異教徒の祭儀への批判が見られるが、著者は自身の神学を論ずる際に μυστήριον という語を取り入れている。

　知 14:15 では密儀が批判的に語られている。「時を弁えぬ悲しみに弱り切ってしまった父は、突然に取り去られた子供の像を作り、かつては人間であり、今や死んでしまった者を今は神として崇め、自らに服する者たちに密儀（μυστήρια）や入会儀礼（τελετάς）を義務づけた」。14:23 も同様である。「彼らは幼児殺しの入会儀礼（τελετάς）や密儀（μυστήρια）、特殊な習慣を伴う乱痴気騒ぎを行う」。知 12:3 以下では、イスラエルの民がカナンの土地を占領した際に出会ったカナン人の偶像礼拝が非難されており、その際に密儀に関係する語彙が用いられているが、これはその時代になかった語彙を使用しているという点で時代錯誤的である。「あなたの聖なる地に長い間住んでいた人々を、その忌まわしい行いゆえに、あなたは憎んだ。その行いとは、魔術や聖ならざる入会儀礼（τελετάς）、憐れみなく子を殺すこと、人の肉と血を犠牲の供宴で食べることである」。他方、密儀が肯定的に用いられている個所もある。それは知 2:22「〔愚者は〕神の密儀（μυστήρια）を知らない」及び 6:22「知恵とは何であり、どのように生じたかを語ろう。あなたたちにその密儀（μυστήρια）を隠さず、……彼女〔＝知恵〕に関する知識を明るみに出そう」であり、更に 8:4 で知恵は神の認識への「密儀を受けた者」（μύστις）と語られている。

　この両方の展開は、アレクサンドリアのフィロンにとっても決定的である。彼の著作に見られるのは、一方で異教の密儀宗教に対する論争であり、他方で、神学的な知識を獲得する過程の厳かさと啓示の価値を描くための密儀に関わる語彙の受容である。フィロンは後者のために、プラトン以降のギリシア哲学における、μυστήριον の隠喩的（メタフォリカル）な用法を用いることができたのである。

　神秘（ミステリー）の概念は具体的内容で満たされるのだが、それはまずユダヤ教黙示思想によってであった（ダニ 2:28「しかし天には神秘を明かす神がいて、この神が日々の終わりに生じるに違いないことをネブカドネツァル王に明らかとした」）。このように、その神秘は終末論的なものであり、終末時における出来事やその正確な日時、前兆のしるしについての神の計画に関係している。

神秘としてのこれらは神と共に隠されており、ダニエルのような選ばれた予見者に対してのみ示され説明され、選ばれた者からなる集団にこの予見者によって伝えられる。祭儀的な要素はここにはなく、教えの性格が前面に出ている。しかし、秘密であるという性質は保たれており、ここで特徴的なのは、終末論的な内容である。

μυστήριον という単語は新約聖書において 28 回現れる。その概念内容は黙示思想に負っているのだが、ここで重要なのは以下の点である。すなわち、終末論的な神秘は明かされてしまったのであり、それはイエス・キリストにおいて神がもたらした救いにあるのだ、ということである。マコ 4:11 が語る「神の国の神秘 (μυστήριον τῆς βασιλείας τοῦ θεοῦ)」とは、この意味である。更に、例えば、ロマ 11:25 は、続く 26 節で語られる、終末におけるイスラエルの運命に関する教えに言及しつつ、「私はあなたがたがこの神秘に無知であって欲しくない」と語っているが、ここに終末論的な内容があることが認められよう。所謂、啓示の文学的パターンがここでは重要である。神は今や自身の聖なる者たちに、永遠の初めから隠されてきた神秘を明らかにしたというのである（例えば、コロ 1:26）。μυστήριον がギリシア語を用いる教会で聖礼典／機密や礼拝式／奉神礼を指すために用いられるようになったのは、4 世紀以降のことである。であるから、祭儀的な要素は、起源からしてこの概念の一側面であるのだが、少なくともある程度の重要性を再度獲得したのである。

2. 現象学

リスト 32

W. Burkert, *Mystery Cults*（リスト 30）．

J. Croissant, *Aristote et les mystères* (BFPUL 51), Liege and Paris 1932.

H. P. Müller, 'Sterbende und auferstehende Vegetationsgötter? – Eine Skizze', in *ThZ* 53 (1997) 74–82.

R. Reck, *Kommunikation und Gemeindeaufbau: Eine Studie zur Entstehung, Leben und Wachstum paulinischer Gemeinden in den Kommunikationsstrukturen der Antike* (SBB 22), Stuttgart 1991, 136–42.

C. Riedweg, *Mysterienterminologie*（リスト 30）.

A. Tresp, *Die Fragmente der griechischen Kultschriftsteller* (RVV 15.1), Giessen 1914.

R. Turcan, 'Initiation', *RAC* Lfg. 137 (1996) 87–159.

H. S. Versnel, *Transition*（リスト 12）15–88.

リスト 30 のその他の二次文献も見よ。

(a) 秘密の祭儀

密儀(ミステリー)について、どちらかと言えば単純なことではあるが、まず言うべきことは、それが秘密の祭儀だと言うことである。このことが密儀を他のもの、すなわち都市国家における公共の祭儀との関係の中に、更に、隠されたものではない、家庭における日々の儀式との関係の中に位置づける。密儀宗教はオープンであることを嫌う。すなわち、密儀宗教は隠れて、しばしば夜に執り行われるものであるし、誰もが近づけるものではないが、入会儀礼を受けた者からなる特定の集団のために備えられているのである。この対照が示す結論は次のことである。つまり宗教的な領域においては、大規模な祭事が満たすことはできないであろう親密さへの欲求があり、更に型通りの日々の生活においては見出せないであろう、何かしら非日常的なものへの欲求がある、ということである。しかし、密儀は秘密の祭儀としてさえも、まさに祭儀の形式を留めているのであり、それに関係し続けているのである（Burkert 10「密儀の入会儀礼は、多神教内における、任意の活動である」）。祭儀にはどのようなものがあるのかを既にわれわれは見たのであるが、この多くが密儀において再現されている。すなわち、犠牲、儀式的な食事、清めの儀式、行進、神像の崇拝である。このことが意味することは、密儀と祭儀との間の境界が曖昧であり、どちらにもまたがる形のものが様々あるということである。

(b) 入会儀礼

密儀への参加者は限られる。この限られた参加者からなる集団の設立に必要な選抜は、入会儀礼を通して行われる（密儀宗教のための専門用語はラテン語で *initia* である）。あらゆる密儀宗教にとって決定的な特徴であるこの

入会儀礼は、1度限りのものもあれば、聖化の段階を下から上まで順々にのぼっていくものもある。この際に執り行われる儀式の詳細は、入会の条件や準備方法と同様、密儀宗教ごとに非常に異なる。

(c) 式次第

　密儀の祭事における式次第に関わる要素は、既に古代において3つに区分されていた。すなわち、δρώμενα, δεικνύμενα, λεγόμενα である（例えば、Plutarch, *Is. et Os.* 3.68 [325c; 378a]）。この最初の言葉（「所作」という意味）は、実行されること、礼拝式の外的な執行を意味する。2番目のものの意味は「示されたもの」、つまり対象である。すなわち、祭儀の対象は示されるのであり、これは例えば hierophant〔密儀の祭司〕による。この hierophant という呼び名は、聖なるもの（τὰ ἱερά）を見せる（φαίνεσθαι）という、この者の働きに由来する。「語られたもの」を意味する3番目のものは、行為の最中に語られることすべてを指すが、これは呼びかけや短い解説のための発声の意味でのものであって、教訓的な談話や長々とした教えの意味でのものではない。祭儀はそれぞれ、神々に関する、どちらかと言えば長大な神話に基づいているが、この神話は準備期間中に与えられるか（Reck 137 参照「しかしながら、デジタル要素［説明、教え］は適切に密儀と呼ばれるものの執行の段階に属してはおらず、入会儀礼を受ける者の準備の段階に属している」）、あるいは神話の一般的な知識があれば、だいたい知っているだろうと前提されたりする。密儀の祭事自体——それは「集合的かつ象徴的・秘教的な意志疎通行為であり、古い（部分的に東方の）神話を基礎として、主として類似した性質を持つ」（Reck, ibid.）——は、アリストテレスがその本質的な特徴として定義したものに準拠している。「入会儀礼を受ける者たちは何かしらを学ぶべきではなく、何事かを経験すべきである」（frag. 15 Rose, 3rd edn.: οὐ μαθεῖν τι δεῖν ἀλλὰ παθεῖν）。何事かが、その者たちに対して生じ、その者たちと共に生じることが意図されているのである。

(d) 沈黙命令（*disciplina arcani*）

　入会儀礼だけが密儀宗教の本質的な要素ではない。密儀の祭儀で生じたこ

とに関する沈黙命令も同様に重要である。そこで経験したことはいかなる場合でも他人に漏らしてはいけないのである。沈黙を保つべしというこの掟に背いた者は罰せられたのであり、場合によっては（国によって）追放されたり死刑に処せられたりもした。だが、無神論者であり詩人・哲学者であるメロスのディアゴラスが密儀において生じた事々を故意に暴露し、それらを馬鹿馬鹿しいものとして多くの者たちが入会儀礼を受けないようにした、ということが伝えられている。様々な著作家や演説家が多かれ少なかれおおっぴらに密儀に言及しており、ここまでは許されるという境界線を確認したり変えてみたりしている。密儀の基となった神話は秘密ではなかった。碑文によってわれわれは密儀が行われた日時や場所、参加者の数、組織について知ることができる。様々な事柄についての多くの詳細が、沈黙の義務に違反することなく語られることもあったから、古典期においては密儀宗教に関して論考を物することが可能であった（Tresp 9, 28 参照）。教父たちは自らがこの沈黙命令（disciplina arcani）に束縛されているとは思わなかったので、なるほど、偏りがないわけではなく、批判的な視点を持ちしかるべき注意を払って読まなければならないとしても、現存する証言の主要な部分を彼らに負っている。アレクサンドリアのクレメンスにおいて明らかとされたことは、彼はある重要な個所で異教の手引書『密儀について（περὶ μυστηρίων）』を書き写す以外、何もしていないということである（Riedweg 118–20）。

　実際のところ、口外されうるものは多くあったのかと問うこともできよう。入会儀礼の経験は、批判的分析の目には陳腐なものにすぎないと否応なく思えるものであったので、白日の下に晒されるのに耐えられない出来事であった、ということはありそうなことである。だから、沈黙の義務は、真剣な熟慮によって命じられたと言うよりは、形式的且つ社会的な機能を有していたのだろう。この義務は入会儀礼の全過程に、神秘的なアウラを与え、より一層魅力的なものとしたのである（Reck 140「成功の秘密は恐らく、公にされたことと隠されていることとの間の絶妙なバランスにある」）。

(e) 神話と儀式

　密儀を行うことの目的は何か、或いは、密儀宗教が約束する救いとはどのようなものか、との問いに取り組むための最善の方法は、神話と儀式との間

の関係を決定しようと試みることである。祭儀それぞれは、それ自身の神聖な神話に基づいており、この神話は神に何が起こったかを語る。大抵、神は苦難と放浪の道を通らねばならず、しかししばしばこの歩みが遂には勝利へと導くものとなる。儀式はこの道行を省略した形で表現しており、そのことで入会儀礼を受ける者がこの神の物語の中に参加し、神が担った苦しみと何よりも勝利を共有することができるようになる。このようにして、祭儀に参加することで救い（σωτηρία）を得る見通しが立つのである。救いを望むとは、この世的なものであることもあり、生の多くの苦難、つまり病や貧困、旅の危険、そして死から守られることを期待するのである。他方でしかし、死後の生がより良いものであることを期待するものでもあった。救いを望むことは常に、生命力を強め寿命を伸ばすことに関係しており、それは神の不滅の生に加わることを通して達せられるのであった（一般的に言えば、Burkert 11：密儀は「聖なるものの経験を通して心を変えることを目指した」）。

　古代後期（4世紀）以降の神学的テキストであるサルスティウスによる『神々と世界について（De diis et mundo）』（ed. G. Rochefort, CUFr）4.9 は、神話と儀式における神話の実現化との背後にある時間の理解に有益な洞察を与えてくれる。「これらの出来事［彼はアッティスについて語ったばかりである］は、現実には決して生じないが、常に存在している（ταῦτα δὲ ἐγένετο μὲν οὐδέποτε, ἔστι δὲ ἀεί）。知性はこれらすべての出来事を同時に見るが、言語はまずはこれ、次いでそれと話すのである」。神話は表面上は物語構造を有するが、歴史的な出来事を語っているのではなく、永遠不変の存在を知らしめている。知性が無時間的な統一として理解することを時間的な順序で展開するのは、言語だけである。神話が原則的にある唯一の歴史的な出来事に結びついているのではないという事実は、出来事の経緯を心の中で何度も何度も再現することを容易にし、それによって入会儀礼を受ける者たちにこの循環的な出来事の連鎖に入り込むことを可能としてくれるのである。

3. 歴史

リスト33

O. E. Briem, *Les Sociétés secrètes de mystères* (BH 315), Paris 1951, 24–96.

W. Koppers, 'Zum Ursprung des Mysterienwesens im Licht von Völkerkunde und
    Indologie', *ErJb* 11 (1944) 215–75.
リスト 30 の二次文献も見よ。

　学問的に密儀宗教の先史を明らかにしようという試みは、2つの観点から取り組まれてきた。この先史は、(a) 現代においてもアフリカの諸部族においてなお観察されるような、古代から続けられている入会儀礼から、あるいは、猟師や戦士が他者に恐れを抱かせる団体を結成するような原始的文化における秘密結社から、民族学的に引き出された。あるいは、(b) 学者たちは「農業的な基盤」を表している神話、つまり種蒔きや収穫を主題とする神話に密儀宗教の出発点があるとする。この場合、密儀は植物の育成と結びつき、土地の肥沃さに影響を与えることを目的とした魔術と説明される。いずれにせよこの農業的基盤は、歴史的に接近しうる祭儀を見るのであれば、はるかかなたのものである。例えば、エレウシスの祭儀は前7世紀から後4、5世紀、すなわち凡そ1000年以上にわたり辿ることができる。祭儀の多くはこの時期に、とりわけ前2世紀から後2世紀の間に生まれた。東方からの影響は前3世紀以後より強く見られるようになったが、これは新しい密儀の神の名がまさに示している。すなわち、小アジアに由来するキュベレーやアッティス、エジプトに由来するイシス、ペルシアに由来するミトラスである（もっとも、批判的な留保が必要ではあるけれど）。このように混淆を示す特徴が見られるにしても、密儀が東方から持ち込まれたものだとばかりは言えない。古典期におけるエレウシスの祭儀の存在はこれと逆のことを示す重要な証拠である。多くの点でエレウシスは後の祭儀の形成にとって標準的なモデルであると思われる。

　このような長い時期を目のあたりにするのであれば、激しい浮き沈みを知る密儀宗教の魅力を説明するために、ただひとつの要因だけを引き合いに出すということにあまり意味があるとは思えない。公共の祭儀に対する不満は、密儀宗教のみならずその他様々な形で現れた。例えば強調点を家庭礼拝に置くという形で、あるいは必ずしも密儀と結びつけられる必要のない私的な祭儀団体を設立するという形で、あるいは神々に対する信仰概念全体を批判するという形で、あるいは哲学に人生を形作らせるという形で現れた。社会的な変動も確かにある役割を果たしたであろう。社会的な変動は個人の選択の

自由や可能性を拡大することもあったが、他方で孤立化の高まりを伴い、生のリスクをより高めもした[5]。密儀宗教の黄金時代は2世紀から4世紀にかけてである。当時の人々は、贖いや不滅性に対する漠然とした憧憬をまさに真実のこととして語り得たが、これが時代の特徴であった。これはキリスト教にとっても都合のよいものであった。時代が下るにつれ、そして3から4世紀において、キリスト教がますます力をつけていったとき、キリスト教を意識してそれへの対抗心を抱いて人々は密儀宗教に新しい関心を向けた、ということをわれわれは考えるべきである。

B エレウシスの密儀

リスト34

P. Boyancé, 'Sur les mystères d'Éleusis', *REG* 75 (1962) 460–82.

B. Dietrich, 'The Religious Prehistory of Demeter's Eleusinian Mysteries', in U. Bianchi and M. J. Vermaseren, *Soteriologia* (リスト2) 445–71.

H. P. Foley (ed.), *The Homeric* Hymn to Demeter: *Translation, Commentary and Interpretive Essays*, Princeton 1994.

P. Foucart, *Les Mystères d'Éleusis*, Paris 1914.

F. Graf, *Eleusis und die orphische Dichtung Athens in vorhellenistischer Zeit* (RVV 33), Berlin 1974.

K. Kerényi, *Eleusis: Archetypal Image of Mother and Daughter*, London and New York 1967.

W. F. Otto, 'Der Sinn der eleusinischen Mysterien', *ErJb* 7 (1939) 83–112.

A. W. Persson, 'Der Ursprung der eleusinischen Mysterien', *ARW* 21 (1922) 287–309.

---

5 Burkert, *Mystery Cults* (リスト30) 11「ヘレニズム世界において生まれた個々人の自由の機会とリスクに関係した者にとっては、密儀は決定的な『発明』であっただろう。家族や氏族、階級によって規定されたり制限されず、しかし任意に選ぶことができた祭儀は、祭事への統合を通し、そしてある偉大な神的存在への個人的接近を通して、ある種の個人の安全を約束したのである」。

G. Sfameni Gasparro, *Misteri e culti mistici di Demetra* (StRel 3), Rome 1986.

F. Wehrli, 'Die Mysterien von Eleusis', *ARW* 31 (1934) 77–104.

その他の幾つかの重要な二次文献は、続く参考文献リストを参照。

　古代における最も著名な密儀宗教の故郷であるエレウシスは、アテーナイから凡そ 20 から 30 キロ西にある、地中海に面した湾にある都市である。アテーナイとエレウシスの間には、アテーナイ市内の陶器職人の墓所からこの密儀の聖域まで続く、聖なる道が敷かれていた。この祭儀の前史について確かなことを語ることはできない。せいぜいの所、この場所に結びついた、古代の土着の農耕に関する儀式の痕跡を見ることができるのみである。

1. ホメーロス風のデーメテール賛歌

リスト 35

K. Clinton, 'The Sanctuary of Demeter and Kore at Eleusis', in N. Marinatos and R. Hägg, *Sanctuaries*(リスト 9)110–24.

H. P. Foley (ed.), *Hymn*(リスト 34).

N. J. Richardson, *The Homeric Hymn to Demeter*, Oxford 1974.

A. Weiher, *Homerische Hymnen* (TuscBü), Munich 3rd edn. 1970, 6–33.

　ホメーロス風のデーメテール賛歌と呼ばれるものは、原因譚的なエレウシス神話の基本部分を含むが、これは前 7 ないし 6 世紀のものである。「原因譚的な」が意味することは、儀式の中で行われることがどのようにして生まれたかを、神話が物語の形式で説明し、それを歴史時代以前の神々の物語に結びつけている、ということである。従って、後に偉大な詩人ホメーロスに帰せられた作品の一部であるこの賛歌を読む場合、この密儀の儀式が見て取れる個所がどこであるかに留意する必要がある[6]。

6　これは Richardson も自らの注解書の中で論じている方法である。Clinton の立場は幾分異なる。すなわち彼は以下のように説明する。賛歌のより古い版は、一般により知られている、アテーナイの *Thesmophoria* に言及しているだけである。この祭りは女性たちのものであって、子豚が大地の裂け目に投げ込まれたのであるが、この子豚の死体は腐

第Ⅱ章　神秘の魅力：密儀宗教

　神話の始まりは以下のようなものである。冥界の神ハーデース／プルートーがデーメテール（ラテン語名ケレース。テクストではデーオーと呼ばれてもいる）の娘コレー／ペルセポネーを奪い去る。女神デーメテールは自らの正体を隠して必死に娘を捜しながら地上を彷徨うが見つけられず、虚しい旅路を歩み、最後に老女の姿でエレウシスにたどり着く。ここで彼女は井戸のそばで領主の4人の娘に出会う。彼女らはデーメテールが領主の館で乳母兼召使として働けるよう助けてくれる。以下は館への女神の受け入れについて記している個所である（*Hom. Hymn Dem.* 192–211）〔以下に現れる「デーメテールへの賛歌」からの引用は原則として、沓掛良彦訳註『ホメーロスの諸神讃歌』平凡社、1990年に従うが、〔　〕は訳者が本書の文脈に従って加筆した個所である〕。

　　しかし季節もたらし四季折々の賜物を恵むデーメテールは、
　　その輝く椅子に腰を下ろそうとはせず、
　　美しい眼を伏せたまま、黙ってじっと立っていた。
　　ついに機転のきくイアムベーが、女神の前にがっしり組み立てられた椅子を置き、
　　白銀色の羊の毛皮をかけた。女神はそれに腰を下ろして、面紗を引き被り、
　　その椅子に、悲しみに打ちひしがれ、長いことじっと押し黙って坐っていた。
　　誰に向かっても一言も発することなく、挨拶もせず、
　　微笑むこともなく、食べ物も飲み物も口にせず、
　　ゆたかに腰帯した娘のことを思い焦がれて、次第にやつれて坐っていた。
　　ついに機転のきくイアムベーが女神に向かってしきりに冗談を言い、
　　畏い女神の尊を楽しませ、微笑み笑わせて御心をなごませた。
　　かくてイアムベーはその後もまた、女神の御心にかなう者となった。
　　さてメタネイラが杯に甘い葡萄酒を満たして女神にすすめたが、
　　女神はそれを受けなかった。紅に輝く葡萄酒を飲むのは、許されぬことと言い、

敗した後に取り上げられて畑に肥料として用いられた。より後代の密儀はテクストの中にきちんと組み入れられることなく、最終編集段階にようやく加えられたのである、と。

142

大麦の粉と水にやわらかな薄荷を混ぜた飲み物〔κυκεῶν, kukeōn〕をくれる
　ようにと請うた。
メタネイラは言われたとおりの飲料を作って、女神にさしあげた。
いとも尊い女神デーオーはそれを受け取り、〔聖なる慣習のために〕〔飲み干
した〕。

ここには、まさに「密儀」と呼ぶにふさわしいこの密儀の祭事の始まりに行われる4つの要素が示されている。(1) エレウシスの密儀に参加する者は、羊の毛で覆われた座に被りものを頭に被ったままで座る（元来は近親者の死別の際に行われる何らかの儀式であった）、という証言が、まるで目に浮かぶように描かれている。(2) 断食は、密儀の準備段階に属する要素である。(3) 冗談やからかいを伴う歌は、やはり近親者の死別に際しての儀式に由来しており、心を明るくするための試みであり、密儀の儀式における行進で歌われる。(4) 特別な飲み物（kukeōn）については後により詳しく見ることにしよう。しかし、ここでは重要な最終行に注目しておこう。デーメテールは「聖なる慣習のために」（Richardson 225 はこれを「儀式のために」と訳す）これを飲む。従って、デーメテールは特定の儀式を創始したのだが、同時に未来のすべての入会儀礼を受けた者の原型として行動しており、彼女が制定したことを彼女自ら行っているのである。従って、「聖なる慣習のために」の意味は、「儀式を制定するために、それを維持し守るために、予めそれを実践し、それを訓練するために」である。

このときからデーメテールはエレウシスの領主の子デーモポーンを養育する。子供はデーメテールのもとで立派に成長する。女神はその際に特別な方法を用いたが、それは皆の賛同を得られるものではなかった（239–46）。

夜ともなると、両親には気付かれぬようにして、女神はその子を
　燃える火の中に炬火のように埋めておいた。わが子があまりにもすみや
　　かに成長し、
神にもまがう姿となってゆくのは、両親には大きな驚きであった。
女神はその子を不老不死の身となし得たことであったろう、
　もしも、うるわしい帯をしたメタネイラが、愚かな真似をしさえしなか
　　ったなら。

> 母は夜半にそっと様子をうかがって、かぐわしい寝室から覗き見たのだ。
> そしてわが子がどうなることかと怖れ、ひどく心乱れて
> 悲痛な叫び声をあげると、両の腿を激しく打った。

　この「火による試練」がデーモポーンを不死としたかもしれなかった。従って、不死性が密儀の主題でもあったと思われる。そして、火がこの不死性に関わる働きをするということは明らかである。しかし、神話においては、女神は秘密裏に魔術的と言っても良い行為を行ったのだが、目論んだとおりにはならなかった。顕現の場面において女神は自らの正体を明かし、自身を祀る神殿を建てることをエレウシスを去る前に求める。そして、密儀宗教の確立を約束するのである（273「〔聖なる入会儀礼（ὄργια）〕はこの身みずから教え授けることとしましょうぞ」）。

　この物語の本筋は、一時的に中断していたが、今や再開する。穀物の女神デーメテールはなおも娘を探し、神としての職務を放棄して穀物の生育を妨げ飢饉を起こすことを決意する。この飢饉は神々にも影響を与えたが、それは人間が神々に犠牲を献げようとしなくなったからである。ゼウスの介入により、デーメテールが満足する妥協が成立する。今後、ペルセポネーは1年の3分の1を冥府で夫と共に過ごし、残りの3分の2を母であるデーメテールや他の神々と過ごすのである。結びでは様々な主題が結び合わされており、将来の密儀への言及がもうひとつ為されている（473-89）。すなわち、

> そこで女神は法を布く王たちのもとへ赴いて、
> トリプトレモスと馬御するディオクレースと
> 威を振うエウモルポスと民人らの長なるケレオスとに
> 祭儀の次第を教え、［トリプトレモスとポリュクセイノスとそれにディオクレースとに］
> うるわしい〔入会儀礼（ὄργια）〕を開示した。その〔入会儀礼〕は怖れ畏むべきもので、これを侵すことも、
> それについて問うことも漏らすことも許されない。
> 神々に対する大いなる虔（つつし）みゆえに、声に出すこともできないのである。
> 幸いなるかな、地上にある人間の身にしてこれを見し者は。
> 〔犠牲を献げず〕、〔入会儀礼〕に与ることなき者は、死して後

暗く湿った闇の世界で、これと同じ運命を享けることはかなわぬ。
さて、〔入会儀礼〕の次第をあまさず授けると、いとも尊い女神デーメーテールは
娘神をつれて他の神々の集うオリュムポスへと向かった。
そこで雷鳴を悦ぶゼウスの傍らにあって、おごそかで畏い女神として住まっている。
いとも幸いなるかな。地上にある人間の身にして
かの二柱の女神が心から慈しみたもう者こそは。
女神らはその者の大いなる館に、竈訪う客としてプルートスを遣わし、
この神が死すべき身の人間たちに富をもたらすのだ。

　後の時代は「3度耕す者」トリプトレモスをエレウシスの祭儀の英雄とみなした。彼は耕作に向いた土地を耕す仕方を神々から学んだ最初の人間であり、その結果、文明の創始者となったのである。「良き音を立てる者」エウモルポスは、何世紀にもわたってエレウシスの祭儀における務めを果たす者を輩出した、2つの祭司家系のひとつにその名前を残した。密儀の祭司はエウモルピデスの家系から選ばれた。その仕事は、祭事のクライマックスで美しい声で歌うような口調で秘密の式文を語ることである。沈黙を守るようにという478行目の命令と共に、2つの「幸い章句」(macarism) にも注目すべきであろう。第1の幸い章句は、恐らく歴史的展開の観点から見れば儀式の章句より新しく、死後に生じることについて否定的に語っている。入会儀礼を受けることを拒んだ者は、闇覆う冥界で朽ちるであろうと言うのだ。これよりも古い第2の幸い章句は、2人の女神の贔屓を受けることがゆるされた者たちのもとに、プルートスが訪れるだろうと約束している。富を表す神であるプルートスを家庭の仲間とした者にとっては物事すべてが順調である。そのような者は今その場で繁栄して幸福を享受するのである。神話は主として行動のレベルで観念を表現するが、その場合は、そのような内面的な希望は、例えば、豊作であった小麦が納屋の中にたっぷりと収められている、といったようなことで果たされることがある。

2. エレウシスの合言葉(シュンテーマ)

リスト 36

A. Delatte, *Le Cycéon, breuvage rituel des mystères d'Éleusis* (CEA), Paris 1955 = BCLAB 5.40 (1954) 690–752.

S. Eitrem, 'Die eleusinischen Mysterien und das Synthema der Weihe', *SO* 37 (1961) 72–81.

A. Körte, 'Zu den eleusinischen Mysterien', *ARW* 18 (1915) 116–26.

R. G. Wasson, A. Hofmann and C. A. P. Ruck, *The Road to Eleusis: Unveiling the Secret of the Mysteries*, New York 1978.

　およそ 800 から 900 年後、アレクサンドリアのクレメンスはエレウシスの密儀宗教の「合言葉」を引用したが、その「合言葉」の中にはいくつかの要素が依然として残っており、しかも過去との連続性を保っているのは驚かされる（*Protr.* 21.2 [16.18–20 GCS 56]）。

κἄστι τὸ σύνθημα Ἐλευσινίων μυστηρίων ——
ἐνήστευσα,
ἔπιον τὸν κυκεῶνα
ἔλαβον ἐκ κίστης,
ἐργασάμενος
ἀπεθήμην εἰς κάλαθον
καὶ ἐκ καλάθου εἰς κίστην.

そしてこれがエレウシスの密儀の合言葉(シュンテーマ)である——
私は断食をし、
混合酒（*kukeōn*）を飲み、
箱から取り出し、
動かしてから
籠の中に置き、
そして籠から箱の中に置いた。

B　エレウシスの密儀

(a) 合言葉(シュンテーマ)

（クレメンスが他の箇所でも用いている）*synthēma* あるいは *symbolon* は、エレウシスの密儀を振り返り、その一部をまとめている。その働きは、暗号や軍の合言葉のそれと同じようなもので、入会儀礼を受けた者は、聖化の次の段階に入ることが許可された時や日常生活において、これを用いることで自らのアイデンティティを正当なものと証明できるのである。これが生死の問題となる場合があることは、魔術を使った咎で訴えられて裁判にかけられた際のアプレイウスの抗弁に見て取れる。様々な密儀宗教の「しるし」を暴露するようにと求められた際（*signa*〔しるし〕はここで「複数のもの」である）、彼はこのように答えた。「偶然にも私と同じ密儀に参加した者がここにいるなら、私に合言葉（*signum*）を与えてもらいたい、さすれば私が隠し守っているものをあなたは聞くだろう」（*Apol.* 56.7）。アプレイウスはイシスの密儀（これについては後で論じる）の重要な証人である。

(b) キュケオーン

断食とキュケオーンを飲むこととが合言葉(シュンテーマ)の中で極めて密接に繋がっていることは明らかであるが、これは古代の医療にも見受けられるとおりである。すなわち、キュケオーンを飲めば、宴での食べ過ぎによって生じるであろう腹痛を防ぐ、と考えられていたのである。しかし、デーメテール賛歌におけるのと同様、女神が断食の後、最初に口にするのが混合酒であることが何よりも重要である。オウィディウスは密儀の儀式との結びつきを見事に言い表している。「女神は断食を日没時に終えるので、入会儀礼を受けた者も今日は星明かりのもとで食事をとるのである」（*Fasti* 4.535f.）。

キュケオーンとは何か。一般的には、賛歌におけるように、大麦の薄粥、水、香りづけのハーブを混ぜ合わせたものである。この名は、混ぜ合わせた固形物が容器の底に溜まってしまわないため、飲む前にかき混ぜ（ギリシア語でκυκᾶν）ねばならないことに由来する。より凝ったレシピも知られている。『イーリアス』では、女中が老ネストールのためにぶどう酒、蜂蜜、玉ねぎ、大麦の粗挽き粉、山羊のチーズを混ぜ合わせているし（*Il.* 11.624–41）、

魔女キルケーも『オデュッセイア』でこれと同じものを混ぜ合わせているが、ただし「恐ろしい薬」が付け加えられている (Od. 10.234-6)。

この「恐ろしい薬」は無視しても良いというものではない。というのは現代の研究者の中には、キュケオーンには中毒性の、あるいは麻酔性の作用があり、エレウシスの場合でもそうである、と主張する者もいるからである。従って、キュケオーンに薬が含まれているとすると、密儀に参加した者の酩酊が説明されるだろうし、このことは更に密儀の祭事がどうしてかように大きな影響を与えるかも説明するだろう。具体的には、幻覚を引き起こすキノコを乾燥し粉状としたもの、あるいは阿片が用いられたと考えられている（というのも、女神デーメテールの図像にケシ粒が見られるからである）。別の仮説は、用いられる穀物には麦角菌が寄生していた（この麦角菌は麻酔の作用があり、これから LSD が誘導される）、というものである (Wasson et al.)。大麦の薄粥が水と混ぜ合わされるとやがて発酵し、穏やかに酩酊させる作用を持つこともある、ということも恐らくは念頭に置いておくべきであろう。しかし、麻酔剤が混ぜ合わせられていたという疑いに対しては反論している点で、大抵の専門文献は恐らく正しい[7]。

大麦の薄粥が主要な材料として用いられていることから、優れた製粉技術とパン焼き技術がまだ知られていない、しかし穀粒のまま〔だけを味わうこと〕以上が求められた時期が示される。古典期において、キュケオーンは田舎の人々が食する粗野な食事の典型であると見なされていた。この点は、このデーメテール神話の最初期の層が有する基本的に農村的な雰囲気と非常に合っている。最初期の文化段階からの「残余」は、聖なる振る舞いとしての密儀の中に遺され、そして今や現実に存在する世界に対するアンチテーゼの中で提示される代替物として機能することを本論では見ていくことになろう。キュケオーンを飲むことは、密儀における所作の中心にはなく、従って、典礼的な解釈のようなものをここから導き出すことについては、きわめて慎重になるべきである[8]。

---

[7] 例えば Richardson（リスト 35）345; W. Burkert, *Mystery Cults*（リスト 30）108-9（文献表付き）; M. Giebel, *Geheimnis*（リスト 30）34 を見よ。

[8] L. Deubner, *Feste*（リスト 2）80 参照「疑いなく、典礼的意義を有している」。F. B. Jevons, *Introduction*（リスト 1）364-66 は更にこれを上回る。彼の解釈はジクムント・フロイトの（『トーテムとタブー』に見られる）考え方に従っている。「クランのトーテ

(c) 箱と籠

多くの密儀宗教からその存在を知られている密儀の箱（*cista mystica*）にデーメテール讃歌は言及しないが、秘密の祭儀物を入れるその箱がエレウシスの密儀にあったことは碑文や図像から立証されている[9]。このことによって、エレウシスの密儀にはこの箱がなかったとし、アレクサンドリアにおけるデーメテールの祭儀にこの箱を位置づけようとする研究者の試みは誤りであることが示された。籠は明らかに農業に由来する。「動かしてからἐργασάμενος」ではなく「味わってἐγευσάμενος」が提案されている[10]。キュケオーンを飲んだ後に、秘密の食事を味わうという第2の振る舞いが続くだろうと考えるのである。しかし、箱から取り出されたものが持ち上げられ下ろされる理由を説明できない。かつての研究者ら（例えば、Körte）は、箱と籠の中身は性的な象徴物、すなわち、男根と子宮の像であるという説を好んだ。つまり、それらを「動かす」ことが意味するのは、それらを互いに触れ合わすことであり、つまり入会儀礼を受けた者自身に作用する生殖行為を行うことで、その入会儀礼を受けた者は神の子となる、と言うのである。原則的には、古典期の密儀宗教の中にそのような行為があった可能性を排除することは望まれないだろうが、最近のある解釈が図らずもエレウシスの密儀に、より適切である（Delatte 参照）。この説は（Porphyry, *Abst.* 2.6 に引用されているテクストに記されている）テオフラストスの見解を取り上げる。そこには、昔の人々は穀物の挽き方を学ぶと、挽くのに用いた優れた道具を秘密の場所に隠し、何かしら聖なるものと見なす、とある。すり鉢とすりこぎは穀物を挽くために用いられる。挽かれた穀物は器の中に飛び散り、例えば、キュケオーンの準備に必要な大麦の粗挽き粉が手に入るのである。箱と籠から取り

から作られた食事、すなわち穀物を食べるという年毎の行いにおいて、食事をする者たちは『自分たちの神々の体を食している』のである」。

9 U. Bianchi, *Mysteries*（リスト30）, ill. 25 参照。デーメテール自身が箱の上に座っている姿が描かれている。

10 この説を最初に唱えたのは、C. A. Lobeck による古典的な著作 *Aglaophamus sive de theologiae mysticae Graecorum causis libri tres*, Copenhagen 1829, reprint Darmstadt 1961, 25 である。

出された2つの物、すなわちすり鉢とすりこぎをいじることで、入会儀礼を受けた者は自身の生命に必要な食物を獲得する過程に象徴的に加わるのである。しかし、この食物は、(穀物を器の中に飛び散らせるということで) 自然に破壊的に干渉することによってのみ得られるのである。——これは生と死の弁証法の一例であり、密儀宗教が与えることを期待されていた生命力の増加の一例である。

3. 入会儀礼の3段階

リスト37

K. Clinton, *The Sacred Officials of the Eleusinian Mysteries* (TAPhS NS 64.3), Philadelphia 1974.

S. Eitrem, 'Die vier Elemente in der Mysterienweihe', *SQ* 4 (1926) 39–59; 5 (1927) 39–59.

R. M. Simms, 'Myesis, Telete, and Mysteria', *GRBS* 31 (1990) 183–95.

合言葉(シュンテーマ)は、長い行程上の複数の中間段階をまとめたものであり、これは主に3つに分けられる。すなわち、μύησις (入会儀礼)、τελετή (完成)、ἐποπτεία (見(ビジョン)) である。近年、シムズは2つの段階のみから構成される点でこれとは異なる提案をし、その際にμύησιςをτελετήとἐποπτείαを含む包括的な概念とする。

(a) μύησις

入会儀礼は個々に行われ、従って主要な年祭に結びついてはいなかった。これは以下の様な場所で行われたのではないかと考えられる。エレウシスの聖域の前庭、エレウシニオン (アテーナイのアゴラの上にある副神殿)、アテーナイ近郊のアグラエで春に祝われる小さな密儀 (これはかつては独立したものであったが、後にエレウシスに従属するものとなり、エレウシスの祭儀を準備する働きを持つようになった)。入会儀礼はエレウシスの祭儀の構成員によって、入会儀礼を受ける者を清め、教授するために為された。入

会儀礼を受ける者は羊の毛に覆われた座に座り（賛歌参照）、布で頭を覆った[11]。その頭の上に穀粒から籾殻を吹き分けるために用いられるうちわが置かれ（風による清め）、松明が近くに備えられた（火による清め）。そして、（祭儀に関する神話、礼拝における定型文、主要な祭事に相応しい振る舞いなどに関したであろう）教えが続く。入会儀礼は女性や奴隷、外国人も受けることができたという点で寛大なものであったが、例外がひとつだけあり、それは παῖδες ἀφ' ἑστίας「炉の子供」と呼ばれる子供たちであった（Clinton 98–114 参照）。この子供たちはおそらく、火による試練という点でデーモポーンを象徴しているのであろう。碑文（SIG 2/587.207）によると、入会儀礼のために必要となる金額は、それに伴う犠牲獣の代金も含めて 15 ドラクマであった。犠牲獣として好まれたのは子豚であった。この家畜が多産であることはよく知られている通りであるし、ギリシアではその他の場合にも子豚が犠牲として献げられることを考えれば、入会儀礼の背後には豊穣儀式があったことが考えられるかもしれない。

　アリストファネスはパロディを目指した多くの劇の中で「密儀の子豚（χοιρίον μυστηρικόν）」（Ach. 747）という言葉を用いている。例えば、登場人物の 1 人は死の脅威の面前に立つと、「子豚のために 3 ドラクマを今すぐ貸してくれ。死ぬ前に入会儀礼に与らねばならぬのだ」と言うのである（Pax 374f.）。奴隷クサンティアスは冥府で入会儀礼を受けた者の聖歌隊の歌を聞くと、実務家のように考え、丸焼きの焼き豚がここにもあるだろうと考えたのであった。「いとも尊きデーメテールの娘よ、焼いた豚の肉の香りが私になんと喜ばしいことか！」（Ra. 337f.）。

(b) 完成と見(ビジョン)

　次いで密儀は 2 つの段階に区分される。すなわち、τελετή と ἐποπτεία とであり、前者と後者との間には少なくとも 1 年間の猶予期間が設けられる。聖別のためのこの異なるが連続した 2 つの段階が具体的にどのようなものであったかは不明である。恐らく、以下で見ていくように、主要な祭事の中の異なった段階で行われたのだろう。あるいは、第 1 段階の入会儀礼しか受けて

11　U. Bianchi, *Mysteries*（リスト 30）, ill. 49 参照。

いない者はある時点で退室を求められたのであろう（恐らく、頭を覆ったまま）。

まさに、入会儀礼が段階的に行われるということが非常に人気を博したのであり、最終的にはこれがアレオパゴスの偽ディオニュシオスを通してキリスト教神秘主義にも入り込んだ。例えば、神秘の小径が、浄化、照明、神秘的合一という3つの段階に分けられたことが、それである。

4. 主要な祝祭

リスト38

W. Burkert, *Homo Necans*（リスト2）.
K. Clinton, *Officials*（リスト37）.
────── *Sanctuary*（リスト35）116–19.
M. Giebel, *Geheimnis*（リスト30）.
G. E. Mylonas, *Eleusis and the Eleusinian Mysteries*, Princeton 1961.

(a) 順序

主要な祝祭はボエドロミオンの月（9–10月）に催された。13日ないし14日に、青年たちはエレウシスの聖物を取りに行き、密封した箱の中に入れてアテーナイのエレウシニオンに持って行く。15日に布告者は市場の「色彩豊かなホール」で「布告」（πρόρρησις）をするが、その際に殺人者と外国人は密儀の祭事から除外される（Aristophanes, *Ra.* 352–70 にこれの模倣がある。「このようなことを経験したことのない者、心が啓発されていない者は、うやうやしい静けさの内に私たちの聖なる合唱から離れねばならないのだ」）。16日に更に以下のように叫ばれる。「海に来たれ、入会儀礼を受けた者よ」。そこですべての奥義をきわめた者たちは沐浴する（水による清め）。19日に入れ物の中に入れられた聖物を伴った大行進がアテーナイからエレウシスに向かって行われ、夕刻頃に到着する。参列者が到着すると、〔前400年頃の

絵である〕Niinnionpinax[12]では女神自身が彼らにキュケオーンが入っていると思われる杯を与える。前日を断食していたと考えれば、これは意味をなすであろう。これに続く事々が一晩で催されるのか（19日から20日にかけて）、それとも2夜あるいは3夜を必要とするかは研究者の間で議論されている。最後には牡牛が犠牲に献げられ、参加者が帰宅する日には祝祭の食事がすべての参加者に振る舞われる。

(b) 入会儀礼の夜

　入会儀礼の夜の中心にあることをより正確に描こうとする際には、エレウシスの聖区にある建築物をまず見るのが助けとなる。すなわち、ハーデース／プルートーの2つの聖域あるいはデーメテール神殿ではなく、telestērion自体、つまり密儀の聖域であり、複数の発展段階を経た正方形の屋根を持つ建築物を見るのがよろしい。これは知られているギリシア神殿のどれとも似てはいない。大きな屋根を持った集会所があり、ペリクレスの時代（前5世紀）にはおよそ3,000人が座れた。内部にはanaktorōn（およそ「支配者の家」の意）があり、これは露出した岩肌の上に建てられた小さな石の社で、屋根の開口部へと届くような構造になっている。anaktorōnは比較的稀な形の祭壇である。それには空洞があるのだが、それを見ると非常に大きな独立した炉を思い描くことができよう。エレウシスのanaktorōnでは炎が燃えていたのであり、それでこのような構造と屋根の開口部が必要となったのである。つまり、煙が逃げるようにしているのである。このことから、火と光が密儀の夜に主要な役割を果たしたであろうと、ある程度確信を持って推測することができる。telestērionの大広間は、群衆が到着し席につく際には暗闇に包まれていた。定刻になるとanaktorōnが開き、そこに火が付けられた。密儀の祭司が聖物をその火の明かりで示し、大声で密儀の神秘を宣べ伝えた。

　これに続く一連の出来事の再構成は、あまり確かなことは言えない。例えば、賛歌の中で語られている、火の中の少年デーモポーンに関するエピソードは、子供の供儀が元来のものであって、これは密儀の秘密であり語りえないものであり、そこから精神化されたメッセージが後になって派生したの

12　U. Bianchi, *Mysteries*（リスト30）, ill. 35; UUC III no. 44.

だ、との推測へと導く。すなわち、生への小道は常に死を介する、ということである（Burkert, *Greek Religion*［リスト2］286–88）。教父ヒッポリュトスは、あるグノーシス主義者がエレウシスについて語ったことを再録している（*Ref.* 5.8.39f.）。

> フリュギア人はまた彼［完全な人間］を緑だったときに刈り取られた麦の穂と呼ぶが、フリュギア人によれば、エレウシスの密儀に加わり、沈黙の内に入会儀礼を受けた者たちに偉大で素晴らしく最も完全な入会儀礼の密儀、すなわち刈り取られた麦の穂を示すときに、アテーナイ人も同様に呼ぶと言うのである。……密儀の祭司自身が夜中、エレウシスで多くの火の下で、偉大で語りえない密儀を行う際に、大声で叫んで言うのである。「女神が聖なる少年を産んだ、ブリモーがブリモスを産んだ」、これは、強い女性が強い子供を産んだ、という意味である。

　従って、聖物は（畑の刈り入れがとうにすんだ頃の）刈り入れられた麦の穂であっただろう。ブリモー婦人はデーメーテールかペルセポネーであろうし、ブリモス少年は富を擬人化しているプルートスか、あるいは、招き入れられて見ることを許可されたときに神の子供とされた入会儀礼を受けた者自身であろう。雨に関した魔術がこの翌日に行われ、その際に2つの大きな水瓶でもって北と東に擬音語の呪文（ὕε κύε「雨よ、身ごもらせよ」）と共に水が注がれると考えられるのであれば、大麦の薄粥と穀物をすりつぶす器具との意味を明らかとする統一的な解釈を得ることとなろう。現代の観察者は、この綿密さすべては、密儀の内実が非常に簡素である際に必要であるかどうかと問うだろうが、このような経験は——今日では完全に把握することは不可能であるが——参加者にとって非常に高い価値を有したのである[13]。
　ここで示唆されていることのもうひとつは、神々の像が火の光の中で、あたかも燃え盛っているように置かれていたということである。ミュケーナイ時代に由来する神々の古代の小さな像やエレウシスの密儀の神々の大きく荘

13　N. J. Rchardson, *Hymn*（リスト35）25f. の見解は注目に値する。「キリスト教会の式典との類似が極めて明瞭に示すのは、祭司が幾つかの身振りや、聖物の提示、鈴の音のような単純な何かしらと共に、祭司が語る言葉が、聖なる物語の意味と重要性を礼拝者に示唆するために必要とされるすべてである、ということだ」。

厳な像は、燃え盛る火の中で見られた際に驚きを引き起こしたであろう（賛歌の結びにある、デーメテールの顕現参照）。少なくとも τελετή〔完成〕と ἐποπτεία〔見〕の2つの出来事はどちらもある程度の期間を必要とするのだから、可能性のひとつだけを選びとる必要はなかろう。というのは、祭儀的な像を見ることは、当然 ἐποτεία に期待することの実現だからである。

これに加えて、教父たちは、純粋に祭儀的な劇がエレウシスにおいて演じられたと考えている。性的放縦が行われている場所として密儀の評判を落とすという意図と共に、彼らはヒエロス・ガモスという概念を持ち込む。これは女神〔デーメテール〕と人間の男性配偶者との間の「聖なる結婚」を意味する（ヘシオドスの *Theog.* 969–71 によれば、富の神プルートスはデーメテールと農夫イーアシオーンとが鋤を入れたばかりの畑で交わった結果生まれた。子供のブリモスはここでも相応しい役割を持っている）[14]。しかし、ペルセポネーの誘拐、ペルセポネーの母による捜索、冥界からの帰還が表現されていたと考えることも可能である。非常に信頼できると見なされるある証言者が、密儀の祭司がコレーを呼び出す際に大きな銅鑼を鳴らしたと述べている（Apollodorus FGH 244F110b）。しかし、*telestērion* には原始的な舞台すらなく、ハーデースへの下降を描くために用いられた穴や地下室もない（このため、Mylonas 261–3 は祭儀劇を屋外で行われたものとした。Giebel 40f. はハーデースの洞窟が用いられたと考えた）。典礼・儀式的なパントマイムに出られる俳優は、3人の公的な役者のみであった。すなわち、エウモルピデス家の密儀の祭司、ケリュケス家の *daduchos*（「松明を担う者」）と *hierokēryx*（「聖なるものの布告者」）のみである。

別の方面からもこの点が意外にも確証される。密儀を漏らしてしまうことを専門用語で、密儀を ἐξορχεῖσθαι「踊りきる」と言う。アルキビアデスはアテーナイの貴族かつソクラテスの支持者であり、放逸な生き方で悪名高い人物であったが、彼は密儀に対する冒瀆で非難された。それは彼が酒宴で2人の友人と共に密儀の真似事をしたからである。告発者は「テオドロスなる者は布告者の役を、プリュティオンは松明を担う者の役を、アルキビアデスは密儀の祭司の役を、そこに居合わせた他の仲間たちは入会儀礼を受けた者た

14　G. Freymuth, 'Zum Hieros Gamos in den antiken Mysterien', *MH* 21 (1964) 86–95; A. Avagianou, *Sacred Marriage in the Rituals of Greek Religion* (EHS 15. Classics 54), Frankfurt a. M. 1991 参照。

ちの役を引き受けた」と語った（Plutarch, *Alc.* 19.1）。こうしてアルキビアデスは「密儀を模倣し、彼の家で酒宴に集まっていた者たちにそれを表現して見せた」（ibid. 22.3）。これが意味することは、3人で、つまり莫大な出費なしで密儀を行うことが可能だということである。

5. 密儀の内実と意味

リスト39

L. J. Alderink, 'The Eleusinian Mysteries in Roman Imperial Times', *ANRW* II/18.2 (1989) 1457–98.

K. Clinton, 'The Eleusinian Mysteries: Roman Initiates and Benefactors, Second Century BC to AD 267', *ANRW* II/18.2 (1989) 1499–1539.

C. Gallant, 'A Jungian Interpretation of the Eleusinian Myths and Mysteries', *ANRW* II/18.2 (1989) 1540–63.

M. Giebel, *Geheimnis*（リスト30）.

M. P. Nilsson, 'Die eleusinischen Gottheiten', in Idem, *Opuscula Selecta* II (Skrifter utgivna av Svenska Institutet i Athen 8° 2.2), Lund 1952, 542–623.

　再度、神話から始めよう。ペルセポネーは地下で3分の1年を過ごし、地上で3分の2年を過ごすが、地上に現れるのは地に花咲き始める春である。彼女の母デーメーテールは麦の生長を守る女神である。神話を解釈した古代の哲学者たちが既にはっきりと見ていたことは、それが植物の生育の循環を言い換えたものだということである。冥界のペルセポネーは蒔かれたものが土の下に留まっている期間に対応し、彼女の帰還は成長が始まることを象徴している（ニルソンはこれとは異なる解釈を提案している。冥界における3分の1年は、麦が地下の貯蔵庫に置かれている期間であり、ペルセポネーの帰還は麦が新たに蒔かれるために取り出される時を描いている、と言うのである。多くの研究者はこの彼の見解には従わない）。このリズムが機能することを何ら妨げないことが人間の生存にとっては重要であるが、しばしばこのリズムが危機にさらされるかのようであるので、祭儀の目論見はこのリズムがきちんと続くことを確実にすることである。賛歌の最後にあるより古い層

に属する「幸い章句」(macarism) は、豊かな麦の蓄えを約束し、リズムの継続に言及している。第2の人間論的観点は、この上に重ね合わせられている。無常さと死に脅かされている人間は、常に更新される自然の生命力に与るべきである。観念的な農業世界は、人間の宿命である死に対処できるようにするイメージを生み出すことができた（ヨハ12:24 参照）。

これら2つの特殊な理解と共に、研究者は他の、より一般的な解釈を提案してきた。〔エレウシスの〕密儀は、誕生や結婚、死別を取り巻く社会的緊張、そしてそれらの変容といった人間の基本的な問題について語ると理解されるのである（Alderink）。あるいは、その儀式は自身の無意識と出会うことを可能とする〔と解される〕（Gallant）。ここで肝要なのは、「入会儀礼を受けた者が失ってしまっている、存在全体が有する文脈の回復」である（Giebel 27）。ある程度、これはニュアンスの問題である。いずれにせよ、エレウシスがギリシアにおける個々人の終末論の展開に対して重要な寄与を為した点から離れないようにしよう。密儀の中に現れる希望は、死後の生におけるより良い運命に向いている。賛歌の後代の「幸い章句」は別として（上記参照）、同じ類型に属するテクストがある。すなわち、Pindar, frag. 121 Bowra である。「幸いなのは下界に降る前にこれを見た者。その者は命の終わりを見、神々から与えられた始まりも知っている」。更に、Sophocles, frag. 837 Radt（エレウシスの布告者トリプトレモスに関する失われた劇に由来）である。「三重にも幸いなのはこの聖化式を見てから冥府へと赴く者。彼らにだけはそこに命があるが、他の者らにはすべてが苦しみである」。これらは初期の証言であるが、更に1–2世紀に属するより後代の声が加えられる。すなわち、プルタルコスによる証言である（frag. 178 Sandbach）。

> 最初にあるのはこちら側での、さすらいと飽々とするぐるぐる歩きであり、闇の中を通っての恐ろしい、そして果てることない歩みである。終わりにたどり着く前には、あらゆる恐ろしいこと、慄き、畏怖、身震い、冷や汗、驚異がある。この後、驚くべき光にその者は出会い、開けた場所と草地に迎えられるが、そこには声と踊り、荘厳で神聖な音楽、聖なる幻がある。今や完全となった者はそこを自由に歩き回り、苦労から解放され、聖なる清い人々の交わりに熱狂して加わり、泥と霧の中で互いに押し合いへし合いしている、未だ入会していない者たちを見下ろすの

157

であるが、何となれば彼らは地上の悲惨に縛り付けられているために死を恐れ、死後に生じる良きことを信じていないからである。

　この複雑なテクストが前提としているのは密儀の儀式であるが、その知識のために注目すべき点は、最初の探索、つまり恐怖の中での放浪で始まったものが、前方に輝く驚くべき光を見出して終わることである。神話の基層――女神が行う探索と発見――とその儀式的な反復が入会儀礼を受けた者の主観的感情の中に反映される。更に、元来の神話から派生したこの先の段階で、これらすべては死に際して魂に生じることのイメージとしての役目を果たす。密儀と結び付けられた信仰は、入会儀礼を受けた者に対してのみ天国の生活を描き出すのだが（これはこのテクストの次段落に記されている）、これはホメーロスが描いたところの影の領域における生気のない生活のイメージと比較されよう。黄金色の麦の穂を墓の中の死者に添える、あるいは*pithoi*（地中に埋められた大きな麦貯蔵瓶）が埋葬に用いられるというのは、死後の生に対する期待を独特の形で表していると解釈すべきである。

　しかし、このことは倫理的な問いを引き起こす。死後の生における人間の運命は、入会儀礼を受けたという事実によってのみ定められ、人柄や振る舞いは考慮されないのだろうか。批判者たちはこの点に目を向けさせる。キュニコス派のディオゲネスはこの点を痛烈に批判して語る。「アゲシラオスとエパミノンダスが泥の中に生き、安っぽい人間が入会儀礼を受けて、幸いの島にいるとしたら、なんとばかばかしいことか」（Diogenes Laertius, *Vit. Phil.* 6.39）。他の哲学者、例えばストア派のエピクテートス（*Diss.* 3.21.14f.）は正しい振る舞いの必要性と密儀の教育的効果とを強調する。

　　まずもって自らを清め、精神的に準備してから、犠牲と祈りと共に祭司たちに近づけ。このようにして密儀は有益なものとなるのであり、このようにしてのみ私たちは次の洞察へと至る。すなわち、これらすべては、私たちを教育し私たちの生をより良くするために、古（いにしえ）の人々が定めたことだったのだ、と。

　エレウシスの密儀の倫理に関する現代の議論においては、この密儀においては何らかの道徳的効果があるということを否定する研究者がいる一方、他

方では、この密儀がキリスト教にまさっているようだと、その深い精神的な特質を強調する研究者もいる。ニルソンは以下のように語り、妥協案を提示する。「この密儀は、文化人の平和で公正な社会生活の道徳性と敬虔を育て上げることを可能にするが、この点は決して過小評価すべきことではない」[15]。

395 年にエレウシスはキリスト教徒になったゴート人によって破壊されたが、そのときの王はアラーリックであった。入会儀礼を受けた者を多く生み出したエレウシスの長い歴史は彼によって終わりを見たのである。エレウシスの密儀は次第に非アテーナイ人や非ギリシア人、とりわけローマ人を会員としたが、その中にはローマ皇帝もいた（Clinton 参照）。しかし、その重要性にもかかわらず、エレウシスの祭儀には限界があった。ある特定の場所との本質的な結びつきは、展開の可能性を制限することを意味する。エレウシスの密儀は宣教活動には取り組まなかったし、エレウシス以外に、エレウシスにおけるのと同じ重要性を有する聖域を据えることもなかった[16]。政治的に言えば、エレウシスはアテーナイ都市国家と非常に密接に結びついていた。入会儀礼を受けた者は、他の新たな密儀宗教の場合と同様、新たな絆を担うことなく、祭儀団体の会員となることもなく、日常生活に戻ったのである。エレウシスにおいては「共同体」も「教会」も形成されなかったのである。

C　ディオニュソスの祭儀と密儀

リスト40

T. H. Carpenter and C. A. Faraone (eds.), *Masks of Dionysus* (Myth and Poetics), Ithaca 1993.

15　*Geschichte*（リスト2）I.667.
16　勿論このことは、エレウシスの密儀の女神デーメテールとペルセポネーの祭儀が他の場所で行われなかったということを意味するのではないし、エレウシス外で密儀の形をとることはなかった、ということも意味しない。最初期のキリスト教史において重要な都市から出土した例として、エフェソ（SIG 3/820; NDIEC IV.94f.）やコリント（N. Bookidis and R. S. Stroud, *Demeter and Persephone in Ancient Corinth* [American Excavations in Old Corinth: Corinth Notes 2], Princeton 1987）のものがある。

A. J. Festugière, 'Les Mystères de Dionyse', in Idem, *Études*（リスト 2）13–63.

H. Jeanmaire, *Dionysos: Histoire du culte de Bacchus* (BH 269), Paris 1951.〔ジャンメール『ディオニューソス──バッコス崇拝の歴史』小林真紀子ほか訳、言叢社、1991 年〕

F. Matz, *ΔIONYΣIAKH TEΛETH: Archäologische Untersuchungen zum Dionysoskult in hellenistischer und römischer Zeit* (AAWLM.G 1963,15), Mainz 1964.

P. McGinty, *Interpretation and Dionysos: Method in the Study of a God* (RaR 16), The Hague 1978.

W. F. Otto, *Dionysus: Myth and Cult*, Bloomington 1965.

R. Turcan, *Cultes*（リスト 2）289–324.

　ゼウスとセメレーの息子ディオニュソスは、ギリシアの神々の中で最も多様な形を有する神である（Cicero, *Nat. Deor.* 3.58「われわれは多くのディオニュソスを有す」'Dionysos multos habemus'; Plutarch, *E ap. Delph.* 9 [389b]: πολύμορφος 参照）。彼の姿と祭儀が密接に結びついているのは、恍惚、すなわち、自己という狭い限界の超越と、熱狂、すなわち、神に満たされた状態、そして最後に、狂乱、すなわち、異彩を放つ振る舞いを通して正常なるものの境界線をおどり出る、酩酊による狂気である。エレウシスの密儀の場合以上により明確に区別すべきは、祭儀の公的な形式と、祭儀の特殊な変異体である密儀である。

1. エウリピデスの『バッカイ』

リスト41

E. Buschor and G. A. Seeck, *Euripides: Sämtliche Tragödien und Fragmente*, vol. 5 (TuscBü), Munich 1977, 255–353.

E. R. Dodds, *Euripides*, Bacchae, Oxford 2nd edn. 1960.

D. Ebener, *Euripides: Tragödien*, vol. 6 (SQAW 30.6), Berlin 2nd edn. 1990, 107–96.

J. E. Harrison, *Prolegomena*（リスト 2）479–572.

C　ディオニュソスの祭儀と密儀

A. Henrichs, 'Changing Dionysiac Identities', in B. F. Meyer and E. P. Sanders, *Self-Definition*（リスト 3）III.137–60, 213–36.

——— 'Die Maenaden von Milet', *ZPE* 4 (1969) 223–41.

J. Kott, *The Eating of the Gods: An Interpretation of Greek Tragedy*, London 1974.

R. S. Kraemer, 'Ecstasy and Possession: The Attraction of Women to the Cult of Dionysos', *HThR* 72 (1979) 55–80.

H. Oranje, *Euripides'* Bacchae*: The Play and Its Audience* (Mn.S 78), Leiden 1984.

R. Seaford, 'Dionysiac Drama and the Dionysiac Mysteries', *CQ* 31 (1981) 252–75.

H. S. Versnel, 'ΕΙΣ ΔΙΟΝΥΣΟΣ: The Tragic Paradox of the *Bacchae*', in Idem, *Inconsistencies in Greek and Roman Religion*, I: *Ter Unus. Isis, Dionysos, Hermes. Three Studies in Henotheism* (SGGR 6), Leiden 1990, 96–205.

ここで手引きとなるテクストとして取り上げるのは、前405年に初めて上演された、エウリピデスの悲劇『バッカイ〔バッコス教の信女たち〕』である。この悲劇が語るのは、テーバイの王ペンテウスが阻止したにもかかわらず、ディオニュソス祭儀がいかにしてテーバイに浸透したかである。ディオニュソス自身は人間の姿で現れ、ペンテウスはこの神の女礼拝者たちが思うがままに振るった暴力の犠牲となる（中世においてこの悲劇はキリスト教の神秘劇として解釈され、キリスト教思想に暗に言及しているとされた）。このテクスト——ディオニュソスの神話や祭儀[17]に由来する資料は、詩人が語りたいことに役立つよう、このテクストの中に収められている（Oranje 参照）——に対するわれわれの解釈は、エウリピデス自身の意図を幾分超え出るものであるが、それは本書においてわれわれが関心を抱く問いを考慮してのことである。

(a) ぶどう酒の神

エウリピデスは、ディオニュソスがぶどう酒の神であることを強調して倦まない。彼はぶどう酒を発明したディオニュソスを麦の女神デーメテールと

---

[17] F. Graf, *Mythology*（リスト 2）175「『バッカイ』は、神話を装ったディオニュソス礼拝の上演である」。更に詳しくは、Seaford 参照。

関連付ける（*Ba.* 274-84）〔以下に現れる「バッカイ」からの引用は原則として、丹下和彦訳『エウリピデス　悲劇全集4』京都大学学術出版会、2015年に従うが、〔　〕は訳者が本書の文脈に従って加筆した個所である〕。

　　人間界には
　　基本的原理が二つありますのじゃ。女神デメテル、すなわち
　　ゲーのことで、どちらでも好きなほうの名で呼ぶがよいが、
　　この神は乾いた食物で人間の種族を養い育ててくださる。
　　次に来るのがセメレのお子で、これがそれに対抗して
　　葡萄から飲み物を造り出し、死すべき者らにこれを
　　与えた。これは哀れな境遇の人間たちにその苦しみを
　　止める効果がある。その身が葡萄の液で満たされ、
　　眠りが訪れて日々の禍を忘れさせてくれるときにはな。
　　苦悩を癒やすのにこれ以上の薬は他にない。
　　この酒神は、神でありながら神さま方への奉納品として注がれる [οὗτος
　　　　θεοῖσι σπένδεται θεός]。

　最終行の大胆な想像力が語っているのは、幾ばくかのぶどう酒がゼウスやその他の神々への敬意を表すために地に注がれる、献酒である。ディオニュソス自らがぶどう酒の中にいるのだろうか。伝統的に、ぶどうの木やぶどうの実、ぶどう酒はディオニュソスの顕現のしるしであった（例えば *Ba.* 142f., 707）。ヘレニズム時代におけるディオニュソスに関するぶどう酒の奇跡はそもそもこれに基づく。ぶどう酒は1月にアンドロス島のディオニュソス神殿にある泉から流れると言われていた（Pliny, *Hist. Nat.* 2.213）。エリスでは、祭司たちが神殿の中に3つの空の樽を置いて扉の鍵を閉めると——翌朝には樽はぶどう酒で満たされるのである（Pausanias, *Graec. Descr.* 6.26.1f.）。これがどのようにして生じるかについて詳細に論じる必要はあるまい。何らかの機械的な仕掛けがあったのだろう。
　ここで注目すべきは、ぶどう酒とその神に関連する神話は肯定的な内容のみを有しているわけではない、という点である。ディオニュソス自らがぶどう栽培を教えたイカロスは、初めてぶどう酒を味わった田舎の人々に殺されたのであるが、それは彼らが毒を飲まされたと思ったからである

(Apollodorus, *Bibl.* 3.192)。アレクサンドリアのクレメンスの『ギリシア人への勧告』2.3 の注釈(スコリオン)によれば、ぶどうを踏みつぶす者たちは、ディオニュソスがいかにしてばらばらにされたかという内容の歌を歌うという。ここからブルケルトはこのように語る。「もっとも首尾一貫した神話は、ぶどう酒の神ディオニュソスは殺され、聖礼典(サクラメント)で飲むためのぶどう酒として役立つためにばらばらにされた、というものであろう」[18]。キケロのテクストは一見、この仮説を全く否定しているように思える。「穀物をケレス(デーメテールのラテン名)と、ぶどう酒をリベル(ディオニュソスのラテン名)と言うときには、慣用的な隠喩(メタファー)を用いているのである。それとも、ある人は非常に馬鹿であって、栄養あるものが神だと思って食べている、と君は考えるのか?」(*Nat. Deor.* 3.41)。しかし、キケロの懐疑的な見解がどの程度本当に代表的なものであるかとの疑問は残る。

(b) 引き裂き(*Sparagmos*)と生食(*Omophagia*)

第1歌でエウリピデスのコロスは次のような言葉でディオニュソスを讃える(*Ba.* 135–40)。

　　喜ばしさ、山中で
　　激しい狂乱の群から
　　地上へ倒れ伏すときの。小鹿の皮の
　　聖なる衣を身にまとい、殺した山羊の
　　血を焦がれ吸い、生肉を喰らう(ὠμοφάγον)嬉しさ。

この神自らが *ōmophagion* を行う、すなわち、生肉を食す(これはより古い文化段階から生き残ったものであり、同時に、日常の文明世界を打ち破るものである)。ディオニュソスが「生食をする者」、「人間をばらばらにする者」とも呼ばれる所以である。生肉を入手するために、生きた動物が、甚だしい場合には生きた人間が引き裂かれるのである。『バッカイ』では、これは女性によって為されるが、彼女たちは好んでディオニュソスの狂気に陥り

18　*Religion*(リスト 2)238.

（Kraemer 参照）、山の中へと出ていく（*Ba.* 735–47）。

> すると彼女らは草を食んでいた仔牛らに
> 素手のまま襲いかかって行きました。
> そして一人が乳が張った雌牛がモウと鳴いているのを
> 手で二つに引きちぎるのを、あなたも見ることができたでしょう。
> また他の女らも牛たちの身体をばらばらに引き裂きました。
> あなたもごらんになれたはずです、肋骨や割れた蹄の脚が
> 上へ下へと投げ捨てられるのが。それが血まみれになって
> 滴を垂らしながら松の枝からぶら下がっています。
> 牛どもはかっと逆上せあがり、角に怒りを籠めたものの、
> 前のめりに大地へとその身を崩おれ落とします、
> 若い娘らの無数の手で導かれるままに。
> たちまち肉を被う皮が引き剝がされます。
> その早さときたら、王よ、あなたが瞼を閉じるその一瞬よりもまだ早かったくらいです。

　ここでディオニュソス信者団体（thiasos）の祭儀則が記されている碑文（前276年）に言及しておこう。これには ōmophagion について語られているが、ディオニュソスの女祭司だけがそれを始めることができた（LSAM 48.2f.: μὴ ἐξεῖναι ὠμοφάγιον ἐμβαλεῖν μηθενὶ πρότερον [ἢ ἡ ἱέ]ρεια ...「女祭司よりも先に ōmophagion を始めることは許されていない」）。おそらくこれが言及しているのは、犠牲に参加した者たちに配られた生肉の小片である。この生肉は食べられるか、犠牲の穴あるいは籠の中に置かれるかしたのであろう。この儀式は生きた動物を引き裂く血まみれの行為の代わりに為された。神話に見られる野蛮な行為は抑えこまれ、行為自体は儀式化された形態で留め置かれ、それ故次の世代に伝えられたと思われる（Henrichs, 'Maenaden' 参照）。
　エウリピデスの見せ場は、これに続く身の毛のよだつような出来事である。ペンテウスは狂乱した女たちにこっそり近づき、人々が何を行っているのか密かに見ようとした。彼は見つかり、抑制を欠いた女たちが彼を引き裂いたが、それを指図したのはペンテウスの母アガウエであった。彼の祖父カドモスはばらばらにされた孫の体を集めたが、勝ち誇ったアガウエは息子の

頭を町の中に持って行き、恐ろしい祭りの食事に人々を招待するが、それは恐らくペンテウスの遺体を主料理とするものであったろう（と Dodd は素気なく語る、211）。ここで、ディオニュソスは牡牛の姿で現れることもあるという点に注目すべきであろう。また、ディオニュソスとペンテウスが『バッカイ』においては同化されているという点も明記しておこう。彼らはとにかく従兄弟なのであり、神話の系譜に従えば、セメレーはディオニュソスの人間である母なのである。これらすべてを勘案すれば、ペンテウスは『バッカイ』においてディオニュソスのドッペルゲンガー、代理人としての役割を果たしているという仮説が支持されよう。彼は神が負わされたはずの宿命を自らに引き受けたのである。

(c) 神食（Theophagy）？

　獣の姿をとり、生食を楽しむ神を見てきた。彼の信者は生きた動物を引き裂く。彼の代理人は引き裂かれ食物とされる。これら3つの要素を組み合わせると、『バッカイ』が劇とした儀式が出来上がるのである。ディオニュソスの信者は犠牲の動物を引き裂き、生肉を口にするが、それは血の滴る肉を食すことで神を自らの内に受け容れると信じているからである。神と人と動物の区分が流動的なものとなる。これは非論理的に見えるが、個人という枠を破り出るディオニュソス宗教にとって根本的な恍惚状態に合致したものである。学問的な宗教研究が呼ぶところの theophagy、すなわち「神を食べること」は、ディオニュソス祭儀においては少なくとも近似的に生じているようである（これは Harrison 487f. 他による影響力ある解釈である。Henrichs は、豊富な資料を備えた、非常に有益な研究において、この点に関して懐疑的である。'Identities' 159f.）。

(d) 密儀の言葉

　『バッカイ』の多くの箇所が明らかとしているのは、ディオニュソス祭儀が自らを密儀宗教として体系化し提示しえていたことである。特徴的な「幸い章句」（macarisms）のひとつは最初から、つまりコロスの第1歌に見出される（*Ba.* 72f.「おお至福なるかな、幸せにも神の祭事に関わ〔る者は〕」）。更

に、ペンテウス（*Ba.* 471「その〔酒宴祭(オージーズ)〕とはいったいどんな代物だ」）とディオニュソス（472「〔入会儀礼を受けていない者〕には言って教えるわけにはゆきません」）との間の会話に純粋に密儀的な言葉が見出される。この秘密が疑いを引き起こす。ペンテウスは「酒宴祭(オージーズ)」を、現代のわれわれに馴染み深い侮蔑的な意味〔「乱交」の意味〕で理解しており、ディオニュソスの信仰者の祝いを誹謗して語るのである（*Ba.* 221–4）。

　また信女の群れの真中に酒を満たした瓶を置き、
　　めいめい勝手に人目につかぬところへ忍んで行っては
　男どもの欲望に奉仕している。
　信女として犠牲の仕事をしているというのは口実で、
　　じつはバッコスならぬアプロディテの祭儀を行なっているというのだ。

悲劇『クレタ人』の中のコロスの歌の断片において、エウリピデスは様々な祭儀に由来する思想を一緒くたにしているが、その基礎となっているのはディオニュソスの祭儀であり、その密儀が今もなおはっきりと見て取れよう（frag. 472.9–15 Nauck）。

　私は聖なる生活を送ったが、それはイーダ山のゼウスの入会儀礼を受けた者であり、夜に騒ぐザグレウス［＝ディオニュソス］の羊飼いだからである。私は酒宴の火を通していない料理を食した［ὠμοφάγους］。山で偉大なる母の松明を振った。今や私は聖なる者となり、バッコスの信者となった。

2. 密儀宗教

リスト42

L'Association dionysiaque dans les sociétés anciennes: Actes de la table ronde ... (CEFR 89), Rome 1986.

R. A. Bauman, 'The Suppression of the Bacchanals: Five Questions', *Hist* 39 (1990) 334–48.

A. Bruhl, *Liber Pater: Origine et expansion du culte dionysiaque à Rome et dan le monde romain* (BEFAR 175), Paris 1953.

W. Burkert, 'Bacchic *Teletai* in the Hellenistic Age', in T. H. Carpenter and C. A. Faraone, *Masks*（リスト 40）259–75.

S. G. Cole, 'Dionysus and the Dead', ibid. 276–95.

L. Foucher, 'Le Culte de Bacchus sous l'empire romain', *ANRW* II/17.2 (1981) 684–702.

A. Geyer, *Das Problem des Realitätsbezuges in der dionysischen Bildkunst der Kaiserzeit* (Beiträge zur Archäologie 10), Würzburg 1977.

W. Heilmann, 'Coniuratio impia: Die Unterdrückung der Bacchanalia als ein Beispiel für römische Religionspolitik und Religiosität', in *Der altsprachliche Unterricht* 28.2 (1985) 22–41.

J. Kloos and P. Duff, 'The Phallus-Bearing Winnow and Initiation into the Dionysiac Mysteries', *JRelSt* 16 (1989) 65–75.

R. Merkelbach, *Die Hirten des Dionysos: Die Dionysos-Mysterien der römischen Kaiserzeit und der bukolische Roman des Longus*, Stuttgart 1988.

M. P. Nilsson, *The Dionysiac Mysteries of the Hellenistic and Roman Age* (Skrifter utgivna av Svenska Institutet i Athen 8°, 5), Lund 1957.

J. M. Pailler, *Bacchanalia: La répression de 186 av. J.-C. à Rome et en Italie: Vestiges, images, tradition* (BEFAR 270), Rome 1988.

R. J. Rousselle, *The Roman Persecution of the Bacchic Cult, 186–180 BC*, New York 1982.

E. Simon, 'Zum Fries der Mysterienvilla bei Pompeji', *JDAI* 76 (1961) 111–72.

A. Vogliano and F. Cumont, 'La Grande Iscrizione Bacchica del Metropolitan Museum', *AJA* 37 (1933) 215–63.

G. Zuntz, 'Once more the So-called "Edict of Philopator on the Dionysiac Mysteries" (BGU 1211)', *Hermes* 91 (1963) 228–39, also in Idem, *Opuscula Selecta*, Manchester 1972, 88–101.

(a) 祭儀はどのように広まったのか

3枚の「スナップ写真」が古典期におけるディオニュソスの密儀の歴史の

幾ばくかを見せてくれるであろう。

プトレマイオス4世フィロパトール

ディオニュソスの祭儀と密儀はシリアとエジプトにおいてアレクサンドロス大王の後を継いだ支配者たちが特に推進したものであった。第3マカバイ記によれば、プトレマイオス4世フィロパトールはアレクサンドリアのユダヤ人がディオニュソスの密儀に参加するよう強制しようとし、あるいはディオニュソスの焼印を押すと脅しさえした（3マカ2:28-30）。

> 「……ユダヤ人はすべて登録され、奴隷とされる。これに逆う者は力ずくで連行され、生命を奪われる。登録した者たちはディオニュソスの紋章である〔木蔦〕の焼印を身に焼きつけられ、彼らは以前取り決められた状態に戻される」。しかし彼はすべての者たちの目に憎まれ役として写ることをきらって、次のように加えた。「しかし彼らのある者たちが、〔密儀の入会儀礼を受けた者たちに〕加わることを選びとるならば、この者たちはアレクサンドリアの市民と同等の市民とされる」〔土岐健治訳「第3マカベア書」日本聖書学研究所編『聖書外典偽典』別巻　補遺Ⅰ、教文館、1979年、38-39頁、〔　〕は訳者が本書の文脈に従って加筆した個所である〕。

同じ王は、エジプトでディオニュソスの密儀の会員たちが10日以内にアレクサンドリアに来て、リストに名前を刻み、その「系譜」を宣言し（すなわち、「自分に誰が密儀を伝授したかを3世代遡って語り」）、自分たちが用いている聖なる教えの記された巻物を預けるようにと命じた[19]。明らかに王は、自分の国の中に多くのディオニュソス祭儀の共同体が蔓延する中で、自身の布告が秩序を作り出すことを目論んでいるのである。

グーロブ・パピルス、サバジオス

プトレマイオス朝の王フィロパトールの布告をグーロブ・パピルス（現在、ダブリン所蔵）と結びつける研究者として真っ先に名を挙げるべきは、

19　BGU 1211 あるいは SGUÄ 7266; Zuntz and F. Dunand in *L'association* 99-101 参照。

C　ディオニュソスの祭儀と密儀

ヴィラモーヴィッツである[20]。このパピルスは密儀に関する書物の断片であり、前3世紀に由来するが、そこの3行目では τελετή〔完成〕が語られており、エレウシスとオルフェウスの神々への嘆願が含まれており、犠牲の肉を食べること（14行目）と飲酒（25行目）について言及している。続けて、「家畜の番人」（βούκολος）について語られているが、この者はディオニュソス団体の役職者であることが他の箇所からもわれわれに知られている。更に、合言葉(シュンテーマ)についても語られている（25–26行目）。最後に終わり近くにはサイコロや鏡をはじめとした、子供であるディオニュソスの玩具が密儀の籠の中にあることが語られている（28–30行目）。「胸を通っての神」（24行目。θεὸς διὰ κόλπου）という祭儀的表現はサバジオスの密儀を基にして説明されよう。この密儀では、入会儀礼を受けた者たちは服を通して蛇を引き出し、神との性的合一をほのめかすのである。デモステネスによる著名な「花冠」の演説には、宗教史上重要な個所が含まれているのであり、そこでは偉大な演説家が敵対者を法廷で情け容赦なく嘲っているが、それと言うのも敵対者が密儀に参加したからである。このテクストはサバジオスの祭儀に言及しているが、サバジオスはしばしばディオニュソスと同一視されている。他に、それは蛇にも言及している（*Or.* 18.259f.）[21]。

> 成人すると、あなたは、密儀への入会儀礼に際して、書かれた文章を母に向けて朗読し……夜になるとあなたは子牛の皮を、入会儀礼を受ける者に着せて混酒器からぶどう酒を飲ませ、彼らを清め、粘土と泥で拭き、清めから立たせて、次のように言わせる。「私は悪から逃れ、より良いものを見つけた」[22]。……昼にはウイキョウとポプラを冠とした高貴な

20　テクストなどは以下。FVS 1B23; O. Kern, *Fragmenta*（リスト43）no. 31; 更に以下参照、U. von Wilamowitz, *Glaube*（リスト2）II.373; M. L. West, *Poems*（リスト43）170f.

21　更なる詳細は、有益な注解書である H. Wankel, Heidelberg 1976 を見よ。サバジオスについては、例えば S. E. Johnson, "The Present State of Sabazios Research", *ANRW* II/17.3 (1984) 1583–1613 を参照。サバジオスの祭儀については、NDIEC I.21 (no. 3, lines 9f.) を参照。

22　W. Burkert, *Mystery Cults*（リスト30）19参照。「であるから、これは成功した密儀の直接的な経験であったに違いない。すなわち、『今や、より良くなった感じがする』というのだ。……宗教の実践者たちには、精神的感受性に明らかに適合する祭儀によって日々必要とし希望するものすべてが与えられた」。

人々 θίασος を道中導き歩き、赤蛇を締め殺して頭の上で振り回し、「エウオイ、サボイ (εὐοῖ σαβοῖ)」そして「ヒュエース、アッテース、アッテース、ヒュエース (ὕης ἄττης ἄττης ὕης)」と叫ぶのである。

バッコス祭の醜聞

プトレマイオス4世フィロパトールと同様に、ローマの元老院は公的秩序を打ち立てることが必要だとした。大バッコス祭の醜聞は前186年ローマで起きたが、ディオニュソス密儀はローマにイタリア南部から進出してきていた。この事件については、リウィウスがどちらかと言えば娯楽小説の体裁であるが、詳細な報告を行っている[23]。彼の書き出しは非常に興味深い (8.3–8)。下層階級出身のあるギリシア人は、「密儀の祭司として、そして予言者として」夜に行われる秘密の祭儀を執り行っていたが、この者がエトルリアに初めてディオニュソスの密儀を持ち込んだ。人々はますますこの密儀へ参加したいと思った。それと言うのも、「ぶどう酒と食物の楽しみ」が祭式に伴っていたからである。夜が更けると、男も女も、老いも若きも「あらゆる類の放恣」に耽るのであった。これは殺人行為に極まるのであったが、すべての「暴力は誰にも気付かれないままであった。何故なら、雄叫びやタンバリン、シンバルが非常に大きな音を立てており、強姦や殺人の犠牲者が助けの声をあげても聞こえないからであった」。

リウィウスはこの調子で筆を進めるが、彼の記述には時に奇妙に思えることがある。例えば、殺人の後で死体が埋葬されないままであることすらある (8.8)。入会儀礼を受けようとする者は祭儀の犠牲のように祭司に引き渡され (10.7)、あるいは実際に殺される (13.11)。重要な証言者は、自分は裏切りの罰として、入会儀礼を受けた者たちから素手で引き裂かれるだろうことを恐れていると語る (13.5)。これは恐らく、引き裂き (*sparagmos*) と生食 (*ōmophagia*) の生半可な理解によると判断されるべきであろう。とりわけ、リウィウスが、この運動に恍惚的な要素があると他にも示唆しているからである。

元老院は厳しく対応し、関係者の追跡と懲罰をもってあたり——リウィウスは関与者が7万人にのぼり、彼らが自殺したり死刑に処せられたと語る

---

23 *Urb. Cond.* 39.8.3–19.7.

C　ディオニュソスの祭儀と密儀

——、公の決議がなされたが、これは碑文に残されている。この布告はディオニュソスを礼拝することそれ自体を不可能にするつもりのものではなく、その礼拝活動が国家を脅かすように地下運動へと成長することができなくなるような多くの条項と制約とでその活動を囲い込むものであった。『バッコスについての元老院議決（*Senatus Consultum de Bacchanalibus*）』から引用しよう[24]。

> バッコスの聖所を持ってはならない。バッコスの聖所を持つのが必要であると考える者がいるならば、ローマの執政官のもとに向かわねばならず、その問題に関しては、訴えが聞かれた後に、元老院が判断するが、この問題について論じる際に、少なくとも100人の議員が出席している必要がある。……男性は誰も祭司となってはならない。男性も女性も牧者となってはならない。更に、財を共有してはならない。……今後、互いに示し合わしたり、誓ったり、契約したり、約束したりしてはならないし、互いに忠誠を誓ったりしてはならない。秘密裏に祭事を行ってはいけない。……5人を超えて祭事を行ってはならないし、その際に、男性2人、女性3人を上回ってはならない。ただし、上記の条件に従い、執政官と元老院の判断に従っている場合は除く。……上記に反する行いをした者は死罪に値する。

密儀が行われた邸宅——トレ・ノヴァの碑文

カエサル治下に至ってようやく元老院の引き締め政策が緩和された。帝国期に広く新しいタイプのディオニュソス密儀が生まれたが、これは市民権ある人々の市民生活とより一致したものであり、より道徳的であり、面妖さや

---

[24] このテクストは幾度も出版翻訳されている。CIL I 2/581; ILS 18; UUC II.83f.; L. Schumacher, *Inschriften*（リスト4）79–83; H. J. Hillen, *T. Livius: Römische Geschichte. Buch XXXIX-XLI* (TuscBü), Munich and Zurich 2nd edn. 1993, 340–3; E. T. Sage, *Livy: History of Rome*, vol. II (LCL 313), Cambridge, Mass. and London 1936, 258–67; Heilmann 38–41; K. Latte, *Religion*（リスト4）21f.; 二次文献として Bauman; Bruhl 82–126; Cumont（リスト2）; M. L. Freyburger-Galland et al., *Sectes*（リスト2）171–206; 詳細な議論は Pailler; G. Scheuermann, 'Der Bacchanalienskandal in Rom (186 v.C.): Die Inschrift von Tiriolo und der Bericht des Livius', MF 94 (1994) 174–201 参照。

脅威性は少ないものであった。ローマ人上流階級はこの密儀を受け入れ、所謂密儀の邸宅を所有したのはこの人々である。最もよく知られている密儀の邸宅は、疑いもなくポンペイの「かの邸宅（Villa Item）」である[25]。部屋のひとつはフレスコ画で飾られているが、それはディオニュソスと関連した知識に由来するモティーフ、例えば麦でいっぱいになっている篩（ふるい）から立ち上がっている陽物の除幕を描いている。密儀はこの部屋で執り行われ、壁画は神話や儀式の特定の抜粋を記録していると考えられている。イタリアのトレ・ノヴァ出土の碑文（150年頃）から、そのような密儀共同体の組織について学び知ることができる。その碑文には500人以上の会員名簿があり、それは祭儀における階級や等級に従って配されていた。この共同体は元老院議員の家族とその奴隷、そしてその被保護者（クリエンテス）から成っていた。女祭司は家の女主人アグリッピニラであった[26]。ここで再度思い起こすべきことは、アテーナイのイオバッコス信女の団体である（上記第Ⅰ章B, 2（c）を見よ）。これがディオニュソスの密儀と関係していたことはとりわけ、陽気な、しかし社会的な統制のもとにあった交わりにおいてぶどう酒を好んで飲んでいたことから明らかとなる。

(b) 儀式と内容

ディオニュソスの密儀の儀式の詳細は自由なものであって、時と場所によって変わるものであったが、その概略は見定められる。入会儀礼の準備の際に、入会儀礼を受ける者は教えを授けられる。最も重要な慣習は、巻物に従って説明される。更に、10日間の断食と性的禁断が求められる。聖化式は夜に、主にバッコスの洞窟であるいは個人宅のきちんと設備が整えられた部屋で行われた。入会儀礼を受ける者は浄めの沐浴をし、その後、厳密な沈黙を守るという誓いを行う。他の詳細はこうである。白いポプラ（冥界で生長

---

[25] UUC III nos. 52–4; U. Bianchi, *Mysteries*（リスト30）nos. 90–2 などに図版あり。Simon を参照。

[26] Vogliano and Cumont を参照 ; テキストは L. Moretti, *Inscriptiones Graecae Urbis Romae I*, Rome 1968, no. 160 にもある ; 説明は J. Scheid in *L'Association* 275–90; B. H. McLean, 'The Agrippinilla Inscription: Religious Associations and Early Christian Formation', in Idem (ed.), *Origins and Method: Essay in honour of J. C. Hurd* (JSNT.S 86), Sheffield 1993, 239–70 を参照。

する木である）の花冠を被せられ、杖で殴られ、四大元素による浄化の一部として土あるいは粉末石膏が振りかけられる。松明、麦の篩、そして欠くことのできない箱はエレウシスから借用されたと思われる。聖化式が終わると、祭儀の会員による夜の祝いが一定の間隔で行われ、変装や神話の一部の再現、行進が加わり、それに踊りや音楽、祝宴、飲酒が伴った。

参加者はここから何を求めたのだろうか。一般的に、再度このように言うことができよう。神的存在との出会い、より優れた生命への参与、日常生活の意に満たない限界の超越、である、と。ディオニュソスの密儀は次第に、死後のより良い生を望むようにもなっていった。カンパーニアのクーマエの墓地から出土した碑文（前5世紀）によれば、入会儀礼を受けた者の特別な役割は、既にその埋葬に現れている。「バッコスの入会儀礼を受けた者以外の埋葬を禁ず」[27]。数世紀後、子供を失った妻を慰める手紙の中でプルタルコスは、亡くなった子供の運命に直面してエピクロス派のニヒリズムに陥ってしまうという誘惑に妻は打ち勝つであろう、それはディオニュソスの祭儀の秘密の象徴ゆえである、という確信をしたためている。つまり、2人は入会儀礼を受けた者であって、それ故これらの事柄についての知識をお互いに持っていたのである（*Cons. Uxor.* 10 [611d]）。ディオニュソス自らが冥界の神の特徴を身に帯びることがあったことはよく知られていた。ディオニュソスは母セメレーを地下から連れ戻したと語られるのであって、これはこの密儀の祭事で明らかに思い起こされていたことである。あらゆる希望の内容は、死を越えた先にある楽園であり、この密儀の祭事が終わることなく続くことであった。

3. オルフェウス教

リスト43

R. Baumgarten, *Heiliges Wort und Heilige Schrift bei den Griechen. Hieroi Logoi und verwandte Erscheinungen* (ScriptOralia 110), Tübingen 1998, 70–121.

---

[27] SEG IV.92; LSCS 120; 下記も参照、G. Pfohl, *Inschriften*（リスト4）18, as no. 12; O. Kern, *Fragmenta*（リスト43）43, as no. 180; R. Turcan in *L'Association* 227–46.

H. D. Betz, ' "Der Erde Kind bin ich und des gestirnten Himmels". Zur Lehre vom Menschen in den orphischen Goldblättchen' in Idem, *Antike und Christentum* (リスト3), 222–43.

P. Borgeaud (ed.), *Orphisme et Orphée: en honneur de Jean Rudhardt* (Recherches et Rencontres. Publications de la Faculté des lettres de Genève 3), Geneva 1991.

W. Burkert, 'Orpheus und die Vorsokratiker: Bemerkungen zum Derveni-Papyrus', *AuA* 14 (1968) 93–114.

S. G. Cole, 'New Evidence for the Mysteries of Dionysus', *GRBS* 21 (1980) 223–38.

F. Graf, *Eleusis* (リスト34).

────── 'Dionysian and Orphic Eschatology: New Texts and Old Questions', in T. H. Carpenter and C. A. Faraone, *Masks* (リスト40) 239–58.

W. K. C. Guthrie, *Orpheus and Greek Religion: A Study of the Orphic Movement* (Methuen's Handbooks of Archeology 6), London 2nd edn. 1952.

J. E. Harrison, *Prolegomena* (リスト2) 455–674.

O. Kern, *Orphicorum Fragmenta*, Berlin 3rd edn. 1972.

M. J. Lagrange, *Les Mystères: L'Orphisme* (= Introduction à l'étude du Nouveau Testament IV: Critique historique 1) (EtB), Paris 2nd edn. 1937.

I. M. Linforth, *The Arts of Orpheus*, Berkeley 1941.

E. Maass, *Orpheus* (リスト18).

A. Olivieri, *Lamellae aureae Orphicae* (KIT 133), Bonn 1955.

K. Tsantsanoglou and G. M. Parássoglou, 'Two Gold Lamellae from Thessaly', *Hell.* 38 (1987) 3–16 (with bibliography in n. 1).

M. L. West, *The Orphic Poems*, Oxford 1983.

G. Zuntz, *Persephone: Three Essays on Religion and Thought in Magna Graecia*, Oxford 1971, 275–393.

ディオニュソスの密儀は終末論によってオルフェウス教と結び付けられる（二次文献ではしばしば、この２つを結びつけた「オルフェウス・ディオニュソス密儀」という言葉が見受けられる）。オルフェウス教という名はオルフェウスに由来する。彼は神話上の詩人であり歌人であり、妻エウリュディケーを冥界から助けようとした人物であり、すべての密儀宗教の開祖と時に見なされることがある。これらの密儀宗教の神話の中心には、神の子を食

C ディオニュソスの祭儀と密儀

べるティタン族によってばらばらにされたディオニュソスがいる。ゼウスは稲光を差し向け、ディオニュソスを喰らうティタン族を滅ぼす。そこから立ち上がる煙の煤を材料として人間が作られたのである。従って、人間は自らの内にそのはじめから、ティタン的なもの／悪と、神的なもの／善とを持っているのだが、それは、煙の中にそのどちらも——すなわち、直接的にはティタン族の亡骸と、間接的にはディオニュソスの痕跡が含まれているからである（もっとも、後者は新プラトン主義の解釈においてのみ見出されるが）。人間はこの地上では、浄化と正しい振る舞い（例えば、厳格な菜食主義）を通してティタン族の罪を贖わねばならないのであり、そうでないと冥界で厳しい罰が待ち受けているのである。

ソクラテス以前に由来し、オルフェウスの系図についての寓意的解釈が記されているデルヴェニ・パピルスが 1962 年に発見されたので、神話の一部は、より古い起源を有するとの主張が研究者の間では再度多くなってきている——その神話がようやく姿を現すのは、古代末期の儀式における神話の祭事の中においてであるが[28]。このテキストは密儀受領者（μύσται）について語っており（11.5.8）、直接（もっとも、批判的にではあるが）密儀を扱っている。プラトンはオルフェウス祭儀の実践に心酔する者たちをつまらない人々として描いている。つまり、「物乞いや予言者（ἀγύρται καὶ μάντεις）」が歩きまわっており、彼らは「ムーサイオスとオルフェウスの書物——と彼らは言うのだが——を手に持ち、それに従って犠牲を献げている」が、それは生者と死者を死後の恐ろしい罰から守るためである、と言うのである（*Resp.* 2.7 [364b–365a]）。『パイドン』では幾分より肯定的に彼らを判断しているようであるが、彼はその箇所を密儀からの言葉で締めくくっている。「杖を持つ者は多いが、バッコスの霊感を受けた者は少ない」（*Phaed.* 13 [69D]）。テオフラストスは、迷信深い人は毎月妻子と共に、入会儀礼を受けに「オルフェウスの祭司」のもとに行くと書いている（*Char.* 16.11）。

オルフェウス・ディオニュソス密儀の死後の生への希望は、前 4–3 世紀以降の、南イタリアやギリシア、クレタ島の副葬品として発見された黄金の板に書かれたテクストにおいて特別な表現が与えられている[29]。これは死者の

28　ZPE 47 (1982) Anhang 1–12 における予備出版。以下を参照、West 75–115（参考文献表つき）; Burkert.

29　テクストは FVS 1B17–21; Kern 104–8 no.32。より良いのは Zuntz のもの。Hipponion

ためのパスポートであって、それと言うのも、そこには死者が冥界で進むべき道筋も特に記されているからである。すなわち、白い糸杉に囲まれた泉にどのようにすれば辿り着くか（Zuntz の目録の B1–2 に従えば）、しかしその水を飲むべきではないこと、そして追憶の湖の冷水を見守っている番人にどう応えるべきか、すなわち「私は地と星空の子である」と応えるべきこと、などが記されているのである。更に、「幸い章句」（macarisms）もあるが、これは入会儀礼を受けた者を神格化さえしており、冥界の女神との彼の合一（これが養子縁組のことなのか、聖なる結婚なのか、あるいは単に食事における交わりなのかは置いておくにしても）や、乳が用いられる入会儀礼の儀式の暗示に言及している（A1）。

> 純粋な者として私は純粋な者たちの間から来た、おお、冥府（ハーデース）を支配する女神よ。……私は幸福なことに、私を取り囲んで沈み込ませる思い煩いから逃れたのだ。……私は冥府の女主人デスポイナの胎に降った。……「お前は幸福で祝福された者である、死すべき者ではなく神となれ」。私は少年のように乳へと急いだ[30]。

いわゆるオルフェウス賛歌は様々な神に宛てられた 87 の詩からなり、時代としては 2 世紀に属する。ディオニュソスの要素は、例えば 45 編に見られる。「来たれ、幸いなるディオニュソスよ、火を吐き、牡牛の顔を持つ神よ……多くの名前を持つ万物を統治する神よ、剣や血、聖なる激情に喜ぶ神よ」[31]。これらの賛歌は小アジアにおける祭儀共同体において祈祷書として用いられたのだろう（West 28f.）。

エレウシスの密儀とは異なり、ディオニュソスの密儀は特定の場所や時期に縛られてはいなかった。これは強調しておかねばならない。いかなる特定

（明らかにディオニュソス的な特徴を有している）と Thessaly（亡くなった女性の胸の上に載せられている蔦の葉の形をした 2 つ）からの新たな発掘品に関しては、特に Tsantsanoglou and Parássoglou 参照。2 つの翻訳は M. P. Nilsson, *Religion*（リスト 4）52。

30　従来の多くの翻訳（「子供のように乳の中に私は落ちた」）とは異なる。Tsantsanoglou and Parássoglou 13 参照。

31　Ed. W. Quant, Berlin 2nd edn 1962; ここでは UUC II.86 に従っている。West も参照。選集が M. W. Meyer, *Mysteries*（リスト 30）101–9 にある。

の聖域も独占的な祭司の家系も必要とはしなかった。その外観が変わることで、女性が重要な役割を果たす祭儀団体の形態をとることもしばしば可能であった。こういったことすべてが古典期の地中海世界においてこの密儀の伝播を容易としたのである。

D　アッティスの祭儀

リスト44

F. Cumont, *Religions*（リスト2）46–72.

E. N. Lane (ed.), *Cybele, Attis and Related Cults: Essays in Memory of M. J. Vermaseren* (Religions in the Graeco-Roman World 131), Leiden 1996.

M. W. Meyer, *Mysteries*（リスト30）111–54.

G. Sanders, 'Kybele und Attis', in M. J. Vermaseren, *Religionen*（リスト2）264–97.

G. Sfameni Gasparro, *Soteriology and Mystic Aspects in the Cult of Cybele and Attis* (EPRO 103), Leiden 1985.

G. Thomas, 'Magna Mater and Attis', *ANRW* II/17.3 (1984) 1500–35.

R. Turcan, *Cultes*（リスト2）35–75.

M. J. Vermaseren, *Corpus Cultus Cybelae Attidisque*, vols. 1–7 (EPRO 50), Leiden 1977–89.

「アッティスの祭儀」は便利なタイトルであるが、即座に明記しておくべきことは、広い地域にわたってこの宗教形態において支配的であったのは、事実上、別の存在であったということである。すなわち、大母（*magna mater*）、元来は小アジアに由来する母神キュベレーと呼ばれる女神である（シリアでは、特にアタルガティスと呼ばれた）[32]。ギリシアからローマにかけてのキュベレーの浸透は、比較的正確に辿ることができる。前284–70年

---

[32] 基本的な資料（Ps.-Lucian's *De Dea Syria*）以外でこのシリアの女神については、とりわけ F. Bömer, *Untersuchungen*（リスト2）III.84–109 参照。

の碑文は、アテーナイ近郊のペイライエウスにフリュギア人の母〔神〕を礼拝する団体の私的な聖所があったことを伝えている（LSCG 48 など）。第二次ポエニ戦争中の前 204 年にシビュラの託宣は、ハンニバルとの交戦においてローマに女神の助けがあることを約束した。「彼らは自分たちの神が住まう天に、母なる保護者を欠いていた」[33]。そこで彼らはこの女神を小アジアから黒い隕石の姿で町へと運び込み、パラティヌス丘に彼女のための神殿を建てた（リウィウスに加えて、Ovid, *Fasti* 4.247–348 参照）。しかし、これはクラウディウス帝の治下でアッティスの祭儀が公的な共感を得るまでは、飛び地であった。

1. 神話

リスト 45

H. Hepding, *Attis, seine Mythen und sein Kult* (RVV 1), Giessen 1903.
P. Lambrechts, *Attis: van herdersknaap tot God* (VVAW.L 24.46), Brussels 1962.
リスト 44 の文献を見よ。

アッティスの神話には多くの版があるが、これらすべては 2 つの基本的な形に還元できる。1 つ目の版に従えば、若いアッティスは神々の母〔キュベレー〕によって高く賞賛されていたので、ゼウスは嫉妬を感じ、狩りをしているアッティスに野生のイノシシを差し向け、殺してしまった。2 つ目の版の方が人口に膾炙している。キュベレーはアッティスに恋焦がれたが、アッティスは王の娘と結婚しようとした、あるいはニンフと浮気したので、嫉妬した神々の母〔キュベレー〕は彼の理性を失わせ、その結果彼は自ら去勢し、死んだのである（Ovid, *Fasti* 4.223–46 参照。儀式を原因譚的に瞥見している）。別の結末では、アッティスは去勢によっては死ななかった。あるいは、女神はゼウスに彼を生き返らせるようにと願ったが、アッティスの肉体が腐敗しないことだけがゆるされた。従って、彼の髪は伸び続け、小指は動かせた（Arnobius, *Adv. Nat.* 5.7）。これはアッティスの「復活」とは殆ど呼べないが、

33　M. Giebel, *Geheimnis*（リスト 30）124.

それが古代後期にキリスト教と出会った際にそのように見られた可能性はあろう。自分を去勢するという奇妙な行為に対しては幾つもの解釈が提示されてきた。大地を肥沃にすること、祭儀的な生殖行為、女性神への同化、失われた男女両性の統合への渇望の表現、あるいは聖所での奉仕に求められる不断の祭儀的清浄を可能とする行動、などである。心理学者は、ここに男性を飲み込む女性の力に対する恐れを、そして極めて力強い母親による去勢に対する恐れを見出すだろう。

2. 祭儀

リスト46

J. Carcopino, *Aspects mystiques de la Rome païenne*, Paris 4th edn. 1941.

F. W. Cornish, *Catullus* (LCL 6), Cambridge, Mass. and London, rev. edn. (by G. P. Goold) 1988.

W. Eisenhut, *Catull* (TuscBü), Munich and Zurich 10th edn. 1993, 98–105.

H. Graillot, *Le Culte de Cybèle, mère des dieux, à Rome et dans l'empire romain* (BEFAR 107), Paris 1912.

B. Kollmann, 'Eine Mysterienweihe bei Aretaios von Kappadokien', *Ph.* 137 (1993) 252–57.

A. Rousselle, *Porneia: On Desire and the Body in Antiquity*, Oxford 1988, 121–8.

(a) 自己切断

アッティスの祭儀の最も目立つ——そしてしばしば嘲笑される——特徴は、儀式として肌を切り裂く自傷行為である（これは他の祭儀、例えば「旋舞教団」などでも知られる）。この自傷行為は自己去勢にまで至るのであり、将来奥義をきわめることになる者が熱狂的な祭事のさなかに、けたたましい音楽と激しい踊りによってトランス状態に陥った後で、自らの肉体に対して鋭利な石か陶器の破片を用いて行うのである（とりわけ、解説の試案を付しているRousselle参照）。カトゥルス（前87–54年頃）の詩がこれのとりわけ明確な例を示している（*Carm.* 63）。

深き海の上をアッティスは足速い船で進む。
彼の素早い脚はフリュギアの森に辿り着き、
女神が住まう暗い森に入ったとき、
狂気が彼を襲い、
鋭利な石で性器を切り取った。
彼の四肢が男を欠いたことを知り、
彼の流血がなお大地を濡らしていたとき、
すぐに彼女の[34]白い腕は太鼓をつかむ。
それで、キュベレーよ、彼女はあなたの密儀［initia］へと自らを清める。
柔らかな指で彼女は張られた牛の皮をはじき、
仲間を歌へと誘った、体を揺らしつつ。「急げ、
　　山頂の森へと、キュベレーのガラよ……
お前たちの心から疲労を追い出せ、仲間たちよ、そして私に従え、
フリュギアにあるキュベレーの座、フリュギアにある女神の森へ。
そこではシンバルの音が響き、太鼓の音が響き渡り、
フリュギア人の笛が曲がった蘆で大きな音を出し、
バッコスの信者が蔦を振り回しながら頭を激しく動かし、
彼女が聖なる儀式を大声とともに執り行い、
女神の群衆が平野を彷徨い歩く――
そこで踊りのリズムへと急ごう！」。
偉大な女神、女神キュベレー、山地の女主人よ、
あなたの聖なる狂気を私の家から遠ざけよ。
他の者たちを狂気に陥らせ、他の者たちを狂わせよ。

結末部に述べられている詩人の希望、つまりこのような宗教的な過剰さから免れたいというそれは確かにもっともなものである。神話におけるアッティスの死からわれわれが推測できるだろうことは、奥義をきわめた者たちの中には自己去勢の対価として命を支払う者もいた、ということである。生き

34　この点から、ラテン語テクストは、女性形の語尾を持った形容詞をアッティスについて語るために用いている。

残った者は「ガラ」(キュベレーの礼拝における祭司の称号。おそらく、小アジアの川の名からとられた)となった。彼らの中には引き続き聖域で礼拝を司る者もいたが、他方で、考えを同じくする者たち同士一団となって放浪した者もいた。アプレイウスはこのようなシリアの母神の物乞い祭司を極めて否定的に描いている (*Met.* 8.26.1–30.5)。

(b) ローマにおける主要な祝祭

クラウディウス帝の治世 (1世紀半ば) 以降、春に行われるアッティスの年祭は、ローマで行われる祝祭の中で非常に人気があるもののひとつであった。この祝祭については3つだけ言及しておこう。(1) 聖なる森で松の木が切り倒され、シンバルや太鼓といった祭具と共に羊毛のリボンがその松に巻きつけられる。3月22日 (「聖木の入堂式」 *arbor intrat*) には、*dendrophoroi* (「木を運ぶ者」) が町の通りをねり歩いて木を神殿へと運んだ。(2) 3月24日は *dies sanguis*、血の日であり、先に述べた通りの行き過ぎた行為が行われる。(3) 3月25日は喜びの日と呼ばれる (*hilaria*, Catullus, *Carm.* 63.18 参照「われらの女主人を喜ばせよ [*hilarate*]、熱狂のうちに全速力で駆けることで」)。心理学的に言えば、悲しみが表現された後の反応であることは確実である。従って、ここにある構造は、正式の復活概念がないにせよ、悲しみと喜び、死と生の両極性のそれである。

3. 密儀の形式と儀式

リスト47

C. A. Forbes, *Firmicus Maternus: the Error of the Pagan Religions* (ACW 37), New York 1970.

K. Hoheisel, *Das Urteil über die nichtchristlichen Religionen im Traktat 'De errore profanarum religionum' des Julius Firmicus Maternus*, philosophical dissertation, Bonn 1972.

R. Joly, 'L'exhortation au courage (θαρρεῖν) dans les mystères', *REG* 68 (1955) 164–70.

R. Turcan, *Firmicus Maternus: L'erreur des religions païennes* (CUFr), Paris 1982.

K. Ziegler, *Julius Firmicus Maternus Senator: Vom Irrtum der heidnischen Religionen* (Das Wort der Antike 3), Munich 1953.

　アッティスの密儀の証言は前5世紀に遡る。アレクサンドリアのクレメンス（*Protr.* 15.3 [13.12f., GCS 56]）からわれわれは、エレウシスの祭儀の式文において定型化された合言葉（シュンテーマ）を知らされる。

ἐκ τυμπάνου ἔφαγον.
ἐκ κυμβάλου ἔπιον.
ἐκερνοφόρησα.
ὑπὸ τὸν παστὸν ὑπέδυν.

私は太鼓から食べ、
シンバルから飲む。
私はケルノス（*kernos*）を運んだ。
私は奥の部屋へと下った。

　テュムパノン（τύμπανον）は動物の皮がはられた手持ち太鼓である。シンバルは青銅でできた小さな浅く開いた鉢状のものであり、2つで1組であり、互いに打ち付け合う。どちらの楽器もアッティスの祭儀に欠かせないものであり、祭儀では興奮を引き起こすリズムとけたたましい音楽を作り出した。これらは異なる用途にも用いられ、入会の儀式の際に食物のための皿に、そして飲み物のための杯になったのである。ケルノスは小さな鉢がいくつも輪の形にくっついている陶器であり、諸々の初物の果実を献げるために用いられた。入会儀礼を受けた者はこれらの段階を経ると、聖域の最奥の部屋にある目的地へと至る。「奥の部屋」は婚礼部屋を思い起こさせるが、この点からある研究者たちは、入会儀礼を受けた者と女神との聖婚が行われた、と主張するのである。これはアッティスの密儀のもうひとつの要素と結びついているだろう。すなわち、2つの玉座であり、そのひとつには入会儀礼を受ける者が頭にヴェールを被って座るのだが、もうひとつは恐らく女神のためであったろう。

D　アッティスの祭儀

　アッティスの密儀の合言葉(シュンテーマ)には、もうひとつ証言がある。元老院議員階級のシチリア人ユリウス・フィルミクス・マテルヌスは最初、占星術に関する本を著したが、後に350年頃にキリスト教に改宗してから『俗的宗教の誤りについて（De Errore Profanarum Religionum）』を書いた。その中で彼は皇帝に対し、多神教信仰を根絶するように訴えた。彼はアッティスの密儀に関して以下の証言を行っている（18.1）。

> ある神殿で、死に定められた人間は奥の部屋への入室許可を得るためにこのように言う。「私は太鼓から食べ、シンバルから飲む。私は宗教の秘義を完全に学んだ」。ギリシア語ではこのようになる。ἐκ τυμπάνου βέβρωκα, ἐκ κυμβάλου πέπωκα, γέγονα μύστης Ἄττεως ［私はアッティスの密儀を受けた者となった］。

　「死に定められた人間」という句は、異教徒に言及しており——異教徒は（異教徒として）精神的な死に定められているのである——死を擬似的に経験せんとして入会儀礼を受ける者ではない、と理解するべきである。フィルミクス・マテルヌスをクレメンスと比較すれば、前者は「ケルノスを運んだ（ἐκερνοφόρησα）」を省略し、奥の部屋への入場を儀式の最初の方に位置づけていることがわかる。ギリシア語の式文の最後の「私はアッティスの密儀を受けた者となった」は、儀式のプロセス全体の結果を含んでいるが、ラテン語版では、私はこの祭儀の秘義を理解した、となっている。このことを語るときに、フィルミクス・マテルヌスが真に意図したことは、食事の儀式の文脈において、密儀と聖餐とを対比させることである。「太鼓からの食事を避けよ、惨めな死すべき者よ。救いをもたらす食事の恵みを求め、不死の杯を飲み干せ」(18.8)。

　しかし、入会儀礼において飲食されたものは何であったのか。ここで祝祭暦に質疑応答劇を記したオウィディウスに目を向けよう（Fasti 4.367–73）。

> 「女神の食卓に香草を置くことを恥じないのは何故か」。「年寄りは純粋な乳を飲み、香草を食べると語られている。……チーズは香草と混ぜ合わされるが、これは古代の女神のための食事……」。

従って、アッティスの入会儀礼を受けた者は、太鼓から香草を食べ、青銅のシンバルから乳を飲んだのである（すなわち、新しく生まれた、あるいは再生した神の子供たちに適した食事として。Sallustius, *De Diis* 4.10 参照）。

　フィルミクス・マテルヌスはもうひとつの式文を伝えている。研究者の中には、これをアッティスの密儀に帰す者がいるが、最近ではオシリスの密儀のものとする研究者が増えている。恐らく、フィルミクス・マテルヌス自身はこの点について定かではなかったのだろう。いずれにせよ、このテクストは密儀宗教に、そして新しい熱心な改宗者が密儀宗教をどのように見ていたかに、重要な光を投げかける（22.1）。

> もうひとつのシンボルに言及して、腐った考え方によって犯される罪を明らかにしよう。この一連の行為すべてを明らかにすべきであり、それによって読者は皆、神によって定められた法が悪魔によって歪められた模造品によって台なしにされたことを悟るであろう。或る夜に、神の像が棺にあおむけに置かれ、韻を踏む悲歌と共に嘆かれる。架空の嘆きが十分になされた後、光が灯される。そして祭司の首に嘆いている者皆によって油が塗られ、これが為されると、祭司はゆっくりとこのように呟く。
> θαρρεῖτε μύσται τοῦ θεοῦ σεσωσμένου.
> ἔσται γὰρ ἡμῖν ἐκ πόνων σωτηρία
> ［勇気を出せ、救われた者、神の密儀を受けた者よ。
> 私たちは苦しみからの救いを得たのだ。］

　神の運命は、儀式の中で再現されるが、σωτηρία──入会儀礼を受けた者が望む救済──のモデルを提供する働きを為す。キリスト教徒である著者はこれを、全体として見ても部分的に見ても、キリスト教徒が信じているものの悪魔的パロディと解釈する。「それ故、悪魔もまた自身の塗油された者(キリスト)を持つ」（22.4: *habet ergo diabolus christos suos*）。

4. 牡牛の供犠 (*taurobolium*)

リスト 48

M. Beard et al., *Religions*, vol. 2（リスト 4）160–62.

R. Duthoy, *The Taurobolium: Its Evolution and Terminology* (EPRO 10), Leiden 1969.

Taurobolium は、字義的には、投げ縄で牡牛を捕まえる行為を意味する。この語の意味が展開し、獣が追い立てられる、競技かつ遊戯としての狩りという意味を経て、アッティスの祭儀の一部を成す、牡牛の犠牲を意味するようになった。4 世紀のキリスト教徒の詩人プルデンティウスが、殉教者を讃える 14 の賛歌集である「輪冠(ペリステファノン)」の中で、これを非常に生き生きと描いている[35]。祭司が式服を纏い、穴に向かう。その上には、篩のように穴の開いた板が貼られている木の舞台が建てられている。力強い牡牛が舞台に連れてこられ、「血が大きく流れ出るように」屠られる（1028f.）。この血が穴を通って祭司の上に降り注ぐ。彼はたじろがず、「耳と唇と鼻を差し出すのである……黒い血をすべて飲み干すまで」（1036–40）。血を滴らせながら彼はよじ登り、居合わせた人々は皆、この恐ろしい光景から恐怖で逃げるどころか、「遠くから挨拶をし称えるのである」（1048）。

血は命の力を含む（レビ 17:11）。そして、流れる血に覆われることは穢されることを必ずしも意味するわけではない（黙 7:14 の大胆な隠喩(メタファー)参照。「彼らは衣服を洗い、小羊の血で白くした」）。牡牛は、原始的な、自由な生命力の現れである。この儀式を執り行う大祭司はこの力をその職務のために必要とするのであり、そして彼はその力を他者に与えることができるようになるのである。これに加えて、異教徒の祭司はしばしば、他者のために、例えば皇帝とその安寧のために *taurobolium* を受けた。367 年の碑文には、この *taurobolium* の結果として何が期待されていたかが語られている[36]。

> 偉大なる主人セクスティリウス・アゲシラウス・アエデシウス……不滅の太陽神ミトラスの父たちの父、ヘカテーの大祭司、ディオニュソスの羊飼い長、牡牛と牡羊の犠牲を通して永遠に生まれ変わった者は

---

[35] C. K. Barrett, *Background*（リスト 4）96–7 に翻訳がある。
[36] CIL VI 510; ILS 4152; K. Latte, *Religion*（リスト 4）44f.

[taurobolio ... in aeternum renatus]、偉大な神々に、神々の母に、アッティスに、祭壇を奉献した……。

この男が様々な密儀宗教の入会儀礼を受けた者であることのみならず、同時にそれぞれの中で高い役職に就いていることは興味深い。彼は神々の母とアッティスのために祭壇を建てたが、それは彼が受け、その結果「永遠に生まれ変わった」 *taurobolium* の記念のためである。これは比較的稀なものであると言えるが、それは特に、他の碑文が *taurobolium* の効果を20年に限っている事実に鑑みてそうである。デュソイは、古来の要素は牡牛の犠牲だけであり、異常な儀式は伴っていなかった、と結論する。血の洗礼は再生の概念と結び付いており、多少なりとも理解されたキリスト教の概念への反応として後代に生まれたものである。この結論は「永遠に生まれ変わった」者という単独の事例を説明する助けとはなろうが、一般的に適用できるかというと、それを多くの研究者は疑問視している[37]。

E　イシスの祭儀

リスト49

F. Cumont, *Religions*（リスト2）73–102.

F. Dunand, *Le Culte d'Isis dans le bassin oriental de la Méditerranée*, vols. 1–3 (EPRO 26), Leiden 1973.

H. Gressmann, *Tod und Auferstehung des Osiris nach Festbräuchen und Umzügen* (AO 23.3), Leipzig 1923.

K. Koch, *Geschichte der ägyptischen Religion: Von den Pyramiden bis zu den Mysterien der Isis*, Stuttgart 1993, 556–609.

F. Le Corsu, *Isis: Mythe et Mystères* (CEMy), Paris 1977.

R. Merkelbach, *Isisfeste in griechisch-römischer Zeit* (BKP 5), Meisenheim 1963.

37　W. Burkert, *Mystery Cults*（リスト30）25は、これにキリスト教からの借用を認めるが、M. Giebel, *Geheimnis*（リスト30）147はそうとは考えない。「キリスト教の概念を借用する必要はない」。

――― *Isis regina – Zeus Sarapis: Die griechisch-ägyptische Religion nach den Quellen dargestellt*, Stuttgart 1995.

R. Turcan, *Cultes*（リスト2）, 77–127.

L. Vidman, *Sylloge inscriptionum religionis Isiacae et Sarapiacae* (RVV 28), Berlin 1969.

――― *Isis und Sarapis bei den Griechen und Römern: Epigraphische Studien zur Verbreitung und zu den Trägern des ägyptischen Kultes* (RVV 29), Berlin 1970.

R. E. Witt, *Isis in the Graeco-Roman World*, Ithaca 1971.

イシス祭儀を扱うことで、エジプトに関する領域に入る。より正確に言えば、ギリシア・ローマ地中海世界へのエジプトの思想の拡散が追跡される。古典時代の前3世紀から後1世紀に「エジプトマニア」がいたと語ることは何ら誇張ではなく、これは18世紀にフリーメーソンによって広められたエジプトへのロマンティシズム（これのおかげで、モーツァルトの『魔笛』やフランスのロココ様式の中国趣味がある）と比較できるものである。人々が、エジプトの精神世界に目を向けたのは、人生の秘密を説明するであろう、古代の隠された知恵を求めてのことであった。

1. 神話

リスト50

J. Assmann, 'Die Zeugung des Sohnes: Bild, Spiel, Erzählung und das Problem des ägyptischen Mythos', in Idem, *Funktionen und Leistungen des Mythos: Drei altorientalische Beispiele* (OBO 48), Fribourg (Switzerland) and Göttingen 1982, 13–61.

J. Gwyn Griffiths, *Plutarch's De Iside et Osiride*, Cardiff 1970.

J. Hani, *La Religion égyptienne dans la pensée de Plutarche* (CEMy), Paris 1976.

W. Helck, 'Osiris', *PRE* Suppl. 9 (1962) 469–513.

T. Hopfner, *Plutarch: Über Isis und Osiris*, vols. 1–2 (MOU 9.1–2), Prague 1940, 1941.

G. Vandebeek, *De Interpretatio Graeca van de Isisfiguur* (StHell 4), Louvain 1946.

イシスとその夫オシリスは、敵対者セトと2人の息子ホルス（あるいはハルシエセ、あるいは別の体系ではハルポクラテス）と共に、古典時代後期にますますエジプト宗教の中心的な位置を占めるようになっていった。完成した、いわば正典的な形式での神話はエジプトから発見されてはいない。ピラミッドに見られる、あるいは神殿や墓の碑文に見られるテクストの中や、祈りの言葉や死者の書の中にその断片が散在しているだけである。重要なのは、ギリシア人であるプルタルコスが2世紀始めに『イシスとオシリスについて』の中に、完成した形でこの神話を記しているということである。

　この神話の最終的な形態は非常に複雑で幾つもの層がある。しかし、そもそもの核は以下の様な単純な物語であったと思われる。若い羊飼いが野獣から家畜の群れを守っていたが、ばらばらに引き裂かれてしまった。彼の恋人が引き裂かれた手足を集め、亡骸を悼み、埋葬した。彼女の名はイシスであったが、この名前は正確に言えばファラオの王冠を意味し、これが擬人化されて支配者の母と見なされたのである。従って、ファラオは既に暗に、「生きている息子（ホルス）と死んだ父（オシリス）」の集合体に関連付けられており、これが後の展開のために重要なものとなった。野獣は擬人化して解釈され、敵対者セトに置き換えられた。エジプト人たちはイシスによるオシリスの死体の捜索とそれに対する彼女の嘆きを、彼らの文化の中で非常に重要な、祭儀的な葬儀と解釈した。具体的には、これによってイシスは（彼女の妹ネフティスと共に）、オシリスが冥界で生きているということを納得できたのである。

　更に「植物に関する」層は物語の基本的な核の上に重ね合わされている。つまりその核は、穀物の生長と結び付けられている。エジプトにおいて植物の生長はナイル川と、毎年氾濫するこの川が堆積する泥土に頼っていた。ナイル川沿いに住む農民たちはオシリスの死を、独自に、そして別様に解釈した。オシリスはばらばらにされて死んだのではなく、ナイル川に沈められて死んだのであり、そのために豊穣をもたらす水と泥土から育つ穀物の中で彼の力が働いている、というのである。これは穀物のミイラによって目に見えるように描かれている。すなわち、〔オシリス〕像が土と穀粒で作られる、あるいはオシリスを表す輪郭を持った型が土で満たされ、そこに穀粒が蒔かれる。ナイルからの水がそれに注がれ、穀物の発芽が見られる、というわ

E イシスの祭儀

けである。そのような像は墓に置かれた物の中にも見出せる（UUC III nos. 229–32 参照）。

プルタルコスが記した、この神話の最終版において、競合する諸版は単純に並べ置かれたのであり、そこに矛盾が意識されていたようには見えない。テュフォン（＝セト）はオシリスを高価な棺の中に入るように誘いかけ、オシリスが入った後でそれにしっかりと鍵をかけ、海に流す（すなわち、溺死）。イシスはオシリスを探しまわるが、これはデーメテールがペルセポネーを探すのと同じようである（ここでプルタルコスはエレウシス神話を借用している）。様々な試みの後、イシスは棺を発見し、エジプトに持ち帰る。再度セトはそれを見出す。彼は死体を 14 に切断し（引き裂かれることによる死）、〔エジプト〕国外にばらまく。イシスはそれを集めて埋葬するが、それには奇妙な結末が伴っている（*Is. et Os.* 18 [358a–b]）〔以下に現れる『イシスとオシリスについて』からの引用は原則として、柳沼重剛訳『エジプト神イシスとオシリスの伝説について』岩波文庫、1996 年に従うが、〔　〕は訳者が本書の文脈に従って加筆した個所である〕。

> しかしこのために、エジプト中にオシリスの墓というのがたくさんあることになりました。イシスは、切断された部分を見つけてはそこに葬ったので、ということです。しかし、それは違うと言う人もあります。その人たちの意見によりますと、イシスは、なるべく多くの町でオシリスが拝まれるようにと、彼の像を造って、さながら遺骸そのものを与えるかのように、各都市に配ったというのです。こうすれば、もし〔テュフォンがホルスとの〕戦いに勝って、そこでオシリスの本当の墓を捜し出そうとしても、あまりたくさんのオシリスの墓のことを聞かされ、時には見せられなどして、もうやめておこうという気になるだろうから、なのだそうです。

オシリスは正しく埋葬されたため、今や彼は最も重要な役割を担うことができた。すなわち、死者の世界を支配し、裁きを行うという役割である。当初、オシリスは死んだファラオの原型としてのみ用いられたが、しかし、王の埋葬儀礼に由来する諸要素が神話の中に入り込んだ。王の特権の大衆化が進む中で、死者はそれぞれ、死体に関する儀式が適切に行われるなら、オシリスとなると遂には信じられるようになった。

オシリスの運命は、エジプトの祝祭年の流れを組み立てもした。エジプトの礼拝儀式は、その奇妙さ故に、ギリシアからの来訪者の特別な興味を惹いた。この奇妙さによってギリシア人は、エジプトの祭礼をヘレニズム的な意味での密儀の祭事として見るようになった。この傾向は早くもヘロドトス『歴史』2.171.1 に見出される。「エジプト人は夜にこの池でオシリスの受難の再現を行うが、彼らはこれを密儀（μυστήρια）と呼んでいる」。しかし、ヘロドトスが「密儀」と呼ぶものは公衆の面前で、聖なる歴史を劇として再現するものであった。他方、神殿の中で行われる秘密の祝宴は祭司たちに限定されたものであった。しかし、これは密儀宗教における入会儀礼を受けた者と受けていない者との間の区別と同じものではない。不死性を与えるはずの儀式は死者に対して為された——恐らくファラオを例外として——が、エレウシスの場合は生者に対して為された。イシスの宗教が密儀宗教の典型的な構造を持つようになったのは恐らく、ギリシアで実証ずみのパターンに従って形を整えられてからであっただろう。

2. 祭儀と密儀

リスト 51

F. Baumgarten, *Heiliges Wort*（リスト 43）196–218.

J. Bergman, *Ich bin Isis: Studien zum memphitischen Hintergrund der griechischen Isis-Aretalogien* (HR[U] 3), Uppsala 1968.

Y. Grandjean, *Une Nouvelle arétalogie d'Isis à Maronée* (EPRO 49), Leiden 1975.

D. Müller, *Ägypten und die griechischen Isis-Aretalogien* (ASAW.PH 53.1), Berlin 1961.

W. Peek, *Der Isishymnus von Andros und verwandte Texte*, Berlin 1930.

F. Solmsen, *Isis among the Greeks and Romans* (Martin Classical Lectures 25), Cambridge, Mass. 1979.

M. Totti, *Texte*（リスト 23）1–84.

H. S. Versnel, 'Isis, una quae es omnia. Tyrants against Tyranny: Isis as a Paradigm of Hellenistic Rulership', in Idem, *Ter Unus*（リスト 41）39–95.

リスト 49 の文献表。

(a) 祭儀

ギリシア・ローマの領域に入ると、女神イシスはより一層中心的な位置を占めるようになった。この女神はすべてを包括する神という地位にまで高められた。例えば、偉大な癒し手としてイシスは不死の薬を持っている[38]。イシスの賛歌がここでは重要である。これは女神の力ある業が一人称で延々と述べられているものである。例として、キュメーから出土したイシス碑文から引用してみよう[39]。

> 私はイシス、全地の支配者
> 人間のために果実を見出した者
> 天地を分けた者
> 私は航海術を考案した……
> 死すべき者たちに入会儀礼 [μυήσεις] を示した
> 彼らに神々の像を尊ぶことを教えた……
> ギリシア人や夷狄に言葉をもたらした……
> 私は立法者と呼ばれる者。

アテーナイにおけるイシス祭儀の広まりが確認できるのは前330年頃以降である。前220年頃、デロス島にはエジプトの神々を礼拝する者たちの私的な祭儀団体があった（第Ⅰ章C, 3 (a) 参照）。この神々の崇拝を推し進めていたのは商人、兵士、奴隷、旅行者、役人などであった。次第に、イシスの聖職者が伝道活動に積極的となった。新たに建てられたイシスの聖所のための人員がエジプトから迎え入れられた。彼らの坊主頭と白い衣服によって、イシスの祭司は非常に人目をひいた。イシス祭儀がローマにおいて足がかり

---

38 Diodorus 1.25.6「不死の薬（τὸ τῆς ἀθανασίας φάρμακον）」。ユーカリストについてはIgnatius, *Eph.* 20:2 を参照のこと。これについては L. Wehr, *Arznei der Unsterblichkeit*（リスト157）参照。

39 以下は UUC II.96f.; 下記にもある、M. W. Meyer, *Mysteries*（リスト30）172–4; 下記を参照、NDIEC I.10–21; R. MacMullen and E. N. Lane, *Paganism*（リスト4）50–4; A. J. Festugière, *Études*（リスト2）138–69; 二次文献は Versnel がまとめている。

を得たのは前200年以降であるが、しかし、この地では強固な反対と長らく戦わねばならず、それは道徳的にだらしがない、快楽主義的な宗教であると悪評がたったからであった。ヨセフスは、ティベリウス帝の時代にイシスの神殿で、ある有徳のローマ人既婚婦人が軽蔑されるべき求愛者によってたぶらかされたというスキャンダラスな物語を、詳細に嬉々として物語っている（*Ant.* 18.66–80）。カリグラ帝以降、イシス祭儀は進展し始めた。

(b) 密儀

イシスの密儀についての証拠が現れるのは、初期帝政時代以降である。プルタルコスによるイシスとオシリスについての説明は密儀にふさわしい、注目に値する雰囲気に染まっている。プルタルコスの著作は女祭司クレアに献げられたものであるが、彼女はデルフォイでディオニュソスの女信者長として仕えており、同時に両親によってエジプトの密儀に入信させられた人物である。プルタルコスは多くの事々については沈黙を守ろうとしているが、それはそれらの事々が密儀の秘密の教えに属しているからである。しかし『イシスとオシリスについて』2–3（351f–352b）には密儀を示唆するものが見出され、そこでは不可避の密儀の箱（*cista mystica*）がメタファー隠喩として用いられている。「〔テュフォンは〕女神が集めて編んで〔入会儀礼を受けた者〕にお授けになる〔聖なる教え〕をずたずたに八つ裂きにしてしまう。……こういう人々は……神々についての聖なる知識だけを、さながら箱にでも［ὥσπερ ἐν κίστῃ］納めて持ち歩くように、心に納めております」。第2の個所はより明瞭である（27 [361d–e]）。

> しかしオシリスの妹にして妻なるイシスが〔テュフォン〕を助けます。彼の狂おしい怒りを鎮めて消したのですが、一方彼女は、自分が耐えてきた数々の艱難や争いを放念したりはしません。それに彼女の放浪、知慧によって行なった数々の功、また勇武の誉れ、そういうものを忘却の中に埋めて沈黙するなどということもしません。むしろその時々に自分が嘗めてきたことを、像にしたり、深い意味の言葉にしたり、身振りによる物真似にしたりして、きわめて神々しい〔入会儀礼〕の中に取り込み、こうしてイシスは、人々に敬虔であることの大事さを教え、かつ同時に、

同じ難儀を味わいつつある男女を励まし、この教えと励ましを畏れ多く
も尊いものにしたのです。

イシスの彷徨と苦闘はこうして密儀の確固たる要素となったのである。そ
れらは物語、像、儀式によって思い起こされ、人生の混乱の只中にいる者た
ちはそこに支えと慰めとを見出したであろう。

3. イシスについてのアプレイウスの書物

リスト 52

E. Brandt and W. Ehlers, *Apuleius: Der goldene Esel. Metamorphosen* (TuscBü),
 Munich and Zurich, 4th edn. 1989.

M. Dibelius, 'The Isis Initiation in Apuleius and Related Initiatory Rites', in F. O.
 Francis and W. A. Meeks (eds.), *Conflict at Colossae* (SBibSt 4), Missoula 1975,
 61–121.

S. Eitrem, 'Elemente'（リスト 37）.

J. Gwyn Griffiths, *Apuleius of Madauros: The Isis-Book* (*Metamorphoses, Book XI*)
 (EPRO 39), Leiden 1975.

R. Helm, *Apuleius: Metamorphosen oder der Goldene Esel* (SQAW 1), Berlin and
 Darmstadt, 7th edn. 1978.

K. H. E. de Jong, *Mysterienwesen*（リスト 30）242–431.

R. Merkelbach, *Roman und Mysterium in der Antike*, Munich 1962.

A. D. Nock, *Conversion*（リスト 3）138–55.

D. Sänger, *Antikes Judentum und die Mysterien: Religionsgeschichtliche
 Untersuchungen zu Joseph und Asenath* (WUNT 2.5), Tübingen 1980, 118–47.

V. Tran Tam Timh, *Essai sur le culte d'Isis à Pompéi* (Images et Cultes), Paris 1964.

A. Wlosok, 'Zur Einheit der Metamorphosen des Apuleius', *Ph.* 113 (1969) 68–84.

イシスの密儀に関する主要な情報源はアプレイウスが著した『変容（黄金
のろば）』11 巻である〔以下に現れるアプレイウス『変容（黄金のろば）』からの引用
は原則として、呉茂一・国原吉之助訳『黄金の驢馬』岩波文庫、2013 年に従うが、本書

の文脈に応じて一部加筆した〕。アプレイウスは125年にマダウラ（北アフリカ）で生まれた法律家、弁論家、作家である。カルタゴのローマ皇帝祭儀の属州祭司職にあった彼は、法廷で以下のように証言した。「私はギリシアで多くの密儀宗教に参加した。……真理への熱心さと神々に対する尊敬とから」(*Apol.* 55.4f.)。物語の筋は、アプレイウスの風刺物語の手法と相まって、主人公ルキウスの息をのむような彷徨を辿っている。彼はろばに姿を変えられ、ろばの視点から古典古代の生活の高さと深さとを知るようになる。アプレイウスは物語の核をギリシアの古いモデルから借りている。イシスに関する最後の巻は彼の付加である。ルキウスが人間の姿に戻る変容を、コリントの南にある港町ケンクレアイにおけるイシスの祭りの行列での出来事としたのはアプレイウスであり、彼がモデルとした古い物語ではそうなっていない。しかし、これが物語全体を新たな光のもとに置く。すなわち、人は自身の喜悦と欲望に従うのであれば、獣の生を送ることになるが、イシスの宗教に改宗すれば、人間にとって真に相応しい生を新しく始めることができる。密儀を通しての人間の変容は、ルキウスがろばから人間へと変容することに（殆ど戯画的に）既に予め示されているのである[40]。

(a) 全体の流れ

イシスの巻の初めに、ろばの姿のままのルキウスは天の女王イシスに熱心に祈りを献げる (*Met.* 11.2.1「天上の女王よ（Regina caeli）……」)。夢に現れた女神は、翌日、*navigium Isidis*、すなわち、航海再開の際に行われる行列の中で咲いているばらをルキウスが食べれば、救われることを約束する。イシスは自身をイシスの賛歌のスタイルで語り (5.1–4)、彼女の約束は目の前の出来事を越え、現世の生と死後の生を彼女が保護することの保証を含むのである (6.5)。

その代りお前の生涯は幸福です。私の加護を受けて栄光に満ちた生涯を

---

[40] 古典の小説は暗号化された密儀テクストとして読まれねばならない、という原則をMerkelbachは提唱した。この主張に対する研究者の議論については（かなり一方的なものであるとはいえ）、A. Geyer, 'Roman und Mysterienritual', in *Würzburger Jahrbücher für die Altertumswissenschaft* NF 3 (1977) 179–96; H. Gärtner, *PRE* II/9 (1967) 2074–80 参照。

送れます。そしてお前がこの世の生を全うし、黄泉の国へ降りて行ったときでも、その地下の半球においてすら私がアケローンの暗闇の中で輝き、ステュクスの深い奥底を支配しているのを見ることでしょう。そしてお前も、エーリュシオンの野に住みながら、お前を見守っている私にいつまでも祈りを捧げてくれるのです。

　人間に戻ったルキウスはイシスの神殿の境内に住み、そこで行われる日毎の礼拝に参加する。この礼拝の中心は特に、朝に神殿を開く際と、夕に神殿を閉じる際に行われるものであり、この点はイシス祭儀の特徴のひとつである。彼はますます熱心にイシスの密儀に入会する希望を抱いたが、このために相応しい時を明らかにしてくれる新たな夢を見るまでは待たねばならなかった。大司祭は彼に式典の意味と流れを教える際に、神聖文字（ヒエログリフ）と民衆文字（デモティック）で書かれたエジプトの秘密の書を用いる。清めの沐浴と 10 日間の断食の後、民衆は徹夜の入会儀礼に集まり、ルキウスに贈り物を持って来る。この贈り物は誕生日のそれとして理解されるべきではなく（なぜなら、誕生日の贈り物は翌日の朝にのみ相応しいだろうからである）、死者への様式化された葬送品或いは寄贈品として理解されるべきである。翌朝の出来事に目を移そう（24.1–5）。

　朝の訪れとともに、前夜の儀式がみんな終わったので、私は神に捧げられたしるしである十二の法衣を身にまとい、内陣から出てきました。この法衣はそれ自体十分に秘儀的性格を持っていました……。ともかく、私はその姿で神殿の真ん中に導かれ、女神の御像の前で木製の台の上に立たされました。私は亜麻の美しい花模様のある着物をきて、人目を奪うばかりでした。……右手には燃える松明を高く捧げ持ち、頭には美しい棕櫚の葉冠を戴き、その葉は太陽の光線の如く四方に輝きを放っていました。このように私は太陽の姿をまねて着飾り、女神の御像そっくりになったかと思うと、とつぜん四方の幕が取り払われたのです。私を見ようと思って群衆が流れ込んだためでした。それから私は素晴らしい御馳走と賑やかな会食者によって、神への奉仕者の誕生を祝いました。

　エジプト人の信仰によれば、十二重の衣服は夜の 12 時間を表し、この夜

の12時間の間に太陽神は小型船に乗り、翌朝に新たな輝きを伴って現れる。入会儀礼を受けた者も太陽神のように、あるいは新たに昇る太陽のように輝いて現れ、群衆の敬意を受け取る。ルキウスは数日後に、言葉遣いの点で感動的であり傑出している結びの祈りを女神に献げている（25.1–6）。彼はローマへと旅立ち、そこで法律家として成功する。彼は更に2つの入会儀礼を経験したが、これは程度を異としている聖化として理解されるべきではなく、地方の祭儀場の独立的な地位、そしてルキウスが新たに抱いた心理的な必要を示しているものとして理解されるべきである。最終的に彼はイシスの祭司たちの中である地位を与えられる[41]。

(b) 密儀の定型表現

アプレイウスは慎重でなければならないということを何度も述べているが（23.6「話すことが許されていれば喜んで話しましょう。お耳に入れてよいなら喜んでお聞かせするでしょう」）、まさに入会儀礼において生じたことの概要も記している（23.8）。

> accessi confinium mortis et calcato Proserpinae limine per omnia vectus elementa remeavi, nocte media vidi solem candido coruscantem lumine, deos inferos et deos superos accessi coram et adoravi de proximo.

> 私は死の境界にやってきて、冥界の女王プロセルピナの神殿の敷居をまたぎ、あらゆる要素を通ってこの世に還ってきました。真夜中に太陽が晃々と輝いているのを見ました。冥界の神々にも天上の神々にも目のあたりに接し、膝元に額ずいてきました。

一人称、過去時制、短い節の使用が示していることは、ここに合言葉（シュンテーマ）のジャンルの一例が見受けられる、ということである。しかし、相違もある。このテクストは、エレウシスの合言葉の場合のような、個々の準備行動に言及

41　W. Burkert, *Mystery Cults*（リスト30）17 参照「宗教的趣味が職業上のストレスを相殺するものとなっている。すなわち、密儀の神は精神科医であることを明らかとしている」。

E　イシスの祭儀

しようとはしていない。むしろ、これは明らかに、入会儀礼において生じることをすべて、明確とは言い難い言い回しで要約し、象徴的な解釈を与えようとしている。アプレイウスがこのテクストを、合言葉（シュンテーマ）のジャンルに基づき、自身が経験したイシスの密儀に由来する本物の資料を用いて自力で作成したということは全くありうることである。「死の境界」と（冥界の女神である）「プロセルピナの神殿の敷居」は同じものである。入会儀礼を受ける者は冥界へと入る旅をする。「あらゆる要素」は世界（コスモス）を構成している成分である。入会儀礼を受ける者はこれらに触れ、世界をまとめているものを今やより良く理解するのである。真夜中に「晃々と輝いている」太陽という意図的な逆説（パラドックス）は、エレウシスの物語を思い起こさせる。そこでは、炎が夜の暗闇の中で *anaktorōn* から突然吹き上がるのであった。エジプトの起源が示していることは、これの背後には（バー〔魂の一部〕である）太陽神レーと（死体である）オシリスとの出会いがあるということである。冥界から天上までのあらゆる神々が言及されている。入会儀礼を受ける者がこの神々を間近で見るとき（それは彼がレーとオシリスとの出会いを経験したことを意味すると言ってよいだろう）、これは *epoptia* （すなわち、この全過程の頂点である秘密の見（ビジョン））と結び付けられるだろう。

　これらすべてがどのようにして実際に実現されたのか、現実そのままのものと抽象化したものはどの程度のものであったのかについては、様々な意見が生じている。例えば、デ・ヨングはすべてを暗示と幻覚に帰する。彼はオカルト現象との類似点を示し、機械的な補助手段が用いられることで詐欺的な操作を大規模に生み出していると考える。アイトレムは、恐らく入会儀礼を受ける者は首まで土に埋められていたのだろうと考える。つまり、「埋葬」であり、それと同時に要素と、つまり母なる大地と接触するというのである[42]。モーツァルトの『魔笛』では、タミーノとパミーナは入会儀礼の中で、真っ赤な火と流れる水の上を歩く（武具を纏った2人は歌う。「多くの苦労と共に道を歩む者は、火と水と風と土を通って清くなる。死の恐怖に打ち勝った者は、自らを地上から天上へと押し上げる」）。もうひとつの提案は、入会儀礼を受ける者は薬を飲まされて、ミイラのための棺の中に裸で置かれて、

42　しかしながら、エジプトの大地の神（ゲブ）は男性であることは指摘しておくべきであろう。

その間に彼の様々な空想が彼を欺く、というものである。これと同様であるが幾分穏健なものは、エジプトの埋葬儀礼を仄めかすものが入会儀礼を受ける者に施された、というものである。グリフィスは比較的に地味な提案をする。すなわち、イシス神殿地下の部屋、通路、穴蔵（これらがあったことはポンペイの発掘で分かっている。Tran Tam Tinh 参照）は、神々のフレスコや像で装飾されており、冥界や神話の光景があった、というのである。入会儀礼を受ける者は自分1人で、或いは案内者によって導かれ、これらの部屋を歩きまわり、それらが織りなす印象——これは光や音、音楽などの効果的な使用によって強められる——を受けとめる。この提案を分析的かつ記述的に細かく調べれば、どちらかと言えば陳腐なものに思える。しかし、冷めた目つきではこれ以上のことを現実そのものの中に見分けることはできないであろう。われわれがもはや決して再構成することができない強烈な象徴的且つ情動的な価値こそが、入会儀礼を受けた者たちの多くがそこから拭い去れない印象を得た、ということを確かにしたのである。

4. サラピス

リスト53

H. Engelmann, *Aretalogy*（リスト 23）.

J. F. Gilliam, 'Invitations to the Kline of Sarapis', in *Collectanea Papyrologica I (Festschrift H. C. Youtie)*, Bonn 1976, 315–24.

A. Höfler, *Der Sarapishymnus des Ailios Aristeides* (TBAW 27), Stuttgart 1935.

W. Hornbostel, *Sarapis: Studien zur Überlieferungsgeschichte, den Erscheinungsformen und Wandlungen der Gestalt eines Gottes* (EPRO 32), Leiden 1973.

J. E. Stambaugh, *Sarapis under the Early Ptolemies* (EPRO 25), Leiden 1972.

M. Vandoni, *Feste*（リスト 22）nos. 125–47.

H. C. Youtie, 'The Kline of Sarapis', *HThR* 41 (1948) 9–29.

　サラピスの密儀を示す証拠も幾つか見受けられる。サラピスはその神としての存在をプトレマイオス朝の宗教政治に負っており、その祭儀はイシス

のそれと共にエジプトを越えて広がった。その特徴のひとつとして挙げられるものに、サラピス崇拝者たちによって祝われる食事がある。143–4 年にアリスティデスは自身の華麗な賛歌の中でサラピスを「食卓の主にして持て成し役」、「施し物の与え手かつ受け手」であるとし、サラピスとだけ人間は「特別な仕方で犠牲の交わりを言葉の真の意味で祝うのである」と讃えた (Or. 45.27; Höfler 参照)。テルトゥリアヌスは、彼のいつもの皮肉と共に言う、「サラピスの食事から立ち昇る煙に消防隊は呼び出される」(Apol. 39.15)。この食事への招待券はパピルスの形で残っており、何が起こっていたのかを極めて生き生きと示してくれる。この食事は自宅或いは聖所で行われ、時に神自らが招待することがあった（勿論、人間を介してのことである）。これは PKöln 57 に見られるとおりである [43]。

καλεῖ σε ὁ θεός	神があなたを招いている、
εἰς κλείνην γεινο(μένην)	食事へと、〔それが〕催されるのは
ἐν τῷ θοηρείῳ	トエーリスで
αὔριον ἀπὸ ὥρ(ας) θ'.	明日 9 時から。

F　ミトラスの密儀

リスト 54

R. Beck, 'Mithraism since Franz Cumont', *ANRW* II/17.4 (1984) 2002–115.

―――― 'The Mysteries of Mithra: A New Account of Their Genesis', *JRS* 88 (1998) 115–28.

U. Bianchi (ed.), *Mysteria Mithrae. Proceedings of the International Seminar ...* (EPRO 80), Leiden 1979.

CIMRM: 本書冒頭の略語表参照。

M. Clauss, *Mithras, Kult und Mysterien*, Munich 1990.

43　テキストは B. Krämer and R. Hübner, *Kölner Papyri*, vol. 1 (PapyCol 7), Opladen 1976, 175–7 (with bibliography) にある；更に SGUÄ 10496；比較できるテキストを集めた最近の文献として Totti 124–7; Gilliam（リスト 53）；更に NDIEC I.5–9 を参照。

――― 'Mithras und Christus', *HZ* 243 (1986) 265–85.

F. Cumont, *The Mysteries of Mithras*, New York 1956.

Études Mithriaques: Actes du 2e Congrès international Téhéran (Acta Iranica 17), Leiden 1978.

J. R. Hinnells (ed.), *Mithraic Studies: Proceedings of the First International Congress of Mithraic Studies*, vols. 1–2, Manchester 1975.

J. Leipoldt, *Die Religion des Mithra* (BARG 15), Leipzig 1930.

R. Turcan, *Mithras Platonicus: Recherches sur l'hellénisation philosophique de Mithra* (EPRO 47), Leiden 1975.

M. J. Vermaseren, *Mithras ― The Secret God*, London 1963.〔フェルマースレン『ミトラス教』小川英雄訳、山本書店、1973 年〕

――― 'Mithras in der Römerzeit', in Idem, *Religionen*（リスト 2）96–120.

　ペルシアの神であるミトラの名は「契約」或いは「契約の仲介者」を意味する。この神は古代イランにおいては男たちや狩人たちの同盟をとりわけ好んだ。契約の法を保護し、社会秩序の基盤を体現している神である。ミトラ神に関する神話の詳細を個別に正確に把握することは困難であるが、それと言うのも、イランの伝承においてはミトラが目立った役割を果たしていないからである――ローマのミトラス祭儀に基づいてそのような役割をミトラに帰すことが多いのだが（神の名がミトラからミトラスに微妙に変わっている点に注目せよ）。これに加え、現存するイランの資料の幾つかは、イスラム時代に由来する、比較的新しく且つ編集が施されたものでしかない。ミトラにまつわる主なエピソードは以下のようなものである。すなわち、彼は岩から生まれ、原初の牛を追いかけ、それを制圧し、洞窟に引き込み、殺し、それによって耕作された世界が生じるための基礎を築いた。旱魃の時にこの神は矢を岩に放ち、そこから水がほとばしり出た。太陽神と戦い、そして和解し、両者は互いに契約を結び、告別の食事をし、その後天に戻ったが、そこから、ミトラは終末には戻ってくると考えられている。

1. 起源の問題

リスト55

C. Colpe, 'Mithra-Verehrung, Mithras-Kult und die Existenz iranischer Mysterien', in J. R, Hinnells, *Studies*（リスト54）II.378–405.

R. Merkelbach, *Mithras*, Königstein 1984.

I. Roll, 'The Mysteries of Mithras in the Roman Orient: the Problem of Origin', *Journal of Mithraic Studies* 2 (1977) 53–68.

D. Ulansey, *The Origins of the Mithraic Mysteries: Cosmology and Salvation in the Ancient World*, New York and Oxford 1989.

　プルタルコスのテクストは、ミトラスの密儀についての最古の証言であると見なされることしばしばである。そこで彼は小アジアから来た海賊——ポンペイウスはこの海賊と戦って勝利した——について語っている。「彼らは異国風に犠牲を献げ、ある入会儀礼をいくつか行ったが、その中のミトラスの入会儀礼は今日まで維持されており、その者たちによってはじめて導入されたのである」(*Pomp.* 24.5)。他の証言も小アジアを示している。例えば、ある王朝——その代表者たちは「ミトリダテス」という意味深長な名を持っていた——の支配下にあったコマゲネーにおけるミトラ（同時にアポロかつヘリオスとして）の礼拝である。ポンペイウスの時代という年代づけに従うのであれば、前67年となるが、ヘロドトスがエジプトの儀式に関して行ったように、プルタルコスが自身の観点に従って時代を遡らせたということはあり得ることである。大プリニウスのある発言は「ミトラス的な」響きを持つものがあるが、しかしミトラスの名前は用いられていない。大プリニウスは次のように記している。ティリダテス王が皇帝ネロに敬意を表すためにローマに旅した際に、供揃いの中にペルシアの魔術師たちも連れて行ったが、この者たちは忠誠の契約の調印が為された後、「ネロを魔術的な食事へと招いた」(*Hist. Nat.* 30.17)。ローマから出土した最古のミトラスの碑文は、（その年代の特定が正しければ）102年のものである。〔ミトラスの〕碑文の大きな波がうねり始めるのは、ようやく140年になってからである。この波に続く時代は3つの段階に分けられ、4世紀になって終息する。

　起源の問題は、初めに祭儀の意図的な創設があった——例えば、周辺世界からヘレニズムの密儀宗教の本質について知見があった、ペルシアの学者や

祭司から成る団体によって——というように近年ますます説明されている[44]。研究者たちは占星術にとりわけ注目してきた。これは確かにこの密儀の解釈の多くを解明する鍵を与えるし、恐らくはこの祭儀の初期における用語を提供することもしただろう（Ulansey）。この密儀が生まれた場所は、恐らく小アシアかローマである（後者の仮説については、例えば Roll を参照）。

　ミトラスの密儀にはいくつかの特徴が見受けられ、これが他の東方ヘレニズムの祭儀の表現型とは異なったものとしている。従って、ミトラスには女性像が脇に置かれず、その結果、ミトラスの密儀はもっぱら男性のための宗教であった。更に、ミトラスを「受難する神」の類型に当てはめることも難しい。更に、ミトラスの密儀に関する情報を与えてくれるテクストは極めて僅かである。多くのことは彫刻や考古学的発見から推測されねばならない。

2. 入会儀礼の等級と儀式

リスト56

H. D. Betz, 'The Mithras Inscriptions of Santa Prisca and the New Testament', *NT* 10 (1968) 62–80, also in Idem, *Hellenismus*（リスト 3）72–91.

M. Clauss, 'Die sieben Grade des Mithras-Kultes', *ZPE* 82 (1990) 183–94.

J. P. Kane, 'The Mithraic Cult Meal in Its Greek and Roman Environment', in J. R. Hinnells, *Studies*（リスト 54）II.313–51.

R. Merkelbach, 'Priestergrade in den Mithras-Mysterien?', *ZPE* 82 (1990) 195–7.

B. M. Metzger, 'The Second Grade of Mithraic Initiation', in Idem, *Historical and Literary Studies: Pagan, Jewish, and Christian* (NTTS 8), Leiden 1968, 25–33.

M. J. Vermaseren, *Mithraica I: The Mithraeum at S. Maria Capua Vetere* (EPRO 16), Leiden 1971.

——— and C. van Essen, *The Excavations in the Mithraeum of the Church of Santa Prisca in Rome*, Leiden 1965.

44　Colpe の見解。更に、Merkelbach 77; M. P. Nilsson, *Geschichte*（リスト 2）675f. 参照。「無名の宗教的天才によるユニークな創作」。

F　ミトラスの密儀

(a) 等級

　ミトラスの祭儀においては、入会儀礼の等級が7つの階層に順列化されていたが、これは7つの惑星の階層と構造的に並行していたと考えられた。等級という梯子の様々な段を経て入会儀礼を受ける者が上昇することは、その魂が天的な領域を通って上昇するというイメージをもたらす。従って、その者は天体の力に打ち勝ち、天体が行使する強制や行きあたりばったりの運命に、もはやさらされることはないのである。7つの階層のシンボルは関連する惑星の記号と結び付けられており、オスティアにあるミトラス神殿のモザイク模様の床面を装飾している（CIMRM 299）。ヒエロニムスはそれらの名前を列挙しており、それらをミトラスの洞窟にある対応する像に割り当てている（*Ep.* 107.2）。

> 数年前、われわれの隣人グラックスは知事であったときに、ミトラスの洞窟を破壊し、忌まわしい像——この前でカラス、男の花嫁［蜂の子？］、戦士、ライオン、ペルシア人、運行する太陽、父（*corax, nymphus*[45]*, miles, leo, Perses, heliodromus, pater*）が入会儀礼を受ける——を破壊し、粉々に砕いて取り除いてしまったのではなかったか。

　1.「カラス」は水星に割り当てられている。祝祭の食事で入会儀礼を受ける他の者たちに給仕するのがカラスの役割であろう。
　2. 第2等級の称号は極めて困難な問題を引き起こす。と言うのも、この形でのこの単語はラテン語にもギリシア語にもほかに証言がないからである。しかし、関連語は新婦あるいは新郎、もしくは蜂の子を意味する。後者であるとするなら、第2等級の入会儀礼を受ける者は、より高次のものへと移行する幼虫の段階にあると言えよう。他方で、関連した惑星として金星が選ばれていることは、「男の花嫁」を指示している証拠であるかもしれない。フィルミクス・マテルヌスはここで挙げられる歓呼を記している。「おめでとう、ニンフス、おめでとう、新たな光」（*Err. Prof. Rel.* 19.1）。

---

[45]　第2等級にこれを配するのは困難があるにもかかわらず、現代の研究者は、*cryphius*（隠された者）或いは *gryphus*（ハゲワシ）というかつての推測を退ける。

3.「戦士」に適した惑星は火星、戦争の神である。

4.「ライオン」に対応する惑星は木星である。ローマにあるサンタ・プリスカのミトラス神殿の壁（220 年頃）にはライオンの行進が描かれており、そこには次のような碑文が刻まれている。「香焚くものを受けよ、聖なる父よ、ライオンを受けよ」（CIMRM 485: 'Accipe thuricremos pater accipe sancte leones'）。ミトラスの礼拝者たちの多くは、この等級に 7 つの階級の真ん中でたどり着くと考えられよう（Clauss の見解は異なり、一方に入会儀礼を受けただけの多くの者を、そして他方に 7 つの祭司等級を持った者たちを区分する。Merkelbach はこれに反対する）。

5. 第 5 等級は「ペルシア人」であり、これに対応する惑星の象徴は月である。これは神話的な基層から出たことをより明瞭に示している。

6. 太陽自体は惑星としては「運行する太陽」に対応している、とは誰でも想像がつくであろう。フィルミクス・マテルヌスはこれに次の歓呼を割り当てている。「家畜の盗人の入会儀礼を受けた者、尊い父と握手で結ばれたる」（*Err. Prof. Rel.* 5.2）。

7.「父」はミトラスの共同体の精神上の長であり——それ故、この称号は「父たちの父」（*pater patrum*）という強意形で現れもする——、土星の庇護下にある。ペルシアの祭司の被りものを身に着けて描かれる。

(b) 儀式

7 つの等級それぞれには入会儀礼の儀式があるが、これは無名のキリスト者の嘲笑的な観察からわかるとおりである（Ambrosiaster, *Quaest. VNT* 114.11）。

> 洞窟で覆いをかけられた目で行う遊戯は何か。彼らは目隠しをされているので、全く恥ずべきことに尻込みしないのだ。ある者は腕を鳥の翼のように動かし、カラスの鳴き声を真似ている。またある者はライオンのように吠えている。他の者は鳥の腸で縛られて水の中に投げ入れられる。そして「解放者」と呼ばれる者が剣を携えて来て、その縛めを切り解く。

儀式すべてをその流れ全体の中で再構成することはもはや不可能であるが、

その要点を見極めることは可能であって、それはとりわけ、入会儀礼を受けた者の多くが到達できた低い等級ではそうである。一般的に、浄化の儀式がある。ライオンと祭司の等級では蜂蜜が用いられ（Porphyry, *Ant. Nymph.* 15f. によれば。更に、「蜂蜜を塗られたライオン」 leo melichrisus, CIMRM 2269 参照）、水は用いられなかった。テルトゥリアヌスは、水が一般的には用いられたと語るが（*Bapt.* 5）、これは他の等級に関しては明らかに正しい。勇気についての様式化された試験と試練が、カプアにあるミトラス神殿のフレスコ画から、明確に認められるわけではないが、推測されうる[46]。適当な仮面或いは被りもの——例えば、運行する太陽の場合、広がる光線を伴う冠——が入会儀礼を受ける者の頭に置かれた。しかし、そのとき以降は、ミトラスの入会儀礼を受けた者は人前で冠をつけることを拒むことになる。と言うのも、「ミトラスは私の冠」だからである（Tertullian, *De Corona* 15.3 より。これに基づいて、キリスト者の兵士は異教徒の祭典の冠をつけないようにと言われる）。キリスト教護教論者はとりわけ、儀礼的な食事に憤慨した。ユスティヌスは『第一弁明』(66.4) において、彼が気づいた聖餐との類似の問題に悪魔論的な解決を——優雅さを失わずに——提示した。「悪霊共はこれを模倣して、ミトラ〔ス〕の密儀でもこれを行うようにとの教えを伝えました。すなわち、奥義にあずか〔ろうとしてい〕る者の〔入会儀礼〕において彼らが、パンと水の杯をある呪文とともに用いていることは、〔あなたがたも〕ご存じですし、ご存じなくともお確かめになることができます」〔柴田有「アントニヌスに宛てたキリスト教徒のための弁明（『第一弁明』）」（『キリスト教教父著作集 第1巻』教文館、1992年、15–88頁）85頁からの引用であるが、〔 〕は訳者が本書の文脈に従って加筆した個所である〕。

パンと水は、戦士の厳しい生活に適した質素な食物であり、これらはこの戦士という等級への入会儀礼である役割を果たしたと考えられる。しかし、入会儀礼の儀式と犠牲が執り行われた後には、共同体生活のより社交的な局面に併せて、これよりも贅沢な食事も為された。ミトラス諸神殿の発掘は犠牲用のナイフや斧、杯、陶器皿を掘り当てた。遺棄物の山には牛や羊の死体や鳥や魚の骨が含まれていた。ワインや魚、油、木、水、ラディッシュ、魚

---

[46] UUC III nos. 124–6; R. MacMullen, *Paganism*（リスト2）125 参照：演劇用の剣がミトラス神殿で発見されたが、その先端と柄とは着用者の体の周りに弓形のもので巻き付き、あたかも剣で刺し貫かれたように見える。

醬といったものの領収書の走り書きが2つ、ドゥラ・エウロポスのミトラス神殿の壁にあったが（CIMRM 64f.）、ワインと魚の代金が全体の中でかなり高い割合を占めていた。これはミトラスの祭儀で祝祭の食事も行われていたことを示している。

「ミトラスの礼拝式」というタイトルがパリの魔術パピルス大集（PGrM IV 475–834）の一部に与えられているが、そこでは「ミトラス」という名前が現れ、μυστήριον〔密儀〕や μύστης〔密儀を受けた者〕という言葉が用いられている[47]。しかし、このテクストはミトラスの密儀の礼拝式で何が行われていたかを直接語ってくれてはいないし、（PGrM IV の出所である）エジプトに関してはなおさらそうであり、そこにはミトラスの密儀で行われていたことに関する証拠は殆どないのである（CIMRM 91–105 参照。これらのテクストの一部には問題がある）。むしろ、密儀宗教に由来する概念や見解の痕跡が、魂の魔術的な上昇のためのこれらの手引書の中に、一種の「沈殿物」として保存されているのである。

3. 礼拝の場所と祭儀的なイメージ

リスト 57

L. A. Campbell, *Mithraic Iconography and Ideology* (EPRO 11), Leiden 1968.

J. R. Hinnells, 'Reflections on the Bull-slaying Scene', in Idem, *Studies*（リスト 54）II.290–312.

R. Merkelbach, *Mithras*（リスト 55）.

L. M. White, *The Social Origins of Christian Architecture*, vol. 2: *Texts and Monuments for the Christian Domus Ecclesiae in its Environment* (HThS 43), Valley Forge 1997, 259–429.

(a) 礼拝の場所

---

47 A. Dieterich, *Eine Mithrasliturgie*, ed., O. Weinrich, Leipzig 3rd edn. 1923; M. W. Meyer, *The 'Mithras Liturgy'* (SBLLT 10), Missoula 1976 参照。R. Merkelbach, *Abrasax*（リスト 75）III. 155–83, 233–49 の中ではテクストのこの部分は liturgy of Pschai and Aion と呼ばれている。

キリスト者である著作家たちは、ミトラスの入会儀礼を受けた者が洞窟や洞穴に集まったことを伝えている。神話では、ミトラス自身が宇宙(コスモス)のイメージとして解釈される洞穴に住んでいる。だから壁や天井に惑星や星のイメージが描かれているのである。洞穴には複数の地下室や日の光が届かない密室が人の手で作られた。すべてのミトラス神殿は以下の様式に従って作られている（例として、CIMRM 34 や UUC III no. 107 参照。ホワイトの重要なカタログを見よ）。すなわち、それは長細の部屋で、真ん中に通路があり、やや斜めになった石のベンチが両側にある。そのベンチは壁の真ん中に届く高さである。このベンチには礼拝式や食事のときに入会儀礼を受けた者が座るのである。更に、低い祭壇が取り付けられる。祭儀的な像（以下を見よ）は前面の壁に置かれ、大抵は浮彫り(レリーフ)であるが、独立した立像であったり壁画であったりすることもある。光が巧みに用いられることで、礼拝式のある特定のときに意図された効果をもってこの像は見られうるのである[48]。このようなミトラス神殿には、せいぜい20人から40人を収容する空間しかなかった。意図的にこれより大きなミトラス神殿は作られなかった。その代わり、必要があればミトラス神殿が同一の場所に数の上限なく追加して建てられた。これはローマやオスティアに見られるとおりである。

(b) イコノグラフィー

主要な祭儀的イメージは、比較的厳格なパターンに従っている（イメージを中心にした CIMRM の一部は別として、UUC III nos. 112f. を見れば例として十分である）。すなわち、ミトラスは片膝をつき、半身を起こし、頭を脇に向け、地面に打ち倒した牡牛の背に乗っている。その牡牛の頭を左手で後ろに引き、右手でその脇腹に短剣を突いている。小麦の穂がその牡牛の尾から芽吹いている。これに加え、牡牛の傷口に飛びかかる犬、そして蛇や蠍が様々に組み合わされているものもある。この祭儀的イメージの基本となっているのは、犠牲の両義性にある。すなわち、人は生きるために動物を殺さねばならないのである。これは、創造行為を時が始まる前に為された犠牲の中

---

[48] R. MacMullen, *Paganism* (リスト 2) 125f. を参照。更に、これに含まれる、半月や星の形をした開口部及びレリーフを伴った天井、反射体やすぐに開けられるカーテンへの言及も参照。

へと移す古代の創造神話と一致している。不承不承ながら、しかし強制されてミトラスは犠牲に際して執政官の務めを引き受けている。すなわち、牡牛を殺すことは地上に命と豊穣を生み出すのである。これは非常に多くの議論を引き起こしている、サンタ・プリスカのミトラス神殿の壁面にある碑文（3世紀）の文脈でもある。その碑文には、「あなたは［私たちを］ほとばしる永遠の血で救った'[nos] servasti eternali sanguine fuso'」（CIMRM 485）という言葉が含まれている。

しばしば、近くに2人の従者の像が見られる。一方は松明を掲げており、他方は松明を下げている（カウテスとカウトパテス、すなわち、明けの明星と宵の明星である）。オスティアの舗床モザイクでは、掲げられた松明が *heliodromus*〔運行する太陽〕の象徴である。低くされた松明を持つ従者は恐らくペルシア人であろう。（メルケルバッハに従えば）これが意味していることは、入会儀礼の様々な等級がこの祭儀的イメージの中に見出される、ということである。最も高い等級は、「父」のそれであるが、これはイメージの中ではミトラス自身に対応する。ライオンは犬によって表されるか、そのままライオンとして描かれる。「戦士」は蠍に、「ニンフス」は蛇に対応しているが、カラスはしばしばそのまま描かれる（CIMRM 35の左上部の角を参照）。

牡牛を屠殺する場面は神話を題材とする複数のより小さな絵で縁取られていることもある。屠殺の場面を囲むこれらの場面のレパートリーには、洞窟の中でミトラスと太陽神が食事する場面を描いているものがある。いくつかの祭儀的な浮彫り〔レリーフ〕は両面に施されており、裏返して見ることができるものがある。表側にはよく知られた正典的な祭儀的イメージが、裏面にはこれとは別の食事の場面が細部まで見事に仕上げられている（CIMRM 1896: UUC III no. 115）。これは礼拝式の中で何が行われたかを確かに反映している。祭事の最初は浮彫り〔レリーフ〕の表側に相当し、そこでは屠殺の場面が描かれており、ミトラスの偉大な業を思い起こさせるのであり、次いで祭儀的イメージが裏返されると、そこには食事の場面が描かれているが、これは祭事の第2部に当たる食事なのである。

4. ミトラスの密儀の広がりと意義

リスト 58

R. Beck, 'The Mithras Cult as Association', *SR* 21 (1992) 3–13.

W. M. Brashear, *A Mithraic Catechism from Egypt* (Tyche.S 1), Vienna 1992.

M. Clauss, *Cultores Mithrae: Die Anhängerschaft des Mithras-Kultes* (Heidelberger Althistorische Beiträge und Epigraphische Studien 10), Stuttgart 1992.

C. M. Daniels, 'The Role of the Roman Army in the Spread and Practice of Mithraism', in J. R. Hinnells, *Studies*（リスト 54）II.249–74.

R. Merkelbach, *Mithras*（リスト 55）.

A. D. Nock, 'The Genius of Mithraism', in Idem, *Essays*（リスト 2）I, 452–8.

　ミトラスの密儀の地理的な広がりを比較的正確に語ることは可能である。ギリシアは敵であった古代ペルシア人の神には近づかないままであった。小アシアやパレスチナ、エジプトの一部も同様であった。考古学的発見の大抵はローマやオスティアで為されたが、他方でローマ国境の軍事施設でも為された。オスティアの発掘は、この古代の都市の半分ほどにおよんだが、17 ないし 18 のミトラス神殿を明るみに出した。メルケルバッハによる試算に従えば、オスティアでは 16,000 人の成人男性市民のうち、およそ 1,200 人がミトラスの礼拝者であり、30 のミトラス神殿に配分されていた。しかし、この割合（7.5％）は恐らく高く、他の都市に適用することはできない（Clauss, 32–42 参照）。

　ミトラスの信奉者はローマ帝国の官僚やローマ軍から集められた。基本的に、彼らは役人であったか兵士であった。ローマ皇帝一家への忠誠がこのミトラスの密儀の基本的な特徴のひとつであり、だから諸皇帝がこの密儀を支持し支援したのである。

　19 世紀にエルネスト・ルナンは、古代後期がキリスト教化されなかったとしたら、「ミトラス化」していたであろう、と語った。この有名な警句（エピグラム）は余りに単純すぎるが、それはこのミトラスの祭儀が社会的、民族的、地理的な性質の点で余りに多くの限界を有していたからであり、これらの限界が広がりを妨げていた。何よりも、（例外が多少あるが）女性は除外されていた点、そして比較的同質の社会集団から会員が集められたという点が挙げられる。次いで、祭儀が据えられたとしても、それは常に一種の輸入であり、現地の民衆に真に根付くということがなかった。更に、地理的な分布が挙げら

れる。つまり、中心地としてのローマと国境地域とでは、その普及に偏りがあったのである。この点で、アドルフ・フォン・ハルナックの言葉は今でも適切である。すなわち、キリスト教の広がりとミトラス礼拝のそれとを比較すれば、ローマを除けば、「一方の地図で白い地域は、他方の地図では黒く、その逆も同じ」、というものである[49]。

にもかかわらず、教父たちの言葉が明らかとするのは、キリスト者がミトラスの祭儀をとりわけ危険な敵とみなしていた、ということである。われわれはこの説を4世紀に改めて見出すのであるが、それはミトラスの礼拝が終わりに近づいていた時である。ミトラスの聖所の幾つかはキリスト者によって組織的に破壊されたが、ミトラスの廃墟の上にキリスト教会を建てるのを好みもした。ローマのサン・クレメンテはこの例として特筆に値する。冬至であり不敗の太陽（*sol invictus*）の祝日である12月25日に言及しないわけにはいかない。不敗であり不敗でしかありえない太陽神はミトラスと密接に結びついていた。この日はキリスト者がイエスの誕生を祝う日となったのである。

G 評価

リスト 59

L. Alvar et al., *Cristianismo primitivo y religiones mistéricas*, Madrid 1995.

G. Anrich, *Das antike Mysterienwesen in seinem Einfluss auf das Christentum*, Göttingen 1894, reprint Hildesheim 1990.

W. Bousset, 'Christentum und Mysterienreligion', *ThR* 15 (1912) 41–61.

F. E. Brenk, 'A Gleaming Ray: Blessed Afterlife in the Mysteries', *Illinois Classical Studies* 18 (1993) 147–64.

M. Brückner, *Der sterbende und auferstehende Gottheiland in den orientalischen Religionen und ihr Verhältnis zum Christentum* (RV 1.16), Tübingen 1908.

---

[49] A. Harnack, *Die Mission und Ausbreitung des Christentums in den ersten drei Jahrhunderten*, vols. 1–2, Leipzig 4th edn. 1924, 939.

O. Casel, *Die Liturgie als Mysterienfeier* (EcOra 9), Freiburg i.Br. 3rd–5th edn. 1923.

L. Cerfaux, 'Influence des Mystères sur le Judaisme Alexandrin avant Philon', in *Recueil Lucien Cerfaux*, vol. I (BETHL 6), Gembloux 1954, 65–112.

C. Colpe, 'Mysterienkult und Liturgie: Zum Vergleich heidnischer Rituale und christlicher Sakramente', in Idem et al. (eds.), *Spätantike und Christentum: Beiträge zur Religions- und Geistesgeschichte der griechisch-römischen Kultur und Zivilisation der Kaiserzeit*, Berlin 1992, 203–28.

E. R. Goodenough, *By Light, Light: The Mystic Gospel of Hellenistic Judaism*, New Haven 1935.

W. Heitmüller, *Taufe und Abendmahl im Urchristentum* (RV 1.22–23), Tübingen 1911.

H. J. Klauck, 'Die Sakramente und der historische Jesus', in Idem, *Gemeinde – Amt – Sakrament: Neutestamentliche Perspektiven*, Würzburg 1989, 273–85.

―― *Herrenmahl*（リスト 5）.

G. Lease, 'Jewish Mystery Cults since Goodenough', *ANRW* II/20.2 (1987) 858–80.

B. M. Metzger, 'Methodology in the Study of the Mystery Religions and Early Christianity', in Idem, *Studies*（リスト 56）1–24.

A. D. Nock, 'Hellenistic Mysteries and Christian Sacraments', in *Essays*（リスト 2）II.791–820.

J. Pascher, *Η ΒΑΣΙΛΙΚΗ ΟΔΟΣ: Der Königsweg zu Wiedergeburt und Vergottung bei Philon von Alexandreia* (SGKA 17.3–4), Paderborn 1931.

C. P. Price, 'Mysteries and Sacraments', in *Christ and His Communities* (Festschrift R. H. Fuller) (AThR.Suppl. 11), Evanston, Ill. 1990, 124–39.

D. Sänger, *Judentum*（リスト 52）.

A. J. M. Wedderburn, *Baptism*（リスト 5）.

D. H. Wiens, 'Mystery Concepts in Primitive Christianity and Its Environment', *ANRW* II/23.2 (1980) 1248–84.

G. Wobbermin, *Religionsgeschichtliche Studien zur Frage der Beeinflussung des Urchristentums durch das antike Mysterienwesen*, Berlin 1896.

D. Zeller, 'Die Mysterienkulte und die paulinische Soteriologie (Röm 6.1–11): Eine Fallstudie zum Synkretismus im Neuen Testament', in H. P. Siller (ed.), *Suchbewegungen: Synkretismus – Kulturelle Identität und kirchliches Bekenntnis*, Darmstadt 1991, 42–61.

　本章の最初で言及したように、あまり多いとは言えないこの密儀宗教のリストに更に幾つかを付け加えることができるかもしれない。われわれがとりわけ関心を示すべきであったのは、新約聖書に何らかの点で見出される密儀宗教であろう。例えば、使19章から知られるエフェソのアルテミスの密儀[50]や、コリントに極近い土地の英雄（彼自身は重要ではない）の密儀[51]である。他にも、アドニスの例があり、そこには神的人物の密儀宗教があったと考えるものが多いが、その確かな証拠はない[52]。しかし、〔密儀の列挙は〕ここで止めて、この主題全体についていくつかの考察を加えておくべきであろう。

　ヘレニズムの密儀宗教は、宗教史学派の代表的な研究者の議論（序論参照）の中で2つの点で決定的な役割を果たした。まず、彼らは密儀宗教の聖礼典のような儀式（入会儀礼、洗い、塗油、聖なる食事）にキリスト教の聖礼典（サクラメント）が由来していると主張した。彼らはキリスト教の聖礼典（サクラメント）がイエスの使信とパレスチナの聖書的ユダヤ教とに基づいてはいない、むしろ福音のそもそもの純粋さからの堕落——これが（Heitmüllerの見解と同じく）既にパウロ以前から始まっていたのか、（210頁注49に記したHarnackの見解と同じく）新約聖書自体の外でのみ、2世紀に始まったのかはともかくとして——として評価されるヘレニズム化の過程の結果と見なすのである。次いで、（Brücknerが主張するように）神が死んで生き返るという神話は、それぞれの密儀宗教の中心に位置するが、この神話が最初期のキリスト教が持つキリストのイメージに重要な影響を与えたのであり、それによってこのイメージは神話に堕した、というものである。

　20世紀前半における重要なカトリック神学者であるベネディクト会士オード・カーゼルは、これと全く同じ線に沿った考えを展開したが、それは異

50　これについては、R. Oster, 'The Ephesian Artemis as an Opponent of Early Christianity', *JAC* 19 (1976) 24–44の38頁を見よ。

51　H. Köster, 'Melikertes at Isthmia: A Roman Mystery Cult', in *Greeks, Romans, and Christians* (*Festschrift A. J. Malherbe*), Minneapolis 1990, 355–66を参照。

52　R. Turcan, *Cultes*（リスト2）146は、アドニスの密儀があったことを否定する。

なる意図を持ってである。彼は古代の密儀をキリスト教を準備するための謂わば学校のようなものであったと考えたのである。これらは神の摂理のもとで満たすべき機能を有していた。というのは、古代密儀は、よそでは見出すことのできない——しかし、聖礼典(サクラメント)の教義の発展のためには必要な——思想と概念のモデルを準備したからである。彼はまた、「飾り立てた」言葉遣いで、これらの密儀宗教の形態について語り、これは救済される必要があると言うのである。「まさに最も高貴な魂の運動と共に、官能と利己主義という暗黒の力が働いており、より良きものへの希求をあまりにもたびたび抑圧するのである。……熱帯地方を彷徨うように感じる者もいる——その者は実りの豊かさに、花や鳥といった色とりどりの光景に喜ぶ。しかし、しばしば彼の足は腐ったものの残骸を踏み潰している。官能的な香が彼の五感を混乱させている。茂みの中で肉食獣が待ち構えており、毒蛇が舌を出しているのだ」(43)。

今日の学者が密儀宗教における神的存在の死と蘇りについて語るときには、ブリュックナーやカーゼルの時代におけるよりも控えめに、謂わば引用符付きで語る。この「類型」はより区別された仕方で見なければならず、何故なら、多くの神的な存在に当てはまりはしないし、キリスト教の復活待望と正確に比較しうるものがないからである (Wedderburn; Zeller)。聖礼典(サクラメント)の場合、それらが、終末論的なしるしを特徴とする、地上のイエスの活動と結びつくということを示すことは可能である。このイエスの活動がイースター後の変革の中で聖礼典(サクラメント)となったのであり、その際には疑いなくヘレニズム的な思想と密な関係を持ったのである (Klauck)。ヘレニズムのディアスポラ・ユダヤ教が有する仲介的な役割もまた、初期の研究者によってやはり見逃されてきた。護教という理由で、そして改宗者を得るという伝道上の希望において、自分たちの伝承が競争力があり魅力的であり続けることを保証しようという意図をもって、ディアスポラのユダヤ教はある程度、密儀の言葉遣いと思想とを採用したが[53]、その際にはそれらに結びついた多神教的な神話論を採用することはなかったし、自身の信仰を本質的に危険に晒すこともなかった。この戦術は、少なくとも自身の陣営の中で危機に晒されていたメンバ

---

[53] 特に Cerfaux; Sänger; Lease 参照。ここでも誇張があることをついでながら言及しておく（Pascher と Goodenough に感謝したい。この点については、文献表、特に Riedweg［リスト 30］を見よ）。

ーに関しては成功しただろう。しかし、ある種の儀式にふさわしい高い評価が与えられていたにもかかわらず、ユダヤ教は狭義における聖礼典(サクラメント)をどれも展開しなかったのである。ユダヤ教は未だにいかなる聖礼典(サクラメント)をも持たず、キリスト教が聖礼典(サクラメント)を行っていることに批判的な傾向がある。この点も念頭に置いておかねばならない。

　以上が意味するのは、今日、宗教史学派の創立者たちの重要なテーゼを無条件に擁護する者はいないだろう、ということである。しかしこれは、密儀宗教と初期キリスト教との関係について最終判断がくだされた、ということを意味しはしない。いずれにせよ、多くの現象が似ていることに疑う余地はなく、これは人類学的な観点から見れば依然として興味深い。ある宗教的な振る舞い方や経験の形は明らかに人間の人格に根ざしているが、何となればこれらが基本的な個人的且つ社会的経験と密接に結びついているからである。そしてこれらに取り組むために用いることのできる表現手段は、潜在的なものを含めても非常に限られたものでしかない——人間が思いつく身振りや振る舞いの数はどうしても限られているのである。比較的同質の文化的背景が見られる際にこのことはとりわけ当てはまるのであり、多様な民族性と政治的な多極化にもかかわらず、古典期における地中海世界がまさにそうなのである。密儀宗教もまた、キリスト教の使信を受容する際の、非ユダヤ教的背景を形づくる内在的要素である。密儀宗教もまた、キリスト教の土着化の初期の段階で利用され、それ独自の貢献を為すのである。私見では、われわれが知る形での聖礼典(サクラメント)についてのキリスト教の教義は、この相互作用なしには生じなかったであろう。キリスト論も、その〔密儀宗教の〕神話的な遺産を純化し高めながら、それを「吸収」する仕方を理解したのである。

第Ⅲ章
民間信仰：概観——占星術、占い、奇跡、魔術

リスト60

E. Ferguson, 'Personal Religion' in *Backgrounds*（リスト3）165–97.

A. J. Festugière, *Personal Religion among the Greeks* (Sather Classical Lectures 26), Barkeley 1954.

A. Kehl, 'Antike Volksfrömmigkeit und das Christentum', in J. Martin and B. Quint, *Christentum*（リスト3）103–42.

J. Leipoldt, *Von Epidauros bis Lourdes: Bilder aus der Geschichte volkstümlicher Frömmigkeit*, Hamburg and Bergstedt 1957.

G. Luck, *Magie und andere Geheimlehren in der Antike* (KTA 489), Stuttgart 1990.

J. D. Mikalson, *Athenian Popular Religion*, Chapel Hill and London 1983.〔マイケルソン『古典期アテナイ民衆の宗教』箕浦恵了訳、法政大学出版局、2004年〕

M. P. Nilsson, *Greek Popular Religion* (LHR NS 1), New York 1940.

E. des Places, 'Religion populaire et culte domestique' in *Religion*（リスト2）147–53.

E. Stemplinger, *Antiker Volksglaube* (Sammlung Völkerglaube), Stuttgart 1948.

　民間宗教、民間信仰、民間信心——これらの、それぞれに類似する諸表現は、宗教に関する学問的な議論の場で（例えばKehlやNilsson、Stemplingerなど参照）しばしば用いられているが、それらの概念が識別しようとする現象を別の宗教的な領域から画定するのはそう容易ではない。例えばそのことは、当該の問題をファーガソンが「個人的宗教」という標題に包摂しているという事実に見ることができる。ただし、この概念はおそらく、むしろ信者個々人の側の意識的省察の対象となる敬虔の様式を示すものであり、従って「民間宗教」（Festugière参照。ただし、彼も「民間信心」に関して2つの章を設けている）とは正反対である。以下の批判は同意する誘惑に駆られる、

第Ⅲ章　民間信仰：概観——占星術、占い、奇跡、魔術

「20 世紀のはじめに宗教史学派が用いることを好み、アングロサクソンの研究者の間で再び流行したこの概念は、非常に漠然としており、いかなるギリシア的な概念とも一致しない」[1]。

それにもかかわらず、いかなる高度な理論的主張もなしに、あるところでは都市や家における宗教的儀式を収斂および補完し、あるところではこれに対する競争相手や対立候補として機能する諸現象を包含する、「民間信仰」という概念をここで用いる（それらの現象は Luck により、その貴重な資料集の中でも扱われている）。本章では奇跡的な治癒、託宣、魔術、占星術について述べる。この順序は部分的に、最初期のキリスト教と比較するためにそれらの事柄が持つ重要性によって示されている。

ここで、使徒言行録についての概論に記されていることを思い起こすのもよいであろう。いくぶん魔術的な色彩さえ帯びた奇跡的な治癒行為（使 5:14; 19:12）は、彼らが神々として崇拝されるという結果を伴う（14:11–13; 28:6）といった、キリスト教伝道者たちのわざに付随している。フィリピの少女奴隷が「ピュティア（占い）の霊」（16:16）につかれているというのは、デルフォイにおける占いのピュティアを想い起こさせる。サマリアのシモンやキプロスのバルイエスは魔術師と呼ばれている（8:9; 13:6）。バルイエスは、おそらく占星術師でもあった。ここで、暁星を見た「東方から来た占星術師たち」（マタ 2:1f.）や黙示録において最初の幻に現れる者の「右手の中の 7 つの星々」（1:16）について言及するのもよいかもしれない。目下のところでは、占星術が絶大な人気を享受した事実についてのみ言及する。「アレンスバッハのピュティア」[2] もしくは「古典古代のルルド」（Leipoldt 参照）のような発現は、いかにその転移が両方向に作用するかを明らかにしている。

A　治癒の奇跡

1　L. Bruit Zaidman and P. Schmitt Pantel, *Religion*（リスト 2）66.
2　英訳版訳者注記：ドイツの Allensbach は世論や民間信仰についての研究機関の中心地となっており、定期的に世論調査の結果を公表している。

1. 奇跡の行われる場所：エピダウロス

リスト61

S. B. Aleshire, *Asklepios at Athens: Epigraphic and Prosopographic Essays on the Athenian Healing Cults*, Amsterdam 1991.

E. J. and L. Edelstein, *Asclepius: A Collection and Interpretation of the Testimonies*, vols. 1–2 (Publications of the Institute of the History of Medicine 2.2), Baltimore 1945, reprints New York 1975, Baltimore 1998.

R. Herzog, *Die Wunderheilungen von Epidauros: Ein Beitrag zur Geschichte der Medizin und Religion* (Ph.S 22.3), Leipzig 1931.

A. Krug, *Heilkunst und Heilkult: Medizin in der Antike*, Munich 2nd edn. 1993.

F. Kutsch, *Attische Heilgötter und Heilheroen* (RVV 12.3), Giessen 1913.

M. Lang, *Cure and Cult in Ancient Corinth: A Guide to the Asklepieion* (American Excavations in Old Corinth. Corinth Notes No. 1), Princeton 1977.

L. R. LiDonnici, *The Epidaurian Miracle Inscriptions: Text, Translation and Commentary* (SBL.TT 36), Atlanta 1995.

G. Luck, *Magie*（リスト 60）171–204.

H. Müller, 'Ein Heilungsbericht aus dem Asklepieion von Pergamon', *Chiron* 17 (1987) 193–233.

W. Müri, *Der Arzt im Altertum* (TuscBÜ), Munich and Zurich 5th edn. 1986.

F. T. van Straten, 'Gifts for the Gods', in H. S. Versnel, *Worship*（リスト 2）65–151, esp. 105–51 with illustrations in the appendix.

O. Weinreich, *Antike Heilungswunder: Untersuchungen zum Wunderglauben der Griechen und Römer* (RVV 8.1), Giessen 1909, reprint Berlin 1969.

A. Weiser, *Was die Bibel Wunder nennt: Ein Sachbuch zu den Berichten der Evangelien*, Stuttgart 1975, 36–41, 164–67.

L. Wells, *The Greek Language of Healing from Homer to New Testament Times* (BZNW 83), Berlin 1998.

M. Wolter, 'Inschriftliche Heilungsberichte und neutestamentliche Wundererzählungen: Überlieferungs- und formgeschichtliche Betrachtungen', in K. Berger et al., *Studien und Texte zur Formgeschichte* (TANZ 7), Tübingen 1992, 135–75.

R. Wünsch, 'Ein Dankopfer an Asklepios', *ARW* 7 (1904) 95–116.
D. Zeller, *Christus*（リスト 3）58–65.

（a）アスクレピオス神

　身体的な健康や快活さへの欲求、病や痛みや死への恐怖は、人間の品行に関する必要不可欠な動機づけの要因である。正当な医学は古典期古代においてはそれらの関心に対する答えを提供するものであった。医学は経験に基づいた観察を基礎とし、驚異的な識見を展開した（Müri によって適切に集成された諸文書選集を参照されたい）。それはコス島やペルガモンのガレンにあった医学校の主要な代表者であるヒッポクラテス（前 5 世紀）の名声に結びつけられる。ただし、これはひとつの局面に過ぎない。神々や英雄たち、奇跡行為者や奇跡の場所も、治癒を約束していたからである。正確に線引きすることは常に容易ではない。ギリシアやローマ文化において、科学および哲学に支えられる医術と民間医療および治癒祭儀は、一方が他方を排除することなく並立し、事実、感化し合う関係にあった（Krug 7）。

　数々のより古い時代の英雄たちや癒しの神々の中でとりわけ際立って現れる、そして、次第に治癒への人間の希望の中心を占めるようになった癒しの神がアスクレピオス（ラテン語ではアエスクラピウス）であった。ホメーロスの叙事詩では、ギリシアの神々の世界に遅れてやってきたこの神はまだ知られていない。ここでは、神アポロン自身が癒しを行う者のひとりである。ただし、いわゆるホメーロス風賛歌の短い 5 行詩（No. 16、前 5 世紀）は、彼について言及し、アポロンおよびテッサリアの王女コロニスの息子として紹介している。ピンダロスは前 474/3 年に記した頌歌において、人類の間における死すべき人間たる医師としての彼の働きについて叙述している[3]。

　身体に自然と潰瘍のできた者たち、あるいは灰色の鉄や遠方から投じられた石によって傷を負った者たち、あるいは夏の灼熱もしくは冬〔の寒

3　*Pyth.* 3.47–56; 本文とドイツ語訳は O. Werner, *Pindar: Siegesgesänge und Fragmente* (TuscBü), Munich 1967; また、D. Bremer, *Pindar: Siegeslieder* (TuscBü), Munich and Zurich 1992; E. Dönt, *Pindar: Oden* (RecUB 8314), Stuttgart 1986; W. H. Race, *Pindar*, vols. 1–2 (LCL 56; 485), Cambridge, Mass. and London 1997 も参照。

さ〕によって体の損なわれた者たち、彼は彼らを種々の苦しみから救った、ある者たちには柔和な呪文を用い、またある者たちには薬の湯を飲ませ、あるいは患部に軟膏を塗り包帯で巻き、また、ある者たちには患部切断で立ち上がらせた。

アスクレピオスは、家族ともども、その死後についには神の地位を得るに至る前に、英雄の地位に上げられている。ここでは、彼と共に崇拝された、健康や元気の化身である彼の娘ヒュギエイアについても言及しておくべきであろう。

彼が神となった後、原則的にアスクレピオスを至る場所で崇拝することが可能になった。医学校の座であるコス島には、アスクレピオスの神殿もあった。コス島出身の詩人ヘロ（ン）ダスは前250年頃、次のような場面を記している（『ミミアンボス』4）[4]。

> 2人の女性が彼女たちの奴隷を伴ってアスクレピオス神殿を訪れる。彼女たちは貧しかったので、彼女たちが捧げることができるもののすべては、雄牛や豚でなく、1羽の雄鶏と犠牲のパンであった（12f.「この雄鶏、私の家庭の壁の告知者をささやかな捧げ物として受け取り給え」）。さらに彼女たちは、神から与えられた治癒に対する感謝のしるしとして奉納板を設置してもらおうとする（16–18「主よ、あなたの慈悲深き手を置くことで取り去ってくださった病、その癒しへの対価として」）。彼女らが神殿の中の芸術作品を見ているうちに、聖所の役人は祭壇で雄鶏を捧げる。腿肉は役人の報酬として彼に与えられ、残りを婦人たちは家へ持ち帰り、そこで食べる。この他に彼女たちは、彼女たちの旅のための τῆς ὑγίης〔健康の〕を、すなわち神殿に持ち込んで神に捧げたことで今や健康を与えるパンとなった大麦のパンのいくばくかを与えられる。

しかしながら、コスの神殿には厳密にそうと呼べる医療行為は存在しなか

---

[4] I. C. Cunningham, *Herodas: Mimes* (LCL 225), Cambridge, Mass. and London 1993; Wünsch も参照。

った。それらは常に医師たちに委ねられていた。アスクレピオス祭儀の〔コスとは〕別の諸中心地の際立った特徴は、そこでは実際治癒が提供されたということである。ここでは新約聖書から知られる諸都市、例えば、アテーナイとコリントの聖所などいくつかについてのみ言及する。アスクレピオスの祭儀は疫病の流行をきっかけにして紀元前 420 年にアテーナイに導入された。悲劇作家ソフォクレスがその導入に際して主導的な役割を果たした。その聖所はアクロポリスの南側の斜面にある。コリントにおける発掘調査は壮麗なアスクレピオス境内を明らかにした。それは都市の北縁にあったが、なお城壁の内側で 2 階建てであった（Lang 参照）。訪問者や患者たちのための食堂があったことは、パウロをして神々の神殿で食事を摂らぬよう非常に生き生きとした内容の警告をさせている（Ⅰコリ 8:10）。アスクレピオスの祭儀は前 292/1 年にローマに伝えられた。この神の神殿はティベル川に浮かぶ島にあった（SIG 3/1173 参照）。しかし、帝政時代にはペルガモンにあったアスクレピオス神殿が他のすべてに優位することとなった（Müller 参照）。アスクレピオス神殿は都市区域のいくぶん外側にあり、ポルティコ、小劇場、2 つの寺院、聖なる泉、祭壇、図書館といったいくつかの建物群からなっていた。このアスクレピオス聖所について非常に優れた文献情報がある。それは修辞家アエリウス・アリスティデス（後 117 年生まれ）によるもので、彼は長患いにより、ペルガモンのアスクレピオス神殿に助けを求め治療を受ける想いに駆られた。その治療は数年間続き、時には彼には苦しい治療もあった。その期間、彼は聖所の構内で暮らした。そして彼は神を称えて『聖なる演説』を著した。ここで彼は例えば霜の降りる気候の中で神の命令に従って自身に泥を塗り、寺院の周囲を 3 度走り回り、そして泉で沐浴したことや別のときにはニガヨモギを酢で薄めたものを飲み、奇跡的な病状の軽減を経験したことを語っている[5]。

(b) 聖所

---

[5] Luck 189–94 の本文からの抜粋。K. Latte, *Religion*（リスト 4）3f.; また、H. O. Schröder, *Publius Aelius Aristides: Heilige Berichte* (WKLGS), Heidelberg 1986; P. W. van der Horst, *Aelius Aristides and the New Testament* (SCHNT 6), Leiden 1980; C. Jones, 'Aelius Aristides and the Asklepieion', in H. Koester (ed.), *Pergamon*（リスト 100）63–76 も参照。

A　治癒の奇跡

　前6世紀以来、アスクレピオスはペロポネソス半島の東海岸に位置するエピダウロスの近くに、その拠点を見出した。彼に関する神話はその土地の目的のために書き直され、その結果アスクレピオスはエピダウロスの聖所で誕生し、少年期より既にそこで病人を癒し、死人を起き上がらせたと言われるようになった。聖域は今日もなお印象的な光景を見せているが、それはよく保存された音響効果の優れた劇場のゆえだけではない。この遺跡には主神殿と副神殿、祭壇、「トロス」と呼ばれる（デルフォイにあるのと同様の）謎めいた円形建造物[6]や泉、清めや治療のための浴場、貯蔵庫、体育館、巡礼者が眠るための宿泊施設があり、また、運動競技が行われる競技場(スタディオン)もあった。しかし、アスクレピオス聖所にいくらか特徴的であるのは、祭司が病人を夕方に導き入れて、病人たちがそこで横になる1つないし2つの部屋である。病人たちが夢を見ている間、その夢に現れた光景が彼らの苦しみを取り去るのである。

　何がこの睡眠（*incubatio*）のまわりで生じていたのかはアリストファネスの著作から知ることができる。彼のパロディーはアテーナイにあるアスクレピオス神殿を嘲っているのだが、その基本線についてはエピダウロスにも移し換えることができよう。奴隷であるカリオンは彼の女主人に対して、盲目である富の神プルートスがどのようにしてその盲目を癒されたかについて語っている（*Pl.* 653–748）。

> カリオン：私たちは、以前には一番惨めであったが、今や誰よりも幸運となったかのお方をご案内して神様のところに着きますとすぐに、まず海辺へと彼を連れて行き、水浴びをさせました。
> 女主人：ええ、ゼウスにかけて、冗談よね。老人が冷たい海水を浴びるなんて。
> カリオン：それから私たちは神殿の聖所へ戻りました。祭壇に菓子や諸々のお供え、ヘパイストスの炎へのご馳走を捧げて、聖なるしきたりどおりにプルートスを寝台に寝かせました。私たちはそれぞれの藁

---

[6] 地下室がアスクレピオスの聖なる蛇にあてがわれていたという、かつての研究者たちによる仮説については Krug 132 参照。「神の聖なる蛇が非常に暗い地下室の迷宮にとどまっていなかったことは確かである。というのも蛇は暖かく日当たりの良い場所を好むからである。『蛇の巣穴』はむしろ19世紀の想像力によって作られたのである」。

床をこしらえました。

女主人：他に神様にお願いをする人たちはいなかったの？

カリオン：その他にも多くのあらゆる病持ちたちがおりました。神様に仕える方たちが灯火を消し、私たちに寝るように告げ、何か物音がしても黙っているように注意すると、皆静かに横になりました。……それから、私が少し目を上げますと、祭司が焼き菓子や干しイチジクを聖机から盗んでいくのを見てしまったのです。その後、彼は祭壇すべての周りをぐるりと巡り、菓子が残っているかもしれないとかぎ回っていたのです。

女主人：それで、神様はいらっしゃらなかったの？……

カリオン：その後、私はすぐに頭から布団をかぶったのですが、かのお方はあちこちとあらゆる病気を実に詳細に診察して回られました……その後、プルートスのそばに座って、まずその頭を調べ、それから清潔なタオルを取って目の周りを拭いておられました。パナケイア[7]が彼の頭から顔全体を紫色の布でくるみ、そこで、この神が合図を送りました。すると、神殿から2匹の蛇が現れ出たのですが、途方もありませんでした。

女主人：おぉ神様。

カリオン：この蛇たちが紫の布の下に静かに入り瞼を舐めようとしました、ええ私の推測ですが。そして、あなたが10杯の酒を飲み干さないうちに、ご主人様、なんとプルートスが見えるようになって起き上がられたのです。そこで私は嬉しさのあまり手をうって、私の主人を起こしてしまいました。すると、神様はすぐに神殿の中に身をくらましてしまいました。蛇たちもそうでした……私はあの神様を誉め称えました。あのプルートスをすぐに見えるようにして差し上げたのですから……

女主人：おお王、主なるお方、何と偉大な御力を持っておられるのでしょう。

エピダウロスのアスクレピオス神殿の歴史についてはさらなる記録がある。

7　アスクレピオスの娘。

A 治癒の奇跡

既述したように、それは前500年に始まっていたのであり、今議論しようとしている諸碑文は前350年から前300年の間に年代づけられている。アペラスの碑文（SIG 3/1170. 下記参照）は後2世紀に属するもので、エピダウロスの現存する最も後期の奉献碑文（IG IV 2/438）は後355年に遡るものである。

(c) 奇跡の報告

現存する諸資料

パウサニアスは後170年にこの地方を訪れ、その旅行記において、エピダウロスに関して以下のように記している（*Graec. Descr.* 2.27.3）。

> 聖域には碑文が立っており、昔はもっと多くあったのだが、私の訪問の際には6本の柱が残っていた。それらはアスクレピオスによって癒された男女の名前が、また、各々の病んだ病状と癒され方が刻まれている。ただし、それはドーリア方言で記されていた。

今日、パウサニアス以上のことは知られていない。6本の柱については、考古学者たちは3本の柱と4本目の柱の断片を発見している。この碑文の集成はエピダウロスについての最もよく知られ、かつ、最も有益な遺産となっている。

ドイツ語訳を付し、またその他の（例えばクレタ島のレベナにおけるアスクレピオス聖所出土の）証拠も補完された70の碑文のギリシア語本文は、ヘアツォークによる必須の参考文献に最も手頃に見出される（ここでの表記はHerzogに倣い、W1というように略記する）。英語では現在、リ・ドニッチの価値の高い編集版と翻訳がある。ギリシア語本文全文はIG IV 2/1, 121-4に収録されており、最初の2本の柱については、また、SIG 3/1168-9を参照。また、Edelstein I no. 423（英訳つき）も参照。2か国語で記されたいくつかの個別の本文はMüri 432-7、NDIEC II 21-3にもある。最良のドイツ語選集としてはM. P. Nilsson, *Religion*（リスト4）88-91を、また、Luck 180-5、UUC II. 68f. も参照。アペラスの碑文については（詳細は下記）IG IV 2/1,126、SIG 3/1170、Herzog 43-5、Luck 187-9、Müri 436-9、K. Latte,

Religion（リスト 4）35f. も参照。

諸々の表題

「神よ、良き幸運よ」という定型表現の後に、碑文は「アポロンとアスクレピオスの癒し（ἰάματα）」という表題が刻銘されている。この報告の中で治癒の神として働いているのはアスクレピオスだけであるから、この表題は実際には不正確である。しかし、神話においてアポロンは彼の父であり、事実上、アポロンの古い聖所がアスクレピオスの聖所として転用され、小さな祭壇がアポロン神の居住権を保つといった展開があった。しかし、この表題はさらに別の理由で誤解を招きやすい。すなわち治癒は優先的な事柄であるが、それだけが関わっているわけではない。例えば、破損した杯が修復され（W10）、失われた金について（W46, 63）あるいは行方不明になった息子（W24）に対する託宣の求めに、夢の中で応答がなされている。治癒奇跡の反対、すなわち、病気や不幸をもたらす懲罰奇跡も見られ、それは定められた謝礼金を神殿に収めない者（W7, 47）あるいは経済的な事柄で神を欺く者（W22, 55）、彼の治療を嘲る者（W36）あるいは眠りの部屋を有する聖所の内部をのぞき込んではならないという禁令を破る者らに向けられた（W11）。

諸々のテキストの構成と伝承

これらの碑文はどのように成立したのであろうか。誰がこれらの碑文を記し、そして誰がそれらの内容に責任があるのであろうか。第1のテキスト（W1）は、この問いに対してきわめて有益な報告を提供している。

> クレオは5年間妊娠していた。その5年間の妊娠をしていたとき、彼女は助けを求めて神にすがり、癒しの部屋で眠りについた。彼女が眠りから覚めて、聖域の外へと出て行くや否や、男児を出産した。子供は生まれた直後に自ら泉の中で身体を洗い、母親とともに走り回った。彼女にこのことが起こったとき、彼女は奉献物（ἀνάθεμα）に次のように記した。「驚くべきは奉納板（ピナクス、pinax）の大きさではなく、神様ご自身。クレオは言わば（ὡς）5年間、重荷をその身体の中にて運んでいた。彼女がここで眠り、神が彼女を健康にするまでは」。

A　治癒の奇跡

　クレオは彼女の治癒の感謝において、奉献物を捧げている。碑文を有する奉献の板「ピナクス」がそれである。ストラボーンは、多くのアスクレピオス聖所においてそのようなピナクスを見たが、それらには、神に助けを求めた者がどのように癒されたかを記録した碑文があったと書き留めて、このことを確認している（8.6.15）。それらの碑文の序文の中で、レベナのアスクレピオス聖所から出土した諸碑文は、明らかにより古い時代のサニデス（σανίδες）に由来しており（Herzog 52 参照）、それは蠟で上塗りされた木の板であったに違いない。それらは現存していない。同様に、木製の奉献の板は、エピダウロスにおけるクレオのそれと同じく、木という使われている材料のゆえに現存していない。このことは、より持続的な収集が必要とされたことを意味する。

　ピナクスが後の時代になって碑文を有する石柱に複製されるようになった際には、より流暢なテキストを作ること、様式を簡潔にすることが可能であった。しかし、また、奇跡の要素を強めることも可能であった。それは先の事例にも見られる。より古い奉献の木板によれば、クレオは癒しの眠りが解放するまで、5 年間彼女の体内に ὡς ἐκύησε すなわち「あたかも妊娠しているかのような」重荷を背負っていた。厳密に言えば、ここで意味されているのは、精神的な理由に帰されるであろう想像妊娠にすぎない。古典時代における医師たちは、その種の症状について完全に熟知していた。しかし、それはピナクスのテキストに連なる、より後の碑文の文言においては、別ものになった――クレオは実際に 5 年間妊娠し、癒しは彼女の妊娠の最後に 5 歳の少年の誕生を通して成立する。その少年はすぐに走り回り、泉で自らを洗うことができた。そして、それは、当然ながら儀礼的な清浄に関する規定のゆえに、神殿の敷地外で行われた。かくして、強く希求されそして叶えられた癒しについての最初期のより簡潔な報告は、神によってなされた力強い奇跡となったことが強調されるようになるのである。

構造と内容

　この第 1 のテキストはまた、パウサニアス（上記参照）が碑文の内容を詳述する際に、既に書き留めていた構造に見られる諸要素を識別することを可能にする。すなわち「アスクレピオスに癒された男女の名前」、「各々の病んだ病状」そして最後に「癒され方」がそれである。3 つ目の点は、さらに治

癒を求める者に生じたことについての叙述、また、治癒が成功裡に終わったことの確証あるいは実証に細分化されうる（Wolter 142）。かくして、その類型は以下のような型を有している。

1. 治癒を求める男女の「名前」、またしばしば「出身地」（例えばW4「アテーナイのアンブロシア」、W6「テッサリアのパンドロス」）。間接的に、彼らは彼らに対して行われた奇跡の事実性に関する証人たちとして召喚される。一個人としては、彼らは、後々にやってくる個々の訪問者が、彼らと同じくなれる可能性を示している（Wolter 146）。

2. エピダウロスへと彼らに足を運ばせた「病症」の診断。妊娠、不妊症、子供の渇望は、最初のテキストから見られる主題である（W2, 31, 34, 39, 42）。多くの別の病も言及されている。すなわち萎えた手（W3）、萎えた足（W16, 38, 64）、萎えた身体（W15, 35, 37, 57, 70）、隻眼（W4, 9, 69）、盲目（W18, 20, 22, 55, 65）、無言症（W5, 44, 51）、頭痛（W29）、戦闘で受けた負傷（W12, 30, 32, 40, 53, 58）、潰瘍（W17, 27, 45, 61, 66）、浮腫（W21, 49）、脱毛症（W19!）、条虫（W23, 25, 41）、虱（W28）、癲癇（W62）。

3. クレオと同様に、「治癒の手順」のほとんどは、治癒の部屋として備えられた、神殿の隔離された内奥の部屋「アバトン」内での治癒をもたらす睡眠（incubatio）と結びつけられている。それは以下の術語を用いて形式化されている——彼あるいは彼女が眠りに落ち、夢あるいは幻を見、アスクレピオス神が現れ、夢の中で自身がその治療を施すか、さもなくば後になって治癒をもたらす指示を与える。例えばW6では次のようにある——額に母斑を持つテッサリアのパンドロス。癒しの眠りの中で彼は幻を見た。彼は神が彼の母斑に包帯を巻きつけ、治癒の部屋から出たらそれを外すよう命じた夢を見た。W17は、夢で経験したことと現実そのものとの間の不一致について注記している——つま先に悪性の潰瘍を持ったある男が眠りに落ちた。蛇が彼のもとに這ってきて、その舌で彼のつま先を舐め、そうして彼を癒した。しかし、この病気の男は「ある美しい姿をした少年が彼のつま先に軟膏を塗っている」夢を見ていたのである。

4. クレオの場合、成功に関する明瞭な「実証」は、彼女が産んだ奇跡的な少年によって提示されている。その少年は〔生まれてすぐに〕走り回り、（自発的に！）沐浴するのである。しかし、しばしば治癒は単に「彼は健康になって出てきた」というような表現で「書き留められている」。その実証はまた、病因論的な特性を想定しうる。例えば聖所に奉納された献げ物のひとつである杯の事例がそうである。その物語は壊れた器について語っており、その器を神は、自身の他の治癒行為と同様に「完全なものに直した」（W10）。W15 は、巨石がどのようにして神殿の前に置かれるに至ったのか説明する――ランプサコスのヘルモディコスは身体が不自由であった。[神は]ヘルモディコスが癒しの部屋に横たわると、それを癒した。そして、彼が出てきたときに、彼が担ぐことのできる最大の石を神殿内に持ってくるよう命じた。そのようにして、彼が今聖所の前にある石を持ってきたのである（W4 における銀の豚も参照）。

5. アリストファネスにおけるプルートスの場面は、例えば感謝の祈りと讃美の行為への転化、すなわち喝采で終わる（上記参照）。エピダウロス出土の諸碑文の中にそれに相当するものはない（W1 におけるピナクスからの例外的な引用がそうとみなされない限りにおいて。しかし、いずれにせよそれは例外に留まる）。しかしながら、ローマ出土の諸碑文は「群衆は彼と共に喜び」「彼は神に公的な感謝を捧げた」といった言説で終わっている（SIG 3/1173; Wolter 149f. 参照）。

その他の諸事例

以上の構造的な輪郭は、個別の詳細を含んではいない。例えば、治療後に支払われる控えめの料金は、懲罰として与えられる奇跡以上の役割を果たしている（例えば W22）。第 4 の柱に保持されている少数のテクストはすべてこれに関連しているように見える（W67–70）。そしてこれは、W8 ではこっけいな言い回しを持っている。

> エウファネス、エピダウロスの少年。彼は腎結石に苦しみ、癒しの部屋で眠った。それから彼は夢を見た。神が彼の前に立ち、「私がおまえを元気にしたら、おまえは私に何をくれるかね」と言った。彼は「私は

10回指を鳴らしましょう」と言った。神は笑って、彼をその苦しみから解き放ってやろうと言った。陽が昇ったとき、彼は癒されて出てきた。

信仰の欠如と嘲りは、しばしば克服されなければならないものであった。W3において、足の指が萎えた男は神殿の中にある奉納の額（πίνακας）を信じておらず（ἀπιστεῖ）、実際、彼はそれらについて冗談を口にする。同様に、W4では隻眼のアンブロシアが、足の萎えた者たちや盲目の者たちがただ夢を見たという理由で、彼らの健康を回復することができるという考えを笑っている（W9, 36 も参照）。神は実際に治療に介入することを通してその懐疑を払拭する。しかし、治療を求めている者の理想像はこれとは確実に異なっていた。W37は（確実にテキストの著者の意思に反して）、癒しを得ることを欲する意志と人間の只中に眠る治癒力への信仰が治療の成功のためにいかに重要であるかを確証する。

> アルゴスのクレイメネス、彼は足が不自由であった。彼は癒しの部屋に入って、眠り、幻夢を見た——彼は、神が彼の身体に赤い羊毛の包帯を巻きつけ、彼を聖域の少し外に連れ出して池で水浴びをさせる夢を見た。その池の水はきわめて冷たかった。彼が怯えてしり込みしていたところ、アスクレピオスは、これに対してあまりに臆病になってしまった人々は癒さず、彼が人々に何らの悪しきこともせず健康にして立ち去らせるという良き希望を持って彼の聖域にやってくる者のみを癒すと言った。クレイメネスは起きると、沐浴し、いかなる身体の障害もない状態で出てきたのであった。

難しさの程度が異なる施術は、夢の中で実行される。指が強制的にまっすぐにされる（W3）、あるいは、目が切開されてそこにバルサムの液体を注ぎ込まれる（W4, 9）、包帯があてがわれる（W6）、肢体に油が塗られる（W17, 19）、また、医薬飲料が病人に与えられる（W41）とき、なおそれは医学的に可能なものの範疇の中にある。儀礼的な治療において行われたことのひとつの根源には臨床からの経験があった。しかし、そうしたことの可能性を背後に残して、われわれはW27に見られるような大胆な介入による、奇跡の領域に立ち入ることになる。夢の中で、アスクレピオスは病人の腹を切開

し、腫瘍を取り出し、再び腹壁を縫合する（W25 参照）。これは W21 においてはよりいっそうあてはまる。ある母親が、水腫のある彼女の娘に代わってエピダウロスの聖所で眠る。夢の中で彼女は、神が彼女の娘の頭を切り落とし、過剰な量の液体が流れきるまで首を下にして身体を吊り下げ、そうした後に彼女の頭を再び取り付けるのを見る。これと同じ夢を見た娘は（この二重の夢の動機に注目したい）癒される。第 3 の治癒例はもっと粗雑であり、魔術師の見習いという動機を含んでいる。それは競合している神殿について何かを述べようとする意図を持っている。ある女性が条虫から救い出されることを望み、トロイゼンのアスクレピオス神殿で夢を見る。彼女は、アスクレピオスの息子たち（アスクレピオス自身はそこにおらず、エピダウロスにいる）が彼女の頭部を切り落とすが、それを再び彼女の身体にくっつけることができないという夢を見た。彼らはアスクレピオスを呼び寄せねばならなかった。アスクレピオスは翌晩にやってきて、すべてを正す。そうして、トロイゼンを訪れるのはよい考えではないということが結論づけられる——エピダウロスにある実物に忠実である方がよいのである（同じ傾向が W48 にも見られる）。

そのおよそ 500 年後、アペラス碑文（SIG 3/1170）について言及する必要があることと言えば、それが名前（2 行目「マルクス・ユリウス・アペラス、ミュラサ出身のイドリヤ人」）、診断（3–4 行目「私はしばしば病気になり、消化器に問題がありました」）、夢における治癒とその成功についての注記といった基本的構造を守っていることに尽きる。アペラスが食べるべきものについての処方は、非常に詳しく述べられている（7–12 行目「パンとチーズ、セロリとレタスを食べること、1 人で沐浴すること、ランニング運動を実践すること、水に浸したレモン数切れを食べること……自分に泥を塗りつけること、裸足で散歩に出かけること、浴槽のお湯に入る前にぶどう酒を自分に注ぎかけること」）。アペラスは謝礼を払った後（20 行目）、健康で感謝して（32 行目、χάριν εἰδώς）、そこを去った。文言は一貫して一人称で書かれている。それより古い碑文群とは異なり、ここで独立したピナクス、いわば、個別的な奉納の額が見られるのであるが、それは石の上に記録されたものであったため、その後の碑文群に複製される必要はなかった。実際のところ、その文言の長さは、そのような碑文群には不適当なのである。

発見されているその他の奉献の捧げ物には、碑文と並んで、かつて病気で

あったが癒された肢体の小さな模型がある——耳、胸、身体、明らかに静脈瘤が見える巨大な足がそうである（UUC III nos. 22f.; van Straten 参照）。これらはエピダウロスではさほど一般的ではなく、コリントやローマその他の場所の方で一般的であった。治癒の過程を記録している浮彫り(レリーフ)もある。治療行為を授けていたより古い時代の英雄であるアムピアラオスの描かれたそのような図像のひとつ（UUC III no. 25 を見よ）は、驚くべき複雑さを示している。まず、神殿において簡易ベッドに横になったある病人がいる——蛇が彼のもとに這い上がり、彼の病んだ肩をなめる。同時に、夢の中では、治癒の神が痛みのある患部に触れ、そこに軟膏を塗るために平たい器具を用いる。最後に、その図像の右端に、癒された男が感謝して片手を上げ、感謝の碑文もしくはこの浮彫り(レリーフ)そのものを表す板を指差している（Herzog 89–91）。

評価

エピダウロスの6つの柱の個々の碑文集の役割に関する問いにまだ答えていない（パウサニアスには失礼ながら、たぶんこれ以上多くのものはなかった）。この儀礼を司る者たちはなぜ、奇跡的な要素を非常に強調し、不信仰や支払いに対する抵抗に対して懲罰の脅しをかけてまでして、それらの碑文を集めたり、それらの文体を滑らかにしたり、改訂したりしていったのだろうか。それへの自然な回答は、アスクレピオス神の栄光を高め、彼についての宣伝を行おうとしていたというものである。しかし、これは第1の目的ではなかった。（夢の中でのみ行動する）神以上に、エピダウロスが治癒の場として讃えられるためであった。そして、その碑文集は何よりまず、治療を求めてアスクレピオス神殿を訪れて、そこでしばらくの間過ごす巡礼者たちに宛てられたものだったのである。それらの文言を読むことは、巡礼者たちに彼らの持つ希望が強められる可能性を与えた。彼らは、彼らに要求されるすべてに対して従順であることが奨励された。とりわけ、この集成の編集者は意識的に、構成要素として、成功した治癒の記録を強調しようと企図していた。そしてそれは、実際のところ癒された人々が、祈りが聞き届けられることなく聖所を去った人々より少なかったであろうがゆえに、彼らにとって非常に理に適ったことであった。助けを求めた人々の名前や出身地に言及することを通して得られる、普遍化する影響力を伴う治癒の報告の膨大な集成は、治癒に関して好ましからぬ統計から注意を逸らす。

A 治癒の奇跡

　エピダウロスやその他のアスクレピオス聖所では実際には何が起きていたのか？　その問いを立てることは、それに答えるよりも疑いなく容易である。時には患者が催眠あるいは薬物を通して深い眠りにいざなわれ、祭司たちがその間に手術を施したと仮定された。しかし現代の研究者はその仮説を退けている。夢の中で経験されたいくつかの手術は、その困難さゆえに実行されたはずがないからである。ちょっとした手術の場合でさえ、夜間に全く気づかれないまま患者たちを運び出すことができたかどうか疑問であろう。また、外科手術用の器具はエピダウロスで発見されなかった。神殿の職員は病人を入浴させる、水を彼らに注ぐ、彼らに軟膏を塗る、彼らにマッサージをする、彼らの四肢をまっすぐにする、食餌療法の指示を与えるといった、単純な作業をするに留まった。

　疑いなく、暗示や自己暗示、心身相関的な諸要因の力は治癒の成功に相当程度寄与していた。麻痺や言語障害や視覚障害、想像妊娠や不妊といった病症は、精神的な原因によるものかもしれず、そのような場合においては、治癒は心理的な阻害を取り除くということを意味するかもしれない。期待する気持ち、それに先行する旅、壮麗な聖所への初めての訪問、儀式への随従、聖なる空間における神秘的な睡眠のおかげで、病気の兆候の自然な軽減があった。多くの浴場やよく考えられた食餌を国から遠く離れた地域において享受するのもまた有益であったろう（Herzog 156f.「水による処置は疑いなく、自然療法の次元で、しかし、当時の医学的知識の言明に対立せずに、すべての癒しの場で行われた。新鮮な夏の気候の中でのくつろぎ、そして、新しい環境、健やかな森の空気で一時期を過ごすというようなことが健康の改善に役立ったことは疑いようもない」）。

　その経験的な方法論を有する学術的な医療から、奇跡的な治癒について語ることを、もしくは古典期古代における人々がここで諸々の奇跡を見たという事実を報告することを許容するまでには、相当の違いが残る（あることが奇跡と呼ばれるか否かは、しばしば当事者が自分たち自身の生活を解釈するために選択する方法に拠っている）。そのような癒しの地と医学的な技術との間にある対抗意識はおそらくほとんどなかった。それぞれが、自分の専門分野を持ち、相互依存しているのを知っていたからである。しかし、アスクレピオスの神殿が、しばしば医者から要求された高額な診察料金の都合をつけることができなかった人々に対する最後の希望であったという一般化は受

け入れられない。診察料金はエピダウロスでも支払われていた。また、名簿の調査は、社会的背景の見地から雑多な市民の存在を示唆する。

イエスに関する伝承における癒しの奇跡を一瞥すれば[8]、物語の構造において、また、病気の説明において、そしてその他の諸動機において、実際、多くの並行例を確認することになる。だが、それらは異なる文学的脈絡に埋め込まれていることが見出せる。新約聖書には奇跡の一覧はない。それらは、それよりもっと大きい中心的な物語の繋がりの中における部分的なテクストなのである。エピダウロスにおいては、まず助けを求める人が、次いで夢の中におけるアスクレピオスが見られる。福音書においては、物語を始めるのは奇跡行為者の到来であり、そして、彼が病気である人々との直接的な人間的関わりを作り出す。彼ははっきりと定められた聖域を必要としない。制度化された治療の実践がカリスマ的な癒しの実践にとって代わられている。謝礼は必要とされず、奇跡が罰として人に課されることもない。エピダウロスにおいては、悪霊祓いは行われていない。世界はそこでは異なって理解されていたのであり、悪霊はまだ知られていなかったのである。新約聖書においては、悪霊祓いは癒しとともに奇跡についての伝承の基本的な要素となっている。

2. 奇跡行為者：テュアナのアポロニオス

(a) 資料

リスト62

G. Anderson, *Philostratus: Biography and Belles Lettres in the Third Century* AD, London etc. 1986.

E. L. Bowie, 'Apollonius of Tyana: Tradition and Reality', *ANRW* II/16.2 (1978) 1652–99.

F. C. Conybeare, *Philostratus: Life of Apollonius of Tyana*, vols. 1–2 (LCL 16; 17), Cambridge, Mass. and London 1912.

8　Wolter 170–5; M. Dibelius, *From Tradition to Gospel*, London 1934, 164–72 参照。

A 治癒の奇跡

M. Dzielska, *Apollonios of Tyana in Legend and History* (PRSA 10), Rome 1986.

E. Koskenniemi, *Der philostrateische Apollonios* (Commentationes Humanarum Litterarum 94), Helsinki 1991.

────── *Apollonios von Tyana in der neutestamentlichen Exegese: Forschungsbericht und Weiterführung der Diskussion* (WUNT 2.61), Tübingen 1994.

E. Meyer, 'Apollonios von Tyana und die Biographie des Philostratos', *Hermes* 52 (1917) 371–424, also in Idem, *Kleine Schriften*, vol. 2, Halle 1924, 131–91.

V. Mumprecht, *Philostratos: Das Leben des Apollonios von Tyana* (TuscBü), Munich and Zurich 1983.

R. J. Penella, *The Letters of Apollonius of Tyana: A Critical Text with Prolegomena, Translation and Commentary* (Mn.S 56), Leiden 1979.

G. Petzke, *Die Traditionen über Apollonius von Tyana und das Neue Testament* (SCHNT 1), Leiden 1970.

W. Speyer, 'Zum Bild des Apollonios von Tyana bei Heiden und Christen', *JAC* 17 (1974) 47–63, also in Idem, *Christentum* (リスト 3) 176–92.

　小アジアの町テュアナのアポロニオスは紀元後1世紀に生きた（4年および96年が、彼の誕生と死に対する最も早い年代と最も遅い年代として提唱されている）。アポロニオスは、少なくとも彼について肯定的に考える人々の目には、ピタゴラス派の哲学者（ある人たちは彼は中期プラトン主義者でもあったと考えるが）、巡回伝道者、宗教的な改革者、奇跡行為者であった。しかしながら、ルキアノスは、アポロニオスのある弟子について言及する際に、彼に詐欺師としての嫌疑をかける。彼は師アポロニオスに非常に近しい人物であったが、ルキアノスはこの人物を「財宝を掠め取り、彼らの遺産を横取りするために魔術と霊的な呪文、魔術の技法による愛と憎しみをたきつけるわざを用いるいかさま師の1人」と呼び、それはアポロニオスから学ばれたものだと示唆する（*Alex.* 5）。いくつかの伝承においてアポロニオスは魔術師と見なされ、特に蛇や蠍、虻、鼠を防ぐための護符作りに長じていたという（Petzke 26）。もっともそれは、彼を神から賜物を与えられた奇跡行為者、東方からの秘密の知恵を授ける哲学者として紹介している主要資料が採っている見解ではない。

　その主要資料とは、後170–245年の間に年代づけられるソフィスト、弁論

第Ⅲ章　民間信仰：概観——占星術、占い、奇跡、魔術

家であるフラヴィウス・フィロストラトスによる幻想的なアポロニオス伝である（原文および翻訳については Mumprecht 参照）。幾人かの同名の著作家たちがいるが、彼はその中でも第2の人物である。ローマ皇帝セプティミウス・セウェルスのシリア人妻であるユリア・ドムナは、アポロニオスの生涯に関するこの長編の報告を彼に要請した（1.3）。彼女の宮廷は、この東洋的な装いをした奇跡行為者アポロニオスが特にバビロニア、エジプト、インドへの旅を通して得た何ごとかに、喜びを感じていた。

　歴史上のアポロニオスの活動とフィロストラトスが後222年に完成させた彼の伝記の執筆との間には、100年以上の隔たりがある。フィロストラトスは執筆にあたっておそらく『ピタゴラス伝』や、アポロニオスがピタゴラスの教えを守って断固として拒絶した動物の血の犠牲に関する著作といった、失われたアポロニオス自身の著作を含む、より古い資料に拠っていたのであろう。フィロストラトスは自身の著作において、アポロニオスの諸書簡からも引用している。彼の名によるおよそ100通の書簡集が現存しているけれども、そのほとんどはおそらく偽書であろう（Penella 参照）。フィロストラトスは1つないし2つのさらに古い伝記と共に地方の口頭伝承も知っていた。モイラゲネスによる伝記がそれに含まれるが、その歴史的実在性はオリゲネス（*C. Cels.* 6.41）による注釈が確証している。しかし、フィロストラトスは、アポロニオスを単なる魔術師とする見解——明らかにそうであったことなのであるが——から是が非でも擁護したかったがゆえに、彼より以前に執筆した人々および彼が頼る伝承には批判的に距離をおいている。

　フィロストラトス自身は、アポロニオスの最初期の最も忠実な弟子の1人で、師を前にして経験したことを記録したダミスという人物の手記を用いていると主張する（1.3）。

　「彼〔ダミス〕はアポロニオスの指導のもとで哲学に没頭し、また、師の旅を記録した。その旅には彼自身が師と共に赴いたのであり、それは彼がわれわれに確言する通りである。また彼はアポロニオスの考えと言葉、また、予言について言及することも忘れなかった」。

　しかし、これがフィロストラトス自身の著作の信憑性を高めることを意図した見え透いた虚構であると見抜くことは困難ではない（これは、少なくとも Meyer 以来、大多数の研究者の抱く見解である。例えば Bowie, Mumprecht, Dzielska, Koskenniemi 参照。Anderson はダミスによる回顧録の存

在を確信し、他方 Speyer はそれをフィロストラトス自身よりも早いものであるとしながらも、偽物と推測する）。その時間的な乖離、著作の明確に意図的な性格や資料の不確かさを肝に銘じた場合、注意が必要とされるように思われる。しかしこの疑いを、アポロニオスの歴史的実在性を疑うまでに誇張する必要はない。同時に、フィロストラトスによって描かれたアポロニオス像を単純に受け入れてはならない。それは後1世紀よりも後2、3世紀の情勢に適合している。より後の時代には奇跡に対する信仰が異教徒の間でより強くなったからである（Koskenniemi 参照）。

　後4世紀になるとアポロニオスは、フィロストラトスの著作を基に、イエス・キリストに対抗する存在に仕立て上げられる。その議論は、古典的な宗教もまた固有の救い主と治癒者を有していたというものであった。事実、フィロストラトスの著作の多くの箇所は、正典より外典の方ではあるが、諸々の福音書を思い出させる。かくして、英雄の誕生と最期は奇跡的な出来事に取り囲まれている——あるエジプトの神が、彼の母に夢の中で語りかける（1.4）。彼の出生の際には白鳥が歌う（いくぶん「華やかな」筆致）、そして天から地へ雷光が落ちる（1.5）、そのためこの地方の住民は、彼がゼウスの子（1.6: παῖδα τοῦ Διός）であると言明している。彼が学齢に達したとき、すべての人が彼の記憶力と美しさの力に圧倒される（1.5）。彼の死については不明のままである。アポロニオスは消え去るが、しかしそれがどのようにしてかは全く定かでない。墓は発見されず、彼は不信仰の弟子たちに（夢の中で？）現れる。一種の神殿からの昇天が描かれて、その間、処女たちの合唱団が歌う。「地を去り、そして、天へと来たりませ」（8.30f.）。同様に、放浪生活と教えと奇跡行為の組み合わせには、福音書との並行が見られる。とりわけ、奇跡行為には悪霊祓いが含まれるので（下記参照）なおさらそうである。緩く構成された弟子集団の存在もまた際立っている。

　その作品の年代を鑑みると、フィロストラトス自身がイエスについてのキリスト教伝承に代わるものを創るつもりであったかどうかが問われなければならない。この問いは19世紀にはしばしば肯定的に回答されたが、最近の研究はおおむね断固として否定的に回答する。たとえフィロストラトスがキリスト教の存在を知っていたとしても、関心を持っていたという証拠はない。関連する特性は、この文学的類型の特徴的な物語技法、その時代の一般的な雰囲気、そして奇跡的な力に対する一般的な信仰から説明することができる。

コスケニエーミ（*Forschungsbericht* 193–206）は、死者を蘇らせる物語（下記参照）やアポロニオスの死後の顕現の物語といった、驚くほど福音書に類似する個々の物語の場合のみ、例外にしようとする。彼は、キリスト教の伝承が既に民間の物語の語り伝えに影響を与え、フィロストラトスが入手できたのは後者であって、そうした〔民間〕資料の元々の出所を知らないでいたと提唱する。コスケニエーミ自身、これらの提案もまた仮説的であることを認めている。たとえここで結論を望む者がいても、方法論的な諸々の考察は、後2世紀後半以降にキリスト教的な諸要素が非キリスト教世界に影響を及ぼしていたという他の考え方がある可能性も、残したままにしておかねばならないということを示している。

(b) 奇跡行為者

リスト63

S. Fischbach, *Totenerweckungen: Zur Geschichte einer Gattung* (FzB 69), Würzburg 1992, 113–54.

D. Trunk, *Der messianische Heiler: Eine redaktions- und religionsgeschichtliche Studie zu den Exorzismen im Matthäusevangelium* (Herders Biblische Studien 3), Freiburg i. Br. 1994, 276–300.

リスト62の参考文献

　アポロニオスは若いとき、アイガイのアスクレピオス神殿でしばらくの時を過ごした（1.7）。それは彼が治癒者となるのを運命づけられていたことを前もって指し示す（これによって、本稿の先行する項との繋がりが備えられる）。実際、彼の最初の患者である水腫にかかったアルコール依存症の若者は、夢でアスクレピオスからアポロニオスに助言を求めるよう告げられている。アポロニオスはこの病気の男を良き助言と適切な勧告とによって治癒する（1.9）。その後の物語は、アポロニオスが病人や死者を助けるために行ったことを強調する、いくつかの奇跡の要約的報告を含んでいる（例えば6.43の末尾）。しかしながら、この長編の書物においては、奇跡に関する詳細な報告は比較的稀である。それに対し、奇跡に関する伝承が占める割合はフィロストラトスにおけるよりも福音書における方がもっと高い。ここでは短編

A 治癒の奇跡

的構造が付された比較的長文の 2 つの奇跡を紹介する。悪霊祓いと死者を蘇らせる物語がそれである。

悪魔祓い[9]

アテーナイにおいてアポロニオスは犠牲で提供される神酒について語り、そのために用いられる杯から飲まずに、「それを神のために清く保ち、穢れのないままにしておく」ように勧める。ある自堕落な若者が不遜な笑い声を上げて、彼の邪魔をする。アポロニオスにとっては診断を下すのに一瞥するだけで十分である。「不遜な行いをしたのはあなたではなく、あなたの知らぬ間にあなたにとりついた悪霊だ」。物語の注釈はアポロニオスが述べたことを確証としてここに挿入される。その若い男は、笑い、わけもなく泣き、そして独白する。アポロニオスが鋭い目を向けると次のようなことが起きる。

> すると、悪霊はまるで焼かれ拷問されているかのように、恐怖と怒りの叫び声をあげて、誓って自分がこの若者から去り、もう人間に取り憑かないと確約した。さて、アポロニオスが、狡猾でひねくれた厚かましい奴隷に対する主人のように彼に語りかけ、目に見える仕方でその若者から去るように命じると、この出来事すべてが起きていた王の広間の立像のひとつを指しつつ悪霊が叫んで言った、「私はこの立像を倒す」。すると、その立像は揺れ動き、そして倒れた。そのことが引き起こした轟音やいっせいに起こった驚きに続く拍手喝采は筆舌に尽くしがたいものであった。

今や、あたかも何か強力な薬を飲んだかのように、その若者に変化が起きる。彼はあたかも深い眠りから目覚めたかのように、自分の目をこすり、彼の自堕落な生活を捨て去り、その変化のしるしとして彼の立派な衣服を脱ぎ捨て、質素な哲学者のマントを身に着けるのである。

新約聖書に知られるような悪霊祓いの物語の典型的な要素が明らかにここに認められる。とりわけ ἀποπομπή（悪霊への退出命令）や立像をひっくり

---

[9] *Vit. Ap.* 4.20（悪霊祓いについてのその他の動機は 2.4; 3.8; 4.10, 25; 6.27）。Trunk（彼は 270–6 頁でも、ルキアノスの *Philops.* 16 における悪霊祓いの報告に嘲りのコメントを付して取り扱っている）も参照。

返すといった退去のデモンストレーションがそうである。ひとつ異なるのは、悪霊の憑依という症状は明瞭ではなく、奇跡行為者によって診断されねばならないものだということである。戦いが起きるが、すぐさま明白な決着がつく。アポロニオスが主人であり、悪霊は不従順な奴隷にすぎない。この文脈においてフィロストラトスは、奇跡を行う影像に対する信仰（Lucian, Philops. 18–20 参照）にも影響されているかもしれない、より古い悪霊祓いの物語を解釈している。その結果、それは禁欲的な放浪哲学者の理想像を宣伝するための模範的な改宗の物語となる。

死者の復活[10]

アポロニオスはローマにいて、そこで彼はネロの不興を買い、後のドミティアヌス帝との対立により専制政治にとっての真の敵であることが明らかとなる。とりわけ、彼の予言の技術が政治的な危険要素とみなされる。しかし、彼の敵対者が、彼の「悪魔的、超人間的な特徴」（4.44）のために彼を敢えて捕らえようとはしなかったので、次のような出来事が起こりうる。

> 次のような奇跡も語られている。1 人の少女が、その結婚の日に死んでしまった、あるいは少なくともそう見えた。そして花婿は既に慟哭しながら棺台について歩き、結婚が全く実現されないままであることを嘆いていた。さてローマ全体が喪に服していた。というのも、彼女が高貴な執政官の家の出だったからである。アポロニオスが葬列に出くわしたとき、彼は言った、「棺台を下ろしなさい。私がその少女ゆえのあなたたちの悲しみを終わらせてあげるから」。それと同時に彼は彼女の名を尋ねた。群衆はアポロニオスが葬送演説を行おうとしているのだと思った。そのような折に嘆きを呼び起こし表現するのは普通だったからである。しかし、彼はただ彼女に触れて、何かよく分からない言葉を発して、そうして少女を死んだと思われる状態から蘇生させた。彼女はまた話し出し、両親の家へと帰っていった。それはアルケスティスがヘラクレスによっていのちへと戻されたときのようであった。親族の人々が 15 万の金貨を贈ろうとすると、彼はそれを少女に持参金として与えるよう言

10　Vit. Ap. 4.45。Fischbach 参照（Apuleius, Flor. 19 のような並行伝承もある）。

A 治癒の奇跡

った。さて、彼は医者たちには隠されていた魂の火花を彼女のうちに認めたのか——というのは、ゼウスが彼女に露を落とし、彼女の顔から霞が立ち上がったと言われていたからである——、それとも彼が消し去られた魂をまた呼び戻して点火したのか。このことを詳査する才は私にはないし、その場にいた者たちもそうだったであろう。

　文献批評の諸方法は、フィロストラトスが編集して手を加えたより古い物語を確認することを可能とする。編集の層に含まれるのは、アルケスティスとヘラクレスとの比較、贈り物の拒否（真の哲学者や天賦の奇跡行為者は金銭を受け取らないため）、さらに、「少なくともそう見えた」という言葉を通して既に冒頭に挿入されている、あまりにも長い終結部における奇跡の合理主義的な説明である。フィロストラトスが練り上げ始める前からテクストにあったものは、口頭伝承によって伝えられた、死者を蘇らせることに関する民間の物語である。それはローマの地方伝承なのかもしれない。典型的な動機としては、彼女の名前を尋ねること、人を支配する力を与える知識、手で触れること——これは力を伝える〔行為である〕、魔術の定式を思い起こさせる理解できない言葉の暗唱がある。伝承テキストの冒頭は、恐ろしい状況を記述している。少女は結婚しようとしたまさにそのときに死に、そして花婿は泣きながら棺台について歩く。その背景にある動機づけは古典期古代の恋愛物語の構成要素、すなわち、互いに愛する2人が強制的に分かたれるということである。つまり愛の最大の敵は死である。奇跡行為者は、この物語の悲劇を逆転する。それによって、彼が人間に恩恵を与える者であることを示している。

　フィロストラトスは、彼自身が執筆した部分では、ギリシア神話、ヘラクレス伝承からの並行例を挙げる（Euripides, Alc. 1008–152 参照）。ヘラクレスはアドメトス王の客人である。この王は自分の代わりに死を引き受けて陰府の国に下っていった妻アルケスティスの死を嘆く。ヘラクレスは、服喪の期間にも拘わらず彼に示された持て成しに心を揺り動かされ、死からその獲物を奪い返すことを決意する。彼は冥界に押し入って、アドメトスの妻を彼のもとへ戻す。

　彼女が仮死状態であったとする仮説は、フィロストラトスの反魔術的傾向の所産である。アポロニオスは何らの魔術の道具も用いずに、医師たちが見

つけることのできなかった生命の火花を発見する。それは、この奇跡行為者が彼らより優れていたために医療専門家の裏をかいたことを示唆する。アスクレピオスの治癒についての報告には、既にこの両面的な関係が見て取れる。

皮肉なことに、フィロストラトスの合理主義的傾向は、彼が口頭伝承の民間物語版よりももっと正確に、実際に起きたことを描写できていたことを意味するかもしれない。より厳密に精査すると、死者を蘇らせることはより強められた治癒行為であることが証明される。それらの治癒は、まさに最後の瞬間に生命がどのように救われたかを報告する発展版なのである（生と死の境界線を完全なる明瞭さをもって定義することが、常に可能なわけではないことも思い出さねばならない）。それらのより強化された形式においては、治癒は最大の敵である死にさえも打ち勝つ奇跡行為者に栄光を与える。この強化は伝道や宣伝の目的のためでもある。それらは、少なくとも物語の世界において、より多くの人々を魅了し納得させることに役立つ。

(c)「神の人」

リスト64

G. Anderson, *Sage, Saint and Sophist: Holy Men and Their Associates in the Early Roman Empire*, London 1994.

H. D. Betz, art. 'Gottmensch' II, *RAC* 12 (1983) 234–312.

L. Bieler, *ΘΕΙΟΣ ANHP: Das Bild des 'Göttlichen Menschen' in Spätantike und Frühchristentum*, vols. 1–2, Vienna 1935, 1936, reprint Darmstadt 1967.

B. Blackburn, *Theios Aner and the Markan Miracle Traditions: A Critique of the Theios Aner Concept as an Interpretative Background of the Miracle Traditions Used by Mark* (WUNT 2.40), Tübingen 1991.

G. P. Corrington, *The 'Divine Man':His Origin and Function in Hellenistic Popular Religion* (AmUSt.TR 17), New York etc. 1986.

E. V. Gallagher, *Divine Man or Magician? Celsus and Origen on Jesus* (SBL.DS 64), Chico, Calif. 1982.

C. R. Holladay, Theios Aner *in Hellenistic Judaism: A Critique of the Use of this Category in New Testament Christology* (SBL.DS 40), Missoula, Mont. 1977.

E. Koskenniemi, *Forschungsbericht*（リスト 62）64–164.

A　治癒の奇跡

D. L. Tiede, *The Charismatic Figure as Miracle Worker* (SBL.DS 1), Missoula, Mont. 1972.

D. S. du Toit, *Theios anthropos: Zur Verwendung von Θεῖος ἄνθρωπος und sinnverwandten Ausdrücken in der Literatur der Kaiserzeit* (WUNT 2.91) Tübingen 1997.

H. Windisch, *Paulus und Christus: Ein biblisch-religionsgeschichtlicher Vergleich* (UNT 24), Leipzig 1934, 24–114.

D. Zeller, *Christus*（リスト 3）65–83.

　テュアナのアポロニオスは『アポロニオス伝』2.17 および 8.15 において「神の人」（θεῖος ἀνήρ）と呼ばれている。同 5.24 で、エジプトの群衆は彼を「一柱の神（θεός）のように」仰ぎ見ている。θεῖος〔神的な〕と δαιμόνιος〔ダイモーン的な〕という形容詞が彼に対してしばしば用いられている（例えば 1.2 では、注目に値する名前の一覧や有益な比較が見られる）。アポロニオスは、ピタゴラス、エンペドクレス、デモクリトス、プラトン、ソクラテスおよびアナクサゴラスと関連づけられており、またバビロニアの魔術師たち、インドのブラフミンたち、エジプトの裸哲学者たちと結びつけられている。後者との結びつき、そしてその結果として生じる、アポロニオスが魔術師であるという非難、さらには未来を予言するという彼の賜物は、彼が最初に挙げられた偉大な名の者たちと共有するものである。しかし、彼がピタゴラス自身より「もっと神的な流儀で知恵に近づく」という事実は、ピタゴラスの上に、また、疑いなく他のすべての者たちの上に、アポロニオスを挙げることとなる。

　「神の人」という表現が古典期古代に存在したこと（この概念に対する最も最近の最も厳格な批判者である Koskenniemi 自身でさえ、およそ 20 の広範囲に散在する文書証言を挙げている［99f. n. 392］）、また、その表現がテュアナのアポロニオスに適用され、それが他の誰に対してよりも適切であったということは否定できない。この概念について研究者の間で続いている激しい論争は、とりわけこの類別(カテゴリー)がどれほど広まっていたかという問いに関わっている。それはナザレのイエスの人格やわざを的確に把握する助けとしても用いることが可能であるか、それは最初期のキリスト教神学者たちによって、少なくとも二次的段階においてイエスに適用されることとなったのか、

ヘレニズム・ユダヤ教がモーセやエリヤのような人物を描写するためにその概念を用い、そのことが最初期のキリスト教にこの概念が適用されることの備えとなったのか。

それらの問いには、今なおある程度は肯定的な回答がなされている（Betz, Corrington）が、別の研究者は「神の人」という「テュポス」〔類型〕の存在に疑いを投げかける（Koskenniemi）、あるいは、ユダヤ教に（Holladay）もしくは最初期のキリスト教に（Blackburn）この類型を適用できるかに疑問を呈する。もっと異なる描写が、例えば、奇跡行為を行うことのない哲学諸派の伝統が伝える教えをなす賢者たちと、より民衆的な見解と結びついているカリスマ的奇跡行為者との間に求められる（Tiede）。ビーラーによる基礎的研究が非常に広い定義に基づいていることは指摘されねばならない。すなわち、「偉大なる、際立った天才的な人物」であり、その偉大さは「古代世界全体において、神的な力の放出や直接的な証明」に見られた（I.1 また、Betz 236「θεῖος ἀνήρ という表現はとりわけ、特殊なカリスマ的な賜物のおかげで一般的な人間の尺度を超越する人々に対して適用された」も参照）、というものである。ビーラーは自身の類型全般を「プラトン的観念」と呼ぶ。つまり、その実現が「その本質的な特徴をすべて究極的な完成において完全に結合することは、どこにも決してない」（I.4）。より深刻な方法論的不具合は、彼が取り組んだ資料のいくつかは非常に後代のものであり、そして何より、キリスト教の様式がその諸部分に押しつけられている（諸聖人の諸伝説など）という事実の重要性について十分に考察するのを怠ったことである。その著作全体を支える概念について基本的な問いがなお問われているときには、数人の学者がそうしたように、θεῖοι ἄνδρες、「神の人」たちの名前のより完全な一覧をまとめてヴィンディッシュの著作（59–87 頁）に付け加えることはあまり価値がない。いずれにせよ、そのような一覧は上述のうちの2 人にいつも占められている。すなわち、その経歴についてはほとんど知られていないピタゴラスと、その経歴について知るためにはフィロストラトスに拠らざるをえないアポロニオスによってである。「神の人」に分類される哲学者、先見者、魔術師、議員、立法者、支配者およびその他の者たちの間で、エンペドクレス（前 485–425 年）は特に注目に値する[11]。というのも彼が、

11　この謎めいた人物については現在のところ P. Kingsley, *Ancient Philosophy, Mystery, and*

A 治癒の奇跡

自著『清め』の最初の巻で彼自身、あるいはもっと言えば彼の魂は、今は堕落して彼の肉体の中へと追放されている、神由来のダイモーンであると述べているからである（FVS 31B112）。

> 私は不死なる神として、もはや死すべきものでない者として、旅して回る。私の場合にふさわしいように、誰もが私に名誉を与え、頭部に紐飾りをまとわせ、瑞々しい花冠を戴かせる。私が訪れる華やかな町々の者たちすべて、男たちも女たちもすべてによって私は畏れられる。彼らは幾千もの数になって私に付き従って、成功へ至る道のありかを尋ねる。ある者たちは私が未来を予言することを求め、ある者たちは、突き刺すような痛みに長く苦しんでいたので、あらゆる類の病についての情報を求める。それは治癒をもたらす言葉を聞くためである。

あまりに多くの異種の諸問題が「神の人」という主題のもとに集められてしまったことに異議を唱える批判者たちは正しい。この概念は単純に当然のこととみなされ、新約聖書の解釈のために用いられてきた。そのため、例えば、相互の文献証言の間、すなわち諸福音書とフィロストラトスのアポロニオス伝の間に1世紀以上の時が横たわっているということを熟考することなく、イエスはアポロニオスと比較されてきた。より微妙な差異を伴う見解が求められる。つまり、それら自身の時代の文脈において諸々の現象を正当に報告する見解である。従って、初期帝政時代に関連している限りにおいて、「神の人」が存在したとする仮説を完全に捨て去る必要はない。そして、（どう見ても歴史的な像ではないにせよ）この役割を果たすフィロストラトスの描くアポロニオスは、当時のキリスト教徒によるイエスの宣教が遭遇した受容と期待の地平を、少なくともまだ何とか示すことができている。エンペドクレスのような古代の模範は、彼らの死以降しばらく、おそらく多少影が薄くなってしまっていたが、同様にこの時代にはより関わるようになる。『アポロニオス伝』1:2（上記参照）を別として、上に引用された断片がディオゲネス・ラエルティオス（後3世紀）によって保存されているという事実からそのことが分かる。構造的に言えばこのような古い模範に新しい生の息吹き

Magic: Empedocles and Pythagorean Tradition, Oxford 1995 を参照。

を与えることはモーセやエリヤの類型論をイエスに適用することに似ている。

B 未来の予言としるしの解釈

1. 諸概念に関する説明と一般的な紹介

リスト 65

D. E. Aune, *Prophecy in Early Christianity and the Ancient Mediterranean World*, Grand Rapids 1983, 23–79.

R. Baumgarten, *Heiliges Wort*（リスト 43）15–69.

M. Beard, 'Cicero and Divination: the Formation of a Latin Discourse', *JRS* 76 (1986) 33–46.

——— et al., *Religions*, vol. 2（リスト 4）166–93.

C. Bergemann, *Politik*（リスト 22）89–113.

A. Bouché-Leclercq, *Histoire de la divination dans l'Antiquité*, vols. 1–4, Paris 1879–82, reprint New York 1975 and Aalen 1978.

R. Flacelière, *Greek Oracles*, London 1965.

C. Forbes, 'Early Christian Inspired Speech and Hellenistic Popular Religion', *NT* 28 (1986) 257–70.

J. H. W. G. Liebeschuetz, *Continuity*（リスト 2）7–29.

J. Linderski, 'The Augural Law', *ANRW* II/16.3 (1986) 2146–2312.

G. Luck, *Magie*（リスト 60）289–382.

B. MacBain, *Prodigy and Expiation: A Study in Religion and Politics in Republican Rome* (CollLat 177), Brussels 1982.

A. Motte (ed.), *Oracles et mantique en Grèce ancienne* = *Kernos* 3 (1990) 9–366.

J. North, 'Diviners and Divination at Rome', in M. Beard and J. North, *Pagan Priests*（リスト 11）49–71.

H. W. Parke, *Greek Oracles* (Classical History and Literature), London 1967.

P. Roesch, 'L'Amphiaraion d'Oropos', in G. Roux, *Temples*（リスト 9）173–84.

V. Rosenberger, *Gezähmte Götter. Das Prodigienwesen der römischen Republik* (Heidelberger Althistorische Beiträge und Epigraphische Studien 27), Stuttgart 1998.

M. Schofield, 'Cicero for and against Divination', *JRS* 76 (1986) 47–65.

J. P. Vernant (ed.), *Divination et rationalité* (Recherches anthropologiques), Paris 1974.

P. de Villiers, 'Oracles and Prophecies in the Graeco-Roman World and the Book of Revelation in the New Testament', in *Acta Patristica et Byzantina* 8 (1997) 79–96.

(a) 術語

　治癒神アスクレピオスがエピダウロスで病人に夢で現れて、健康が回復する指示を彼らに与えたということは前項に記した。しかしながら、場合によっては、求められたのは治癒では全くなく、別のことであった。例えば行方不明の少年がどこで見つけられるかが尋ねられた（W24）。この二面性は、オロポス地方に中央聖所を持っていた英雄アンフィアラオスの場合にもっと明確に現れる（Roesch 177「託宣と医療双方の聖所」）。そこで助言を求めるあらゆる人々は、篭りの部屋の中でいけにえとして捧げられた雄羊の毛皮の上で眠りにつき、彼らの問題を解決するであろう言葉を待った。どちらの場合においても、治癒の祭儀はもうひとつの広大な領域、つまり神託と占いに関連している。それには、託宣への問いかけの行為や夢の解釈行為も属している。

　神託（*divination*）を意味するラテン語の概念は、*divinus*（「神的な」）と結びつけられるであろう。すなわち神の知識を共有することは、隠された将来の事柄をのぞき見、それらに関するいくつかの観念を持つことを可能にする。ギリシア語の同義語 μαντεία はほぼ確実に μαίνομαι（「怒り狂う」）や μανία（「憤怒の激発」）に由来する。このことは、そのようなのぞき見が、しばしば外部には精神的異常という印象を与える極端な感情状態においてのみ可能となるということを示唆するに十分である。非常に一般的に言えば、神託もしくは占いの課題は、いまだ未決の状況において人々が決断に到達するのを助けるために、予兆を解釈したり現在および将来の観察をするものであると

定義することができる。以下に見るように、託宣の発言が無批判に従うことを要求する、唯一の決定的要素であったということは決して常ではなかった。よくあることであるが、託宣が行ったことのすべては、既に始まっていた解明の過程に副次的な補助を提供したに過ぎなかった。それは激しい論争からその棘を取り除き、不可避な決断のために自信をもたらす雰囲気を作り出し、切迫している困難な仕事に直面して勇気を与える。この一般的な記述の背後には、分類することが全く容易でない個別の諸現象が数多く詰め込まれている。

キケロはその著作『予言について』[12]において、この領域における秩序づくりを試みている。この著作は本書のこの項にとって核心的に重要である。彼はストア派の教説に従い、「自然な」神託と「技芸的に」産み出されたそれとを区別する。というのは神託には2種類、一方は技芸の、他方は自然のそれがある（Divin. 1.11: 'duo sunt enim divinandi genera, quorum alterum artis est, alterum naturae'）。彼はこれより後のあるテクストにおいて形式的な区別の例を示す（2.26f.）。

> というのは、神託には2つの種類があると、あなたは証明しようとした。ひとつは技芸の、もう一方は自然の。技芸のそれは一部は解釈に、また、一部分は長期の観察に基づく。自然のそれは、魂が外側から、すなわち神的領域から、つかむあるいは受け取るものであり、それから私たちが引き出したあるいは受け入れたあるいは汲み出した私たちの魂の全体に基づいている。技芸的な神託のかたちとして、あなたが言うところの次の一連のものが当てられる。内臓占い、稲妻や奇跡による予言、鳥占いやその他の予兆を用いること。その他に、あらゆる解釈と関連する類のものをあなたはこのカテゴリーに割り当てる。しかし、自然のそれについてはあなたはこう言った。それは霊的な高揚のために突然沸き出でて

---

[12] 本文は C. Schäublin, *Marcus Tullius Cicero: Über die Wahrsagung/ De Divinatione* (TuscBü), Munich 1991; A. S. Pease, *M. Tulli Ciceronis De Divinatione libri duo* (Universry of Illinois Studies in Language and Literature 6 [1920] 161–500; 8 [1923] 153–474), reprint Darmstadt 1963. にある有益な注も参照。また、Beard; Schofield; J. Blänsdorf, ' "Augurenlächeln" - Ciceros Kritik an der römischen Mantik', in: H. Wißmann (ed.), *Zur Erschließung von Zukunft in den Religionen*, Würzburg 1991, 45–65 も参照。

注ぎ出されるか、あるいは、魂が眠りの中で感覚や感覚を占有する事柄から解放されるときに未来を見ると。

　それゆえその区別のための基準は、自然の場合では、未来を示す洞察が人間の内部から現れてくるということ、つまり、神的な介入が人の魂の状態を経て起こるということになる。換言すれば、ここで関係するのは神的な霊感のもとでの予言である。それは、人間が自分自身の外側へと踏み出す脱我、神的な声を聞き取る夢、そして霊感の産物たる神託を含んでいる。しかしながら、人の技芸に基づいた予言は、習得されうるものである。それは自然の中に存在する予兆の正確な観察と優れた解釈に基づいている。あるいは真の「経験的な諸々の方策」に基づいている。それは例えば、籤引きもしくはサイコロ振りによって実行される——この最後の点はキケロ自身が述べている以上に、ここでもっとはっきりと述べなければならない。

　その他の分類も確実に可能である。例えば、自然の観察に基づく予言は帰納的あるいは偶発的と言われうるもので、その術語の厳格な意味において「技芸による」予言からは区別される。なぜなら、後者は準備された経験でもって働くからである。「直観的な」予言と言うのが、「自然的な」予言よりはより適した正反対の概念であろう。ふつうは、実践においてはそれらは重なり合うため、これらの区別を純粋なかたちにおいて手元にある資料に適用することは不可能である。例えば、キケロは夢を霊的な占いの中に分類するが、夢の解釈はひとつの技芸である。神託は霊的な方法を通して伝えられるだけでなく、技術的な手段が用いられることで得られる場合もある。

　キケロは自らが鳥占いの祭司団（諸々の鳥を見ていた人々）に属していたにもかかわらず、その実践に対して懐疑的であった。彼は「こうしたすべてのことのある部分は、誤謬に基づき、別の一部は迷信に、そして多くは詐欺に基づくものである」と単純に認めるべきか否かを、ある場所で問うている（2.83）。しかし、この懐疑が一般的な現象であったと想定してはならない。哲学の諸学派の間で、ストア派は神託のすべての領域を精力的に擁護する者たちのグループに属していたが、それを否定的に語ったのはとりわけエピクロス派であった。プラトンはソクラテスに彼の弁明の中で次のように言わせている。「神（すなわちデルフォイのアポロン）から〔私は〕そうするようにと託されているのである。託宣や夢から [ἐκ μαντείων καὶ ἐξ ἐνυπνίων]、ま

247

た他の神的な案内人（モイラ）が、人間に何ごとかを行うように定めたあらゆる仕方において」（*Apol.* 22 [33c]）。

　この引用が確証するように、この全領域の中心は託宣であり、それと並んで夢がある。この項の先でもっと詳細に託宣について精査し、補遺で夢とその解釈を取り扱うことにする。第1に、「技芸による」霊によらない神託についていくぶん要約的な仕方で議論すべきであろう。ユダヤ教―キリスト教の伝統との繋がりがどこにあるかを推測することは難しくない。カール・プリュムは、その護教論的な色彩を帯びた発表の中に、以下の定型表現を伴う神託についての長い章を記している。「異教の先見者に関する個々の事実の客観的提示は私たちに――私たちの側でのいかなる特定の意図もなしに――旧約新約聖書の預言がいかに比類なく尊いかを示す」[13]。デイビッド・オニーによる広範な研究（David Aune, *Prophecy in Early Christianity and the Ancient Mediterranean World*）は、より客観的な像を目指し、そのような力強い評価を避けているが、この事柄について同様の状況を描写している。ある程度の類似は、現在や将来の解釈といった時間の見方に見られる。ギリシアの託宣の聖所でしるしを解釈した者たちの若干は、「預言者」の名を持っていることにもまた留意すべきである。構造的な比較の出発点は、霊感に関する教義の領域にも存在する。

(b)「技芸による」占い

　キケロが言及していることであるが、ローマ人は彼らのお家芸、すなわち鳥たちの飛行を基礎とした未来の解釈をエトルリア人から継承した。大祭司団のひとつにこの占いの祭司団があり、彼らにその任務が特別に委ねられていた。鳥の飛行の様子から特定の企て（例えば、翌日の戦闘）が成功する見込みを推定することを、特定の規則が可能にした。――鳥が左からやって来たか、それとも右からやって来たか、激しく鳴いたか、それとも全く鳴かなかったか、1羽でやって来たか、それとも2羽あるいは隊列をなして来たか、人に慣れた鳥であったか、それとも猛禽類であったか。その企ては「幸先の良い場合」にのみ実行された。鳥を観察する別の方法として、野生の鳥

13　*Handbuch*（リスト2）427.

B 未来の予言としるしの解釈

と異なり常時手に入る雄鶏が食事をしているのを観察するというものがあった。雄鶏たちが籠から出てこない場合、それは凶兆であったが、雄鶏たちが目の前に差し出された穀物とケーキ片を貪り食えば、その目前に迫る仕事に吉兆とみなされた。しかしながら、第一次ポエニ戦争に関して次のような逸話が伝えられている。カルタゴとの海戦を控えた前夜に聖鶏たちが食べ物を拒絶すると、将軍プブリウス・クラウディウス・プルケルはぶっきらぼうに「*vel bibant*（ならば、彼らに飲ませよ）」と言って、水の中に聖鶏たちを投げ込ませた（Cicero, *Nat. Deor.* 2.7、その他多くのテキスト）。キケロのある書簡の一節も、このことに光をあてる。彼は、彼の政治的将来を心配する宛先人に対し、自分が引き出した診断を伝えている。それは「――私たちの同業者仲間の間で習慣的であるような――鳥の飛翔もしくは左側からのカラスの鳴き声からも、雄鶏の食事具合あるいは穀物の地面への落ち具合からも導き出される」のでなく、確かに「誤りがないわけではないが少なくとも不明瞭で誤りへ導くことがより少ない」、すなわち、カエサルの性格や「政治的な出来事の自然的な因果関係」という「別のしるし」から導き出される（*Fam.* 6.5 [6]. 7f.）。

冒頭の引用でキケロによって一覧化されている「技芸による」神託の諸形式の中には内臓の診断もあった。セネカの悲劇『オイディプス』には、犠牲祭儀のための火の炎、犠牲の動物の振る舞い、その血の流れ方や内臓の状態（*Oed.* 309–86）によって、将来の運命が順々に告げられている。ギリシア人たちも同様に、動物が供犠のために殺されると、内臓の診断を実践した。その動物たちが解体されると、内臓が健康な状態か、もしくは何らかの病気ゆえの変化が確認されるかどうか、が観察された。前者は幸運を予告するしるしであったが、後者は――いかにも明らかに――不運を予告するしるしであった。ローマ人たちの間では特殊な様式が実践されていたがそれはまたエトルリア人たちに遡るものであった。その中心は肝臓診断であり、その務めを担う専門家は *haruspex* 〔「臓卜師」〕と呼ばれた。ピアケンツァの発掘では羊の肝臓をイメージした青銅製の模型が発見された。その模型は、前100年（North 68 ほかの図版）に年代づけられるもので、複数の部分に区分され、エトルリアの文字と記号が記されている。それは臓卜師に対して、その務めの中で参考にされるため、あるいは長期の実践の後に彼の記憶の中に保持されるための範型として役立った。その実践は公的な国家祭儀において、祭

司団によって執行されることはなかった。キケロは、臓卜師が声をあげて笑うことなく別の臓卜師の顔を直視することができるのを常々不思議に思っているという趣旨の大カトーの引用をして、この慣習の悪用を批判している（*Divin.* 2.51）。前兆が政治的利益に役立つように作り出され操作される、例えば聖鶏を一定期間空腹のままにさせておく（Bergemann はいくつかの有益な例を挙げる）といったことは否定しえない。

　その他の予兆について概観することは不可能である。というのも、日常的な出来事と例外的な出来事との両方の生活におけるあらゆる事柄がここに引き込まれることが可能であり、また、鳥や内臓の診断に関する抑制された解釈技術ももはやあてはまらないからである。いくらか漠然とであるが、キケロは自著の中で雷光、奇跡、しるし、予感（omina）について語っている。それは、気象的および宇宙的な兆し――稲妻や雷の嵐、日食や月食、地震や洪水――を含みうる。しかし、日常生活のたわいのないこと、すなわち躓きや手足の痙攣、あるいはくしゃみもまた神的な力による暗示であると解釈されうるだろう。ついには未来を解釈するために展開されたわざの全範囲を挙げなければならなくなる。しかしながら、それらのわざのいくつかはより正確な意味においては託宣と重なり合う。教育された解釈者たち――およびいかさま師たちも――は、赤い香煙、水の表面に浮かぶ小麦の穀粉でできた模様、サイコロの目、籤引き、糸巻きの回転、鏡に見えたもの等々で神の意思を導き出すことができると請け合った。予兆へのこの関心がいかに深く人々の人生を左右しえたか、テオフラストゥスは彼の人物描写のひとつで述べている[14]。

> だが、迷信深い者たちとはこのような者たち。葬送の行列に行き会った後で手を洗う者、神殿の水を撒く者、月桂樹の葉を口に入れて日を過ごす者たち、鼬(いたち)が小道を横切るのを見たら他のものが通り行くまで進まないか、3つの石を通り道に沿って投げるかする者たち、家で蛇を見たら――それが普通の赤褐色蛇であればサバジオスを呼び、聖なるものであればすぐに小さな祠を設ける者たちがそうである。……また、鼠が穀

14　*Char.* 16; D. Klose, *Theophrast: Charaktere* (RecUB 619), Stuttgart 1970; J. Rusten, *Theophrastus: Characters* (LCL 225), Cambridge, Mass. and London 1993 も参照。

物の袋を食い破ると釈義者［ἐξηγητήν］のもとに赴いて何をすべきか尋ね、皮革職人に修理させるように言われてもそのことを守らずに帰宅して犠牲を捧げる。……そして歩いていてふくろうを驚かせてしまったら、〔すると〕「アテーナーはもっと強い」と言い、そう言った後にはじめて先に進む。……夢を見たときには、夢解き人たち［ὀνειροκρίτας］、占い師たち［μάντεις］、鳥占い師たち［ὀρνιθοσκόπους］のもとに赴き、どの神や女神に祈るべきかを尋ねる。……だが、精神を病んだ者たちあるいは癲癇の者たちを見ると、怖がって着物の襞へと唾を吐く。

2. デルフォイ：託宣の場

リスト66

P. Amandry, *La Mantique apollinienne à Delphes: Essai sur le fonctionnement de l'Oracle* (BEFAR 170), Paris 1950.

M. Delcourt, *L'Oracle de Delphes* (BH), Paris 1981.

J. Fontenrose, *The Delphic Oracle: Its Responses and Operations with a Catalogue of Responses*, Berkeley 1978（基礎文献、とりわけ神託に突きつけられた諸々の問いと与えられた回答に関して）.

S. Levin, 'The Old Greek Oracles in Decline', *ANRW* II/18.2 (1989) 1599–649.

M. Maass, *Das antike Delphi: Orakel, Schätze und Monumente*, Darmstadt 1993.

H. W. Parke and D. E. W. Wormell, *The Delphic Oracles*, vols. 1–2, Oxford 1956.

G. Roux, *Delphes: Son oracle et ses dieux*, Paris 1976.

S. Schröder, *Plutarchs Schrift De Pythiae oraculis* (Beiträge zur Altertumskunde 8), Stuttgart 1990.

デルフォイのアポロン神の聖所は、古典期ギリシアで最も著名な託宣の場所であった。かつての圧倒的優位は、ヘレニズム時代には著しく低下し、政治情勢の変化もあって、その傾向はローマ初期帝政時代になるとさらに加速していった。デルフォイに伺いを立ててきたギリシア都市国家は政治的自治体としては解体し、ローマ人は時折デルフォイに問い合わせることはあったけれども、ギリシア都市国家が示していたのと同じだけの関心を持ってはい

なかった（Levin 参照）。未来を解釈する——より簡便で、なかんずくより安価な——別の様式が編み出され、それらが等しく効果的であることが分かり、なぜデルフォイまで長く出費のかかる旅をすることをなお望まなければならないのかという問いを促すことになったのである。プルタルコスは、彼のデルフォイ対話篇『デルフォイのエイについて（デルフォイの神殿の 1 本の柱に刻まれた謎の文字 E について）』や『ピュティアの託宣について』および『衰えてきた託宣について』の中で、後 100 年頃のデルフォイの託宣の衰退を嘆いている[15]。それらの論説は専門的な関心から記された。すなわち、プルタルコスはデルフォイから 1 日の旅路のところにあるカイロネイアに住んでおり、後 95 年にはデルフォイにあるアポロン聖所の 2 人の大祭司のうちの 1 人に任命された。まさにこの事実自体は、デルフォイの託宣がその時代にもなお存在していたこと、そしてなおいくぶん機能していたことを示している。以下では当時なお機能していたその他の場所について吟味したい。それらの場所のいくつかは、デルフォイの優位を奪い取って、後 2、3 世紀に新生のうねりを経験した。

(a) 場所

デルフォイはアテーナイの北西 160km の、しばしば崇拝の対象とされた地方であるパルナッソス山腹に位置する。先史神話（例えばホメーロス風賛歌第 3 篇「アポロンに」に残されている）によれば、デルフォイは地母神の聖所を有していた。そこは 1 匹の大蛇によって守られており、その大蛇は地の裂け目に住み、「ピュトン」と呼ばれていた。デロス島で生まれたアポロンは、遍歴の道中デルフォイにやってきて、そこに留まることを決めた（ホメーロス風賛歌 3.287f.「私はまことに最も美しい神殿をここに建てよう。それは人間にとって託宣の場となるであろう」）。彼は蛇ピュトンと戦って殺し、その領地を手に入れた。託宣の場所がしばしば古代の大地祭儀に遡るものであり、（地下の神々の象徴としての）蛇が居つく洞窟や窪地あるいは地の亀裂に位置していたという事実をこの神話は垣間見させる。

プルタルコスとパウサニアスはデルフォイにあった巨大な建造物群につい

---

[15] テクストと翻訳についてはリスト 131 を参照。

て言及する。古典期には、その建造物群は山腹の岩の割れ目から流れ出るカスタリアの泉の東西に広がっていた。この文献的な証言は諸々の発掘によって基本的に確証されており、今日そこを訪ねる現代の人々に、その集合体が全体としてどのような様相を呈していたかを適切に想像させることを可能としている。謎の円形構造物や体操場、競技場を備えたアテーナー神殿もあるが、ここでは周囲を壁に囲まれたアポロンの聖所に集中する。南東側の隅では、ギリシア世界にとっての託宣の重要性を示唆する名称を有する多数の小建造物群（例えばシキュオニアスの宝庫、テーバイの宝庫、アテーナイの宝庫といった小建造物群がそうである）を通り過ぎると、神殿へ通じる山への登攀につながる曲がりくねった小道が始まる。託宣を求めた個々の都市国家は像や戦利品といった形で奉献物をそれらの建造物に提供した。これは別の手段による戦争行為だと（不当ではなく）言われていた。というのも、それはここにいたのはかつての敵同士で、今や富や戦利品の誇示によって互いに相手を凌駕しようと目論む者たちであったからである。南側の巨大な支壁もまた、注目に値する。これは、奴隷たちに関する儀礼的身代金についての文書を含んで、諸々の碑文に覆われていた。

　神殿本殿はそうして造られた高台の上に立っている。一般的なギリシア式の神殿で、入口前方の外側にはいけにえの祭壇があり、神殿の周囲を柱廊が囲み、控えの間と大広間とがある。その大広間にこの敷地全体の中心、すなわち託宣の場がある。ピュティア、助言を求めた者、祭司だけが典型的な至聖所（*adyton*）であるこの部屋に入った。それは大広間の床面よりも1.5メートル低くなっているため、数段の階段を下りると、むきだしになっている地面に到達した。依頼者は幕で仕切られた右側の細長い空間に陣取り、そこで自分の相談事を申し開きした。至聖所に広がる他のより大きな空間では、天蓋の下にオムファロスという、世界の臍であるというデルフォイの主張を表現する円錐状の石があった。それから時計回りの方向に、アポロン神の黄金像、ディオニュソスの墓所、（そのむきだしの岩へとごく速やかに通じたに違いない）託宣のための開口部、そして聖なる月桂樹があった。ピュティアは託宣を伝える際に、託宣のための開口部の上に置かれた三脚座に坐った。

(b) 託宣はどのようにして授けられたか

ピュティアと呼ばれているこの予見者は、デルフォイの町出身の処女でなければならなかった。その女性は元々は年に1度託宣を述べるだけであったと推測される。後にそれは月に1回、デルフォイの最盛期には、一定の禁じられた日を除いて、もっと頻繁に託宣があった。一定の期間には群衆がつめかけて1人では対処できなかったので、2人ないし3人のピュティアが用意して待っていた。託宣を伝える前に、ピュティアは断食をしなければならなかった。当日には、ピュティアはカスタリアの泉で沐浴し、そうしてから行列を組んで神殿へ導かれ、大広間で燃えていたヘスティアの炉の火の中へ捧げ物の小麦粉と月桂樹の葉とを投げ入れた。最後に彼女は三脚座に坐った。助言を求める人々も同様に、前もって捧げ物を供えた。諸都市や重要な人々は *promanteia* すなわち優先の権利を享受したが、その他の場合、嘆願者たちの順番は籤引きによって決定された。

神秘的なものの覆いが多くかけられているゆえ、その行為の只中で何が起きていたのか正確なことは分からない。デルフォイ〔で行われたこと〕は霊感の占いの一種であり、それはピュティアが内的暗示に合わせて応答していたことを意味している。ある研究者たちは、彼女はそれが起こっているときには猛烈な痙攣に襲われ、ほとんど理解できない断片的な言葉を発していただけなのだと想定する。また別の研究者たちは、彼女は多少なりとも静かに椅子に坐って、むしろ通りいっぺんに仕事をしていたのだと考える。

脱我の理論に関しては、ローマ人作家のルカーヌスが（紀元後1世紀の）内戦について記した叙事詩『ファルサリア』内の印象深い記述に、その典拠が見られる[16]。ポンペイウスによってギリシアの統治を命じられたアッピウスは、戦争がどのように移り行くのか知りたいと思い、「既に何年もの間、閉鎖されていた」（5.69f.）デルフォイの託宣場に出かけた。前史の詳細は次のように記されている。アポロンが「大いなる大地の割れ目が神的な知恵を呼吸し、言葉に満たされた風を吹き出すのを見た」（82–4）のはここであった。彼はこの力を自らのものとし、それが女先見者に移ることを許

---

[16] G. Luck, *Lukan: Der Bürgerkrieg* (SQAW 34), Berlin 2nd edn. 1989; J. D. Duff, *Lucan: The Civil War* (LCL 220), Cambridge, Mass. and London 1928 を参照。

す。しかし、これは女先見者自身から見て、何ら好ましいことではなかった（116–20）。

　なぜなら、神が死すべき胸に歩み入るとき、それは罰として——あるいは報酬として——、死期を早めるだけだろうから。脱我の棘、その弓の下で、人間的な存在であるものの組織は崩れ落ち、神々の荒ぶりが、きゃしゃな魂を揺さぶるのである。

この高位のローマ人の要請で、デルフォイの祭司長は、彼が最初に見出した若い女性を連行し、彼女にピュティアの役割を受け入れるよう強制する。彼女はまず単に脱自状態に陥ったふりをして欺こうと試みるが、これは成功しない。なぜなら「混乱しどもった言葉は、彼女の魂が聖なる熱狂の霊によって徹底的に浸透されたことを証明しなかった」（149f.）からである。怒りを覚えたアッピウスは、彼女が「自分自身の言葉で喋る」（161）のを止めるよう要求する。今や、ついに本当の霊感が起こる。そしてルカーヌスはこれに付随して起きた現象の劇的な場面を描き出す（161–74, 190–7）。

　ついには処女は恐怖をおぼえ、三脚座へと逃れ、巨大な穴の近くへと導かれ、そこでじっとしていた。すると、彼女はこれまで経験したことのないことであったが、神的な力を胸に受け取った。幾時代過ぎようといまだ尽きることのないようなこの岩山の霊力がこの女予言者に吹き込まれた。ついに巫女の胸にフォイボス〔アポロンの別称〕が入った。これまでそのように力強くパイアーン〔アポロンの別称〕が完全に〔女予言者の〕身体に入り込んだことはなかった。彼は彼女のこれまでの精神を追い出し、彼女の胸の中の人間的なものを一切追い払い、自分のための場を胸の全体にわたり確保した。バッコス祭儀のように半狂乱的になって、彼女は洞窟の中で奇行に走り、首は狂ったようであった。フォイボスの縛りとこの神の頭帯とが、直立した彼女の髪から振りほどかれた。彼女は神殿の空白の場所を通り行き、頭をあちらこちらへと投げ出しつつあてもなく歩きまわり、彼女の通り道にあった三脚座をひっくり返した。彼女の中で強力な炎を沸き立たせつつ。……するとついに、泡を吹いた唇から狂気が流れ出ていく。彼女は吐き気をもよおし、大きな唸り声をあ

げて、そして苦しそうに息をする。やがて彼女の悲しげなあえぎ声はおさまり、かくしてついに征服された処女の最後の言葉が巨大な丸天井を通して響きわたる。「おぉローマ人よ、あなたはこの大きな決定的闘いに参与していない。あなたは戦争の恐ろしい禍を逃れて、1人でエウボイアの海岸沿いの広い谷で平和に生きるであろう」。アポロンは、しかし、彼女の喉を絞めて彼女にそれ以上を語らせなかった。

しかしここでは、その記述に文学的な様式化があるということに気を留めなければならない。それは、この文言が実際に起きたことを報告していると安易に想定できないということを意味する。アポロンが「これまでそのように力強く完全に〔女予言者の〕身体に入り込んだことはなかった」(166f.)とルカーヌス自身が言うとき、そのことを明らかにしている。従って、この報告は実際に起きたことよりももっと劇的なのである。ピュティアが三脚座に坐って、その位置から静かに語っていた可能性の方が高い。ルカーヌスが地は「言葉に満たされた風を吹き出す」(83f.)と言うときに指し示している何か、その現象をはっきりと取り扱うために、古典時代は霊感に関する適切な理論を発展させていた。プルタルコスは、彼のデルフォイ対話篇において、以下の理論を提示する。端的に言えば、ピュティアの三脚座は地の割れ目の上に立っていて、かすかな水蒸気あるいは蒸気（ギリシア語で「霊」をも意味するプネウマ）がそこから立ち上がっていたということである。このプネウマがピュティアの身体に入り込んだときに、それは彼女に憑依し、彼女に予言を述べさせるために（この言葉のきわめて具体的な意味で）彼女に「霊を吹き込んだ〔＝霊感を与えた〕」のである (Plutarch, *Def. Orac.* 40 [432d–e]「しかし、予言の流れと息吹 [τὸ δὲ μαντικὸν ῥεῦμα καὶ πνεῦμα] は、最も神的で神聖なるものである。それがただ空気のかたちで立ち昇ろうが、あるいは、湿気に伴われて立ち昇ろうが、そうである。なぜなら、それが身体に入り込むときに、魂に通常でない稀な状態を作り出すからである」)。しかし、この理論も支持できない。デルフォイの発掘では、三脚座の下に蒸気を起こすことを可能としたような割れ目は実証されなかった（Maass 7 参照）。カスタリアの泉から湧き出す水にある予言的な力、あるいは、月桂樹の葉を嚙むことによって生じる幻覚作用に基づく理論にもほとんど根拠はない。

それでは、ピュティアの霊感の起源はどのように説明できるであろうか。

彼女の知識の源は何であったのだろうか。プラトンの言うところの、あらゆる魂が予言的要素を持っている（*Phaedr.* 20 [242c]）というのを思い起こすことによって、この問いに取り組むことができるかもしれない。それは、たとえあらゆる人たちによって確実に実施されてはいないとしてもそうである。ピュティアが魂の例外的な状態を知っていたということは疑いなく想定してよい。しかし、そうした状態は制御されていた。そのような状態を生み出し強化するに際し不可欠な寄与的要因は断食、沐浴、行列、特別な服装そしてその場の雰囲気といった付随的な現象であった。この他に、各々のピュティアの元来のカリスマ的な経験が、時が経つにつれ慣例化した。彼女は自分に何が期待されているかを知っていたし、半意識的に有益な回答を作り出したのである。ただし、託宣に関わる祭司たちや解釈者たちの仲介的活動も見落とすことはできない。それは直接的な操作にまで至った可能性もある。

(c) 託宣に対してなされた質問とその回答

ピュティアの回答はたいへん多様であった。その多様性は用いられる言葉の様式や理解のし易さの度合いに起因する。そのどちらの要素も、時の経過とともに変化していったようである。プルタルコスは、なぜピュティアが彼の時代になって、かつては明らかに規則であったように韻文にはもはやよらず、散文で語るのかという問いについて、彼の対話篇の中で特別に論じている（『ピュティアの託宣について』）。同時に彼は、人々がかつては託宣の言葉が曖昧であることを非難していたのに、彼の時代になると、託宣の過度の簡潔さをあげつらうことに嘆息している。彼らは「占いの技巧としての謎かけ、寓喩そして比喩、それらは真理の投影に過ぎないのだけれども、それらを再び目にすることを思慕している」（*Pyth. Or.* 30 [409d]）。前ソクラテス時代のヘラクレイトスは、託宣の言葉を注目すべき仲介的な立場に位置づける。「デルフォイの託宣に属する主［すなわちアポロン］は［公然とは］語らず、［完全には］隠さず、示徴する（σημαίνει）のである」（FVS 22в93）。

これまでに示された典拠を要約すると、言語表現は理解不能の口ごもりから技巧的な韻文にまで及び、象徴の中に暗号化された発言もあれば誤解の余地のない簡潔な指示も、そのどちらも含んでいる。謎めいた発言の方が神殿に仕える者たちの見地からは好都合であった。解釈のためにはピュティア以

第Ⅲ章　民間信仰：概観——占星術、占い、奇跡、魔術

外の誰かに頼る必要があり、聖域では、料金を取ってのことだが、託宣の専門的釈義家が利用できたのである。

漠然とした言述のいくつかは有名になった。そして、それはさらなる段階にわれわれを導く。すなわち、どのような問題が託宣に持ってこられたのかということである。デルフォイの特別な事例においては、保存されている問いのいくつかは広く影響力のある政治的決断に関わるものであった。戦争を始めるべきか否か、休戦するべきか、同盟を結ぶべきか、前進してくるペルシア軍に直面してどうすべきか。そのような事例はたいがい著作家たちによって言及されている。ヘロドトスは、デルフォイからの 50 以上の、また、その他の 17 の場所からの 40 以上の託宣の言葉を引用している。しかしながら、ここでは、それらの託宣の真正性を確証することがかなり難しいという問題がある。それらは公式な手続きで記録されていたかもしれないが、そのような証拠はすべて失われている。それは、託宣が歴史家に書きおろされる際に、「事後予言（*vaticinia ex eventu*）」をでっちあげることを容易にした。それでも、これらの留保にもかかわらず、最も知られているエピソードの 2 つについてここで言及しよう[17]。

第 1 の事例（Herodotus, *Hist.* 1.46.2–53.3）は、落とし穴のある質問を携えた使節団をギリシアとリビアの各地の託宣所に送ったリュディアの王クロイソスに関わるものである。デルフォイからの返答は彼を納得させるものであった。すなわち、彼がペルシアに対する戦いに進むべきかどうかという決定的な質問がデルフォイとアンフィアラオス（上記参照）のみに向けられた。返答は次のようであった——もし彼がこれを行えば、彼は巨大な帝国を滅ぼすであろう。クロイソスはペルシアに対する軍事作戦を実行に移したが、彼は天下分け目の戦いで倒れた。彼は本人が想像したようにペルシア帝国を滅ぼすことはなく、自分の帝国を滅ぼした。彼は、託宣の言葉の両義性にもっと注意を払うべきだったのである。

第 2 の事例（Herodotus, *Hist.* 7.140.1–143.3）では、アテーナイの人々が、前 480 年クセルクセス軍による脅威を受けていたときに、デルフォイに尋ねた。最初の予言は好ましくない運命の通達に思われた——あらゆる抵抗は徒

17　Fontenrose はその 2 つの託宣の指示のうち最初のものを「真正でない」、第 2 のものを「疑わしい」と分類している。

労であり、惨禍は避けられないであろう。最初こそ衝撃を受けたものの、この都市の使者たちは辛抱強かった。そしてピュティアの新しい応答が、彼らのあらためての質問に与えられた。これは打ち倒されずに残るであろう「木の壁」に関する謎めいた言及を含んでおり、「サラミス、神の島よ、あなたは女たちの子らを完全にうち滅ぼす。デーメートルの種蒔きのときであるにせよ、あるいは、収穫のときにであるにせよ」という言葉でもって結ばれていた（141.3f.）。民会では相反する意見が衝突していた。託宣の専門的な解釈者、いわゆるクレースモロゴイは、この結びの句はもし海戦が行われればアテーナイは打ち破られるということを意味していると解釈した。多数派がもうひとつの選択肢すなわち「戦いのために船を装備すること、これらの船が木の壁なのだから」（143.2）というのを受け入れるよう説得するのに、テミストクレスは決定的な役割を果たした。周知のとおり、これはサラミスの海戦における勝利という結果に終わった。託宣の言葉はここでは、政治的意見が形成される複雑な手順に織り込まれているように見える。

　常にそのような広範囲にわたる問題が持ち込まれていたわけではない。しばしば、ごく日常的な問題やさして重要でないように見える問題が取り扱われていたし、デルフォイがそれらを軽んじることもなかった。プルタルコスの時代にデルフォイでアポロンに向けられた典型的な問い合わせは以下の通りであった。結婚すべきかどうか、出帆すべきか、あるいは、農業に従事するべきか、外国へ旅に出るべきか（*E ap. Delph.* 5 [386c]; *Pyth. Or.* 28 [408c]）である。ドドーナのゼウスの託宣所で発見された小さな鉛の書字板は、個別の事例を保存しているため、日常生活に関して神が身を低くして関わっているという認識を示している（SIG 2/793–8）。

> モンダイタイの都市国家は、ゼウス・ナイオスとディオネーに、テミストクレスの金について、それが支払われうるか、そして彼にその金を貸し付けることがよいかどうか尋ねた。

> ヘラクレイデスはゼウスとディオネーに、幸運を授けてくれるように頼み、また、子について何事かを、すなわち、彼は現在彼が妻としているアイグレーから子を得ることができるかどうか、についてこの神から聞くことを望んだ。

第Ⅲ章　民間信仰：概観——占星術、占い、奇跡、魔術

ニコクラテイアは、健康を取り戻し病から解放されるために、どの神に犠牲を捧げるべきか知りたいと願う。

リュシアノスは、ゼウスとディオネーに、アンニュラが身ごもっている子が自分の子であるかそうでないかを教えてくれるよう願う。

都市の中で家と土地の一角を買うことは、私にとって有利であり、もうけになるでしょうか。

リュシアノスの出した問いについて、ルックは適切に所見を述べている。「託宣は常に容易なわけでもなかった。自分の妻が待ち望んでいる子の父親が自分であるのか確信できない男に何と言うべきであろうか。伝統的な託宣の様式による不明瞭な返答でさえ、家庭の悲劇に終わり得たであろう。その結婚関係を救うためには、託宣はその男に『それはあなたの子である』と言う以外の選択肢はなかった」[18]。

家庭での利用を意図した古代後期の託宣書を読むとき、さらになお深く日常生活に歩を進めることになる。その第1部では読者が自分に適したものをその中から選択できるいくつかの質問が収録されている。第2部では各々の問いに対して10の回答が提示され、そのいくつかは、事実上役に立たないものであった。無作為の可能性を生じさせるものも含めた複雑な計算体系は、読者を適切な回答へと導いた。託宣に問われた質問の抜粋には次のようなものがある（POxy 1477）[19]。

72 私は報酬を受け取れるか？
73 私は旅先に留まることになるか？
74 私は（奴隷として）売られてしまうか？
75 私は友人から利益を得るか？
77 私は（私の主人の）遺産として〔奴隷として〕相続されるのか？

---

18 *Magie*（リスト60）329.
19 ドイツ語訳を付したテキスト：J. Hengstl, *Papyri*（リスト4）162f.; M. Totti, *Texte*（リスト23）130–48にはパピルスに記された、託宣に向けられた質問集がある。

78 私は休暇を得られるか？
85 私は成功するか？
86 私は逃げ出すべきか？
89 私の逃亡の試みは妨害されるか？
90 私は私の妻から離婚されるか？
91 私は毒殺されるか？
92 私は遺産を受けとるか？

3. その他の概観

リスト67

H. D. Betz, 'The Problem of Apocalyptic Genre in Greek and Hellenistic Literature: The Case of the Oracle of Trophonius', in Idem, *Hellenismus*（リスト3）184–208.

P. and M. Bonnechère, 'Trophonios à Lébadèe: Histoire d'un oracle', *EtCl* 57 (1989) 289–302.

K. Buresch, *Klaros: Untersuchungen zum Orakelwesen des späteren Altertums*, Leipzig 1889, reprint Aalen 1973.

R. J. Clark, 'Trophonios: The Manner of His Revelation', *TPAPA* 99 (1968) 63–75.

J. Fontenrose, *Didyma: Apollo's Oracle, Cult, and Companions*, Berkeley 1988.

R. L. Fox, *Pagans*（リスト3）168–261.

H. Hommel, 'Das Apollonorakel in Didyma', in Idem, *Sebasmata: Studien zur antiken Religionsgeschichte und zum frühen Christentum*, vol. 1 (WUNT 31), Tübingen 1983, 210–27.

H. W. Parke, *The Oracles of Zeus: Dodona - Olympia - Ammon*, Oxford 1967.

—— *The Oracles of Apollo in Asia Minor*, London etc. 1985.

T. L. Robinson, 'Oracles and Their Society: Social Realities as Reflected in the Oracles of Claros and Didyma', in L. M. White (ed.), *Social Networks in the Early Christian Environment: Issues and Methods for Social History = Semeia* 56 (1992) 59–77.

最後の点は既にデルフォイから遠く離れたが、今度は託宣の場と実践に関する知識を、短く瞥見することによって深めることにする。小アジアのクラロスのアポロン託宣は、ローマ帝政時代初期にはとりわけ人気があった（例えば Buresch 参照）。そこで働いていた媒介者は、タキトゥスによれば（Ann. 2.54.3）、祭司であり、尋ねてきた者の名をただ聞くだけで洞穴に下りていき、そこで神秘の泉から水を飲んだ。その結果、彼は尋ねてきた者が託宣を求めて抱えてきたすべての懸念を言い当て、きわめて適切な回答を与えることができたという。ミレトスに近いディデュメイオン（Hommel 他参照）でも活発であったアポロンは、最も人気のある託宣の神であったが、当然ながらアポロンが唯一の存在だったわけではない。ドドーナのゼウスの託宣にはまさに言及したばかりである。ここで人々は、巨大な樫の葉がカサカサと擦れ合う音を、そして、時には鳩の鳴き声をも聞いた（後者の点については議論されている）。また、風によって気ままに揺れる鳴子が鳴らす銅鑼の響きを聞いた。クラロスとデルフォイでは霊感による占いが見出されるとすれば、ドドーナは、厳密に言えば、「技芸による」占いの部類の中に含められなければならない。というのも、そこで重要だったことは、自然に起きたしるしあるいは人的手段でつくられたしるしを解読し説明するために、あらゆる法則を用いることだったからである。しかし、これらや（その中からクロイソスが取り上げ、選ぶことのできた）その他の託宣について、より詳細な精査は行わないことにする。そのかわり、さらにいくつかの例証となる個々の事例を紹介したい。

(a) コロペーのアポロンの託宣

69 行もあり、託宣を主題とするものでは現在ある最も長い碑文は、前 100 年頃に遡る、テッサリア地方のコロペーにあるアポロンの託宣に関するものである。それに対する責任は約 35km ほど離れたデメトリアスという都市が担っていた[20]。託宣の数々の誤用が発生し、そのために再編が必要とされているのは明らかであった。それは市民団によって進められた（第 1–8 行目）。「思想的な序説」（第 8–17 行目）は、託宣の由緒ある古さとそれが恩恵を授

---

20 本文は SIG 3/1157 = LSCG 83. G. Luck, *Magie*（リスト 60）332f. 参照。

けた、健康と安寧（ὑγίειαν καὶ σωτηρίαν）に対するはっきりした効果をもたらしたことを想起させる。

　厳密な意味での法令（第17–63行目）には必要な人員が一覧されている。そしてどのようにそれが実践されるかについての指示が続く（第63–69行目）。そこにはアポロンの祭司、都市のストラテーゴイ〔行政長官〕の1人、法の番人である者の1人、さらには議会の議員、会計係、神の書記官（γραμματεύς）、「予言者」（第22行目）といった者たち、また、秩序を監視するために給料が支払われた3人の男たち（彼らは務めに現れなければ罰金をとられる）が見られる。その手続きは2日間かかる。初日には、彼らは列を成して都市から神殿まで35kmの道を行く。夜をその神殿で過ごし、翌日家に戻る。神殿に到着していけにえの奉献をつつがなく終えると、書記官は白い板に託宣を望む者たちの名前を書き付ける。それから、彼は神殿の前にその者たちを整列させて、1人ずつ呼び出す。その際には幾人かが持つ託宣の優先権（promanteia）が尊重される（第36行以下「最初に入る権利を持つ者がいない限り」）。残念ながら、その次に何が起こったのかはたいへん不明瞭なままである。というのもテキストの翻訳と解釈はひどく分かれているからである。第38–49行目は次のようにある。

　　さて、上述の者たち［役人、あるいは助言を求める者たち？］は神殿に座る。白い着物で正装し、月桂樹の冠を被り、清くかつ食を慎む、そして、託宣を授ける者、あるいは託宣を求める者（?）から［παρὰ τῶν μαντευομένων］板を受け取る。だが、託宣を授けるプロセス［τὸ μαντεῖον］が終わったならば、それらの板は器に投げ入れられ、ストラテーゴイと法の番人たちの封印で、また、同様に祭司たちの封印でもって封印されて、それは神殿に留め置かれねばならない。夜明けとなると、神の書記官はその器を持ちこみ、上述の者たちに封印を示した後に、封印を破り、リストに書き記された者の各人の名を順に呼び、その者たちに各自の板を渡す。

　次のことまでは確実である。託宣へ出された問いが、鉛もしくは蠟の引かれた小さな板に刻み込まれた。それはおそらくある決断についての簡潔な問いであった。私はこうすべきか、あるいはこうすべきでないか。託宣はその

板の上にはい／いいえという答えが現れるかたちで授けられる。以下でアボヌテイコスのアレクサンドロスの事例を見る際に、これがどのように技術的に達成されていたか耳を傾けることにする。大きな問題は、これがいつ行われたかということである。ひとつの可能性としては、板が封印された器の中にある夜間に回答が記され、託宣は翌朝に授けられたということがある。しかし、板は既に初日の夕刻に手渡され、おそらく決定のために籤が引かれ、回答が板の上に書かれ、そしてそれが封印されて助言を求める者たちに戻されたということも同程度に可能である——それらを後に集めて封印された器の中に入れたということの重要な点は、緊張を翌朝まで維持するためであったろう。神域で行儀よく座している訪問者の群衆によって維持されていた緊張である。このテクストにおいて後に続く誓いに関する規則（第51–63行目）は、様々な封印の利用について補足し、そうしてあからさまな操作の疑惑を排除するためのものである。

(b) レバデイアのトロフォニオスの託宣

レバデイアはデルフォイ近郊、その都市からおよそ30km東に位置する。トロフォニオスは、ボイオティア地方の古代の英雄であった。神話によれば彼はアポロンもしくはゼウスあるいは別の神の子である。彼は託宣の場として供される地下の洞穴で死んだと言われている。彼の託宣は、原始古代からローマおよびキリスト教の時代に至るまで継続した。デルフォイへの地理的近接さにもかかわらず、競合が繰り広げられることはなく、また、デルフォイがレバデイアを抑圧するということも決してなかった。その理由は一部、託宣の授与の手順が全く異なっていたことによる。レバデイアでは、託宣を求める個々人自身が霊感を受ける媒体となった。ただし、その人はそのために個人的に対価を支払わねばならなかったのではあるが。これについてのパウサニアスが与える情報（*Graec. Descr.* 9.39.5–14）は同時に、託宣がどのように受け取られたかということについて伝える古典的文書の中で最も詳細な記述である。その他の報告（Betz 参照）、とりわけプルタルコス（*Gen. Socr.* 21–2 [589f–592e]）は、ある者の関与する天空への旅といったさらなる資料でもって、基本的構造を充実させている。

託宣を求める者は、一定の日数を善きダイモーンと善き運命の女神（*Tychē*）に捧げられた建物で準備して過ごす（5）。いけにえとして捧げられた動物の内臓の検査は、託宣のための好ましい日付の識別を可能とする。すべてが順調に進めば、穴の上で雄羊を捧げる夜のいけにえが、洞穴への訪問者の儀礼開始を許可する最後の合図となる（6）。2人の13歳の少年が訪問者を川で清め、訪問者に油を塗る（7）。彼は2つの泉から、すべての過去を消し去る忘却の水、および、彼に次に起きることを把握するのを可能とする記憶の水を飲まなければならない。そして彼は古代の祭儀の像を崇拝する（8）。炉のかたちに似た託宣の場所への経路は、非常に入り組んでいる（9f.）。細いはしごが、青銅の格子を有する大理石の高くなった壇への接近を可能とする。その真ん中には人工の溝があり、地中へとつながっている。手に蜂蜜の焼き菓子を持って――それは間違いなく、地下に住む蛇のためのものである――、訪問者は滑降し、その後最初来たのと同じ経路をつたって帰る、ただし今度は足を最初にして（11）。これが達成されると、祭司たちは彼を想起の座に座らせて、彼に何を経験したかを尋ねる。その回答は個別の形式をとる。それから縁者たちが、経験したことのゆえにまだ茫然としている訪問者をこのテクストの冒頭で述べた建物に連れて行き、そこで彼は意識を回復させる（13）。彼は彼が洞穴の中で見聞きしたことを板に書き付け、その板を聖所に納める（14）。パウサニアスは洞穴に留まる時間については言及していない。これは1日から1週間まで続くことがあった。

ここで、母なる大地の子宮にまで入り込みそして再生するといった、心理学的説明を避けることはできない。トロフォニオスの託宣が人の精神に大きな衝撃を与えることによって営まれたことは明らかである。託宣を受ける手続きに服する者は、必然的に極限的な心理状態に導かれた。幻覚が生じ、抑圧されていたものもしくは無意識にあったものが表に浮かび上がり、死の予感も起きる――人格全体が強烈な試練に晒され、すべてが順調に進めば、これは託宣所への訪問者を確実に豊かにしたことだろう。

(c) アボヌテイコスのアレクサンドロス

リスト 68

H. D. Betz, *Lukian*（リスト 3）57–9, 224f. その他各箇所

M. Caster, *Études sur Alexandre ou le faux prophète de Lucien* (CEA), Paris 1938, reprint New York and London 1987.

S. Eitrem, *Orakel und Mysterien am Ausgang der Antike* (AlVi NF 5), Zurich 1947, 73–86.

R. L. Fox, *Pagans*（リスト 3）241–50.

A. M. Hannon, *Lucian*, vol. 4 (LCL 162), Cambridge, Mass. and London 1925, reprint 1961, 173–253.

R. MacMullen and E. N. Lane, *Paganism*（リスト 4）119–37（英訳）.

H. R. Remus, *Pagan-Christian Conflict over Miracle in the Second Century* (PatMS 10), Philadelphia 1983, 159–81, 203f.

U. Victor, *Lukian von Samosata: Alexandros oder der Lügenprophet* (Religions in the Graeco-Roman World 132), Leiden 1997.

O. Weinreich, 'Alexandros der Lügenprophet und seine Stellung in der Religiosität des II. Jahrhunderts n.Chr.', *NJKA* 47 (1921) 129–51.

アボヌテイコスのアレクサンドロスについて情報を伝えているのはとりわけルキアノスの論争的な『アレクサンドロス』である。その書物は後180年より後に書かれたものであり、後150年頃に起きた出来事を記しているが「とうてい客観的な歴史的叙述とは思われない」（Weinreich 129）。ルキアノスとアレクサンドロスは個人的に激しくいがみ合う敵対者であった。ルキアノスが、彼を私的な託宣でもって恥も外聞もなく人々を欺く詐欺師またぺてん師として描き出すのはそうした理由による。ルキアノスの記述から風刺と論争の要素は取り除かれなければならない。それで残ったものは、託宣で扱われる繁盛する商売についての価値ある洞察へと導く。アレクサンドロスの民衆の間での成功は、彼の死後にも続いたほかの証言によると「その予言者と彼の神は、確かに何らかの意義を持ち、彼自身の時代およびその後の時代に確かに何らかの宗教的価値を伝えている」（Weinreich 151）ことを示している。ルキアノスは自著の冒頭（8）で、託宣のわざが依拠する心理的・社

会的諸前提について鋭い分析を提示している。

　　すなわち、容易に理解できるように、希望と恐怖は、人間の生を支配する２つの巨大な専制君主であり、これら２つを適切に取り扱う術を知っている者は、富者になる最短の手段を見つけたということになる。さて、彼ら［すなわちアレクサンドロスと彼の従者たち］は、おそらく次のことを見抜いた。すなわち、希望を持つ者たちや恐れを抱く者たちにとって、前もって将来を知ることよりも重要なものはないこと、それゆえに人がそれ以上熱烈に欲するものはほとんどないことである。古来よりデルフォイやデロスやクラロスそしてブランキデス［ディデュマのアポロンの託宣への言及］を豊かにし有名にしたのはまさにこの欲求であった。

　人間の必要のこの状況を金儲けの手段に変える意図をもって、アレクサンドロスは長い留守から、黒海の南岸に位置する彼の故郷アボヌテイコスに帰った。彼は放浪の地から、非常に大きなおとなしい蛇を一緒に持ち帰ってきた。そして彼は人間の頭に似せた張子の頭像を作り、口を紐で動かせるようにした。しかし、彼は最初その２つとも隠しておく。なぜなら、彼はこの都市にアスクレピオス神が到着したという演出で始めることを望んだからである。これを行うため、彼はガチョウの卵を取って、その中身を空にした。そして、その卵の中に生まれたての小さな蛇を入れて、それを蠟で再び繋ぎ合わせ、それを建物の敷地にあった溝に溜まっている泥水の中に置いておく。翌朝、彼は予言者の恍惚忘我（エクスタシー）によって気が触れた人のようにして都市の中を走り回り、卵を発見した（14）。

　　彼は卵を高く掲げて叫んだ、「私はここにアスクレピオスを見つけた！」水の中に見つけられた卵に既に非常に驚いていた善良な人々は、次に何が起きるのか見ようと期待にあふれて彼の方を見上げた。すると、彼は卵を手をくぼめた中で割り、小さな生まれたばかりの蛇を取り上げ、蛇が頭をもたげて彼の指に巻きつくのを見ると、人々はすぐに大きな叫び声を挙げて、神の到来を歓迎し、都市は祝福されていると賛美した……。

　数日後、アレクサンドロスは、彼に会うために押し寄せて来た人々に、小

さな仄暗い部屋で会見した。小さな蛇はその間に尋常でない大きな蛇に変化していた。その大きな蛇は、アレクサンドロスが蛇の上に取り付けておいた人の頭部のようなものが彼の右肩の上に現れるような仕方で、アレクサンドロスの身体に巻きついていた。その蛇はグリュコンという名を与えられた。この予備的宣伝キャンペーンの後、アレクサンドロスは彼の託宣の実践（19）を開始することができた。

　　アレクサンドロスは、神［すなわちアスクレピオスの役割の蛇グリュコン］が託宣を授けること、また、そのための特定の日付を彼は定めたことを、彼のもとに訪ねてきたすべての者たちに語った。それと同時にアレクサンドロスは、各自が小さな板の上に知る必要がある事柄や最も願っている事柄を書き、その板が彼に渡され、それが紐で縛られ、蠟か粘土あるいはそれに類似する何かで堅く封をされなければならないと命じた。これが行われると、予言者である彼は神殿の聖所の中に——これは今や完成されて、かくしてこの場面が設けられたのであるから——板を携えて入って行くのだった。使者と神学者を伴い彼が出て来たとき、彼は順番に1人1人を呼び出すのだった。今や、各々が自分が書き付けた板を、破損しておらず各々がアレクサンドロスに渡したのと同じ状態で返却されるのだった。それと同時に各々は、質問に対して神の回答が、韻文の様式で板に記されているのを見つけるのである。

　これは、コロペーのアポロンの託宣（上記（a）を参照）を想起させる。ルキアノスは実際に起きたと信じていることを迷いなく読者に伝える。事実、彼はどのようにして破損することなく封を開けることができるか、その正確な指示に精通している（21）。赤く熱した針、石膏の練り粉や製本屋の糊の利用、また、それに似た方法がそうである。アレクサンドロスが非常に巧みにわざを行っていたため、ルキアノスは託宣の言葉の内容について彼の敵対者〔アレクサンドロス〕は尊敬に値すると認めている。彼は「環境と蓋然性の原則と」に従い、「多くの問いに対し振れ幅のある不明瞭な回答を、さらには、全く意味不明な回答を与えた」。ある者たちには質問を提示することを脅しをかけて思いとどまらせたが、しかし別の者たちには質問を提示するよう鼓舞した。彼は「膨大な医学的知識を有していたので、薬と生命の摂生」

の処方箋を与えた (22)。

　各々の託宣の価格は1ドラクマと2オボロンであった。年収は8万から9万ドラクマにのぼった。しかし、それは長期的観点からすれば不十分であった。その結果、アレクサンドロスは新しい収入源を見つけなければならなかった。なぜなら、彼の商売は不断に拡大し、ますます多くの人員を必要としたからである。「というのは、彼は助手や係りの者、使者、託宣師、記録係、封印士、解釈者らから成るとめどない集団に報酬を支払ったし、その任務と功績に見合った形で各々に支払わねばならなかった」(23)。ここでこれらの用語で正確にどのような務めが、示されているかを調べる必要はない。それらの用語のいくつかはかなり注意を引く。この託宣の商売の概略を見極めることで十分である。

　さらに大きな印象を生み出し、より多くの収益を得るために、アレクサンドロスは人間の頭部を取り付けた蛇に直接的に託宣を告げるようなこともさせた (26)。ルキアノスによると、それは隠された管の助けを借りて、隣部屋でその管の中に話す助手の声を伝えたのであった。この託宣発言の形式は固有の名称を持っている。それらは「自声的」な託宣である、すなわち、神が媒介者を用いることなしに神自身の声で語る。

　アレクサンドロスは、彼のもとにやって来た人々に対し「クラロスへ行きなさい、私の父の声を聞くために（グリュコンがアポロンについてそう語っている）」あるいは「（ディデュマにおける先見者たちの名家）ブランキデスの聖所で神の言うことを聞きなさい」(29) といった託宣の言葉で、彼のもとにやって来た多くの人々を送りこみ、クラロスやディデュマといった誉れ高い託宣の場を自分の味方に引き入れようと試みた。

　アレクサンドロスに向けられた問いの多くは、質問者自身について多くのことを明らかにするもので、それゆえ、彼らにとっての危険をはらんでいた。ルキアノスによれば、アレクサンドロスはその商売の領域を恐喝行為にまで広げていった (32)。彼はエピクロス派 (43–7) とキリスト教徒が彼の最大の敵であるとみなしていた。というのは、どちらの集団も彼の託宣のわざを信じるのを拒んだからであった。それが、アレクサンドロスが制定し、聖婚の劇的描写をその他の要素の間に組み込んだ、3日間にわたる密儀的祝祭から彼らが除外されていた理由である (38f.)。ルキアノスが彼を男色と姦通の廉で訴えている (41f.) のは、驚くことではない。ルキアノスは、匿名

で諸質問をまとめ、決して破ることのできないような仕方で封をしたために、伝えられるところによれば、アレクサンドロスから暗殺を企てられるほどまで（56）の宥め難い敵意をかった。ルキアノスが受け取った回答は、彼の予期していた通り、全く意味のないものであった（53f.）

ルキアノスの論争の第 61 項では、ここに与えられている印象を豊かにする、その他の多くの詳述が収録されている。しかし、アレクサンドロスによって提供される助けの類を得るために人々を動かしえた、諸々の動機を把握する彼の慧眼だけを思い起こして、結ぶことにする。その序論では（8）、ルキアノスは――ほとんど宗教の機能主義的現代理論の範疇で――ルックによる古代の託宣に関する概略的観察からそうかけ離れることのない洞察を述べている。「占いが精神療法の一形態であったことを忘れてはならない。それは、多くの超自然的な諸力を信じた人々を助けて彼らの恐れに対処させ、考えられるすべての可能性が出し尽くされた際に、彼らに決断を下すよう駆り立てたのである」[21]。

4. 託宣の集成：シビュラたち

リスト 69

J. J. Collins, 'Sibylline Oracles', *OTP* I, 317–472.

――― 'The Development of the Sibylline Tradition', *ANRW* II/20.1 (1987) 421–59.

J. D. Gauger, *Sybillinische Weissagungen* (TuscBü), Düsseldorf 1998.

J. Geffcken, *Die Oracula Sibyllina* (GCS 8), Leipzig 1902, reprint Berlin 1967.

V. Nikiprowetzky, *La Troisième Sibylle* (EtJ 9), Paris 1970.

H. W. Parke, *Sibyls and Sibylline Prophecy in Classical Antiquity*, ed. B. C. McGing, London and New York 2nd edn. 1992.

D. S. Potter, *Prophecy and History in the Crisis of the Roman Empire: A Historical Commentary on the* Thirteenth Sibylline Oracle (Oxford Classical Monographs), Oxford 1990 (with a valuable introduction).

R. J. Quiter, *Aeneas und die Sibylle: Die rituellen Motive im sechsten Buch der*

---

21 *Magie*（リスト 60）327.

Aeneis (BKP 162), Königstein 1984.

A. Rzach, 'Sibyllen, Sibyllinische Orakel', *PRE* II/2 (1923) 2073–183.

G. Wissowa, *Religion*（リスト 2）536–49.

(a) シビュラの形姿

この世界の終わりと最後の審判について叙述する中世の韻文の続唱『怒りの日（*Dies Irae*）』の最初の節に、このような語が見出される、'Teste David cum Sibylla'「ダビデとシビュラの予言」。このシビュラとは何者であろうか。そして、なぜ彼女は突然ダビデ王の傍に立ち、さし迫った運命に関わる女予言者という役割を引き受けているのであろうか。『怒りの日』はギリシア・ローマの、ユダヤ教の、そしてキリスト教の諸伝統が、それらの継続的で重層的に影響を与え合った長い発展史の最終形態を示している。そしてその脈絡において、託宣集という文学的類型に出会うこととなる。これは次いで、新しい託宣を供給する目的で利用されることもあった。

語源学的な用語で説明するのが実質的に不可能である「シビュラ」という概念は、おそらく特定の人物を指す固有名称であったものが、ある類型を指示するものへと展開したのである。シビュラは、その時々に生じる幻視の才を持った高齢の女性であったと思われる。彼女はひとつの託宣の場に結びつくことはなく、彼女に明示的に質問を向けられることもない。恍惚状態で彼女は災難をもたらす予告的しるしと大災害とを予言する。彼女の好みの居在地は、崖にある洞穴であった。プルタルコスの『ピュティアの託宣について』6 (397a) で引用されたヘラクレイトスの言説がどこで始まりどこで終わるかを、正確に決定することは不可能であるが、いずれにせよ、それはシビュラの名を含み、彼女の特別な精神状況について語っている（FVS 22B92）[22]。

だがシビュラはヘラクレイトスによれば憤怒（μαινομένῳ）の口で、嘲笑することも、美化することも、あるいは飾ることもできないことを宣

---

[22] ヘラクレイトスの正確な言葉遣いの再構成の問題については G. S. Kirk, J. E. Raven and M. Schofield, *The Presocratic Philosophers*, Cambridge 2nd edn. 1983〔カーク／レイヴン／スコフィールド『ソクラテス以前の哲学者たち』内山勝利ほか訳、京都大学学術出版会、2006 年〕の基礎研究を参照。

告するが、彼女はその声で数千年を越えて到達する、神を通して。

　ホメーロス作品中のカッサンドラはトロイの町の破壊を予言するが、彼女はこの表現型に相当正確に一致する。ただし、彼女は「シビュラ」という名前を帯びていない。ヘラクレイトスの後、次にこの名称に関する知識を示すのはプラトンである。彼は『パイドロス』の中でシビュラの予言について語っている（22 [244b]）。ヘラクレイトスの引用によると、シビュラの口を通して語る神とは、託宣の神であるアポロンに他ならない。プルタルコスは最初のシビュラの活動の場所をデルフォイであると同定している。そこで彼女は、伝えるところによるとプルタルコスの時代にはまだ見ることのできた岩の上に座り、そして予言をしていた（*Pyth. Or.* 9 [398c]）。シビュラたちは、制度化されたデルフォイの託宣に対する競合者として活動したけれども、その託宣所に対しては明確な親和性を示している。デルフォイとの脈絡においてパウサニアスは、アテーナイ人たちが将軍たちの反逆に起因する戦争で打ち負かされると予言したシビュラの声明を再掲している（*Graec. Descr.* 10.9.11）。

　　そうして高みから雷鳴を轟かせ、その力の偉大なるゼウスは、アテーナイ人たちのために嘆かわしい危害を与えようとした。すなわち、戦争をもたらす船々に、戦いと闘争を、それらが彼らの守護者の弱さゆえの不実な振る舞いで滅びるときに、というのである。

　古典期の著者たちに言及されるシビュラの人数は急速に増大する。そのため、後世の著作家たちは10までのぼる名前を含む一覧を用いて、諸々の事柄を整理しようと努めた。ただし、これらの一覧がその集団のすべての代表者たちを含めていたわけではない。これらのシビュラが歴史的に実在していたかどうかは全く明らかではない。存在している託宣集を正当化しようと試みて、その諸々の託宣の作者としてそれらをシビュラに帰したというのもありそうなことである。（歴史的であれ架空であれ）きわめて有名なシビュラの中には、ギリシア人たちの間でエリュトライのシビュラ、ローマ人たちの間でクーマエのシビュラが見出される。ウェルギリウスは後者の存在に関していくぶん例外的な描写をしている。それは次いでルカーヌスの『ファルサ

リア』（上記参照）における、デルフォイの若きピュティアに関する描写の文学的な手本となった。アエネアスは彼の未来を指し示すであろうシビュラの言葉を求めて、クーマエで尋ねた。その言葉を得るために、彼女は数百の竪穴のある岩山の中の巨大な洞穴を訪ねて、アエネアスにとって危険な進路を予言する（Aen. 6.98–101）[23]。

> そのように、聖なる場所からクーマエのシビュラは言葉を発した。ぞっとするような抑揚ある声が真理を包み込む暗闇のその洞窟の周囲に反響する――彼女が激怒するとアポロンはその手綱をさばき、そしてその心の下に拍車をかけた。

それからシビュラはアエネアスに地下の世界への道を案内する。そこでのみ、彼は決定的に重要な情報を得る。『オデュッセウス』の「冥府行（ネキュイア）」のように、託宣に尋ねることの別の形態、すなわち託宣を授けるかもしれない死者を召喚する、いわゆる降霊術がここでは関わっているが、このことは個別に議論はしない。

(b) シビュラの予言すること

ある伝説は、クーマエのシビュラがローマの初期時代にタルクィニウス・プリスクス王に9巻の託宣の書を提供したと伝えている。王がそれらを買うのを拒否すると、彼女はその書物のうち3冊を燃やして、残り6冊について同じ価格を要求した。彼が再び拒否すると、彼女はさらに3冊を燃やした。王は好奇心に駆られて最後の3冊をその満額で購入することにした。シビュラの書物はカピトリウムの丘にあったユピテル神殿の地下保管庫で保存されていたが、前83年の火事で神殿もろとも焼失した。そこで、ローマの〔元老院〕委員会はシビュラが活動したと考えられていた各地を訪れ、文書の写しをそれらの場所から持ち帰った。それらの写しが新しい託宣集の核を形成することになった。その探索は新しいシビュラ文書作成のための強力な刺激

---

23 翻訳は H. Rushton Fairclough, *Virgil*, vol. 1 (LCL 63), rev. edn. Cambridge, Mass. and London 1967; Quiter も参照。

であったに違いない。アウグストゥスは焼けたシビュラの書の断片のみならず、予言に関するあらゆる匿名の書物を手にしていた。彼はパラティウムの丘のアポロン神殿の中に清められた収集を持って来て、神像の台座の下に置いた（Suetonius, *Aug.* 31.1）。

ティベリウス帝治下のさらなる抑制策もあったが、シビュラの託宣は後5世紀初頭まで利用され続けた。他の前兆が明確な情報を提供しないが、しかし決断がくだされなければならないとき、シビュラの託宣は最後の頼みの綱であった。託宣の書が開かれる前には、元老院の正式な決議が必要とされた。そしてその務めは共和政時代後期からクインデキムウィリ（*quindecimviri*〔15人の男〕）という祭司集団に委託された（上記第Ⅰ章A, 4参照）。ティブルスはその集団の新しい成員を指名する際に、挽歌のひとつを作っており、彼は、アポロンが彼女を導いているから、「六脚韻の詩句で隠れた運命を述べるシビュラは、これまでローマ人たちを裏切ったことが決してなかった」と述べている（2.5.15f.）。

それらの託宣は十中八九、次のようにして与えられた。漠然と重なり合って積み上げられた託宣の書の一葉を無作為に取り出し、そこで見出されたその文言を拘束力ある情報としてみなす、というものである。そのテクストを必然的に現状へ適応させねばならないということは、祭司集団に対して解釈に対する十分な活躍の余地を与えた。専門家に助言が求められた後に、次にすべきことについて決断しなければならなかったのは再び、元老院であった。その結果はしばしば、神宴（*lectisternia*）のような新しい儀式、あるいは小アジアの地母神祭儀などの新しい形態の宗教の導入となった。その希望は、その不興が危機の原因とみなされた、神々との和解を達成できることであった。同時に、心配性の民衆は気を紛らわせ、落ち着くことができた。

これらのローマのシビュラの書は何も残っていない。14巻もしくは12巻（9巻と10巻は重複する、Geffcken, Gauger を見よ。Collins, *OTP* の英訳参照）のシビュラの予言の収集は確かにある。しかし、現在の形の文書群は後5、6世紀に由来する。最終的な編集とそれより以前の改編はキリスト教的な観点に導かれており、他方、それに先行する古い部分はユダヤ教的な起源を有している。少なくとも、原型として用いられたいくつかの非ユダヤ教的なテクストが、第3巻に認められる。前2世紀以降、ユダヤ教はこの文学類型を継承して、一神教という大義を促進するため、ローマ帝国を攻撃するた

め、自分たちのメシア待望を表現するため、そしてまた、このような仕方で黙示的な待望をもまた表現するために、シビュラの託宣を造り出した。テクストを改編したキリスト教徒たちは、こうした傾向を採用し発展させた。とりわけ彼らの勝利を確信して、彼らはシビュラの口を通して異教のローマの壊滅を宣言する。

5. 夢とその解釈

リスト70

A. Bouché-Leclerq, *Histoire*（リスト65）I.277–329.

K. Brackertz, *Artemidor von Daldis: Das Traumbuch* (dtv 6111), Munich 1979.

D. del Corno, *Graecorum de re oneirocritica scriptorum reliquiae* (TDSA 26), Milan 1969.

――― 'I sogni e la loro interpretazione nell'età dell'impero', *ANRW* II/16.2 (1978) 1605–18.

G. Devereux, *Dreams in Greek Tragedy*, Oxford 1976.

E. R. Dodds, *Greeks*（リスト2）102–34.

R. L. Fox, *Pagans*（リスト3）150–67.

S. Freud, *The Interpretation of Dreams*, Harmondsworth 1976.〔フロイト『夢判断』上下、高橋義孝訳、新潮社、1969年〕

J. S. Hanson, 'Dreams and Visions in the Graeco-Roman World and Early Christianity', *ANRW* II/23.2 (1980) 1395–427.

C. G. Jung, *Traum und Traumdeutung* (dtv 15064), Munich 1990.

H. Klees, 'Griechisches und Römisches in der Traumdeutung Artemidors für Herren und Sklaven' in *Das antike Rom und der Osten (Festschrift K. Parlasca)* (ErF 56), Erlangen 1990, 53–76.

F. S. Krauss, G. Löwe, and F. Jürss, *Artemidor: Traumkunst* (Reclam Bibliothek 1409), Leipzig 1991.

F. Kudlien, *Sklaven-Mentalität im Spiegel antiker Wahrsagerei* (FASK 23), Stuttgart 1991, 68–81.

R. G. van Lieshout, *Greeks on Dreams*, Utrecht 1980.

P. C. Miller, *Dreams in Late Antiquity: Studies in the Imagination of a Culture*, Princeton 1993.

C. Morgenthaler, *Der religiöse Traum: Erfahrung und Deutung*, Stuttgart 1992.

S. M. Oberhelman, 'Dreams in Graeco-Roman Medicine', *ANRW* II/37.1 (1993) 121–56.

A. Önnerfors, 'Traumerzählung und Traumtheorie beim älteren Plinius', *RMP* 119 (1976) 352–65.

S. R. F. Price, 'The Future of Dreams: From Freud to Artemidorus', *PaP* 113 (1986) 3–37.

A. Shankman, *Aristotle's* De Insomniis*: A Commentary* (PhA 5 5), Leiden 1994.

J. H. Waszink, 'Die sogenannte Fünfteilung der Träume bei Chalcidius und ihre Quellen', *Mn.* III.9 (1941) 65–85.

G. Weber, 'Traum und Alltag in hellenistischer Zeit', in *ZRGG* 50 (1998) 22–39.

(a) 夢の中での託宣と夢についての理論

奇跡的な治癒行為に関する前述の項目で、聖所にある睡眠の部屋における病人の睡眠（*incubatio*）時の夢については既に触れた。また、託宣との類似点も既に概観した。キケロは1冊全体にわたって諸々の夢、典型的な夢とその解釈に関わる小著を編み、これを占いに関する論説に組み込んだが（*Divin.* 1.39–65）、それはただ、その後にこれらの夢に当てはめられる範疇の各々を取り上げ、それらを論争的な力強さでもって破壊しようとするためであった（2.119–50）。プルタルコスは、夢のゆえに卵を食べるのもしばらく差し控え、オフィテスあるいはピタゴラス学派に加わっていたのではないかという疑惑に晒されていた（*Quaest. Conv.* 2.3.1 [635e]）。このプルタルコスは、夢への敬意に満ちておりそれらを、私たちの「最も古く、最も尊敬すべき託宣」と呼んでいる（*Sept. Sap. Conv.* 15 [159a]: πρεσβύτατον μαντεῖον）。ここで彼がしているのは、既に悲劇作家になじみのあった立場をとっているだけのことである。アイスキュロスの合唱歌は、夢を、求められず、お金も支払われなかった予言にたとえる（*Ag.* 979–81）。プロメテウスは夢の解釈を発見した人であるとして特に名前を挙げられている（*Prom.* 485f.）。エウリピデスにおいては、人間が夜の闇の中で眠っている間に、大地は夢で彼らに表象を送る

B 未来の予言としるしの解釈

ことで、その他の形の託宣を不必要にして、アポロンによるデルフォイの託宣の横奪に抵抗する (*Iph. Taur.* 1259–68)。

託宣の場合と同様に、夢の分類基準の設定も試みられた（高いレベルの明瞭度を持ったモデルについては Waszink 参照）。ここでは、夢について記された書物で、古代から残続する唯一のものを著したダルディスのアルテミドロス（およそ後 96–180 年）にしぼって議論する。彼はまず、ただ過去の日々からの残滓である諸断片を蒸し返すに過ぎない単純な夢（ἐνύπνιον）と、重要な何ごとかが見られる夢（ὄνειρος）とを区別する。その後、後者は「定理的」(セオレマティック) 夢と「寓意的」(アレゴリカル) 夢とに下位区分される (*Oneirocr.* 1.1f.)。定理的な夢は、表象(イメージ)とそれに関係している事柄とが相互一致しているためすぐに理解可能であるが、寓意的な夢は不明瞭な仕方でのみ意味されることを提示しており、それゆえ解釈を必要とする。アルテミドロスは幻想（φάντασμα）、幻視（ὅραμα）、託宣（χρηματισμός）を比較する。

重要な夢は天から送られてきたのであり、それゆえ託宣と同格であるというのが支配的な確信であった。しかしこの前提にあってさえ、夢はあてにならないものでありえた。ホメーロスによって物語られた最初の夢は、ゼウスによりアガメムノンに送られた明白な指令であり（*Il.* 2.8「さぁ出て行くがよい、悪しき夢よ。アカイア人たちの速き船々のもとへ」）、また、その夢はネストールの姿をとって彼に現れる (2.20f.「彼はネーレウスの息子ネストールの似姿で彼の頭上に立っていた」)。かくして、ギリシア軍は誤った方向に指揮され、その結果、彼らは早すぎた攻撃を仕掛ける。『オデュッセイア』ではペネロペーが最初は恐怖に慄く象徴的な夢を見る。1 羽の鷲が急襲し、彼女の愛する 20 羽の鵞鳥を殺す。彼女は前向きの解釈を信じようとする。すなわち、鷲はしつこい求婚者たちを追い払ってくれるオデュッセウスの帰還を表しているというように。しかし、彼女は夢とその解釈が何の部類(カテゴリー)に属するのか確信を持てない (*Od.* 19.560–7)。

> 思慮深いペネロペーは言う、「私の友である夢は扱いにくく、困惑させる。人々がそれらの中で見るすべてが実現するわけではない。これらの実体のない幻が私たちに到達するために通る門が 2 つ存するからである。ひとつは角の門、もうひとつは象牙の門である。刻まれた象牙の門を通ってくるものは、決して実現することのない空虚な見込みであって、私

たちを欺く。他方、磨かれた角の門から出てくるものは現実に起きるであろうことを夢見る者に知らせる」。

アルテミドロスはある一節においてこの優勢な見解から距離をとって、むしろ余談のように扱う。その際、彼は夢の中で見られることを、「魂の動きあるいは魂による多数の表象(イメージ)の創造作用」と定義する (Oneirocr. 1.2)。アリストテレスは『自然学小論集』における3つの小論 (『睡眠と覚醒について』、『夢について』、『夢占いについて』) で、この「進歩的な」洞察に根拠を与えた[24]。彼は夢がどのように生じるか、生理学的および心理学的に説明する。それらは神によって送り込まれたものではありえない。そして、自然界全体が精霊的な次元を有しているという意味においてのみ、夢は精霊的と言いうる (463b13–15)。他方で、アリストテレスは夢が医療的な診察のために固有の価値を保持しているとみなす (463a5f.)。夢の解釈への取り組みについて、彼は次のように記す。夢解釈の最たる熟練者は類似性を見つけることができる者である (464b7f. Artemidorus, Oneirocr. 2.25 も同様)。このことは、アリストテレスが比喩の生成についての文学理論を扱った自身の著作の中で述べていることを強く思い起こさせる。すなわち、それらは同様に、驚くべき類似性の関係に基づいている。夢の語りとその解釈も言語によって営まれる。事実、夢が日々の経験を集約することは隠喩的(メタフォリカル)な手続きに類似する方法で理解できる。そしてそのことは、現実と夢との領域を扱う際に、思いもよらない可能性を開く (例えば、Morgenthaler 174、「行為としての」夢は「異なる意味領域を結びつけるのであり、本質的に隠喩的(メタフォリカル)である。それらは模範的な仕方で意味を創り出し、その意味へと方向づけられている」)。

(b) 夢の解釈

夢の解釈は職業として実施されるとき、とりわけ象徴的もしくは寓意的夢をよりどころに為される。職業的団体は、『イーリアス』において夢の解釈法を理解していた老人に、初期の模範を見出した (5.149f.: ἐκρίνατ᾽

---

[24] P. J. van de Eijk, *Aristoteles: Parva Naturalia* II: *De insomniis, De divinatione per somnium* (Werke 14.4–5), Berlin 1994; W. S. Hert, *Aristotle*, vol. 8: *On Soul. Parva Naturalia. On Breath* (LCL 288), Cambridge, Mass. and London 1936, reprint 1975; Shankman も参照。

ὀνείρους)。神殿は彼らの仕事にとって好ましい場所のひとつであったと思われる。夢の解釈はオロポスのアンフィアラオスの聖所の解釈学者たちのお家芸のひとつであった。その聖所で託宣が求められた。アンフィアラオス自身は夢で託宣を授けることの方を好んでいたようである (Pausanias, *Graec. Descr.* 1.34.4f.)。その際、文書化されたものが助けとして利用できた。偉大なるアテーナイの政治家アリスティデスのある孫は、落ちぶれてしまって、「いつもいわゆるイアケイオンのそばに」座り、「夢についての小冊子の助けによって彼の生計を立てていた」(Plutarch, *Aristid.* 27.3: ἐκ πινακίου τινὸς ὀνειροκριτικοῦ)。ユウェナリスは、夢の解釈によってささやかな稼ぎを得ていた、あるユダヤ人女性を嘲っている。というのも、「ユダヤ人たちは人が望むどんな夢解釈も安価で与える」からである (*Sat.* 6.542–7)。

　ダルディスのアルテミドロスはこの職業の真面目で成功を収めた代表的な人物であった。彼は自分が収集し研究したところの彼以前の時代の著作家たちに言及し、同時に彼らを批判する（例えば 2.44f.）。彼自身の貢献は 5 巻を包み込むまでに大きく膨らんだが、その内の最後の 2 巻は彼自身の息子のためだけに著された。かつて栄えた文学類型のこの唯一の完全な手本は、歴史が経過する間に、多大な成功を享受した。フロイトやユングらまでも、1 度ならずアルテミドロスに言及する。彼の方法論は時折ごく単純なものとして描かれるが、これは正しくない。夢についての彼の書物は、特定の夢の象徴が表す固定した意味を調べることのできる単なる百科事典ではない。それとは正反対に、アルテミドロスは夢を見る者たちの特殊な生活事情について、できる限り完全な吟味を行うよう薦める。また、解釈者は各々の文化の特殊性について包括的な知識を得るべきである。というのは、同一の表象(イメージ)が異なる状況においては全く異なる事柄を意味し得るからである。また、アルテミドロスは人がどのように夢を研究すべきかについても、いくつかの示唆を与える。彼は（ユングのように）原型について語らず、また、（フロイトのように）夢の顕在的な内容とその背後にある潜在的観念との区別もしない。現代の読者は、アルテミドロスが夢を見る人たちの自由連想について語らないことにとりわけ注意する。自由連想はそれのみで、夢の検閲を克服し、無意識への道筋を開くことができる（そして、このことは文字による証明しか持っていない夢の報告を評価する際には慎重であるべきことを思い起こさせる）。アルテミドロスは長きにわたる研究に報いてくれる。というのは、彼

の解釈はしばしば社会史および宗教史にとって非常に有益な資料をほのめかすからである。

　ある有名な章は、いわゆるオイディプスの夢 (1.79) に関係している。夢の解釈において、人は秘義に関するすべてを細心の注意を払って扱わねばならない (2.37)。デーメテールとコレーに関わる夢は幸福を約束する。そして、サラピスとイシスに関わる夢は嘆きを約束する (2.39)。それぞれの神話の内容のゆえにである。ある人が書物を食べるという夢は、「語ることや書物を通じて自分たちの日毎の糧を得る人々にとっては朗報であるが、その他の誰にとっても、それは突然の死を予言するものである」(2.45)。奴隷が、自分が墓に運び出されているという夢を見るならば、これは彼がまもなく解放されるというしるしである。「死者はもはやどんな主人にも従属していない」(2.49) のであるから。シナゴーグに関わる夢は悲しみを示唆する (3.53)。通常心配に満ちた人々だけがシナゴーグに赴くのであるから、自分がエフェソにあるアルテミス神殿に入ってそこで食事を摂る夢を見た既婚の女性は死ぬことになる。なぜなら現実においては、彼女がそうすることは死刑をもって禁じられているからである (4.4)。アルテミドロスはある一節をもっぱら癒しの夢 (4.22) に、別の一節を周期的に起きる夢幻 (4.27) に費やしている。人が磔刑に処される夢は、その夢を見た人が名声と富とを得るであろうことを意味する。「『名声』を、なぜならば磔刑に処されている人は他の誰よりも高く上げられているのだから、そして『富』を、なぜならば彼は多くの鳥に餌を与えているのだから」(4.49)。女性らが竜を産む夢を見るならば、その息子たちは著名な演説家、秘儀の祭司、優れた予言者、抑制のきかないならず者、都市の大通りの強盗、逃亡奴隷、肢体の不自由な者になる (4.67)。「人が死者のためのいけにえや葬儀の食事に捧げる食物を見るとき、あるいは、人がその食物から食べるとき、もしくは、葬儀の食事がその人に給仕されるとき、何ひとつ良いことは意味されていない」(4.81)。ある者は蜂蜜に浸されたパンを食べる夢を見た。その人はたいへん深く哲学を学び、生活の知恵を提供することで沢山の金を稼いだ。というのは、蜂蜜は「確信をもたらす知恵の力を、他方、パンは人の生計を立てることを、ごく自然に意味していたからである」(5.83)。

　われわれはここでいったん終えなければならない。さもなければこの魅力的なわざに関する議論は1冊の研究書の規模をとることになろう。ここでは

アキレス・タティウスの小説『レウキッペとクリトフォン』から引用したある所見で締め括ることにしよう。というのは、それは天から送られる夢の意味を見極めることに関わる困難について考察しているからである。運命論者やストア派の世界観によれば、これらの夢はいずれにしても計画通りに事実上起こるであろう出来事を変えることはできないのだから（1.3.2f.）[25]。

しばしば精霊的なものは人間が寝ている間に彼らの将来について予言するが、それは彼らが自身を不幸から守るためにではなく——というのは、彼らはいったん永遠に決定されてしまった運命を克服することはできないのだから——、彼らがひとたびその目に遭ってしまったときに、もっと容易にそれに耐えるようにするためである。というのも、急速に、突然に、そして期せずして起こるそれは、突然に起きることで魂を麻痺させ、そして魂を不幸の氾濫の中に落とす。しかし不運の激しさは、惨事がわれわれを打ちのめす前に人がそれを待ち構え、前もって既にそれについて考えているという事実によって軽減される。

C 魔術

1. 外面的な現れ

リスト71

A. Abt, *Apuleius von Madaura und die antike Zauberei: Beiträge zur Erläuterung der Schrift de magia* (RVV 4.2), Giessen 1908, reprint Berlin 1967.

P. S. Alexander, 'Incantations and Books of Magic', in E. Schürer, *The History of the Jewish People in the Age of Jesus Christ*, revised edn. vol. III/1, Edinburgh 1986, 342–79.

---

[25] J. J. Winkler in B. P. Reardon (ed.), *Collected Ancient Greek Novels*, Berkeley 1989, 170–284; S. Gaselee, *Achilles Tatius: Leucippe and Clitophon* (LCL 45), rev. edn. Cambridge, Mass. and London 1969.

D. E. Aune, *Prophecy*（リスト65）44–7.

J. Bidez and F. Cumont, *Les Mages hellénisés: Zoroastre, Ostanès et Hystaspe d'après la tradition grecque*, vols. 1–2 (1938), Paris 2nd edn. 1973.

F. Bömer, *Untersuchungen*（リスト2）III.101–38.

C. Daxelmüller, *Zauberpraktiken: Eine Ideegeschichte der Magie*, Zurich 1993.

F. Graf, *Magic in the Ancient World* (trans. F. Philipp), Cambridge, Mass. 1997.

T. Hopfner, *Griechisch-ägyptischer Offenbarungszauber*, vols. 1–2 (StPP 21, 23), Leipzig 1921, 1924 (handwritten), reprint (typed) Amsterdam 1974, 1983, 1990.

―――― art. 'Mageia', *PRE* 14 (1930) 301–93.

J. M. Hull, *Hellenistic Magic and the Synoptic Tradition* (SBT 2.28), London 1974.

G. Luck, *Magie*（リスト60）1–170.

R. MacMullen, *Enemies of the Roman Order: Treason, Unrest, and Alienation in the Empire*, Cambridge, Mass. 1967, 95–127.

A. Önnerfors, 'Magische Formeln im Dienste römischer Medizin', *ANRW* II/37.1 (1993) 157–224.

P. Schäfer, 'Jewish Magic Literature in Late Antiquity and the Early Middle Ages', *JJS* 41 (1990) 75–91.

M. Smith, *Jesus the Magician*, New York 1978.

A. M. Tupet, 'Rites magiques dans l'Antiquité romaine', *ANRW* II/16.3 (1986) 2591–675.

(a) 4つの類型

ギリシアの魔術パピルスは、人為的に夢で託宣を生み出す方法（PGrM VII 1009: ὀνειρομαντεῖον）と、その人がどう振る舞うべきかを指示する夢を求める方法（PGrM XII 14: ὀνείρου αἴτησις）を語る。以下で更に詳しく検討するこの集成の中の第II巻は（4参照）、賛美歌の文体で託宣の神アポロンを呼ぶ（PGrM II 2–4）。

託宣によって助け給うあなたフォイボスは喜々として来る。その矢が遠く離れた的を射抜くレートーの息子、災難を防ぐあなたはここに来たり給う、然り、ここに来たり給う。ここに来て、未来を予言してください。

夜の時に予言をしてください。

「予言する友好的な精霊」は来るように「強いられ」るべきである（II 53f.）。そして、デルフォイの三脚座はここでも言及される（III 192f.「そして神はあなたのもとへ来る。その建物全体と三脚座を彼の前で震えさせて。そしてその後に、将来に関する調べを行う」）。このことは託宣の領域と魔術の領域との結びつきを示す。その他の結びつきは「医療的な魔術」を経由して治癒儀礼や医学へと繋がっていくのである（Önnerfors 参照）。大プリニウスは医学を扱った書物の中に、魔術に関する小論を挿入している。ここで、テオフラストスが坐骨神経痛に対する呪文を、カトーが四肢の脱臼に対する呪文を、ウァローが脚部痛風に対する呪文を知っていたことが分かる（*Hist. Nat.* 28.21。ただし、30.1–20 において魔術に対して激しい論争を繰り広げていることもここに述べておかねばならない）。

テオドール・ホプフナーは、研究者たちにとって今なお不可欠な、豊富に証拠記録を掲載したその研究書において、魔術という幅広い領域の有益な細分化を提示した。彼は次のように区分している。

1. **予防の魔術**。これは不幸、病気、敵によって仕掛けられた罠から人を保護するのに役立つ。以下の範疇の魔術的攻撃に対する防御であるという点で重要でもある。

2. **危害を負わせる魔術**。魔術師は、彼自身の利益のため、あるいは依頼者の要請により攻撃を実行する。彼は、その術によって、他者を身体的に害し、殺すことさえ意図する、あるいは、その財産を害する、あるいは少なくとも危険な競争相手が競争に勝つのを妨げようとする。

3. **愛と関わる魔術**。諸資料はこの魔術がとりわけ重宝されていたことを示す。これは愛や妬みや憎しみの感情が関わっていたところではどこでも、あるいはより一般的に、それが他者を支配する力を勝ち取ることが問題となっていたところではどこでも、得意とされる領域であった。

4. **啓示的な魔術**。これは本項の始めに挙げられている例に立ち返らせる。この場合、魔術は託宣の世界に触れる。この魔術はそれ独自の仕方で、隠れた事柄や不確かな未来への洞察を与えるために神を連れて来ようとする。

(b) 2つの種類

　この他に、2つの魔術の種類が古典期に存在した。「白魔術」と「黒魔術」がそれである。後者は魔術の一般的な表象（イメージ）や評価により強い影響を与えている。格式に劣る形式の魔術を言い表すのには別の言葉が利用できた。すなわち、辞書的には「魔術師」と訳され、意味するところは「奇術師」「いかさま師」「ぺてん師」であるゴエース（γόης、IIテモ 3:13 参照）である。語源論的には、この語は γοάω「嘆く、吼える」ことと関連している——それはゴエースによって発せられた呪文に付された言語形式を指し示すものである。μάγος「魔術師」という別の語に付着する価値の両義性は（マタ 2:1 参照）ペルシア語に由来し、ペルシアにおける大祭司の社会階級を表示する語源によって説明することができる。その階級に、自然や星辰の知識に長じていた、尊敬された、賢者たちが属していた。アレクサンドリアのフィロンは非常に明快にこの両義性を提示している（*Spec. Leg.* 3.100f.）。

> それは私人のみならず、王たちでもある——それも王たちの中でも最も偉大なる王でさえある——それにとりわけペルシアの諸王もそうである。それは真の魔術、より明快な思考によって自然のわざに光を投じるものを見出す術を実践して崇拝と名声に値する。たしかに、ペルシア人の間ではあらかじめ魔術師たちと近しい関係にあるのでなければ、王の尊厳を獲得することは誰もできないと言われる。しかし、放浪する物乞いたちや、道化師たち、きわめていかがわしい女性たちや奴隷たちによって実践される魔術はこの技芸を台なしにするもので、それの逸脱以外の何ものでもない。彼らは、恋人たちを殺したいと思うほど憎む状態にすることのできる、また憎む者たちを激しく燃える愛の状態にすることのできる媚薬や秘密の言葉を提供することができると保証し、魔術的な手段によって清めや贖いを成し遂げると約束する。彼らはとりわけ素朴で無害な人々を迷いに導き言葉巧みに誘惑する。

　アプレイウスは、後 158/9 年にローマの総督（プロコンスル）の前で行わねばならなかった

C 魔術

自己弁護の演説において、この曖昧さを基礎に非常に賢明に論じる[26]。彼は、夫に先立たれた、自分よりかなり年上の富裕な女性と結婚した。自分たちの遺産を騙し取られたと考えた彼の敵対者は、彼は禁じられている媚薬を用いることによってのみ、その女性を引きつけることができたのだと彼に対して訴訟を起こした。彼の振る舞いの一切が邪悪な魔術師のそれに似ていた、と。最悪の場合、法廷はこの犯罪のゆえにアプレイウスに死刑の判決を下すことができたのだが、彼はうまく身を守って、告発されたひとつひとつの点を論破したのであった。例えば、彼は魔術師が何者であるか「最も学識ある法律家たち」に尋ねた。「というのも、もし私が幾多の著作で読んだように、ペルシア語で『魔術師』が、私たちの言語で『祭司』と呼ぶものを意味するのであれば、聖なる書物の中に規定された事柄、犠牲の進行規定や礼拝の規則に精通していることが罪であるのでしょうか」(*Apol.* 25.6f.)。彼はプラトンの著作から2つの関連する節を挙げてこれを支持する。そこでは、ゾロアスターやザルモクシスの魔術師たちについて哲学者たちが肯定的に語っている(*Alcib.* 121E; *Charmid.* 157a)。しかし、もし実際にアプレイウスの敵が彼を言葉通りの意味の魔術師、すなわち、「不死なる神々との対話を通じ、呪文にある本当に信じ難い力によって、自分の望むことを達成できる者とみなすのであれば」(*Apol.* 26.3)、アプレイウスは、訴える者たちが、彼が(その定義からすれば)彼らに与えることのできる恐ろしい運命を熟考することなしに彼を法廷に引き出した、その無謀さに驚くことができるだけである。

最上級の魔術師たちは東方に、ペルシアのみならず、ほとんどの魔術パピルスの源であったエジプトにおいてもいると、常に想定されていた。ここでキプロスのユダヤ人魔術師もまた思い起こされるべきであろう(使13:6)。ユダヤ教は古典期において、魔術に対し固有の貢献をした[27]。魔術の実践を採用することに対して十分に免疫があるというにはほど遠かったが、たとえ

26　R. Helm, *Apuleius: Verteidigungsrede. Blütenlese* (SQAW 36), Berlin 1977; V. Hunink, *Apuleius of Madaura, Pro se de magia (Apologia)*, vols. 1–2, Amsterdam 1997; Abt; MacMullen 121–6 も参照。

27　Schäfer; Alexander; M. D. Swartz, *Scholastic Magic: Ritual and Revelation in Early Jewish Mysticism*, Princeton 1996; G. Veltri, *Magie und Halakha: Ansätze zu einem empirischen Wissenschaftsbegriff im spätantiken und frühmittelalterlichen Judentum* (TSAJ 62), Tübingen 1997 参照。

第III章　民間信仰：概観——占星術、占い、奇跡、魔術

ユダヤ人の側での活動がなくとも、ヘブライ語やアラム語による神の名称は非ユダヤ人の間でも十分に検証済みの魔術的道具として広く用いられた。モーセとソロモンはたいてい特に才に満ちた魔術師とみなされた。同様のことはキリスト教の諸々の表象の場合にも起こった。後4世紀以降の魔術文書の中でイエスの名が突然現れる場合、それは、そのような処方箋がキリスト教に由来するということを何の造作もなく証明するというのではなく、むしろ魔術の大いなる混淆主義的方向性を証明している（Luck 24 参照、あるエジプトの魔術師は、イエスを——ごくありていに言えば——学べることのたいへん多い、別の文化圏に所属する並外れて成功した同志とみなしたであろう）。

ナザレのイエスが魔術を実践していたという非難は、かなり早い時期に、すなわち確実に後2世紀にはなされていた。そしておそらく、既に1世紀にもなされていたかもしれない。モートン・スミスは近年、彼の著作『魔術師イエス』の中で、これに関連する情報を収集し、彼の見解では、正典福音書における単色的な描写よりもっと歴史的な現実に近いイエスについての包括的な見方を提示している。スミスによれば、イエスはエジプトで若き日を過ごし、そこで魔術師の生業の基本的手段を学んだ。かくして、彼は魔術的実践によってガリラヤやユダヤで人々に感銘を与えることができた。それは奇跡的な癒しや悪霊祓いだけでなく[28]、（スミスの見解では）魔術的な入信儀礼である洗礼時の霊の受領や、魔法がかけられた食物の助けでもたらされる魔術的な参与である聖餐をも含むものであった。しかしながら、スミスが依拠するキリスト教の敵対者側からの情報は、一次資料によるものではなく、キリスト教の伝統に対する論争的に歪められた応答によって提供されている。魔術パピルスは年代的には遅いもので（上記参照）、そのため、それらを比較対象とする際には、スミスがした以上に非常に注意深く用いなければならない。スミスの諸福音についての扱いは、しばしば無理があるように思われる。それにもかかわらず、彼の著作は浅薄であるとして単純に退けることはできない。それは真剣に応対されなければならないものである。そのような応対は、次の項目で議論しなければならない問題へと繋がる。類似する外部

28　P. G. Bolt, 'Jesus, the Daimons and the Dead', in A. N. S. Lane (ed.), *The Unseen World*, Grand Rapids 1996, 75–102 参照。

の現象の場合、魔術と非魔術を区別するということはそもそも可能であるのかという問いである。しかし、その前に短く、魔術の「思想的」基盤を見なければならない。

(c) 知性的前提

魔術はそれ自体は理論的な基礎づけ、すなわち一種の形而上学あるいは神学を必要としないが、特定の知性的な前提と結びつく。とりわけそのうち2つは、様々な発言を背後に聞くことができるものである。1つ目は、超人間的存在の確信であり、神々（そのうちの若干の神々は人間界からきわめて遠く離れた存在と思われていた）の存在だけでなく、とりわけ中間的存在、すなわち精霊(デーモン)の存在の確信である。2つ目は、この宇宙にあるあらゆるものが相互に接続されており、反発にも変わりうる共鳴の絆によって互いに結びつけられているという仮説である。これが、ある場所で望まれた効能が、別の場所で特定の手段を直接的に適用することによって実現することのできる理由である。この宇宙的共鳴の確信には、ストア派の哲学との接点が見出されるが、精霊論(デモノロジー)をさらに念入りに仕上げた新プラトン主義との接点も見られる。皮肉にも、後に魔術のより高次な形式を作り出そうと試みたのは新プラトン主義学派の代表者たち、特に『秘義について』(De Mysteriis) [29] という書物を著したイアンブリコスであった。それは、彼らが「テウールギア（神働術）」と呼ぶもので、自らを神と合一する意図をもって、神に押し付けようともたらされる影響力を指示する語である。新プラトン主義者たちの指導者として、プロティノスはある長文の一節において彼自身の観点から魔術の理論的な基礎を明確に述べた（Enn. 4.4.40–5）[30]。

> (40.216) だが、どのように私たちは魔術の効果を説明しようか。宇宙の共鳴 [συμπατεία] を通して、類似しているものの既存の調和や相違しているものの対立(アンチテーゼ)を通して、様々でありながらも世界の有機体がひとつであろうとするように協働しているその力の生き生きとした充満を通

29　E. des Places, *Jamblique: Les mystères d'Egypte* (CUFr), Paris 1966 参照。
30　A. H. Armstrong, *Plotinus*, vol. 4 (LCL 443), Cambridge, Mass. and London 1984 を見よ。

して……というのは、真の魔術とは宇宙における「友情」と「衝突」であり、それが最高位の魔術師であり魔道士なのである。(217) 人間は彼を非常によく知っており、互いに対して彼の薬草と式文を用いる。

(42.225) 医師や魔術師の技芸を通して、あるものが別のものにその力の幾分かを貸すよう強いられる。同じように、宇宙もまた、その部分部分に力を伝える。自発的にそうすることもあれば、宇宙の特定の一部へ力を向ける者によって、そうするよう動かされるときもある。というのも、問題になっている素質が全く同一であるがゆえに、宇宙はその部分にとって利用することができるからであり、そして、それが要請する者が無縁の者ではないことの理由である。

(43.229) しかし、高貴な者がどのように魔術や薬草によって影響されるのだろうか。彼は、宇宙からの非合理的な要素が彼の中にある限りにおいて、影響される……(231) また、精霊の方では、自らの非合理的な部分によって影響されることを免れない。想起と認識を彼らのせいにすること、あるいは彼らに魔法をかけることができ、また彼らを自然な仕方で呼び出すことができると主張することは無意味ではない。また、この世界により近い者たちは、彼らの注意がこの世界に向けられている限り、彼らに呼びかける者たちに耳を傾ける、と主張することは無意味ではない。

2. 境界線の問題

リスト72

D. E. Aune, 'Magic in Early Christianity', *ANRW* II/23.3 (1980) 1507–57.

A. A. Barb, 'The Survival of Magic Arts', in A. Momigliano (ed.), *The Conflict between Paganism and Christianity in the Fourth Century* (Oxford Warburg Studies [7]), Oxford 1963, 100–25.

W. M. Brashear, *Magica Varia* (PapyBrux 25), Brussels 1991.

J. B. Clerc, *Homines Magici: Étude sur la sorcellerie et la magie dans la société romaine impériale* (EHS.G 673), Berne etc. 1995.

C. A. Faraone and D. Obbink (eds.), *Magika Hiera: Ancient Greek Magic and*

Religion, New York and Oxford 1991.

W. Fauth, 'Götter- und Dämonenzwang in den griechischen Zauberpapyri. Über psychologische Eigentümlichkeiten der Magie im Vergleich zur Religion', *ZRGG* 50 (1998) 40–60.

W. J. Goode, 'Magic and Religion: A Continuum', *Ethnos* 14 (1949) 172–82.

H. G. Kippenberg and B. Luchesi (eds.), *Magie: Die sozialwissenschaftliche Kontroverse über das Verstehen fremden Denkens* (Theorie), Frankfurt a.M. 1978.

G. E. R. Lloyd, *Magic, Reason, and Experience: Studies in the Origin and Development of Greek Science*, Cambridge 1979.

M. Meyer and P. Mirecki, *Ancient Magic and Ritual Power* (Religions in the Graeco-Roman World 129), Leiden 1995.

J. Neusner et al. (eds.), *Religion, Science, and Magic: In Concert and in Conflict*, New York and Oxford 1991.

L. Petzold (ed.), *Magie und Religion: Beiträge zu einer Theorie der Magie* (WdF 337), Darmstadt 1978.

C. R. Philipps, 'The Sociology of Religious Knowledge in the Roman Empire to AD 284', *ANRW* II/16.3 (1986) 2677–773, at 2711–32: Magic and Religion.

P. Schäfer and H. G. Kippenberg (eds.), *Envisioning Magic* (SHR 75), Leiden 1997.

A. F. Segal, 'Hellenistic Magic: Some Questions of Definition', in R. van den Broek and M. J. Vermaseren (eds.), *Studies in Gnosticism and Hellenistic Religions (Festschrift G. Quispel)* (EPRO 91), Leiden 1981, 349–75.

D. Trunk, *Heiler*（リスト 63）316–46.

秘密の手段で個人的な目的のために超自然的な力を制御することといったような魔術の定義や、魔術を宗教から切り離す境界線についての合意は、比較的容易であると思われたかもしれない。しかし、ずっと前にそうした見解は退けられた。それと正反対に、魔術と宗教の間の境界線は激しく議論されている。そして、現代の研究は、魔術は宗教的な諸現象と何か本質的な相違があるという立場を否定し、全く特定の価値にとらわれない仕方で、魔術について語る傾向がある。あることが魔術として分類されるか宗教として分類されるか、個々の学者の見地のみが決めると言われる。社会的逸脱論の観点から考察してみると、魔術は宗教の裏面のように、また、社会的に完全には

受け入れられず統合されることのない宗教の発現のように見える。魔術への非難は、社会的に常軌を逸した振る舞いに対して戦っているだけであるという印象が与えられる（その見方の例として Aune 参照）。しかし、魔術あるいは宗教的実践に従事する者たちによって意図された諸目的についての考察を、そう完全に切り捨てることが可能かどうかは疑わしく思われる。

　さらなる困難は、ここには第3の次元、すなわち科学も含まれるということである。これは一見驚くべき見解であるが、多くの研究者は、科学と魔術が近接する企てであると考える。なぜなら、魔術は実験的に行われ、結果への厳密な指向性を持っているからである。そこには、特定の実験的手順の構築によって、絶対的な確実さで、特定の結果が得られるであろうという確信が伴っている。それらの著者たちの見地から見て科学と魔術に共通する目的は、自然の力を支配することである。

　突き詰めると、短い定義は十分ではないであろう。むしろ魔術と宗教、すなわちここで注意を集中しようとしている2つの大きな領域を、連続するものの内部の対照的な2極点として、あるいは、共通線によって結ばれた両終端として描き出さなければならない。それらは、多数の対照的な対概念の助けによって、特徴づけることができる。ただし、これらの対概念は種々異なった程度にのみ現実を記述するのだが。特定の事例における個別的要因の現実化は、現象をより宗教の見地から識別すべきか、それともより魔術の見地から識別すべきかを決定する。グードゥのモデルに従えば、トゥルンクに受け入れられているように、これを以下のようなパターンに例示することができる。

	魔術	宗教
1	具体的な目的に向けられている	どちらかといえば一般的な福祉や終末論的出来事に向けられている
2	神性を操る傾向	神から恩恵を勝ち取るために祈願する傾向
3	専門家と依頼者の関係	羊飼いと羊の群れ、もしくは預言者と弟子の関係
4	個人的目的	集団的目的

5	儀礼を執り行う者は私人	集団あるいはその代表者（たち）が儀礼を執り行う
6	手段は代理行為もしくは他の技法を含む	手段的度合いは抑制され、儀礼の内的意義により向けられている。目的は代理行為を通してよりも、神との継続的な関係によって達成される
7	非人格的であまり感情的でない	感情的（恥、敬意）
8	儀式を執行する者がそれを実行に移すかどうか決める	儀式は、それが宇宙の構造の一部であるから、執行されなければならない
9	儀式を執行する者がいつその手順が始まるか決める	通常、儀式は決まった時に行われる
10	少なくとも潜在的には、魔術は社会やその代表者たちに向けられている	宗教は統合的であり、共同体の形成へと導く
11	目的に向けられている	それ自体に意味を持っており、それ自体で目的である

　これを2つのスローガンに減少させようとするなら、強制は魔術に典型的であり、祈願は宗教に典型的だというのが最も簡単な言い方である。詩139:1で祈願者は神に向かって言う、「主よ、あなたは私を調べ、私を知っておられます」。魔術パピルスでは魔術師は言う、「私はあなたを知っております」（例えば PGrM VIII 8f.「私は、あなたの形姿も知っております」、20「また、私はあなたの異国風の［βαρβαρικά］名前を知っております」、49「私は、あなたを知っております、ヘルメスよ」）。詩編では祈りにおいて神に確信をもって向かうのが見出され、魔術文書では隠れた脅迫がある——私はあなたの名を知っているので、あなたは私から逃れることができない。祈願者の祈りが魔術パピルスにも見られることは否定はできない——理念型は現実には、めったに純粋な形では現れない。理念型の実現の程度は、集団によって、個人によって、また時代によって、様々である。

3. 魔術に関わる文学的場面

リスト73

S. Eitrem, 'La Magie comme motif littéraire chez les grecs et les romains', *SO* 21 (1941) 39–83.

M. Korenjak, *Die Erichthoszene in Lukans Pharsalia* (Studien zur klassischen Philologie 101), Frankfurt a.M. etc. 1996.

J. H. W. G. Liebeschuetz, *Continuity*（リスト2）126–39 ('Magic in public life'), 140–5 (on Lucan).

G. Luck, *Hexen und Zauberei in der griechischen Dichtung* (Lebendige Antike), Zurich 1962.

H. Parry, *Thelxis: Magic and Imagination in Greek Myth and Poetry*, Lanham etc. 1992.

A. M. Tupet, *La Magie dans la poésie latine*, vol. 1: *Des origines à la fin du règne d'Auguste* (CEA), Paris 1976.

　魔術について大プリニウスが述べた見解は既に言及した。その中にはしばしば引用される言葉が出てくる。「事実、恐ろしい呪文によって呪縛されることを怖れない者は誰もいない」(*Hist. Nat.* 28.19。動詞 *defigi* の使用は、ここで呪いの記された書字板が暗示されていることを明らかにする［下記参照］)。同じ節の中で、大プリニウスはある詩にしばし目を向ける。「そういうわけで、私たちは、ギリシア人たちの間ではテオクリトスに、また、私たち自身の間ではカトゥルスやごく最近ではウェルギリウスに、そのような決まり文句の真似事を恋愛の呪文として見出す」(同上)。まず文学的な文書で始めることにするが、それらの多くは後に議論する魔術パピルスよりもずっと早い時代のものであるためである。このことは二重の吟味を可能にする。すなわち、魔術パピルスにも文学テキストにも見出される類似した文言を比較することで、(a) パピルスにおける魔術的呪文がより古いことを立証し、(b) あらゆる詩的破格や著作家の特定の意図に帰されねばならないすべての事柄にもかかわらず、それらの呪文が現実から引き出された諸要素で機能しているのを示すことを可能にする。

C 魔術

　最初期の諸文書以降、著作者の側では、この職業的集団の男性代表者たるμάγοςによりも、若く美しい魔女や老魔女により多くの関心があるように見える。その初期の原型は、既に古典的な魔術の手段であるものによってオデュッセウスの仲間たちを豚に変えてしまうキルケーである。その手段とは、「恐ろしい毒」と魔法の杖（Od. 10.234–40）である。オデュッセウスが彼らを解放するまで、人間としての意識を維持する憐れな豚たちは檻の中で涙を流しながら横たわっている（240f.）——しかし、オデュッセウスがこれをなすことができるのは、ヘルメスが彼に「モーリュ」と呼ばれる不思議な薬草を解毒剤として与えることによってのみ、である（302–6）。

　田園詩の第2歌は前3世紀のアレクサンドリアでシュラクサイのテオクリトスによって書かれたもので、φαρμακευτρίαという標題を持っている。すなわち薬でも毒でもあるφάρμακαでもって操作する「魔女」という意味である。テオクリトスは、皮肉なしにではなく、若きシマイタの唇に次のような言葉を置く。このシマイタは自分の侍女であるテステュリスが手助けする夜の儀礼によって、不実な恋人であるデルフィスを取り戻そうとする[31]。

> 月桂樹はどこにあるのでしょうか？　ここにそれを持ってきてください、テステュリス！　魔術の道具はどこにありますか？　捧げ物のための器の周りに紫色の羊毛を結びつけてください！　私は私への愛のない人を、魔術によって私に束縛したいのだから。その憐れな男はこの12日間、ここに来さえもしませんでした……。今、私は彼を魔術によって束縛したいのです。さぁ、月よ、来たりて私に公正なる光をお与えください！　今の時に、私は、おお女神よあなたに、また、地下のヘカテーにも、粛として歌わせていただきます。犬たちはそのお方の前で震えます、彼女が死と暗き血の墓々の間を通り抜けるとき。幸あれ、恐るべきヘカテー、今私を幸福な結末へとお導きください。この魔術をキルケーの魔法がそうであったと同様に、私にも効果的に、また、メディアの魔術や金髪のペリメデスの魔術と同様効果的に働かせてください！　魔術の輪よ、私の家の中へ、私の愛する男のもとへお行きなさい！　まず、大麦

31　Theocritus, 2.1–4, 10–16; F. P. Fritz, *Theokrit: Gedichte* (TuscBü), Munich 1970; J. M. Edmonds, *Greek Bucolic Poets* (LCL 28), Cambridge, Mass. and London 1912 参照。

が火で溶かされます。そうしたならば来て、それをまき散らし、次のような言葉と共にそれをまき散らしなさい、「私はデルフィスの骨をまき散らす」との言葉と共に。魔術の輪よ、私の家の中へ、私の愛する男のもとへお行きなさい！ デルフィスは私に苦しみをもたらしました。そこで私は彼の代わりに月桂樹を燃やし、そしてそれが火の中で激しく音を立てて燃え、突然に着炎して、後に何ら灰さえ残さない。そのようにデルフィスの肉も炎の中で粉塵と化しますように。魔術の輪よ、私の家の中へ、私の愛する男のもとへお行きなさい！ 私が今女神の助けをいただいて蠟を溶かすように、デルフィスも愛から溶けますように……。今、私は麩（ふすま）を捧げようと思います……。デルフィスは彼の外套からこの房飾りを失ってしまいましたが、私はそれを今引き剝がして、激しい火の中に投げ込みます……。魔術の輪よ、私の家の中へ、私の愛する男のもとへお行きなさい！

　この詩行——青銅製（第30行）の一種の紡錘（Tupet 50–5 参照）である「魔術の輪」に言及している——は、反復句としてこの詩の中で10回繰り返されている。魔術の輪はこの儀式において重要な道具であり、愛する者を文字通り「向きを変えさせる」（第31行）ように意図されていた。蠟は火の中で溶かされる。デルフィスも同様に愛から溶けるように。彼の外套の房飾りは火に投げ入れられ（第53–54行）、侍女は捧げ物の灰を彼の家の入口にすりこみ、囁く、「私はデルフィスの骨をすりつぶします」（第62行）。ここで転移がどのように機能することになっているか、すなわち、「共鳴」および代理の原理に基づいて機能していることは明らかである。害を引き起こすという魔術の第2の可能性がここに見られる。そして、この詩は明白な脅しで終わる。「もしも役立つものが他に何もなければ、デルフィスは危険な毒に近づくだろう。その毒は、シマイタが彼のために懐に隠し持っていたものなのだ」（第160行）。魔術が社会問題の解決のための普遍的に受け入れられるパターンの中に数え入れられなかった理由が容易に理解される。

　キルケーに加えて、テオクリトスは（アルゴナウタイの冒険譚に見られる）すべての魔女の範例としてメデイアに言及する（第16行）。オウィディウスは彼女について詳細に叙述し、彼女のわざを徹底的に示す（*Met.* 7.1–403）。ウェルギリウスは自身の第8の牧歌において、テオクリトスの第

2の田園詩を改作している。畳句の中で、彼は魔術の輪を「魅了する魔法」に置き換える (8.68 および頻出)。また、その儀式は類似の魔術に基づいており、愛の足枷を視覚的に象徴する3つの異なる色彩の羊毛糸が用いられる (8.78「しっかりと結び目を結んで言う、私はヴィーナスの足枷を結ぶ、と」)。愛する者の似姿はいわば彼の「代わりとなり」、それらの糸に「包み込まれる」(8.73f.)。ウェルギリウスと同時代人のホラティウスのテクストの中で、庭園の神プリアポスが月光のもと (現代のヴードゥー教カルトのように) 人形を用いながら発せられる狂気の魔術の呪文の証人に嫌々ながらなったことを物語っている[32]。

> それから私自身は、カニディアが黒い外套をまくり上げてやって来たのを見た。彼女は裸足であり、その髪は乱れていた。そして、年上のサガナが彼女に同伴していた。死人のような蒼白さが彼女らふたり共に恐ろしい様相を与えていた。彼女らは爪で土をひっかいて掘り出し、その歯で黒い子羊をずたずたに裂いた。その血が溝へと流れ込み、死者の霊を呼び起こし、彼女らの望んだ指示を彼らから与えられるようにするためであった。彼女らは羊毛の人形と、もうひとつ別の蠟の人形を持っていた。その考えは、より大きかった羊毛製の人形が、小さい方の人形に刑を科すべきだ、というのであった。蠟の人形は、まさに今いかなる瞬間にも奴隷の死に臨まんとしているかのごとく、慈悲を乞う者の立場に立っていた。1人の魔女はヘカテーを呼び出し、他の1人は無慈悲なティシフォネーを呼び出す。私は蛇が地を這い陰府の犬が彷徨うのを見た。その間、月は戸惑い気味にこれらの恐ろしい事柄の目撃者とならないように、大きな墓石の背後へと潜んだ……。私は詳細には立ち入らない、いかに死者たちの亡霊がサガナと語り、恐ろしく甲高い調子で答えるかを、また、どのように2人の魔女がひそかに狼のヒゲから取った毛や輝くような色をした毒蛇の歯を地中に埋めていたかを、また、いかに火が蠟の像のおかげで煌々と燃え上がったかを、また、私がこれら2人の鬼女の言葉を聞き、彼女らが行っていることを目にしたときに、いかに恐

---

32 *Sat.* 1.8.23–36, 40–5. K. Büchner, *Horaz: Sermones/Satiren* (RecUB 431), Stuttgart 1972: O. Schönberger, *Horaz: Satiren und Episteln* (SQAW 33), Berlin 2nd edn. 1991: H. R. Fairclough, *Horace: Satires, Epistles, Ars Poetica* (LCL 194), Cambridge, Mass. and London 1926 参照。

怖が私を襲ったかを。

　この魔女の2人組はホラティウスの第5叙事詩(エポード)、さらにもっと恐ろしい場面に再び現れる。夜、彼女らは若い男を、その頭だけが地表より上に出るようにして、地中に埋める。それから、彼女らは彼の眼前に食べ物を置き、彼の手が届かないその食糧を丸見えにしたまま、彼が死ぬまで待つ。そうしてのみ、彼の髄や肝臓が、特に効果のある抗しがたい媚薬を作るのに適したものとなるのである。

　ルカーヌスは、ホラティウスに劣らぬほどの喚起力を見せる。このルカーヌスは内戦（上記参照）に関する叙事詩の第5巻における、デルフォイの若きピュティアの出る場面に続けて、次の巻でエリクトと呼ばれるテッサリアの若き魔女の対照的な描写を置く（『ファルサリア』6.419–830）。偉大なるポンペイウスの不肖の息子セクストゥス・ポンペイウスは、卜占の通常の技術を信頼せず、「より位の高き神々が憎む黒魔術の秘儀」のみを信頼していたので、その女に意見を聞く（6.430f.）。ルカーヌスが信じられないほどの恐ろしき行為を帰するそのエリクトには天の居住者さえも恐怖を抱いており、彼女は死者を呼び出す試みがすぐにうまくいかないときには、恐ろしい言葉でその死者らを脅すことも躊躇しなかった（6.744–6「お前たちは従う気があるのか？　あるいは私が毎度地を揺るぎに揺るがして呼ぶようにしてその人を呼び出さねばならないのか？」）。

　ヴードゥー教の人形に限らず、古典文学から今日の文学に至るまで、多くの魔術的動機の継続的な利用の痕跡をたどることができる。魔術師の見習いに関するゲーテの物語詩(バラッド)は、ルキアノスが『嘘好き』の中で語る逸話に基づいている（Philops. 33–6）。すなわち、イシスの神殿の下にある隔絶された地下聖堂で23年を過ごしていた1人のエジプトの賢人は、新しい宿泊場所に移るたびに箒を人間の使用人に変えるための魔術的呪文を用いている。その師が不在のときに、彼の仲間が同じことを試みるが、周知のごとく破滅的な結果となる。魔術の軟膏の助けで動物へと変身する魔女の能力——後々ゲーテの『ファウスト』第1巻に至るまで見出される動機——は、アプレイウスの小説の英雄ルキウスを身の破滅へと至らしめる。魔術に関するあらゆる事柄への好奇心に満ちた彼は、宿泊先の女主人がフクロウに変身して飛び去る様をドアの隙間からのぞき見る。ルキウスに同じ手順が実行されようと

するとき、侍女が間違えた軟膏を取り出してしまい、ルキウスはロバの姿を持つようになってしまう。彼はその小説の続く7巻の間その姿のままでいる (Apuleius, *Met*. 3.21.1–25.4)。

トゥーペの優れた研究は、詩や物語文学の中の関連箇所の徹底的な精査を提供してくれるが、ここではいくつかの目立つ部分に触れるだけである。この項は魔術の政治的重要性を幾分か示す歴史的著作からの引用で終えることにする。タキトゥスは自著の『年代記』の中で、後19年のアンティオキアにおけるゲルマニクスの死について述べる。ゲルマニクスはティベリウス帝の養子で、軍において、また民衆の間で、たいへん人気があったが、他方で彼にはシリアのローマ属州総督ピソーを始め、激しい敵意を持つ者たちもいた。それでゲルマニクスは自分がピソーによって毒を盛られたと信じていたが、おそらくそれは正しい[33]。

> 病の恐ろしいほどの猛烈さは、ピソーに毒を盛られたという彼の確信によって、さらに一層悪化した。また、実際のところ、床や壁を捜索すると、人間の死体の断片が存在し、鉛板に刻まれた、呪いを含む魔術の呪文やゲルマニクスの名前、糞を塗られた半分焼けた肉体の灰、そして魔術のその他の道具が顕わになった。広く信じられているところによると、魂はそのような手段によって地下世界の神々に奉献されるのである。

ピソーは断罪されて、自殺した。ゲルマニクスに対して施された有害な魔術は、次の点、すなわちいわゆる呪いの板の問題へと導く。

4. 魔術文書

(a) 呪いの板

リスト74

P. S. Alexander, 'Incantations'（リスト71）352–7.

33　*Ann*. 2.69.3

A. M. H. Audollent, *Defixionum tabellae quotquot innotuerunt tam in Graecis orientis quam in totius occidentis partibus praeter Atticas in* Corpore Inscriptionum Atticarum *editas* ..., Paris 1904.

C. Bonner, *Studies in Magical Amulets, Chiefly Graeco-Egyptian* (UMS.H 49), Ann Arbor 1950.

C. A. Faraone, 'The Agonistic Context of the Early Greek Binding Spell', in Idem and D. Obbink, *Magika Hiera*（リスト 72）3–32.

―――― 'Binding and Burying the Forces of Evil: The Defensive Use of "Voodoo Dolls" in Ancient Greece', *ClA* 10 (1991) 165–220.

J. G. Gager, *Curse Tablets and Binding Spells from the Ancient World*, New York and Oxford 1992.〔ゲイジャー『古代世界の呪詛板と呪縛呪文』志内一興訳、京都大学学術出版会、2015 年〕

F. Graf, *Gottesnähe*（リスト 71）108–57.

R. Kotansky, *Greek Magical Amulets: The Inscribed Gold, Silver, Copper, and Bronze Lamellae.* Part I: *Published Texts of Known Provenance* (PapyCol 22.1), Opladen 1994.

J. Naveh and S. Shaked, *Amulets and Magic Bowls: Aramaic Incantations of Late Antiquity*, Jerusalem 1985.

A. Önnerfors, *Antike Zaubersprüche* (RecUB 8686), Stuttgart 1991.

K. Preisendanz, 'Fluchtafel (Defixion)', *RAC* 8 (1972) 1–29.

J. Schwartz, 'Papyri Magicae Graecae und Magische Gemmen', in M. J. Vermaseren, *Religionen*（リスト 2）485–509.

J. Trumpf, 'Fluchtafel und Rachepuppe', *MDAIA* 73 (1958) 94–102.

H. S. Versnel, 'Beyond Cursing: The Appeal to Justice in Judicial Prayers', in C. A. Faraone and D. Obbink, *Magika Hiera*（リスト 72）60–106.

D. Wortmann, 'Neue magische Gemmen', *BoJ* 175 (1975) 63–82.

R. Wünsch, *Antike Fluchtafeln* (KIT 20), Bonn 2nd edn. 1912.

鉛は柔らかく耐久性の高い素材であり、平らな板や細片に加工される。その上に尖った道具を用いて文章を刻むことができる。それらはさらに巻かれることも可能である。このことが 1500 枚以上の呪いの板のほとんどが鉛製である理由である。それらの年代は前 5 世紀から後 6 世紀に広がっている。

そして、呪いの板に関する文献的な証拠もおおまかにいって同時期に重なっている（Gager 245-64 の一覧を参照）。新約聖書釈義は、Ⅰコリ 5:5 のような個所を明らかにするために、これらの文書群に頼る。その箇所でパウロは、悪を行う者を、その肉が滅ぼされるように悪魔に引き渡していると言う。多くの呪いの板が非常に類似した仕方で犠牲者を悪霊に引き渡すからである。これに一致して、この類型の 14 例がコリントのデーメテールの聖所で発見されている[34]。

これらの板に対する術語は、ギリシア語で結合という概念を想起させる καταδεσμός という語である。「突くあるいは突き通す」「しっかり釘づける」を意味する *defigere* に由来するラテン語の *tabellae defixionum*（「呪いの板」）は、実際には資料の中ではむしろ稀なのであるけれども、学問においては一般に認められた用語となっている（Audollent 参照）。これはおそらく、文章が鉛の細片に記された後にしばしば巻かれて釘で刺し通されたという事実に言及しているからであり（Gager 19 の図版参照）、それが象徴しているのはある者が敵に加えたかった苦痛というよりは、呪文を「固定」する効果である。呪いの板は墓や地下世界の神々の聖所、戦場、井戸、貯水槽や川、円形広場や競技場に残された。以下に例示するギリシア語のものはペイライエウスで発見されたもので、前 4 世紀または前 3 世紀に年代づけられる（SIG 3/1175）。

> 私はニキオンを摑まえ、彼の両手、両足、舌そして魂を縛った。もし彼がフィロンについて卑しむべき言葉を語りたいと思うならば、あなたは彼の舌を鉛に変え、彼の舌を突き刺せ。また、もし、彼が何かをしたいと思うなら、それならそれを彼にとって意味なきものとせよ——然り、あらゆることが彼にとって無駄な、不運な、そして不確かなものであるように。
>
> 私はヒッポノイデスとソクラテスとを摑まえ、彼らの両手、両足、舌そして魂を縛った。もし、彼らがフィロンについて卑しむべきもしくは悪意ある言葉を語りたいと思ったり、あるいは何らかの危害を彼に加え

---

[34] N. Bookidis and R. S. Stroud, *Demeter*（上記 159 頁注 16）30f. に本文と図があるのを参照。

たいと思うならば、彼らの舌と魂は鉛へと変えられるように、そして彼らは何も言ったり為したりすることができなくなるように——さらにもっと、あなたは彼らの舌と魂とを突き刺せ。

　私はアリストンを摑まえ、彼の両手、両足、舌そして魂を縛った。彼がフィロンの悪口を言うことができなくなるように、むしろ、彼の舌が鉛に変えられるように。そして、あなたは彼の舌を突き刺せ。

鉛や、その巻物をひとつに束ねる釘は、ここで「共鳴」の原理に従って採用される。舌が鉛に変えられ、突き刺される。3度にわたる定式表現の目的は、三人称で言及されているフィロンという人物を、名指しされている敵対者たちの側での中傷やその他の敵対的行為からも保護することにある。フィロンが（彼のために魔術を企てているのが職業的魔術師であるとしたら別であるが）一人称でも語っており、そして知られていない神的存在が「あなた」と呼びかけられているということもありうる。

　前1世紀のラテン語で対応するものは、ローマ近郊のヴィア・ラティーナにある墓で発見された。それは愛に対して向けられた一種の魔術を含んでいる（CIL I 1012; VI 140）。

　ここに葬られている死者が話すことも［誰とも］会話することもできないように、丁度そのようにロディーネも、マルクス・リキニウス・ファウストゥスにとって死んでいますように、そして話すことも［彼と］会話することもできませんように。死んだ人が神々からも人間からも歓迎されないように、丁度そのようにロディーネもマルクス・リキニウスから歓迎されませんように。彼女がここに埋められている死者と丁度同じだけの価値の者にしたまえ。父プルートーよ、私はあなたにロディーネを引き渡します。彼女がマルクス・リキニウス・ファウストゥスに永遠に憎まれるためです。同様に、私はマルクス・ヘディウス・アムフィオン、カイウス・ポピリウス・アポロニウス、ウェンノニア・ヘルミオーナ、そしてセルギア・グリュキンナをあなたに引き渡します。

　この文を注意深く読めば、それはロディーネが死ぬことを望んでいるのでは全くないことが明白である。その死の状態は、彼女とマルクス・リキニ

C　魔術

ウス・ファウストゥスの間に望まれる疎外関係の比喩として用いられている。このことは、これらの呪いの板によって意図される危害に、異なる光を投げかける。しばしば引用されてきたその他の例では[35]、呪いは競技場の対戦相手陣営の馬や二輪戦車の御者らに向けられている。精霊は緑チームや白チームの馬を苦しめ、そしてそれらを殺さなければならない。名前を挙げて言及されている４人の二輪戦車御者も同様である。自分自身の陣営が勝利するためである。呪いの板は主に以下の領域を取り扱う。恋愛関係、運動競技、商業活動、政治的論争、そして不正が犯された際の正義の欲求（Versnelはこの最後の部類を独自の一群に分類している。競技については Faraone, 'Context' 参照）がそれである。

　そうした行為の有用性は、一面的に、それらが他の人々に影響を与えた仕方に探されるべきではない。魔術によって変えられるのは外面的世界ではなく、それを実行する者の内面的世界である。すなわち、そうでなければ耐えられなかったであろう感情的緊張が緩和されるのである。そして、それが人の社会的な関係を新たに形成することを許すかもしれないのである。魔術の成功を証明する外面的検査が存在しないという事実が、儀式の効果についていかなる根本的な疑義も引き起こすことはないのはこのためである——さもなければ、このような儀式はこれほどまで幾世紀にもわたって生き残ることはほとんどできなかったことだろう。

　陶片（オストラコン）はときどき鉛の板と同様の役割を果たした。魔術の実践が行われていたことを示す「具体的な」証拠となるその他のいくつかの物品の簡単な一覧を提示したい。呪いや復讐のために釘が突き刺された人形はホラティウスによる想像の産物でなく、考古学者たちによって数多く発見されている（Gager 16f., 98, 102 の図版、なお Trumpf; Faraone, 'Binding' 参照）。魔術的な銘文が付された護符を身に着けた人々は、特殊な力や、またあらゆる類の危険からの守護を望んでいた（Bonner 参照）。これらはしばしば金属製もしくは石製で、後者の場合は「宝玉」と呼ばれる（Schwartz; Wortmann 参照）。他の一群は「呪文の鉢」、すなわち防護的で忌避的な魔術的銘文が内側に付された土製の鉢である（Alexander; Naveh and Shaked 参照）。これらは

35　例えば G. Luck, *Magie*（リスト 60）110f.; Gager は最近、134 例の代表的な文書の選集を公刊した。

後3–5世紀にメソポタミアから到来し、そして魔術の定式はアラム語で記されている。多くの場合、それらのユダヤ人起源は明白であるが、しかし、それらが非ユダヤ人集団でも用いられていたことも想定しなければならない。

(b) 魔術パピルス

リスト75

H. D. Betz (ed.), *The Greek Magical Papyri in Translation, Including the Demotic Spells*, vol. I: *Texts*, Chicago 1986, revised paperback edn. 1996.

――― 'Magic and Mystery in the Greek Magical Papyri', in C. A. Faraone and D. Obbink, *Magika Hiera*（リスト72）244–76, also in Betz, *Hellenismus*（リスト3）184–208.

――― 'Secrecy in the Greek Magical Papyri', 'The Changing Self of the Magician according to the Greek Magical Papyri', 'Jewish Magic in the Greek Magical Papyri', in Idem, *Antike und Christentum*（リスト3）152–205.

W. M. Brashear, 'The Greek Magical Papyri: an Introduction and Survey. Annotated Bibliography (1928–1994)', *ANRW* II/18.5 (1995) 3380–684.

R. W. Daniel and F. Maltomini (eds.), *Supplementum Magicum*, vols. 1–2 (PapyCol 16.1–2), Opladen 1990, 1992.

A. Dieterich, *Abraxas: Studien zur Religionsgeschichte des spätern Altertums*, Leipzig 1891, reprint Aalen 1973.

A. J. Festugière, 'La valeur religieuse des papyrus magiques' in *L'Idéal*（リスト3）280–328.

E. Heitsch, 'Hymni e papyris magicis collecti', in *Die griechischen Dichterfragmente der römischen Kaiserzeit* (AAWG.PH 49), Göttingen 1961, 179–99.

R. Merkelbach and M. Totti (eds.), *Abrasax: Ausgewählte Papyri religiösen und magischen Inhalts*, vols. 1–4 (PapyCol 17.1–4), Opladen 1990–6.

M. P. Nilsson, 'Die Religion in den griechischen Zauberpapyri', in Idem, *Opuscula* III（リスト22）129–66.

A. D. Nock, 'Greek Magical Papyri', in Idem, *Essays*（リスト2）I.176–94.

A. Önnerfors, *Zaubersprüche*（リスト74）.

K. Preisendanz and A. Henrichs (eds.), *Papyri Graecae Magicae: Die griechischen*

Zauberpapyri, vols 1–2 (Sammlung wissenschaftlicher Commentare), Stuttgart 2nd edn. 1973, 1974.

H. S. Versnel, 'Die Poetik der Zaubersprüche', *ErJb* NF 4 (1995) 233–97.

D. Wortmann, 'Neue magische Texte', *BoJ* 168 (1968) 56–111.

プライゼンダンツとヘンリックスによってギリシア語／ドイツ語版が、ベッツとその他の人々によって英訳および追加資料が付されたものが刊行されている『ギリシア語魔術パピルス』は、魔術師の図書館に所蔵されていたであろう魔術の手法の書物である。現在の形では、それらは後2–6世紀とりわけ後3–4世紀に由来するものである。例えば、それらの中で最大のパリ魔術パピルス（PGrM IV）は、テーバイから出土した両面36頁3274行にわたる百科全書的な性格を有するもので、後250–350年の間に年代づけられる。資料はさらに長い前史を持つと想定されねばならない。そして、そのことは文献的な証拠によって多くの詳細点で確認される（上記3を参照）。

魔術の呪文（λόγος）と魔術の行為（πρᾶξις）という2つの主要部分の周りに祈願、請願、いけにえ、行為、放免といった可変的な諸要素が集められた魔術的儀式の構造を、これらの文書から識別することが可能である。これはPGrM I 276–347からの抜粋によってより詳細に提示できる。

導入　　　　　　　魔術的な行為は以下の通りである。

1. 行為　　　　　　鉛丹で覆われていないランプを取れ、そして、そのために上質のリネンの芯とバラもしくはナルドの油を備えよ。あなたは予言者の衣装を身につけ、左手に象牙の杖を、そして右手には護符すなわち月桂樹の小枝を持て。ただし、狼の頭も準備しておくように。あなたがランプを狼の頭の上に置くことができるためである。

2. いけにえ　　　　そして、狼の頭の近くに焦がされていない土の祭
　——その準備　　　壇を置け。その上であなたが神にかぐわしい香りのいけにえを捧げるためである。そうすれば、す

第Ⅲ章　民間信仰：概観——占星術、占い、奇跡、魔術

	ぐに神霊が入る。
——その実行	かぐわしい香りのいけにえは、狼の目、ゴム樹脂、シナモン、バルサム、そしてその他貴重とみなされるあらゆる香辛料から成る。同様に、ぶどう酒、蜂蜜、乳、雨水の献酒を作り、7つの平らな捧げ物の焼き菓子と他の7つの捧げ物の焼き菓子を焼け。
——その終了	あなたはこれらすべてをそのランプのそばで行わねばならない。衣服を身に着け、すべての穢れから、いかなる魚の食事から、すべての性的行為から、身を慎め、あなたが神にあなたのための激しい渇望を焚き付けるためである……。
3. 呪文	
——導入	あなたがここに書かれているすべてを実行し終えたならば、この歌で神を呼び寄せよ。
——エピクレーシス	「支配者なるアポロンよ、讃歌と共に来たり給え、そして私が尋ねることは何でも答え給え、主君であり主人なる方よ。私たちの祭司の口が言い表すことのできない言葉を祈る時にはいつでも、パルナッソス山とデルフォイのピュトスを離れ給え。私はあなたをお呼びします、神の第1天使、力強きゼウス、イアオーの〔第1天使〕よ[36]、そしてあなたを、天界を保持するミカエルよ、そしてあなたを、大天使ガブリエルよ。オリンポスからこちらへ降り来たり給え、アブラサクスよ……
——請願	あなたのご命令に応えて、あなたから夜に動くよう強制されているこの精霊を、私の聖なる魔術の歌へと送ってください。これは彼の天幕[37]から来た

---

[36] この箇所や次の行ではユダヤ教的要素が混合宗教的な脈絡の中に組み込まれている（このパピルスは後4/5世紀に遡る）。

[37] ここでは狼の頭部または狼の皮膚が意味されている。狼男のモチーフがこのテキストに存在するように思われる。

	り、私が私の渇望に沿って望むものは何でも、私に告げ知らせねばなりません。
——請願	そしてあなたは、私の聖なる魔術の歌を嘲らず、私をお守りください。私の形姿がそっくりそのまま傷つけられることなく陽光の下へと現れるために」
4. 行為	そして彼が来たときには、あなたが望む何事についても彼に尋ねなさい、予言について、託宣詩文、夢の送信、夢の解釈について、病気について、魔術の経験に見出されるあらゆる事柄について。王座と肘掛座椅子を亜麻布で覆いなさい、しかし、そこに立ち、如上のかぐわしい香りのいけにえを捧げなさい。
5. 放免 ——行為	そして検査が行われて、あなたが神を放免しようと望む際には、あなたが左手に持っていた如上の象牙の杖を右手に、そして右手に持っていた月桂樹の小枝を左手に持ち替えなさい。灯っている明かりを消して、次のように言葉を発して、かぐわしい香りのいけにえから離れなさい、
——言葉	「原初の父よ、私に慈悲深くあり給え、あなたご自身から生まれた者、早くに生まれ出た者に。私は地獄で最初に現れた火に呼びかけ、だれにとっても最も偉大なるあなたの力に呼びかけ、冥界においてさえ破壊する者に呼びかけます。あなたがあなた自身の船で出航し、そして私を傷つけず、常に私に賛意を表してくださるために」

この放免に危険性がないわけではないように見える、人は自分が呼び出した精霊を常に駆除するわけではない。その実体において、この文書に見出されるのは、託宣的な魔術である。魔術的な行為のその他の型の手順もまたパ

305

ピルスの中に見出される。PGrM IV 3014-18 は悪霊に対する守護と防御のための護符の作り方について記述する。PGrM IV 1390-8 は以下のような強力な媚薬を勧める——人はパンのかけらを剣闘士の血に浸し、それらをその人の望む者の家に投げ入れねばならない。PGrM II 1ff.（Merkelbach and Totti I.81-102 に見られるこのテクストに関する詳細な研究を参照）は以下のような有害な魔術について記述する。魔術師は「猫の顔を持つ神」（第 3 行）に語りかけている間に、雄猫を溺死させる。「私の敵ども［！］があなたの似像にしていることをご覧ください。ご自身が彼らに復讐してください」。他のすべてに優るこの儀式は、様々な環境下で適用される。「競馬の二輪戦車御者たちに夢を生じさせるための呪文として、希望する人物を魅了する、あるいは、争いと憎悪を引き起こすための媚薬として」（第 162-74 行）。これらの行為や定型表現について沈黙を保つようにという多くの禁止命令が諸文書に出てくる。例えば PGrM I 41 の中で「秘密を守れ、その行動を秘密にせよ」、130f. 「それを他の誰にも伝えるな……この高度に隠された秘密を」。「その伝達は家の伝統によって行われる」「しかしこれを、あなた自身の息子以外の誰にも伝えないように」（同上 192f. 参照）。

「神秘の声」（voces mysticae）、すなわち魔術の呪文に欠くことのできない要素を構成する、意味論的には無意味な一連の音声の考察がまだ残っている。翻訳では、それらはしばしば「魔術の言葉」といったような定型句で簡潔に表現されるだけであるが、ここでより精確にひとつの事例を調査することにしよう（PGrM I 222-31）。

> 他者から見えなくなる絶対に確実な手段は次の通り。ふくろうの脂肪あるいは目、てんとう虫の甲皮、緑のベリーからいくらかの油を取り、きめ細かくなるまでそれらすべてをすりつぶし、そしてあなたの全身に塗り、太陽に向かっている間、次の言葉を唱えなさい、「私は大いなる名によってあなたをお呼びします *borke phoiour io zizia aparxeouch thythe lailam aaaaaa iiiii ooooo ieo ieo ieo ieo ieo ieo naunax aiai aeo aeo aeo*」。［混合した］液体物を作って、繰り返し言いなさい、「私を他者から見えないようにしてください、主太陽よ *aeo oae eie eao*, 日暮れまですべての人間の目に *io ioo phrix rizo eoa*」。

ここで斜体にした文字群がいわゆる「神秘の声」である。それらはギリシア語原語で実際の意味を持たない。ただし、それらに意味のある語としての響きを聞き取ることができると思わせることは時々ある。如上の文書であれば、*rizo* の語は *riza*「根」を思い起こさせる。しかし、そうした効果は、このように重ね上げられる母音の音調魔術や連続的反復を通して得られる。その考えはまた、神々に語りかける際には、新しく、超人間的で、天的な言語が必要とされたということ、そしてこうした魔術の言葉がそれを提供したということであった。釈義学者はこのことをコリントで実践されていた異言(グロソラリア)としばしば比較する。ただし、実践についての正当化と意図はこの2つの場合ではなお違っている。

「神秘の声」は時折、魔術パピルスの中で特定の幾何学的な図形を形成するように視覚的に配置されることがある。例えば PGrM XIII がそうである (Preisendanz and Henrichs II.124, 127 参照、また、Merkelbach and Totti I. 179–207 における明瞭な再現、Preisendanz and Henrichs の最初の図表、Betz 253–7 も参照)。今日、素人魔術師の間になおも人気がある魔術定式の原点がここにある。後 200 年の医療的処方書は、いかにそれが熱に対する処置としてうまく適用されるか記述している。次いでクィントゥス・セレヌスの『医学の書』(*Liber Medicinalis*) では以下のような文面がある (935–40; Önnerfors 25 参照)。

　マラリアの治療法
　一葉のパピルスにアブラカダブラ (ABRACADABRA) という語を書き、それを上から下へと何度も繰り返せ。しかし、[各行の] 最後の文字を削れ。そして、各々の行ごとにさらにもうひとつの要素が削られるべきである。1 文字しか残らなくなるまで書き続けて、その要素を削り続けよ。そうして、書き下したものは狭い円錐の形 [円錐の尖端] にゆきつく。この一葉のパピルスを亜麻布の糸で首に結ぶのを忘れるな。

こうして強力な治療のための護符が作られる。このときはパピルス製のものである。しかし、意図されているものをどのように可視化できるであろうか? 文字はどのように配列されるべきなのであろうか? ひとつの可能な実現形 (Önnerfors 62 参照) は以下のようなものである。

ABRACADABRA
ABRACADABR
ABRACADAB
ABRACADA
ABRACAD
ABRACA
ABRAC
ABRA
ABR
AB
A

D 占星術

1. 基本的諸要素と歴史

リスト76

T. Barton, *Ancient Astrology*, London and New York 1994.〔バートン『古代占星術——その歴史と社会的機能』豊田彰訳、法政大学出版局、2004 年〕

F. Boll, C. Bezold and W. Gundel, *Sternglaube und Sterndeutung: Die Geschichte und das Wesen der Astrologie*, Leipzig 4th edn. 1931, reprint Darmstadt 5th edn. 1966.

A. Bouché-Leclerq, *L'Astrologie grecque*, Paris 1899, reprint Aalen 1979.

W. Capelle, 'Älteste Spuren der Astrologie bei den Griechen', *Hermes* 60 (1925) 373–95.

F. H. Cramer, *Astrology in Roman Law and Politics* (Memoirs of the American Philosophical Society 37), Philadelphia 1954.

F. Cumont, *Astrology and Religion Among the Greeks and Romans*, Brussels 1912, reprint New York 1960.

F. J. Dölger, 'Die Planetenwoche der griechisch-römischen Antike und der christliche Sonntag', *AuC* 6 (1950) 202–38.

H. Gressmann, *Die hellenistische Gestirnreligion* (BAO 5), Leipzig 1925.

H. G. Gundel, *Weltbild und Astrologie in den griechischen Zauberpapyri* (MBPF 53), Munich 1968.

―――― and R. Böker, art. 'Zodiakos: DerTierkreis in der Antike', *PRE* II/10 (1972) 461–710.

W. Gundel, 'Astralreligion, Astrologie', *RAC* 1 (1950) 814–31.

W. Gundel and H. G. Gundel, 'Planeten', *PRE* 20 (1950) 2017–185.

―――― *Astrologumena: Die astrologische Literatur in der Antike und ihre Geschichte* (SAGM.B 6), Wiesbaden 1966.

W. Hübner, *Die Begriffe 'Astrologie' und 'Astronomie' in der Antike: Wortgeschichte und Wissenschaftssystematik ...* (AAWML.G 1989,7), Stuttgart 1989.

J. H. W. G. Liebeschuetz, *Continuity*（リスト 2）119–26.

G. Luck, *Magie*（リスト 60）383–442.

P. Niehenke, *Astrologie: Eine Einführung* (RecUB 7296), Stuttgart 1994.

M. P. Nilsson, *Geschichte*（リスト 2）I.841–3; II.268–81, 486–507.

W. Orth, 'Astrologie und Öffentlichkeit in der frühen römischen Kaiserzeit', in G. Binder and K. Ehlich (eds.), *Kommunikation in politischen und kultischen Gemeinschaften* (Bochumer Altertumswissenschaftliches Colloquium 24), Trier 1996, 99–132.

(a) はじめの観察

自分自身より優れた、より大いなる力を前にして、何が崇敬の念を呼び起こすのか。インマヌエル・カントによれば、その感覚を生じさせることができるものはなかんずく2つ存在する。私たちの頭上に広がる星空と私たちの内にある道徳律がそれである。星空がなおドイツ観念論的哲学者の心をそれほどまでに動かすのであるとしたら、古典古代がそれに宗教的な神聖性を与えたことに驚く必要はない。その時代に知られていた5つの惑星、水星、金星、火星、木星、土星が、より古いギリシアの神の名にとって代わったロー

第Ⅲ章　民間信仰：概観――占星術、占い、奇跡、魔術

マの神々の名を帯びているのは理由なきことではない。太陽と月とをこの一覧に加えることも一般的であり、その結果惑星は合わせて7つとなり、それが1週間の7日にそれぞれの名前を与えた（Dölger 参照）。ティブルス（およそ前55-19年）は、それについての最古の証人である。「私は、鳥飛行［における凶兆］すなわち不吉な予告を口実にした。さもなければ、私は『土星の聖日』を遵守する、と主張した」（1.3.17f.）。

天体がこの世界の成り行きに影響するのは事実である。月が海流や潮の干満という現象を規定すること、また、昼と夜の交替や1年の四季の変化は太陽の位置に拠るということは、非常によく知られていた（Cicero, *Divin.* 2.34）。このことは、星がそれらやそれらに似た現象を直接的に生じさせるのか、それともそれらに付随する信号を送っているに過ぎないのかという問いを促した。この問いが古代に完全に解決されることはなかった。全編を通して星々の働きに関する考察に打ち込んだ論文（*Enn.* 2.3.1-18）を著したプロティノスでさえも、それら2つの選択肢を検討し、それらは「しるしを与える」（σημαίνειν）のみであって、「もたらす」（ποιεῖν）ことはないと結論づけている。しかし、この限定的な見解さえ、星々の解釈を有意義な試みに留めさせていた。

しかしながら、星々に対する信仰は占星術と同じものではない。われわれは、より古くより幅広い現象として星辰宗教と星々への敬虔を見ることができる。これは、星々を生きている存在と見、死者の魂が星々の間で生きていると理解するものである。これは、太陽を最高の神的存在として崇拝する太陽祭儀（ヘリオス）において頂点に達した。しかし、そのことと、個人のそれであれ人類全体や国々のそれであれ、星座配置によって人間の運命を推測できるという確信との間には大きな距離はない（プトレマイオス［下記3（c）参照］は個人的な占星術と普遍的な占星術とを区別する）。大プリニウスは、天文学に関する自著の中で、天空における出来事と地上における出来事は単純に同調していると想定する。ここで彼は、より深い類の相互干渉という、明らかに広く知れ渡っていた仮定に反論する。そのような仮定を彼は、あまりに高い重要性を自身に帰する人間のうぬぼれとみなす（*Hist. Nat.* 2.28f.）。[38]

---

[38] R. König and G. Winkler, *C. Plinius Secundus d. Ä.: Naturkunde.* Buch II: *Kosmologie* (TuscBü), Munich 1974; H. Rackham, *Pliny: Natural History* vol. 1 (LCL 330), rev. edn. Cambridge, Mass. and London 1938 参照。

> 星々は……大多数の者たちが考えるように、私たちの間で個々人に割り当てられて、その結果輝く星々は富者に、輝きのより小さい星々は貧者に、そして暗い星々は弱者に割り当てられるだろう、というわけではない。星々は個々人の運命に適応した光の程度をもって、死すべき者たちに割り当てられているのではない。星々は、割り当てられた個々人の誕生時に存在するようになるわけではないし、流星が誰かの死を暗示するわけでもない。天上の星々の煌めきが私たち人間の死すべき運命に対応して束の間のものであるというほどに、私たちは天界と大きな共通性を持ってはいない。

しかし、この最初の立場から、すなわち、古典時代において言語的に「天文学」と区別されていなかった、「占星術」という科学の特殊分野から、もっと何かが発展してきたということにもプリニウスは気がついている（2.23参照）。ここでは、より狭い意味での占星術、すなわち対象者の誕生時点における星の位置、いわゆるその人の「天宮図(ホロスコープ)」からひとりの人間の性格や運命を解釈する個人的占星術を主に見ることにしよう。それは様々な水準でなされる。今日、図解入りの日刊誌や週刊誌に見られるようなものに対応する素人占星術として、また専門的な天文学的知識を前提とし複雑な計算が要求される真剣な企てとしても、そうである。それは表や図、数字を用いて行われるため、純粋な占星術は高度な科学とみなされたし、また、$math\bar{e}sis$ すなわち「科学」あるいは「数字科学」としても知られた。古代における $Mathematici$ とは数学者ではなく占星術師であった。

(b) 構成要素

天宮図(ホロスコープ)が作られる際には、様々な要因が考慮されねばならなかった（Niehenke 参照）。基本的意義は、外観上不規則な経路（それゆえ「彷徨う」を意味する πλανάν という語に由来して「惑星」「遊星」という名称）で空を彷徨い渡る諸惑星に帰せられる。12 のしるし(サイン)を持った黄道帯もまた重要である。それらのしるし(サイン)は様々な星座に由来する——白羊宮（牡羊）、金牛宮（牡牛）、双児宮（双子）、巨蟹宮（蟹）、獅子宮（獅子）、処女宮（乙女）、天

秤宮(天秤)、天蠍宮(蠍)、人馬宮(射手)、磨羯宮(山羊)、宝瓶宮(水を流す男)と双魚宮(魚)である。人間の上昇する<ruby>しるし<rt>アセンダントサイン</rt></ruby>は、人の誕生の瞬間に、誕生した場所から見て東の地平線から昇ってくる黄道帯の<ruby>しるし<rt>サイン</rt></ruby>となる。その瞬間の惑星の位置もこれに関係して定められるが、その際は各々〔の範囲の角度を〕10度ずつにした部分に細分化された黄道帯が用いられる。これは36の「<ruby>十分角<rt>デーカン</rt></ruby>」を作り出し、それらを統べる<ruby>支配者<rt>ルーラー</rt></ruby>は神的存在の化身とみなされた。黄道帯の<ruby>しるし<rt>サイン</rt></ruby>における各惑星の角度は「<ruby>相<rt>アスペクト</rt></ruby>」と呼ばれた。それらは2つの惑星の並列すなわち「合」(0°)から、「衝」(180°)まで及んだ。「<ruby>六分<rt>セクスタイル</rt></ruby>」(60°)、「<ruby>矩<rt>カドラント</rt></ruby>」(90°)、「<ruby>三分<rt>トライゴン</rt></ruby>」(120°)の中間的位置もここでとりわけ重要である。これに加えて、黄道帯の<ruby>しるし<rt>サイン</rt></ruby>と地平線の交差する点で始まる12の場所もしくは「<ruby>室<rt>ハウス</rt></ruby>」が導入された。それらは人生の様々な範囲を網羅する。第1室は個性、第2室は物質的に幸福な暮らしの保証、第3室は教育、第4室は両親の家族、第5室は自分の子供と一般的に創作力、第6室は自分の職業、第7室は協調関係、第8室は死、第9室は知的活動、第10室は社会的関係、第11室は友人関係と政治、第12室は病やその他の不幸にそれぞれ関連する(占星術はまた異なる意味の「室」についても語っている。その場合、各々の室に優先的に「宿っている」惑星への従属という観点のもとで、黄道<ruby>十二宮<rt>サイン</rt></ruby>が指し示されている。この2つの種類の「室」は互いに混同されてはならない)。

キケロのような人物が占星術について記している事柄(*Divin.* 2.89)を理解し始めることができるためには、この基本的な知識が必要である。

> カルデアの人々の誕生日の<ruby>天宮図<rt>ホロスコープ</rt></ruby>(*natalicia*)を擁護する者たちは、次のように言っている。ギリシア語でζωδιακός〔黄道帯〕と言われる<ruby>しるし<rt>サイン</rt></ruby>の円には決定的な力があり、その円の各々個々の部分は、ある特定の時点に、その関連する部分か、あるいは隣接する部分にどの星が見出されるかに応じて、天空に特定の影響を与え、変化させるように働く。同様に、「惑星」と呼ばれるそれらの星々は——様々な仕方において——上述の力に影響を与える。すなわち、この世界に生まれて来る者の誕生が起こるまさにその黄道帯の部分に、あるいは何らかの形でそれに隣接していたりあるいは調和していたりする部分に、惑星が入って来ることによって(それから、彼らは<ruby>三角相<rt>トライアングル</rt></ruby>もしくは<ruby>四角相<rt>カドラント</rt></ruby>について語

る）……。そのことは、個々人の天性や性格、霊性や身体、人生の活動、それに彼に関するあらゆることを決定するのを彼らに許す。

キケロは特に占星術の取り扱いではいらだっている。彼はその記述を感嘆文で締め括る。「何と信じがたい狂気であろうか」と（2.90）。このように、彼以前にカルネアデス（前 2 世紀）も表していたような、学術的懐疑の伝統は続いていた。占星術への懐疑的反論は後 2 世紀に、『占星術師に反対して *Adversus Astrologos*』（『数学者たちに反対して *Adversus Mathematicos*』の第 5 巻）という論争的書物において、経験主義的（エンピリクス）方法論を採用した学者であるセクストゥス・エンピリクスによって収集されている[39]。

キケロは、「技芸による」占いの範疇の中で占星術について議論する。このことは、それが占星術の属する範疇である以上、不適当ではない。託宣との類似性は「出生」（καταρχήν）占星術において最も直接的に見られる。それは重要な決定が下されなければならないときに助けを与えるよう努め、それゆえ天宮図（ホロスコープ）に留まらず、実際の瞬間における星座の位置をも考察するように進んでいった。ここには如上で検討した主題との多くの別の結びつきが見られる。魔術文書の世界観（H. G. Gundel 参照）は強力な占星術的要素を示す。そのことは『ミトラ祭儀書』からの次の一節と比較すれば十分である。「というのは、その日その時、あなたはまず〔天の〕神的な星座を見るであろう。極の周りを彷徨う神々のうちのある者たちが天へと昇って行き、その他の者たちは降りて行く」（PGrM IV 544-7、ミトラの秘儀の占星術的基層も思い出されなければならない。また、彼らが設けた救済の約束、すなわち人は星座によって行使される抗しがたい強制から自由にされるであろうということが思い出されなければならない）。病気を診断し黄道十二宮（サイン）に基づいて療法を推奨する医療数学（*iatromathematics*）と呼ばれる占星術の一分野は、祭儀と治療術に関与する。アルテミドロスは、睡眠中の人が星々を見る占星術的夢の解釈に 1 章を割いている。彼は、人はここで「星々の観測において適用される方法から」着手すべきだと推奨している（*Oneirocr*. 2.36）。

キケロは占星術を下位範疇のものとして提示する。しかし、占星術は主と

---

[39] R. G. Bury, *Sextus Empiricus, vol. 4: Against the Professors* (LCL 382), Cambridge, Mass. and London 1949, reprint 1971 参照。

してそれ自体で紹介されていること、特に後の古典時代の手引書の中でそうであること（下記3を参照）を考えると、占星術は決して無意味ではない。その並外れた重要性のゆえだけでなく、それが後発的であることを示す、その歴史の観点においてもそうである。

(c) 発達の段階

キケロは占星術師（*Divin.* 1.12: *astrologi* 参照）をしばしば「カルデア人」（例えば 1.2; 2.87, 88, 89, 91）と呼ぶ。この語はその由来を指示しており、その第一義は「バビロニア人」である。実質的に既成事実となっていた「カルデア人」と「占星術師」の同定（例えば Apuleius, *Met.* 2.12.2; 13.1; 14.1, 5 参照）は、正確な情報を含んでいる。というのも、メソポタミアは占星術の初期の故郷であり、占星術はそこではとりわけ祭日の暦を計算するのに用いられていた。ここでは、その伝統の複雑な流れのすべてを追跡する必要はない。占星術はその必須の様式を前 3–2 世紀にギリシア語圏のエジプトで整えた。後の専門的な文献が訴える、伝説的な王のネケプソスと彼の祭司ペトシリス、あるいは三重に偉大なる神トト（ヘレニズム化した名は「ヘルメス・トリスメギストス」）といった、議論の余地のない権威が確立されたのはこの時代の頃であった。占星術はこのような回り道の経路を伝ってヘレニズム・ローマ世界に到達した。そこでは——幾分抵抗があったにもかかわらず——前 2–1 世紀以降、迅速に並外れた勝利を確立した（ギリシアおよびローマ文学におけるそれ以前の言及は、星々の力への信頼に帰されるか、もしくは、この勝利の前触れとして評価されるべきである）。

意味深長なことに、前34年に死去したコンマゲネーの王アンティオコスは、彼の天宮図（ホロスコープ）をネムルト山の自身の墓所に刻んだ。黄道帯の獅子宮における月、火星、水星、木星がそれである（図版 UUC III no. 118）。大セネカ（哲学者で政治家であったセネカの父）は、占星術が巷で成功を収め普及し始めたときの、ローマの移行期についての何事かを示してくれる。彼の著作『スアソリアエ（説得的演説）』は彼の学生時代からの修辞的実践の収集で、記憶から書き下ろしたものであるが、ここで彼はアウグストゥス帝期に活動した修辞家アレリウス・フスクスについて語っている。以下のひとつの主題が演説のために提案されている。星々を解釈する者たちは、悪い兆しのゆえに、

世界の征服者であるアレクサンドロス大王がバビロンに侵入するのを妨げようとした。どのような助言を彼に与えられるであろうか。この修辞家は、この機会を用いて占星術の機能の仕方を詳細に記述したうえで、それを攻撃している[40]。

> しかし、「人間的宿命の闘争」と呼ばれる事柄に専念する者たちは、あなたの生誕日を知り、あなたの存在の最初の時間をこれから来たる年すべての指標とみなしたがる。彼らは星座の動き、その進む方向を観察する。太陽が天宮図(ホロスコープ)上で、脅かすような逆相にあったか、あるいは好ましく見えたかどうか、子供が満月の光を浴びていたかどうか、月がちょうど満ち始めていたかどうか、あるいは、新月が暗闇にその面を隠したかどうか、土星が新生児を農民になるよう招いたかどうか、あるいは、火星が彼を戦争へ赴くよう運命づけられた兵士にしたかどうか、水星が成功した商人にしたかどうか、金星が彼女の恩恵を恵み深く約束したかどうか、あるいは木星が新生児を素朴な環境から目が眩むような高さにまで高く上げるかどうか〔、そうしたことを観察するのである〕。そのように多くの神々が、ひとつの頭の周りに集められたのである！……私たちが不確かな運命を共有しており、またそれらすべての事柄が狡猾な占星術師たちによって抱かれた単なる幻想であること、それはごく単純な事実である。そのどれにも真理は存在しない。

ここで注意されるべき重要な点は、第1が占星術師が、運命との戦いの最前線において依頼人のために苦闘しているという自身について持つ見解、そして次いで、嘲りの感嘆である。そのように多くの神々が——その神々の名を有する惑星の形をとって——1人の新生児の頭の周りに集まる、と。

(d) 政治的意義

しかし、そのような異議は、占星術がローマのまさしく政治的指導者層に

---

[40] 『スアソリアエ（説得的演説）』4.2f.; M. Winterbottom, *The Elder Seneca: Declamations*, vol. 2 (LCL 464), Cambridge, Mass. and London 1974 参照。

第Ⅲ章　民間信仰：概観——占星術、占い、奇跡、魔術

強力な影響力を持つのを防ぐためには、十分に強くはなかった。トラヤヌスを除くティベリウスからハドリアヌスに至るまでのすべてのローマ皇帝は、占星術の熱愛者であった。ティベリウス帝自身、最も身近な腹心の友の1人であり博学な占星術師およびプラトンの著作の研究者であったトラシュロスからその方法を学び、天宮図(ホロスコープ)を書き上げた。スエトニウスによると、それはティベリウス帝が「占星術に没頭し、すべての事柄は運命によって指示されていると確信していた」(*Tib.* 69; Tacitus, *Ann.* 6.20.2 参照)がゆえに、神々や宗教的実践をなおざりにしていたことを意味した。ネロ帝の母親は、自分の息子の将来の見通しについて「カルデア人たち」に相談した (*Ann.* 14.9.3)。ネロの宮廷占星術師であったバルビルスは、おそらくトラシュロスの息子であり、大惨事を告げ知らせる彗星の出現を相殺するために最も卓越したローマ人たちを殺害するよう皇帝に助言したと言われている (Suetonius, *Nero* 36.1)。タキトゥスは王位簒奪者オトーへの占星術師の破滅的な影響力を嘆き、次のようなあてこすりを発している。「少なからぬ占星術師、すなわち王子の結婚式における最悪の類の装飾品がポッパエアの私室にいた」(*Hist.* 1.22.2) と。

オトーの競争相手であったウィテリウスが、彼の死を予言した占星術師たちを良く思わなかったこと、そして彼が勅令によって占星術師たちをローマから追放し、また反抗的な占星術師たちを死刑に処した (Suetonius, *Vitell.* 14.4) 理由を理解するのは容易である。ティベリウスは、自身は占星術を信じていたけれども、後19年に彼らの「技芸を放棄すると約束した」(Suetonius, *Tib.* 36) 者らを除く数学者たち (*mathematici*) をローマおよびイタリアから追放するなど、その振る舞いは矛盾しているように見えるかもしれない。しかしその矛盾は外見上のものだけである。彼の個人的な強い興味と一般政務上の思慮分別は等しく重要であった。占星術師は自分たちを党利党略の政治の犠牲者であると考えていたかもしれない。例えば、アウグストゥスとアントニウスの間の紛争の際などがそうである。危機のときには、彼らが人々をさらに不安に陥れることは妨げられるべきだと感じられた。占星術師のローマからの最初の追放（しかしながらその証言はひとつだけであり、全く問題がない証言ではない）は前139年に起きた。アウグストゥスは前33年にこの措置を繰り返し、前11年には、人々がとりわけ自分たちの死ぬ日にちについて占星術師たちに尋ねることを禁じることで、彼らの将来的

な活動を制限した。フレデリック・クレイマーは、その著作『ローマの法と政治における占星術』において、後1世紀における10回もしくは11回の追放令、並びに占星術師に依頼した者たちに対する、ときには死刑宣告にまで至る12回の司法裁判、そして占星術師たち本人に対する6回の裁判を記載している（Cramer 232-81）。しかし、そうした裁判を扇動した者たちでさえ、彼らの企ての効果についてはいかなる錯覚もしていなかった。というのは、「攻撃を受けるごとに、占星術すなわち世界的な力となっていたこの密教科学はその歴史と新しい闘いの新しい段階に臨んで活力を取り戻し、強められた」のであったから（Gundel and Gundel, *Astrologumena* 135）。

2. 文献への反映

リスト77

J. Adamietz, *Juvenal: Satiren* (TuscBü), Munich 1993.

F. H. Cramer, *Astrology*（リスト76）.

W. Gundel and H. G. Gundel, *Astrologumena*（リスト76、基礎的研究）.

M. Heseltine, *Petronius: Satyricon*, rev. edn. (by E. H. Warmington) (LCL 15), Cambridge, Mass. and London 1969.

K. Müller and W. Ehlers, *Petronius: Satyrica/Schelmengeschichten* (TuscBü), Munich 2nd edn. 1978.

G. G. Ramsay, *Juvenal and Persius* (LCL 91), Cambridge, Mass. and London 1918, reprint 1979.

H. C. Schnur, *Juvenal: Satiren* (RecUB 8598), Stuttgart 1988.

O. Schönberger, *Petronius: Satyrgeschichten* (SQAW 40), Berlin 1992.

　前1世紀以降、言葉のより狭い意味における占星術は、ローマ世界における普及と並行して文献に反映され始める。詩人たちは、彼らの作品において占星術的話題(トポス)を用い、読者たちがそれらの暗示を解読することが可能であるための十分な知識を持っていることを期待している。ティブルスについては既に語った。その同時代人であるプロペルティウス（およそ前50-15年）は私的に実践していた占星術師を養っていたが、この占星術師は生来遠くバビ

第Ⅲ章　民間信仰：概観――占星術、占い、奇跡、魔術

ロンにまで遡る家系を有し、円形競技場のそばで活動していた（4.1.77–86）[41]。ホラティウス、オウィディウス、ウェルギリウス、ルカーヌスらもすべて同様にここで名前を挙げることができる。また後2世紀のアプレイウスもそうである。後200年頃のルキアノス偽書に含まれている『占星術について』という小著も挙げることができる。このことは占星術とそれ以前の時代の託宣との間に注目すべき寓意的(アレゴリカル)繋がりを生み出す。すなわちデルフォイの処女のピュティアは黄道帯の処女宮の象徴である。また、ディデュマの託宣におけるディデュマという名前そのものが、それが双児宮と結び付いていることを示す（Astrol. 23、ギリシア語のディデュモスは双子を意味する）。次に考察する2つのテクストは、ペトロニウス（後66年没）とユウェナリス（後66–140年）からのものである。それらはその他に数多くある諸テクストを代表するものである。

(a) ペトロニウス

ペトロニウスの『サテュリコン』における「トリマルキオの饗宴」は、「広範囲に広がった民間の占星術信仰および下層階級の占星術師たちの非難されるべき行状についての貴重な洞察を与える」（Gundel and Gundel, Astrologumena 195）。食堂の入口に月の軌道と7つの惑星の形姿を示す絵が掛かっている。その上に吉凶の日々を留め具でしるしづけることができるように、実用的な仕掛けがある（30.3f.）。黄道十二宮の描かれた丸盆が持ち込まれた。金牛宮（牡牛）には牛肉一片を置き、天秤宮（天秤）には本物の天秤が置かれ、一方の秤皿にはパン菓子が、他方の秤皿には焼き菓子が置かれた。宴もたけなわになると、主宰者によって提供される解説的な占星術の講義がある。その講義で彼は〔受けてきた〕教育不足の程度全体をさらけ出す（39.5–15）。

「十二神が住むここでの天空は、同数の形象に変じ、その第1は白羊宮である。その宮(サイン)の下に生まれる者は誰でも、多くの羊と大量の羊毛並

41　両詩人については、G. Luck, *Properz und Tibull: Liebeselegien* (BAW), Zurich and Stuttgart 1964; G. P. Goold, *Propertius: Elegies* (LCL 18), Cambridge, Mass. and London 1990; J. P. Postgate, *Tibullus*, rev. edn. (by G. P. Goold) (LCL 6), Cambridge, Mass. and London 1988 参照。

びに鈍いおつむ、厚顔無恥な額と突き出た角を有している。多くの教師たちとけんか好きの人々とがこの宮(サイン)の下で生まれるのである」。私たちは彼の占星術的学識について彼を賞賛した。それから彼は〔言葉を〕続けた。「次いで全天空が金牛宮に変わる……獅子宮では大食漢並びに常に他者に命令したがる者たちが生まれる。処女宮では女たらしや逃亡者、鎖に繋がれた奴隷たちが、天秤宮では食肉商や薬剤師およびはかり売りをするすべての者たちが、天蠍宮では毒殺者や暗殺者たちが……宝瓶宮では酒場の主人やうつけ者たちが、双魚宮では食材調達人や修辞学者たち[42]が生まれる。見よ、世界は石臼のように回り、常に何らかの害悪をもたらして人の生き死にを引き起こすのである……しかし、母なる大地は卵のように丸くなって万物の中心に横たわっているのである」。

ここで提示されている占星術的世界観はまだなお大地を中心に見ているが、もはや天空のアーチの下にある平たい円盤のようにはみなしていない。今やそれは自由に浮かぶ球体なのである。聴衆たちはトリマルキオの指示に対してこう叫び声をあげて応答する、「素晴らしい！」と。そして、ヒッパルコスとアラトスという、共に優れた専門職の占星術師も、彼に比べれば半ば道楽者に過ぎないと誓言する（40.1）。著者にとっては、これ以上はっきりと低俗な占星術に対する彼の嘲りを表現することは、ほとんどできなかったことであろう。後に、トリマルキオは、彼の本国の占星術師のように「神々と緊密」である「ギリシア出身の仲間」を、引き止めていることを打ち明ける（76.10）。その人はトリマルキオに、彼がさらに30年4か月と2日生きるであろうと告げたのであった（77.2）。

(b) ユウェナリス

より上流の都市社会の出自の女性たちへの痛烈な風刺において、ユウェナリスはイシスの祭司、夢を解釈するユダヤ人女、内臓を調べるアルメニア人を、その舞台に上げる。それから彼はバビロニアの占星術師を紹介する（*Sat.*

---

[42] 魚たちは、あらゆる場におけるのと同様に、古典占星術においても口がきけるわけではないということを、ここで注記するべきであろう。

6.553–62)。

　　ただし、カルデア人には大きな信頼が寄せられている。デルフォイの託宣が鳴りをひそめているので、占星術師の言うことは何でもアモンの泉からの知らせであり[43]、人類は将来に関する暗闇によって罰せられていると彼らは信じていた。しかし、〔ローマから〕追放された者は、より頻繁に彼らの間で名誉ある特別の地位を享受した。彼らは、右手と左手に鉄の鎖の音を立てていた者、長い間、護衛隊兵舎の監獄にいた者の〔占星〕術を信頼する。裁判における断罪から逃れた占星術師は才能ある者に数えられない。

ユウェナリスによって喚起された理想像は、如上で論じられたように、占星術への政治的評価の移り変わる運命に巻き込まれた「殉教占星術師」のそれである。そこで引き出された結論は、権威者たちが占星術師をひどく怖れる場合、彼の推算に実質的な「何か」があるに違いないということであった。その風刺は、ユウェナリスが結婚することを思い留まらせようとしているポストゥムスに向けられている。彼の将来の妻は禁じられた事柄について占星術師に相談する。「黄疸を患っているのに死期にはまだあまりに長い時間がある彼女の母親について」(565)、彼女の妹や叔父や恋人や夫の死について。少なくとも、彼女はこれだけの問いを職業的占星術師に相談しなければならなかったと言える。ユウェナリスの見解では、いくらかの基本的知識を得て自分たちの家で占星術を実践してしまう女性たちの方により大きな危険が伴っている (572–81)。

　　しかし、次のような女とは出会うことさえ避けるように注意していなさい。湿って粘ついた琥珀の玉を手にしているかのように、すり切れた天体暦 (*ephemerides*)[44] を手にしている女、すなわち誰にも相談することなく、むしろ自身が相談される女に注意しなさい。夫が軍営や祖国へと旅立ちたいと思っているときにトラシュロスの〔占星術上の〕数字が引き

43　リビアのシヴァのオアシスにあるゼウス・アモンの託宣所をほのめかす表現。
44　所与の時の星の位置を割り出すことの可能な占星暦。

留めれば、彼に随行しようとしない。最初の里程標まで行くことを決心しても、〔天体暦の〕書からその旅に運の良い時を推測し、目の縁にかゆみを感じてこすってもその書〔で誕生の時〕を調べてからようやく軟膏を求め、病気で伏せているときでも、ペトシリスが指示する時間でなければ、どの時間も栄養を摂取するのに適切でないと考える女。

トラシュロスとペトシリスの名は既に見た。後者については下記第3項で戻ってくる。ユウェナリスの結びの言葉は、薬学的目的のために占星術を用いる「医療数学（*iatromathematics*）」の事例を示している。

3. 占星術の手引書

リスト78

F. Boll, *Kleine Schriften zur Sternkunde des Altertums*, ed. V. Stegemann, Leipzig 1950.

F. Cramer, *Astrology*（リスト76）．

A. J. Festugière, *La Révélation d'Hermès Trismégiste*, vol. 1: *L'astrologie et les sciences occultes* (EtB), Paris 2nd edn. 1950, 89–186.

W. Gundel and H. G. Gundel, *Astrologumena*（リスト76、基礎的研究）．

W. Hübner, 'Manilius als Astrologe und Dichter', *ANRW* II/32.1 (1984) 126–320.

G. Luck, *Magie*（リスト60）383–442.

O. Neugebauer and H. B. van Hoesen, *Greek Horoscopes* (Memoirs of the American Philosophical Society 48), Philadelphia 1959.

〔ローマ〕帝政時代における占星術指導マニュアルの基礎は前3–2世紀のエジプトで創り出され、偽名で公表されていた。ヘルメス・トリスメギストスが記したとされる著作（ヘルメス文書と混同しないように。Festugière参照）もしくはファラオのネケプソスと彼の祭司団長ペトシリスの名のもとに伝えられた著作の諸断片のみが残っている。諸断片は後1世紀から4世紀に

わたる占星術の諸著作のパピルスで残っている[45]。しかし、それらすべてが揃った版は現存していない。閲覧困難な中世のギリシア語写本は1898年から1953年にかけてブリュッセルにて12巻立てで刊行された『ギリシア天文学集成』(Catalogus Codicum Astrologorum Graecorum) に掲載されており、また抄録も提供されている。書き留められ収集された個別の天宮図(ホロスコープ)のそれぞれからいくらかの情報を引き出すことが可能である (Neugebauer and van Hoesen 参照)。少なくとも、それらの情報は誕生の時とその時に即した天における星座の位置を指し示している[46]。

(a) マニリウス

アウグストゥス帝治世の最後の数年とティベリウス帝治世の最初の数年には、マニリウスという名の、彼自身に関する伝記的情報は現存していない著作家が、当時の占星術の知識を、教訓の詩歌『天文学』(Astronomica) 5巻本において韻文で記録するという困難な仕事を引き受けた[47]。しかしながらその占星術の体系は、彼が惑星については取り扱わなかったために、不完全なものに留まっている。この著作の中でなされている伝統的な占星術的表象とストア哲学との間の緊密な結びつきは、おそらくマニリウス自身の功績である。このことは、星の動きと人間の運命の対応の基礎として、宇宙における普遍的な「共鳴」の概念を彼に付与している。例えば2.60–66がそうである。

> なぜなら神が沈黙のうちに自然を支配することを私は歌います
> 神が空と大地と海とに内部まで浸透し、
> 神が至るところで膨大な者たちを同じ状態に導き、
> 宇宙の全体が相互に調和して生きること、
> そして、理性がそれを動かす。というのはたったひとつの霊が

45　一例は PTebt 276, in Luck 428 参照。
46　一例は POxy 2556, in J. Hengstl, *Papyri* (リスト 4) 166 参照。
47　本文とドイツ語訳は W. Fels, *Marcus Manilius: Astronomica/Astronomie* (RecUB 8634), Stuttgart 1990、本文と英訳は G. P. Goold, *Manilius: Astronomica* (LCL 469), Cambridge, Mass. and London 1977, rev. edn. 1992、二次文献の中では Hübner を参照。

そのあらゆる部分に住まい、すべてを通って飛び、全世界にいのちを与
えつつ
すべてを通ってゆき、息ぶく体に形づくるのです。

　第4巻の冒頭で彼はまた、占星術に対して「牧歌的」関心を持っている
ことも示す。「なぜ、私たちは来る年も来る年も怯えきって生命を浪費する
のだろうか。なぜ、私たちは事物に対する御しがたい欲求で私たち自身を苦
しめるのだろうか」(4.1f.)。星々に記されている生命の規則性に対する洞察
は、感情や世界の喧騒のもとで奴隷となっている状態から人間を解放する意
図がある。ここでも、ストア的な運命信仰に由来している見解が見出される。
「運命は世界を治める。すべては不動の法則の支配下にある」(4:14)。「誕生
の時から死が私たちを脅かす。そして、終わりは既に始まりの時に待ち構
える態勢にある」(4.16)——言い換えれば、誕生の天宮図（ホロスコープ）が作られるとき、
既にその人の死の日付も定められているのである。
　占星術に確固とした基礎を付与するために、マニリウスは空が気候や潮流
に影響を与えると主張する。彼はまた、動物界の反応も提示する (2.87–95)。
トリマルキオは、中央に浮かぶ球体という新しい世界像をマニリウスから
受け取ったのかもしれない (1.173–235)。マニリウスは、天空の恒星の間
に英雄や重要な為政者らのための場所を付与する (1.758–61)。彼の著作を
ティベリウスあるいはアウグストゥスに献呈することを通してだけでなく
(1.7–10)、アウグストゥスの天宮図（ホロスコープ）や彼の占星術的神格化によっても、マニ
リウスはユリウス家の統治者たちへの占星術的な宣伝行為をしている。こう
して皇帝は神々の住まう天における星となる (1.926; Cramer 96f. 参照)。

(b) フィルミクス・マテルヌス

　(名前こそ挙げていないが) マニリウスの考えを、後335年に著された
『(正確な) 知識の書』[48] の中に取り上げた、後の時代の著作家の1人がフィ
ルミクス・マテルヌスである。彼は、後347年に著した、キリスト教の視点

48　W. Kroll, F. Skutsch and K. Ziegler, *Julii Firmici Materni matheseos libri VIII* (BSGRT),
　　Stuttgart 2nd edn. 1968、英訳は J. R. Bram, Park Ridge, NY 1975、この文書の抜粋としては
　　R. MacMullen and E. N. Lane, *Paganism*（リスト4）19–21 がある。

から異教祭儀の誤りに対する論駁書の著者としての方が良く知られている。彼のキリスト教への改宗はこれら 2 つの作品の執筆の間に起きたと思われる。その膨大な概論の中で彼は、占星術師の職能に対する占星術的前提条件について語っている。「上昇星座(アセンダント)の位置から見られたとき、水星が第 3 室にあるならば、それは祭司、魔術師、著名な医師、占星術師、そして、他のいかなる教育の権威によっても伝えられることのなかった物事を独自に発見して教える者たちを生み出す」(3.6.1)。フィルミクス・マテルヌスは 2.30.1–15 で占星術師に、彼の活動の実践や彼自身の生の振る舞いに対して非常に用心深くあれと促している。すなわち、彼は夜に行われるいけにえの祝祭と疑わしい秘密主義とを避けなければならない。また、彼は国情や皇帝の余命についてのいかなる情報も提供してはならない。

(c) クラウディウス・プトレマイオス

フィルミクスの目からすると、主たる権威であったのはマニリウスではなく、クラウディウス・プトレマイオス(後 100–178 年頃)であった。プトレマイオスは彼の主要占星術著作である『テトラビブロス』(四重の書)を、天文学の諸問題に厳密に集中して取り組んだ彼の既刊の著『アルマゲスト』の続編として、2 世紀半ばごろにアレクサンドリアで著した[49]。プトレマイオスは、自然科学の様々な領域ならびに地理学、整数論、ハルモニア(和声)論の学者として自身の価値を証明した。このような学者が占星術を、真剣に実行される際には、それらの学問領域を自然に補完するものとみなしていたという事実によって、占星術の肯定的な評価に重要な光が投射される。彼の方法論的明瞭さのおかげで、彼自身の貢献はその後現代に至るまで続く世代すべての占星術師にとって一種の「聖書」となった。ポルフュリオスはそれに序論を書いた。また、プロクルスはそれの分かりやすく改変した版を作った。彼が惑星の星位によって作り出される人の性格を叙述する際に、どのように不快な性質を一覧にしているか、その著作の一節だけ引用することとする (3.13.14f.)。

---

[49] F. E. Robbins, *Ptolemy: Tetrabiblos* (LCL 435), Cambridge, Mass. and London 1940(しばしば再版あり)。本稿における引用は F. Boll and E. Boer, *Claudii Ptolemaei ΑΠΟΤΕΛΕΣΜΑΤΙΚΑ* (BSRGT), Leipzig 2nd edn. 1954 に合わせて番号づけされている。

土星が名誉ある位置において火星と結合されるとき、それは良くも悪くもない人を作り出す。彼らは苦労して働き、他の人々のことにおせっかいを焼くのを好む。彼らは自慢好きな臆病者で、彼らの振る舞いは厳しく、容赦なく、尊大で、粗野で、好戦的である。彼らは結果について注意することなく、他者をたきつける。……［火星と土星が］逆位置になると、強盗、海賊、贋造者、軽蔑の対象となる人、不当利益者、無神論者……泥棒、偽証者、謀殺者、禁止された食物を食す者、犯罪者、殺人者、毒殺者、神殿強盗、墓荒らし――要するに、きわめて邪悪な者たちである。

釈義家はここですぐさま新約聖書の悪徳表を思い浮かべるであろう。また、この関連性は実際、既に指摘されてきたことである[50]。2つの対句で、空の継続的観察を通して地上的な足枷から自らを自由にすることができ、また神的存在にまで上昇できる占星術師の控えめな自尊心を略説する、見事な警句的風刺(エピグラム)もまたプトレマイオスに帰せられる[51]。

私はたしかに死すべき存在である――私はそれを知っている。この時代の被造物である私が。それでも、瞑想において、星々が極を周るときに、私は星々の軌道に随伴する、すると私の足はもはや地に触れていない。私の傍らにいるゼウス自身と共に、私は神の食卓でアンブロシアを口にする。

(d) ウェッティウス・ウァレンス

これに比較しうる宗教的な激しさは、ウェッティウス・ウァレンスに見られる。彼は、より古い資料を用いて、天宮図(ホロスコープ)についての実践的経験や諸例で充実させて、『詩選集』[52]を、彼より優れた対抗者であるプトレマイオスとお

50　A. Vögtle, *Die Tugend- und Lasterkataloge im Neuen Testament exegetisch, religions- und formgeschichtlich untersucht* (NTA 16.4–5), Münster 1936, 84–8 参照。

51　校訂済み本文と翻訳は Boll 146, 155, 315 参照。

52　W. Kroll, *Vettii Valentis anthologiarum libri*, Berlin 1908, reprint Zurich 1973. 現在は、以前

およそ同時代である後152–162年（その後の拡張あり）に編纂した。彼にとって占星術とは密儀宗教のようなもので、この科学の会員となることができる前に、人は秘儀伝授者から入信の手ほどきを受けなければならない[53]。「純粋な心を持って彼の手引書を読む者は、不死の聖歌隊(クワィア)に彼の場所を占めて、神々とその神秘の位階を目にし、神々のそれのような栄光に達する」[54]。

その他では、ウェッティウス・ウァレンスはプトレマイオスよりも学術的には低い水準で、むしろ実践のために実践に基づいて執筆をしている。しかし彼もまた、占星術に繰り返し伴う基本的な問題について議論している。すべてのことが星々の位置によって前もって定められているのだとしたら、人間はどのような意味で自由であるのか、という問題である。その考え——それはひとつの巨大な時計仕掛け、あるいは天的なチェスのゲームといった絵で例示されてきた（Luck 394）——は、必然的に宿命論やあきらめに繋がるはずではないのか。ウェッティウス・ウァレンスは、その回答において、運命は変えることができないと強く主張する。偶然と希望はその代理者として、2柱の神のような方法で行動する。占星術に無知な者は誰でも、それらの軛の下に置かれている。しかし、自分の天宮図(ホロスコープ)を理解することを学ぶ者は、変更できないと分かったものを受け入れて、勇気を持って耐えるところに存する最小限の自由を獲得する[55]。

> しかし、将来についての知識のために、また真実のために努力する人は、彼の魂においてこの奴隷状態から自由となるだろう。すなわち彼は偶然を軽蔑し、希望に重要性を与えない。勇気を持つために魂を教育してきたから、彼は死を恐れずに、どんな内面的動揺もなく生きる。彼は幸運を喜ばず、不運によって落胆することもせず、現状に満足する。彼は不

の研究者たちが引用していたものからD. Pingree, *Vettii Valentis Antiocheni anthologiarum libri novem* (BSGRT), Leipzig 1986に差し替えられている。第1巻のフランス語訳（本文と注釈付き）についてはJ. F. Bara, *Vettius Valens d'Antioche: Anthologies*, Livre I (EPRO 111), Leiden 1989、ウェッティウス・ウァレンスによる天宮図についてはNeugebauer and van Hoesen 176–85参照。

53　A. J. Festugière, *L'Idéal*（リスト3）120–7による議論を参照。μυστ-語幹に関するKrollあるいはPingreeの著作の索引における数多くの見出し語も参照。

54　W. Gundel and H. G. Gundel, *Astrologumena* 218参照。

55　5.9 (220.19 = 221.5 Kroll) = 5.6.9–11 (209.34–210.14 Pingtree); なおLuck 429f. も参照。

326

可能なことを望んだりしないから、定められたことを自己鍛錬をもって担う。快楽と諂(いさか)いに背を向け、彼は運命に仕える戦士となる。というのは、まさにその発端から定められている運命を制覇し、自分自身の望みに合わせて自分のために何か別の運命を創り出そうと、祈りと犠牲祭儀を執り行うということはありえないのだから。私たちに与えられる運命は、私たちの祈りなしでも生じる。そして、私たちに与えられていないものは、私たちが祈ったとしても、生じることはない。ちょうど舞台役者が舞台上で詩人の作品に応じてつける仮面を変えるように、今は王たち、それから強盗を、農民を、また素朴な人々あるいは神々を淡々と演じるように、私たちも、運命が私たちに着せる仮面をつけてそう演じなければならない。そして、私たちがそれらに特別に気を留めていないときでさえも、過ぎゆく時間の変化に順応しなければならないのである。

4. 先見

リスト 79

F. Boll, *Aus der Offenbarung Johannis: Hellenistische Studien zum Weltbild der Apokalypse* (ΣTOIXEIA 1), Berlin 1914.

F. Cumont, *L'Égypte des astrologues*, Brussels 1937.

J. Freundorfer, *Die Apokalypse des Apostels Johannes und die hellenistische Kosmologie und Astrologie* (BSt[F] 23.1), Freiburg i.Br. 1929.

W. Gundel and H. G. Gundel, *Astrologumena* (リスト 76) 180–3 (on Philo), 190f. (on Josephus), 332–9 (on Christianity).

W. Hübner, *Zodiacus Christianus: Jüdisch-christliche Adaptationen des Tierkreises von der Antike bis zur Gegenwart* (BKP 144), Königstein 1983.

——— 'Religion und Wissenschaft in der antiken Astrologie', in J. F. Bergier (ed.), *Zwischen Wahn, Glaube und Wissenschaft: Magie, Astrologie, Alchemie und Wissenschaftsglaube*, Zurich 1988, 9–50.

F. Kudlien, 'Sklaven-Mentalität' (リスト 70) 81–91.

R. MacMullen, 'Social History in Astrology', *AncSoc* 2 (1971) 105–16.

A. D. Nock, 'Astrology and Cultural History', in Idem, *Essays* (リスト 2) I.493–

502.

U. Riedinger, *Die Heilige Schrift im Kampf der griechischen Kirche gegen die Astrologie von Origenes bis Johannes von Damaskus: Studien zur Geschichte der Astrologie*, Innsbruck 1956.

　宗教と科学が邂逅する境界に由来するこのひとつの特殊な現象について直接伝える事柄のためのみならず、古典時代に属する宗教と社会の歴史に関する知識を非常に豊富にしてくれることからも、古典時代に属する占星術的文献の研究は実り多いものである。かくして、キュモンは占星術の文書『占星術師のエジプト』のみに基づいて後期古代の社会と文化の歴史を記し、そして、クートリーンは奴隷たちの心理状態をある程度まで再構成するためにそれらの文書を用いた。

　ヨハネの黙示録の星辰的象徴論の解明における占星術の重要性に関するボルとフロインドルファーの間に交わされた論争は、フロインドルファーの唯一の意図が、黙示録の著者の幻が有する純粋に経験的性格を擁護すること（これは支持しがたい試みである）であったために、中途半端なものであった。如上の悪徳表の場合に短く例示されたように、この文書群に含まれる潜在力を、釈義家たちはまだ汲み尽くしてはいないとあえて言ってよいかもしれない。

　ここでは厳密な作業計画が必要である。なぜなら、ユダヤ教、それにキリスト教もまた、後期古代において占星術が表現した霊的世界の力と対決することを強いられたからである。ユダヤ教とキリスト教はその対決を——魔術の場合に既に見てきたように——理論的な拒絶と実践における現象との部分的な折り合いとを混ぜ合わせて行った。ヨセフスは謎めいた記述（*Bell.* 2.128）の中で、エッセネ派が太陽を崇拝していたと述べているように見える。これはエッセネ派に対するヘレニズム異教世界の影響、もしくはヨセフスの側の単なる誤解であるかもしれない。クムランの共同体は、彼らにとってたいへん重要なことであった暦を計算するために、それらが必要であったという素朴な理由で、天文的情報を研究せざるをえなかったのである。その研究がどれほど占星術の方向に進んでいったのか評価することは必ずしも容易ではない。4Q186は3つの天宮図(ホロスコープ)で構成される。ユダヤ人歴史家偽エウポレモスによれば、「カルデア人の技芸」を発明したのはアブラハムであった、

さもなくば、それの最初の発明はエノクにまで遡って移される[56]。他の占星術的な煩雑な事柄は別として、フィロンは七惑星と黄道十二宮(サイン)を知っている。そして彼はとりわけ7と12という2つの神聖な数字を好んでいたので、それら〔惑星と黄道のサインの数〕はなおさらのこと彼に歓迎されている。彼は、アブラハムの物語では、天宮図(ホロスコープ)批判を明らかにしている。この模範的人物は、次の理由でカルデア（！）のウルを立ち去った。アブラハムの仲間たる同胞らは「占星術を行うことを好み、すべての事柄を星々の動きに帰した」が、アブラハム自身はこの信仰をもはや共有することができなかったのである(*Abr.* 69f.)。フィロンのここでの主要な関心は、神的摂理の信仰を脅す運命論を攻撃することにある（彼の論著『摂理について』[*De Providentia*] 参照）。彼がそれによって星々に関係するあらゆる理論を拒絶するつもりだったということはありそうにない。

後の時代、教会教父たちは占星術に対する論駁において、とりわけ聖書に依拠した（Riedinger 参照）。彼らが絶えず防戦的戦いを強いられたというまさにその事実自体が、彼らの敵対者に持続不変の魅惑的力があったことの証拠である。アドルフ・ハルナックの判定は確かにあまりにも楽観的に過ぎる——さもなくば、別の言い方をするならば、彼は問題の片側だけを示している——。彼は嬉しそうに次のように記している。「（自然科学が全体的に衰退していたときである）ローマ帝政時代に占星術はどんな力を表現していたのか、そしてどのようにそれが科学の装いをそれ自体にまとわせることに成功したのか、どのようにそれが至るところに浸透してその時代の受動的で疲弊した雰囲気を帯びていたか、こうした問いを正確に判断することのできる者は、教会によって示された抵抗（ここでもグノーシス主義はかなり無力であった）を的確に認識することができるだろう。ここで私たちは、教会が何かとてつもないことをしたと言わねばならないのである」[57]。

---

56 N. Walter, JSHRZ I/2, 141f. の Frag. 1.4.8; R. Doran, *OTP* 11, 880.
57 *Mission*（上記 210 頁注 49 参照）329.

監訳者あとがき

　本書は Studies of the New Testament and Its World 叢書のひとつとして発刊された、Hans-Josef Klauck, *The Religious Context of Early Christianity: A Guide to Graeco-Roman Religions* (Edinburgh: T & T Clark, 2000/ Minneapolis: Fortress Press, 2003) の邦訳である。原著は 1995–6 年に独語 2 巻本として、*Die religiöse Umwelt des Urchristentums* の表題で Kohlhammer 社の Studienbücher Theologie 叢書の第 9 巻として発行されたものの英訳書である。その内容は、原始キリスト教および新約聖書に関心を持つ牧師・神学生さらには研究者にも、新約聖書諸文書の大半が誕生した世界、そしてそれらが意図した読者の世界の宗教環境について優れた概観を提供するものである。本書の目的はこの分野に関して必要な基礎的情報を伝えることにある。新約聖書の周辺世界についての解説や研究の概観は参考文献リスト 3 に列挙された諸文献も提供しているが、本書の特徴を挙げるとすれば、その体系的な整理を、この分野に関する最近の研究状況を要約記述するというよりも、問題の総括的な解説と、そうした総括の具体的基礎となる選別された一次テクストの紹介に重点を置いた例示的作業方法を意識的に採用しているところにある。同様の特徴を持った文献として、リスト 2 にも掲載されている R. Turcan, *Les Cultes orientaux dans le monde romain*（Paris: Les Belles Lettres, 1989; 2nd ed. 1992、英訳 *The Cults of the Roman Empire*［Oxford: Blackwell, 1996］）があるが、それより分析的な方法でもってより詳細な記述がなされている点、手引き書としてより助けになると言えるもので、多数の学会誌の書評でも概ね高い評価を得ている。

　キリスト教誕生の背景といえば、当然のことにユダヤ教の背景を考えるというのが一般的な常識であろう。キリスト教はユダヤ教内部の 1 セクトとして生まれ、イエスは彼のメシア主張を巡ってユダヤ人の間で騒動を起こした、と。しかし、この、それ自体全く正しい理解はギリシア・ローマ世界を知ることの必要性を排除するものでは全くない。たとえ、イエス自身の思想と活

動はユダヤ教とその世界の内部に留まったものであったとしても、民族宗教としての枠を越え出るキリスト教は地中海周辺のギリシア・ローマ世界における発展と展開に他ならなかったし、それゆえ新約聖書諸文書の大半はギリシア・ローマ世界の読者に向けて書かれたものである。この事実を顧慮すれば、原始キリスト教が誕生し発展した環境はむしろギリシア・ローマ世界であったと言っても決して間違いではない。そもそも、イエス時代のユダヤ教自体がすでにヘレニズム・ローマの文化的・宗教的な影響を免れてはいなかった。この理由で、宗教的環境に関して本書の提供する古代ギリシア・ローマ世界の宗教事情についての豊富な情報は、新約聖書テクストの理解に重要であるだけではなく、それをより豊かなものにしてくれるに違いない。

　とは言え、ギリシア・ローマ世界は決して宗教的に一様であったわけではない。著者はまさしくその宗教的に多元的であった世界の有り様を、それぞれの問題についての研究の現状況の総括と適切な一次資料の選択によって浮かび上がらせてくれる。これほどまでに多様な様式・様相の宗教や哲学諸派の宗教思想がギリシア・ローマ世界の宗教事情として取りあげられることで、読者はあたかもひとつのギリシア・ローマ的宗教敬虔が存在するかごとき印象を抱くかもしれないが、それは本書の著者の見解でも意図するところでもない。本書が描き出す宗教世界の諸相にヘレニズム的霊性というようなものを看取することは不可能ではなかろうが、著者はギリシア・ローマ世界の輪郭や境界を明示せず曖昧なままにしているという点からも、それを指摘するのが著者の意図でも目的でもなく、ましてやそれが原始キリスト教のそれであるとか、その起源であると主張しているわけでは決してない。本書の著者はそうした宗教思想・哲学と原始キリスト教との類似点のみならず決定的な相違点にも注意を促してくれる。著者が描き出そうとするのは、文字通りに原始キリスト教がその中で展開し発展した、多元性と多面性を見せる環境である。本書に集められた情報とその基礎となる一次資料の知識を通して、原始キリスト教が受け入れられ、次第に他の諸宗教を駆逐していった古代地中海周辺世界の宗教事情について、私たちがよりよい情報を得て理解を深めることは間違いない。

　確かに本書は、われわれが古代地中海周辺世界の宗教的日常を生き生きと眼前に描き出すことを助けてくれる。当時の庶民がどのように公共的および私的宗教祭儀に生活の希望と安定を求めていたか、また彼らがどのように神

殿に赴き、宗教祭儀に集い、そしてどのような思いを込めて死者を葬ったか、そうしたわれわれが宗教心また宗教敬虔と呼ぶものがどのように強く彼らの日常生活の諸相と結びついていたことか、それゆえまた、そうした民間の宗教心がいかに容易に病気治癒や予言的託宣、それに魔術や占星術の愛好に展開し、さらには下巻においては、支配者・皇帝崇拝の形式を取り、またストア、エピクロス、中期プラトニズムの哲学諸派の思想にまで展開し入り込んでいることかが説得的に記述される。ひとつひとつについて総括的な問題の解説と資料の紹介とがそうした古代世界の宗教的環境の概略を紡ぎ出し、原始キリスト教が育った環境を私たちに描き出してくれる。

とりわけ、古代密儀宗教についての情報は新約聖書の研究に重要である。公共の宗教的な慣習や実践を越え出る、特定の神への特別の入信儀式を経て初めて許される秘密の祭儀に対して、多数の人々が魅了されていた事情があったこと、それは選ばれた者だけが参加できる、ある種排他的な形式の崇拝であり、また共通テクストの寓喩的解釈を伴っていたという点では、キリスト教との緊密性を示すものであったとも言えるのであり、同時代の宗教環境について理解するための大きな助けとなる。本書では、そうした新しい形式の神崇拝として、エレウシス、ディオニュソス、アッティスとイシス、それにミトラの密儀について、そして下巻においては、とりわけグノーシス的変形についての情報を与えてくれる。グノーシスを、ギリシア・ローマの公共的また家庭的祭儀と並ぶ現象として宗教的環境の中で取りあげることは、その妥当性に批判的な論議も呼ぶかもしれないが、原始キリスト教研究者にとってもひとつの新鮮な観点を提供するものとも受け取れよう。

本書の提示の仕方に不満がないわけではない。例えば、新約聖書の宗教的環境としてギリシア・ローマ世界の宗教事情が取り扱われるのなら、その大都市には必ずと言ってよいほどに存在したユダヤ人グループの宗教敬虔と実践を顧慮すれば、なぜヘレニズム・ユダヤ教がテーマとして取りあげられることがなかったのか疑問が生じる。また、ディオニュソス密儀についての手引きとなるテクストとしてエウリピデスの悲劇作品『バッカイ』が引用されているが、著者自身が認めているように、密儀の歴史的再構成のためのそのテクスト解釈はエウリピデス自身が意図したものを多少越え出たものである。この悲劇作品中の密儀的文学諸要素が余りにも性急に密儀の歴史的再構成の素材として利用されている、という批判は免れないであろう。悲劇本文によ

監訳者あとがき

って悲劇的行為として描写されているのは、「テーバイの女たちは好んでディオニュソス的恍惚と狂気に陥った」のでなくて、ディオニュソスがテーバイの町で拒絶された罰として、これらの女たちが不承不承にこの神にそう強いられたということであるのだから。あるいは、グノーシスの取り扱いについても、選択されたテクストの理由づけに欠けることは度外視しても、『真珠の歌』全体の思想内容と構造についての紹介はなく、唐突な終わり方という印象を与えることは否めない。その意味でも、この分野の広範にわたる素材の選別と均衡のとれた取り扱いを示す本書は、優れた手引き書として活用されるべきものであって、読者がこれを手引きにさらに興味と理解を深めることが促されており、そしてそのために十分役立ちうる書物である、と言うことができる。

　著者について簡単に紹介しておきたい。1946 年生まれの H.-J. クラウクはカトリック神父として叙階され、フランシスコ修道会に所属するカトリック教徒である。ドイツのミュンスターとボンで神学を学び、1977 年にミュンヘン大で神学博士号を取得、1980 年には教授資格論文を執筆、受理された。ヴュルツブルク大およびミュンヘン大で新約聖書および初期キリスト教文学の教授として教鞭を執り、2001-16 年はアメリカ合衆国に移ってシカゴ大神学部で新約学教授として教鞭を執り、2016 年夏に定年退職、同神学部の名誉教授となった。その間に、2008 年にはチューリッヒ大から名誉博士号を授与され、2003 年から 04 年には国際新約学会の会長の任に就いた。その学問的業績はイエスの譬え、パウロのコリント書簡、ヨハネ書簡等の新約聖書文書に関するもの、外典諸文書、さらには新約学に必須の背景であるギリシア・ローマ世界の宗教的・社会的な歴史に関するものなど、30 以上の著書と 250 にも上る論文・事典項目が含まれる。

　また多数の新約関係の著名な学問的叢書（Herders Biblische Studien; Stuttgarter Biblische Studien; Hermeneia; Evangelische-Katholische Kommentar zum Neuen Testament; Wissenschaftliche Untersuchungen zum Neuen Testament）や事典（*Die Religion in Geschichte und Gegenwart* 新版、*Encyclopedia of the Bible and Its Reception*）の編集者としての責務を担った。

　翻訳についても簡単に触れておきたい。全体の監修の役割は小河が担った

が、翻訳は3名の翻訳者の協同作業である。序論と第Ⅰ章は小河が、第Ⅱ章は吉田忍氏が、そして第Ⅲ章は山野貴彦氏が担当した。邦訳は二次文献が最新情報に従って1999年まで補充され、独語原書の気づかれた限りの誤りも訂正されている英訳版を基礎にしているが、翻訳に際しては、独語原書とできる限り照合し、明らかに英訳の誤訳と思われるような場合や、日本語表現として独語本文に近づけた方がより明瞭な意味が伝わると思われるような場合、訳者の裁量によって英訳からはずれることも厭わなかった。さらに、一次テキストの引用に関しては、訳者の責任において、可能な限り原文に直接当たって独訳・英訳からの重訳は避けることを心がけた。全体としての印象は、独訳の場合も英訳の場合も、相当にラフな意訳が見られた、という感がぬぐえない。煩雑さを避けるために、そのような場合も逐一注記することをしていないことは、学問的な厳密さに欠けるとの批判をあるいは呼ぶかもしれないが、最も大切なことは事柄の正確さにあって形式的な厳密さにはない、というのが訳者たちの一致した想いであった。

　最後に全体の表記の統一は言うに及ばず、日本語としての表現や時には誤訳箇所の指摘など、日本キリスト教団出版局の土肥研一氏には並々ならぬ貢献をして頂いた。同氏の入念な編集作業の努力がなければ、本翻訳書はずっと沢山の誤りに満ちたものであったに違いない。訳者一同衷心よりの感謝を表したい。

　最後の最後となったが、本書のように学術的には非常に価値が高く、また神学者、牧師、神学生の間で多数の読者を獲得すべき書籍ではあるが、最近の読書離れという一般的な傾向の中で、実際にどれほどの読者を獲得できるかリスクを抱える事情にもかかわらず、出版を承諾してくださった日本キリスト教団出版局の英断には心からの称賛と感謝を捧げたいと思う。

2017年1月　小河　陽

聖句索引

レビ記
16 章　74
17:11　185

詩編
139:1　291

ダニエル書
2:28　133

知恵の書
2:22　133
6:22　133
12:3ff.　133
13:1-9　41
13:10-14:11　41
14:15　41, 133
14:16-20　41
14:21-31　41
14:23　133
15:14-19　41

マタイによる福音書
2:1　284
2:1-2　216
5:23-24　76

マルコによる福音書
4:11　134

ヨハネによる福音書
12:24　157

使徒言行録
5:14　216
8:9　42, 216
8:26-40　42
10:1-48　42
12:21-22　42
13:4-12　42
13:6　216, 285
14:11-13　216
14:11-18　42
14:18　45
16:16　216
16:16-18　42
17:16-34　42
19 章　212
19:11-40　42
19:12　216
28:1-6　42
28:6　216
28:11　39

ローマの信徒への手紙
11:25　134
11:26　134

コリントの信徒への手紙一
1:10　90

8:10　220
14:40　94
15:32　127

コリントの信徒への手紙二
12:4　43

フィリピの信徒への手紙
4:12　43

コロサイの信徒への手紙
1:26　134
2:8　43
2:18　43

テモテへの手紙一
6:20　43

テモテへの手紙二
3:13　284

ペトロの手紙二
1:16　43

ヨハネの黙示録
1:16　216
7:14　185

マカバイ記三
2:28-30　168

一次文献索引（聖書以外）

ヘレニズム・ユダヤ文献
Ps.-Eupolemus
　Frag. 1.4.8: 329

Josephus
　Ant. 18.66-80: 192
　Bell. 2.128: 328

Philo
　Abr. 69f.: 329
　Flacc. 136f.: 95
　Spec. Leg. 3.100f.: 284

ギリシア・ローマ文献
Achilles Tatius
　1.3.2f.: 281

Aischylos
　Ag. 979-81: 276
　Prom. 485f.: 276

Apollodorus
　Bibl. 3.192: 163
　FGH 244F110b: 155

Aristides
　Or. 45.27: 199

Aristophanes
　Ach. 747: 151
　Av. 1520-4: 58
　Pax 374f.: 151
　　832f.: 126
　Pl. 653-748: 221f.
　Ra. 337f.: 151
　　352-70: 152

Aristotle
　Eth. Nic. 8.9.5: 84
　Pol. 1.3.1: 97
　Frag. 15 Rose³: 136

Artemidorus
　Oneirocr. 1.1f.: 277f.
　　2.25: 278
　　2.36: 313
　　2.39-49: 280
　　4.49: 280
　　4.67: 280
　　4.81: 280
　　5.83: 280

Athenaeus
　Deipnosoph. 14 (659d): 103

Demosthenes
　Or. 18.259f.: 169

Dio Chrysostom
　Or. 12: 63

Diogenes Laertius
　Vit. Phil. 6.39: 158

Dionysius Hal.
　Ant. Rom. 2.23.5: 58

Empedocles
　FVS 31B112: 243

Epictetus
　Diss. 3.21.14f.: 158

Euripides
　Alc. 1008-152: 239
　Ba. 72f.: 165
　　135-40: 163
　　221-4: 166
　　274-84: 162
　　471: 166
　　735-47: 164
　Hipp. 1437f.: 116
　Iph. Taur. 1259-68: 277
　Frag. 472.9-15: 166

FVS
　1B17-21: 175
　1B23: 169

Heraclitus
　FVS 22B92: 271f.
　　　B93: 257

Herodotus
　Hist. 1.46.2-53.3: 258
　　　2.42.3: 51
　　　2.53.2: 62
　　　2.171.1: 190
　　　7.140.1-143.3: 258

Hero(n)das
　Mim. 4: 219

Hesiod
　Theog. 535-57: 53
　　　　969-71: 155
　Frag. 1: 58

Hipponax
　Frag. 5-11: 73

Homer
　Il. 1.458-68: 47f.
　　2.8-21: 277
　　3.299f.: 56
　　4.159f.: 56
　　5.149f.: 278
　　11.624-41: 147
　　23.69-107: 115
　Od. 3.445-63: 48f.
　　10.234-6: 148
　　10.234-40: 293
　　11: 118f.
　　14.413-38: 49
　　19.560-7: 277f.

Hom. Hym.
　Dem. 192-211: 142f.
　　　239-46: 143f.
　　　473-89: 144f.
　　3　287f.: 252

Lucian
　Alex. (passim): 266-70
　Alex. 5: 233
　Astol. 23: 318
　Charon 22: 122
　De Luctu 9: 122
　　　　　24: 123
　Philops. 16: 237
　　　　　33-6: 296
　De Sacrificiis 9: 53

Orph. Hym.
　45: 176

Pausanias
　Graec. Descr.
　　1.34.4f.: 279
　　2.27.3: 223
　　4.33.5: 130
　　6.26.1f.: 162
　　7.18.11-13: 55
　　9.39.5-14: 264
　　10.9.11: 272

Flavius Philostratus
　Vit. Ap. 1:2: 243
　　　　1.3: 234
　　　　1.4: 235
　　　　1.5: 235
　　　　1.7: 236
　　　　1.9: 236
　　　　2.17: 241
　　　　4.20: 237
　　　　4.45: 238f.
　　　　6.43: 236
　　　　8.30f.: 235

Pindar
　Pyth. 3.47-56: 218
　Frag. 121: 157

Plato
　Alcib. 121E: 285
　Apol. 22 (33c): 248
　Charmid. 157a: 285
　Euthyphr. 14c: 76
　Leg. 6.7 (759a-760a): 67
　Leg. 10.16 (909e): 104
　Phaed. 13 (69d): 175
　　　　20 (242c): 257
　　　　22 (244b): 272
　　　　66 (118a): 50
　Polit. 29 (290c): 68
　Resp. 2.7 (364b-365a): 175
　Symp. 28 (209e-210a): 132

Plotinus
　Enn. 2.3.1-18: 310
　　　4.4.40-5: 287

Plutarch
　Alc. 19.1: 156
　Amat. 18 (753c-f): 63
　Aristid. 27.3: 279
　Cons. Uxor. 10 (611d): 173
　Def. Orac. 40 (432d-e): 256
　E ap. Delph.
　　5 (386c): 259
　　9 (389b): 160
　Gen. Socr. 21-2
　　　　(589f-592e): 264
　Is. et Os.
　　2-3 (351f-352b): 192
　　3.68 (325c; 378a): 136

18 (358a-b): 189
27 (361d-e): 192f.
Pomp. 24.5: 201
Pyth. Or.
  6 (397a): 271
  9 (398c): 272
  28 (408c): 259
  30 (409d): 257
Quaest. Conv.
  2.3.1 (635e): 276
  8.8.3 (729f): 79
Sept. Sap. Conv.
  15 (158c): 103
  15 (159a): 276
Suav. Viv. Epic. 21 (1102a): 78
Frag. 178 Sandbach: 157

Porphyry
De Abst. 2.29f.: 75
Ant. Nymph. 15f.: 205

Ptolemy
Tetrabiblos 3.13.14f.: 324f.

Sallustius
De diis et mundo
  4.9: 138
  4.10: 184

Sophocles
Frag. 837: 157

Theocritus
2.1-16: 293f.

Theophrastus
Char. 16: 175, 250

Vettius Valens
Anth. 5.6.9-11: 326

Apuleius
Apol. 25.6f.: 285
  26.3: 285
  55.4f.: 194
  56.7: 147
Flor. 19: 238
Met. 2.12.2: 314
  2.13.1: 314
  2.14.1, 5: 314
  3.21.1-25.4: 297
  8.26.1-30.5: 181
  11.2.1: 194
  11.6.5: 194f.
  11.23.6-8: 196
  11.24.1-5: 195
  11.25.1-6: 196

Augustus
Res Gestae 7: 70

Catullus
Carm. 63: 179f.
  63.18: 181

Cicero
Divin. 1.11: 246
  1.12: 314
  1.39-65: 276
  2.26f.: 246f.
  2.51: 250
  2.83: 247
  2.89f.: 312f.
  2.119-50: 276
Dom. 41.109: 100
  51.132: 97
Fam. 6.5[6].7f.: 249

Nat. Deor. 2.7: 249
  3.41: 163
Tusc. 1.36: 120

Firmicus Maternus
Err. Prof. Rel. 19.1: 203
Math. 3.6.1: 324

Horace
Sat. 1.8.23-45: 295

Juvenal
Sat. 6.542-7: 279
  6.553-62: 319f.
  6.572-81: 320

Livy
Urb. Cond.
  4.30.9-11: 104f.
  5.13.6-8: 57
  39.8.3-19.7: 170

Lucian
Pharsalia
  5.69-197: 254-6
  6.744-6: 296

Lucretius
Rer. Nat. 3.888-93: 171

Manilius
Astronomica
  2.60-66: 322f.

Ovid
Fasti 2.533-9: 122f.
  3.295-8: 60
  4.223-46: 178
  4.247-348: 178

4.367-73: 183
4.535f.: 147
5.429-44: 122
6.305-10: 103
Met. 7.1-403: 294

Petronius
Satyricon 29.8: 102
39.5-15: 318f.
65.11: 124

Plautus
Aulularia 1-25: 102
621-3: 77

Pliny (elder)
Hist. Nat. 2.14: 64
2.28f.: 310f.
2.213: 162
28.19: 292
28.21: 283
30.17: 201

Pliny (younger)
Ep. 2.17.24: 73
4.8.1f.: 70
8.8.1-7: 60
10.22.3: 86

Propertius
4.1.77-86: 318

Quintus Serenus
Liber medicinalis 935-40: 307

Seneca (elder)
Suasoriae 4.2f.: 315

Seneca
Oed. 299f.: 50
309-86: 249

Suetonius
Aug. 31.1: 274
Claud. 12.1: 97, 103
Nero 36.1: 316
Tib. 36: 316
69: 316
Vitell. 14.4: 316

Tacitus
Ann. 2.54.3: 262
2.69.3: 297
6.20.2: 316
14.9.3: 316
Hist. 1.22.2: 316

Tibullus
1.3.17f.: 310
2.5.15f.: 274

Vergil
Aeneis 6.98-101: 273
Ecl. 8.68-78: 295

碑文、パピルス
CIL I 1012: 300

CIMRM 34: 207
35: 208
64f.: 206
91-105: 206
299: 203
485: 204, 208
1896: 208
2269: 205

IG IV 2/1, 121-4: 223
438: 223

IGUR I 160: 172

IKyme: 191

ILS 18: 171
4152: 185
7212: 93f.

LSAM 5: 69
12: 61
20: 108-11
32: 57
48.2f.: 164

LSCG 48:178
51: 91f.
65: 131
83: 262f.
135: 87f.
135.20: 86
177.93f.: 86

LSCS 120: 173

SEG IV 92: 173

SIG 2/793-8: 259f.
587.207: 151

SIG 3/583: 57
736: 131
820: 159
982.9: 61
985: 108-11

1009: 69
1109: 91f.
1157: 262f.
1168-9: 223
1170: 223, 229
1173: 220, 227
1175: 299

BGU 1211: 168

PDerveni: 175

PGourob: 168f.

PGrM I 41: 306
　I 222-31: 306
　I 276-347: 303ff.
　II 1ff.: 306
　II 2-4: 282f.
　II 53f.: 283
　III 192f.: 283
　IV 475-834: 206

IV 544-7: 313
IV 1390-8: 306
VII 1009: 282
VIII 8f.: 291
XII 14: 282

PKöln 57: 199

PLondon 2710: 89

POxy 1477: 260

初期キリスト教文献
Ambrosiaster
　Quaest. VNT 114.11: 204

Clement of Alex.
　Protr. 2.3: 163
　　15.3: 182
　　21.2: 146-50

Hippolytus
　Ref. 5.8.39f.: 154

Jerome
　Ep. 107.2: 203

Justin
　Apol. 66.4: 205

Firmicus Maternus
　Err. Prof. Rel. 5.2: 204
　　　　　　　18.1: 183
　　　　　　　22.1: 184

Prudentius
　Peristephanon
　　10.1011-50: 185

Tertullian
　Apol. 39.15: 199
　Cor. 15.3: 205

二次文献索引

Abt 281, 285
Adamietz 317
Alcock 59
Alderink 156, 157
Aleshire 217
Alexander 281, 285, 297, 301
Altheim 23
Alvar 210
Amandry 251
Anderson 232, 234, 240
Anrich 210
Antes 22
Armstrong 112, 287
Assmann 187
Audollent 298, 299
Audring 98
Aune 244, 248, 282, 288, 290
Ausbüttel 82, 92, 93
Avagianou 155

Bader 75, 79
Balch 27
Bara 326
Barb 288
Barrett 28, 185
Barton S. 107
Barton T. 308
Baudy 46

Baumann 166, 171
Baumgarten 173, 190, 244
Beard 23, 28, 67, 70, 71, 185, 244, 246
Beck 199, 209
Bendlin 67
Bergemann 98, 99, 244, 250
Berger 28, 108, 112
Bergman 190
Berner 129
Berthiaume 46
Betz H.D. 10, 26, 118, 121, 174, 202, 240, 242, 261, 264, 266, 302, 307
Bezold 308
Bianchi 23, 129, 149, 151, 153, 172, 199
Bidez 282
Bieler 240, 242
Billerbeck P. 35
Binder 112
Blackburn 240, 242
Blänsdorf 246
Boardman 113
Böker 309
Bömer 23, 71, 72, 92, 93, 114, 177, 282
Boer 324

Boffo 28
Boll 308, 321, 324, 327
Bolt 286
Bonnechère 261
Bonner 298, 301
Bookidis 60, 159, 299
Borgeaud 174
Bornkamm 131
Bouché-Leclercq 244, 275, 308
Bousset 33, 34, 210
Bowie 232, 234
Boyancé 140
Brackertz 275
Bram 323
Brandt 193
Brashear 82, 209, 288, 302
Bremer 218
Bremmer 23, 114
Brenk 210
Briem 138
van den Broeck 23
Bruck 112
Brückner 34, 210, 212, 213
Bruhl 167, 171
Bruit Zeidman 24, 216
Büchner 295

343

Bultmann 26
Buresch 261
Burkert 24, 52, 55, 73, 75, 80, 129, 132, 134, 135, 138, 140, 148, 152, 154, 163, 167, 169, 174, 175, 186, 196
Bury 313
Buschor 160

Campbell 206
Capelle 308
Carcopino 179
Carpenter 159
Cartlidge 28
Casabona 46
Casel 211, 212, 213
Caster 266
Cerfaux 211, 213
Clark R.J. 261
Clarke 99
Clauss 199, 202, 209
Clemen 26
Clerc 288
Clinton 141, 150, 151, 152, 156
Cole 130, 167, 174
Collins 270, 274
Colpe 28, 82, 108, 112, 201, 202, 211
Conybeare 232
Cornish 179
del Corno 275
Corrington 240, 242
Cramer 308, 317, 321, 323
Croissant 134
Cumont 9, 24, 112, 125, 129, 151, 167, 171, 172, 177, 186, 200, 282, 308, 327, 328
Cunningham 219

Dalfen 24
Daniel 302
Daniels 209
Daxelmüller 282
Deissmann 26
Delatte 146, 149
Delcourt 251
Desideri 62, 63
Detienne 46
Deubner 24, 71, 72, 73, 148
Devereux 275
Dibelius 193, 232
Diels 117
Dieterich 112, 206, 302
Dietrich 140
Dietz 118
Dillon M. 24
Dirlmeier 84
Dixon 96
Dodds 24, 160, 165, 275
Dölger 309
Dönt 218
Dörrie 131
Dohrmann 54, 56
Doran 329
Dorcey 62, 66
Duff J.D. 254
Duff P. 167
Dunand 129, 168, 186
Dungan 28
Durkheim 22
Duthoy 185
Dzielska 233, 234

Ebener 160
Edelstein 217, 223
Edmonds 293
Effe 112
Ehlers 193, 317
Ehrenberg 28
van de Eijk 278
Eisenhut 179
Eitrem 46, 146, 150, 193, 197, 266, 292
Engelmann 106, 198
van Essen 202

Fairclough 273, 295
Faraone 159, 288, 298, 301
Farnell 24, 129
Fauth 71, 289
Fédou 26
Fels 322
Ferguson E. 26, 75, 215
Ferguson J. 24
Ferguson W.S. 82, 84
Festugière 24, 26, 125, 126, 160, 191, 215, 302, 321, 326
Février 121
Finegan 26
Fischbach 236, 238
Flacelière 244
Fladerer 57
Foley 140, 141
Fontenrose 251, 258, 261
Forbes 181, 244
Foster 57
Foucart 140
Foucher 167
Fox 26, 90, 261, 266,

275
Frazer 71, 72
Freis 28
Freistedt 121
Freud 148, 275, 279
Freundorfer 327, 328
Freyburger-Galland 24, 171
Freymuth 155
Fritz 293
Fuhrmann 99

Gärtner 194
Gager 298, 299, 301
Gallagher 240
Gallant 156, 157
Gardner J. 96
Garland 67
Gaselee 281
Gauger 270, 274
Geffcken 24, 270, 274
Geist 28, 125, 126
Geyer 167, 194
Giebel 70, 129, 130, 148, 152, 155, 156, 157, 178, 186
Gilbert 40
Gill 54, 58
Gilliam 198, 199
Girard 75, 78, 80
Gladigow 22
Gnoli 112
Godwin 129
Goethe 296
Goode 289, 290
Goodenough 131, 211, 213
Goold 318, 322

Graf 24, 140, 161, 174, 282, 298
Graillot 179
Grandjean 190
Gressmann 186, 309
Grom 22
Grundmann 27, 28
Gruppe 24
Gundel H.G. 309, 313, 317, 318, 321, 326, 327
Gundel W. 308, 309, 317, 318, 321, 326, 327
Gunkel 33, 34
Guthrie 174
Gwyn Griffiths 187, 193, 198

Hägg 46, 59, 60
Hamilton J.D. 131
Hammond 47
Hani 187
Hannon 266
Hanson 275
Harmon 99, 103
Harnack 210, 212, 329
Harrison 24, 160, 165, 174
Harvey 131
Heilmann 167
Heitmüller 34, 211, 212
Heitsch 302
Helck 187
Helm 193, 285
Hengstl 28, 260, 322
Henrichs 161, 164, 165, 302, 303, 307
Hepding 178
Herfort-Koch 112
Hermann 82

Hert 278
Herzog 112, 217, 223, 225, 230, 231
von Hesberg 112
Heseltine 317
Hillen 171
Hilpert 36
Hinnells 200, 202, 206
Höfler 198
van Hoesen 321, 322, 326
Hoffmann P. 125, 126
Hofmann 146
Hoheisel 181
Holl 33
Holladay 240, 242
Hommel 261, 262
Hopfner 129, 187, 282, 283
Hopkins 112
Hornbostel 198
Horsley 28, 107
van der Horst 220
Hubert 76
Hübner R. 199
Hübner W. 309, 321, 327
Hughes 54, 56
Hull 282
Humphreys 113
Hunink 285

Jameson 54
Jeanmaire 160
Jevons 22, 148
Johnson 169
Joly 181
Jones A.H.M. 28
Jones C. 220
de Jong 129, 193, 197

345

Jürss 275
Jung 275, 279

Kane 202
Kant 309
Kaufmann 37, 39
Kehl 215
Kerényi 140
Kern 24, 57, 129, 173, 174, 175
Kieffer 28
King H. 113
Kingsley 242
Kippenberg 22, 289
Kirk 271
Klauck 32, 33, 42, 121, 129, 211, 213
Klauser 121
Klees 275
Kleinknecht 64
Klinghardt 94, 95
Kloos 167
Kloppenborg 82
Klose 250
Knoblauch 40
Knox 26
Koch 121, 186
König A. 67, 71
König R. 310
Körte 146, 149
Koester 27, 212
Kötting 82
Kollmann 179
Koppers 139
Korenjak 292
Koskenniemi 233, 234, 235, 236, 240, 241, 242
Kotansky 298
Kott 161

Krämer B. 199
Krämer H. 131
Kraemer 161, 164
Krauss 275
Kroll 323, 325, 326
Krug 217, 218, 221
Kudlien 275, 327, 328
Kümmel 32
Kurtz 113
Kutsch 217

Lacey 96
Lagrange 174
Lambrechts 178
Lanczowski 22
Lane 29, 91, 92, 177, 191, 266, 323
Lang B. 27, 76
Lang M. 60, 217, 220
La Piana 82
Latte 24, 28, 57, 185, 220, 223
Lattimore 125
Laum 87
Lease 211, 213
Le Corsu 186
van der Leeuw 22
Leipoldt 27, 28, 113, 200, 215, 216
Levin 251, 252
LiDonnici 217, 223
Liebenam 82
Lieberg 62, 63
Liebeschuetz 25, 244, 292, 309
van Lieshout 275
Lind 62, 66
Linderski 244
Linforth 174

Llewelyn 28
Lloyd 289
Lobeck 149
Löwe 275
Lohse 27
Long C. 62, 65
Luchesi 289
Luck 215, 216, 217, 220, 223, 244, 254, 262, 270, 282, 286, 292, 301, 309, 318, 321, 322, 326
Luckmann 37, 40
Lübbe 38
Lüdemann 33
Lührmann 96
Luhmann 38

Maass 90, 121, 125, 174, 251, 256
MacBain 244
MacDowell 96
McGinty 160
McLean 172
MacMullen 25, 29, 82, 91, 92, 131, 191, 205, 207, 266, 282, 285, 323, 327
Malina 27
Maltomini 302
Mann 22
Marchant 98
Marinatos 59, 60
Martin J. 27
Martin L.H. 25
Matz 160
Mauss 76
Merkelbach 126, 167, 186, 193, 194, 201, 202, 204, 206, 208, 209, 302,

306, 307
Metzger 129, 202, 211
Meuli 76
Meyer B.F. 27
Meyer E. 233, 234
Meyer M.W. 91, 130, 131, 176, 177, 191, 206, 289
Mikalson 215
Miller 276
Mirecki 289
Moretti 90, 172
Morgenthaler 276, 278
Morris 114, 118
Motte 244
Moxnes 96
Müller A. 92
Müller D. 190
Müller H. 134, 217, 220
Müller Ka. 33
Müller Ko. 317
Müri 217, 218, 223
Mumprecht 233, 234
Muth 25, 62, 66
Mylonas 152, 155

Naveh 298, 301
Neugebauer 321, 322, 326
Neusner 289
Niehenke 309, 311
van Nijf 82
Nikiprowetzky 270
Nilsson 25, 29, 69, 72, 74, 99, 102, 131, 156, 159, 167, 176, 202, 215, 223, 302, 309
Nock 25, 27, 78, 89, 114, 121, 193, 209, 211,
302, 327
North 23, 28, 67, 244, 249

Obbink 288
Oberhelman 276
Önnerfors 276, 282, 283, 298, 302, 307
Ogilvie 25, 72
Ohlig 36
Olivieri 174
Oppermann 130
Oranje 161
Orlin 59
Orr 99, 102
Orth 309
Osborne 59
Oster 212
Otto 140, 160

Pailler 167, 171
Parássoglou 174, 176
Parke 244, 251, 261, 270
Parker 25, 76, 114, 116
Parry 292
Pascher 211, 213
Paulsen 33, 34
Pease 246
Peek 126, 190
Penella 233, 234
Penna 29
Persson 140
Petersmann 24
Petzke 233
Petzold 289
Pfister 25, 113
Pfohl 28, 29, 125, 126, 173

Philipps 289
Pingree 326
des Places 25, 215, 287
Pötscher 113
Poland 82, 86
Postgate 318
Potter 270
Preisendanz 298, 302, 303, 307
Preisker 27
Price C.P. 211
Price S. 23, 25, 28, 276
Prümm 27, 130, 248

Quack 36
Quint 27
Quiter 270, 273

Race 218
Rackham 84, 97, 310
Radke 62
Rahner 64
Ramsay 317
Raven 271
Rawson 96
Reck 134, 136, 137
Reitzenstein 130
Remus 266
Renan 209
Reverdin 47
Richardson 141, 143, 148, 154
Richarz 96, 98
Riedlinger 328, 329
Riedweg 130, 131, 135, 137, 213
Rieu 47
Robbins 324
Roberts 89

347

Robinson 261
Roesch 244, 245
Rohde 113, 114
Roll 201
Rose H. 99
Roseberger 245
Rosivach 46, 72
Rouse 117
Roussel 130
Rousselle 167, 179
Roux 59, 251
Ruck 146
Rudhard 47
Rumpf 29
Rüpke 72
Rüsche 47
Rusten 250
Rydbeck 28
Rzach 271

Sänger 193, 211, 213
Sage 171
Samter 113
Sanders E.P. 27
Sanders G. 177
San Nicolò 82, 89
Schäfer 282, 285, 289
Schäublin 246
Scheid 67, 172
Scheuermann 90, 171
Schmeller 94
Schmidt E.A. 84
Schmidt E.G. 117
Schmitt H. 25
Schmitt Pantel 24, 216
Schnapp-Gourbeillon 115
Schneider 27
Schnelle 32

Schnur 317
Schönberger 295, 317
Schofield 245, 246, 271
Schröder H.O. 220
Schröder M. 33
Schröder S. 251
Schumacher 29, 67, 171
Schwartz 298, 301
Schwarz 24, 97
Schwenn 54, 56, 73
Scullard 72
Seaford 161
Seeck 160
Segal 289
Sfameni Gasparro 141, 177
Shaked 298, 301
Shankman 276, 278
Shipley 70
Simms 150
Simon 167
Skeat 89
Skutsch 323
Smith J.Z. 22, 33, 131
Smith M. 282, 286
Smith M.F. 117
Smith W.R. 76, 77
von Soden 131
Soeffner 38, 39
Solmsen 190
Sonnemanns 113
Sourvinou-Inwood 118
Spahn 96
Speyer 25, 27, 54, 56, 233, 235
Sprague-Becker 62, 63
Stambaugh 27, 59, 72, 96, 198
Stauber 126

Stemplinger 215
Stengel 25, 47
Stewart 25
Stockmeier 36
Stolz 23, 38
Stowers 108
Strack 82, 83, 85
van Straten 76, 217, 230
Strecker 32
Strobel 96
Stroud 159, 299
Sundén 23
Swartz 285
Szemler 67

Thönges-Stringaris 121, 124
Thomas 177
Thomsen 47, 53
Tiede 241, 242
Titzmann 32
Tod 90, 91
du Toit 241
Totti 106, 190, 199, 260, 302, 306, 307
Toutain 25
Tran Tam Timh 193, 198
Tresp 135, 137
Trumpf 298, 301
Trunk 236, 237, 289, 290
Tsantsanoglou 174, 176
Tupet 282, 292, 294, 297
Turcan 25, 121, 125, 135, 160, 173, 177, 182, 187, 200, 212
Turchi 130

348

Ulansey 201, 202
Ustinova 89

Vandebeek 187
Vandoni 99, 198
Veltri 285
Vergote 23
Vermaseren 23, 25, 129, 177, 200, 202
Vernant 46, 73, 112, 245
Versnel 26, 72, 73, 135, 161, 190, 191, 298, 301, 303
Victor 96, 98, 266
Vidman 187
de Villers 245
Vögtle 325
Vogliano 167, 172
Vogt 25

Waardenburg 23
Wachsmuth 97, 99, 100, 105
Waldenfels 36
Walter 329
Wankel 169
Wasson 146, 148
Waszink 82, 276

Watts 99
Weber E. 70
Weber G. 276
Weber M. 23
Wedderburn 33, 211, 213
Wehr 130
Wehrli 141
Weiher 141
Weinfeld 94, 95
Weinreich 106, 108, 217, 266
Weiser 217
Weiss 34
Wells 217
Wendland 27
Werner 218
West 169, 174, 175, 176
Wettstein 31, 32
Whaling 23, 38
White 106, 206
Widengren 23
Wiedemann 96
Wiens 211
von Wilamowitz-Möllendorff 26, 169
Wildhaber 42
Wilken 27

Williams C.K. 99
Willoughby 130
Wilson S. 82
Windisch 241, 242
Winkler 281, 310
Winterbottom 315
Wissowa 26, 271
Witt 187
Wittenburg 87
Wlosok 193
Wobbermin 211
Wolter 217, 226, 227, 232
Wormell 251
Wortmann 298, 301, 303
Wünsch 218, 219, 298

Youtie 198

Zeller 28, 130, 211, 213, 218, 241
Ziebarth 82
Ziegler 182, 323
Ziehen 131
Zuntz 167, 168, 174, 175, 176

349

小河　陽〔監訳、序論・第Ⅰ章翻訳担当〕

1944年岡山県生まれ。1967年国際基督教大学教養学部人文科学科卒業。1969年東京大学人文科学研究科修士課程修了。1970–73年東京大学助手。1975年ストラスブール第二大学プロテスタント神学部博士課程修了（宗教学博士）。1989–91年弘前学院大学文学部教授。1991–2010年立教大学文学部キリスト教学科教授。現在、関東学院大学教授（2010年～）、学院長（2014年～）。

著書　『イエスの言葉　その編集史的考察』（教文館、1978年）、『マタイ福音書神学の研究　その歴史批評的考察』（教文館、1984年）、『マタイによる福音書　旧約の完成者イエス』（日本キリスト教団出版局、1996年）、『新共同訳 旧約聖書注解Ⅲ・続編注解』（日本キリスト教団出版局、1993年、共著）他。

訳書　コンツェルマン『異教徒・ユダヤ教徒・キリスト教徒　ヘレニズム–ローマ時代の文献に現れる論争』（新地書房、1990年）、コンツェルマン『新約聖書神学概論』（新教出版社、1974年、共訳）、ローゼ『新約聖書神学概説』（日本キリスト教団出版局、1982年）、ヘンゲル『神の子　キリスト成立の課程』（山本書店、1988年）、ウォールバンク『ヘレニズム世界』（教文館、1988年）、ルツ『EKK新約聖書註解　マタイによる福音書Ⅰ–Ⅳ』（教文館、1990–2009年）、『新約聖書Ⅴ　パウロの名による書簡・公同書簡・ヨハネの黙示録』（岩波書店、1996年、共訳）、ボウカム『ヨハネ黙示録の神学』（新教出版社、2001年）、ピーターズ、ラッセル、ヴェルカー『死者の復活　神学的・科学的論考集』（日本キリスト教団出版局、2016年）他。

吉田　忍〔第Ⅱ章翻訳担当〕

岩手県出身。弘前大学人文学部卒業。立教大学大学院文学研究科組織神学専攻博士課程前期課程修了。同大学院文学研究科博士課程後期課程満期退学。農村伝道神学校、無教会研修所、関東神学ゼミナールなどで非常勤講師。

山野貴彦〔第Ⅲ章翻訳担当〕

1976年東京生まれ。2002年立教大学大学院文学研究科組織神学専攻博士課程前期課程修了、2002–07年立教大学大学院文学研究科博士課程後期課程所属、2007–13年テュービンゲン大学プロテスタント神学部所属、2015年より聖公会神学院、日本聖書神学校、農村伝道神学校にて新約聖書学分野の講義を担当。論文に「新約時代におけるパレスチナのシナゴーグ」(『月本昭男先生退職記念献呈論文集第2巻　考古学からみた聖書の世界』長谷川修一編、聖公会出版、2014年)、訳書に『古代のシナゴーグ』(F. G. ヒュッテンマイスター／H. ブレードホルン著、教文館、2012年) 他。

H.-J. クラウク
初期キリスト教の宗教的背景
古代ギリシア・ローマの宗教世界　上巻

2017 年 3 月 25 日　初版発行　Ⓒ 小河陽、吉田忍、山野貴彦 2017

監訳者　小河　陽
訳　者　吉田　忍、山野貴彦
発　行　日本キリスト教団出版局

〒 169-0051　東京都新宿区西早稲田 2-3-18
電話・営業 03（3204）0422、編集 03（3204）0424
http://bp-uccj.jp

印刷・製本　精興社

ISBN 978-4-8184-0968-2　C3016　日キ販
Printed in Japan

日本キリスト教団出版局

神学は語る
パウロの教会はどう理解されたか
リチャード S. アスコー：著
村山盛葦：訳

初代教会は、同時代の人々に、どのような共同体として理解されたか。シナゴーグ、哲学学派、古代密儀宗教、任意団体の四つのモデルについて検討する。

A5判 178頁 2,400円

新約聖書解釈の手引き
浅野淳博、伊東寿泰、須藤伊知郎、
辻 学、中野 実、廣石 望、
前川 裕、村山由美：著

歴史的・批判的研究、社会史的研究、さらに物語批評や正典批評など、新約聖書を解釈するための方法論を解説し、それを具体的に用いて聖書を読む適用例を紹介する。

A5判 338頁 3,200円

キリスト教徒が生きたローマ帝国
松本宣郎：著

新興宗教の信者として白眼視されながらも、ローマ帝国社会に溶け込み、信仰生活をおくっていた初期キリスト教徒の実態をひもとき、ついにはキリスト教国化に至るその謎に迫る。　四六判 292頁 2,400円

〈オンデマンド版〉
ユダヤ教とヘレニズム
M. ヘンゲル：著
長窪専三：訳

中間時代のユダヤ教の発展と、ヘレニズムとの出会いを探求。原始キリスト教がどのような環境から生まれたか、その社会的・宗教的背景を解明する。

A5判 954頁 16,000円

〈オンデマンド版〉NTD補遺1
新約聖書の周辺世界
E. ローゼ：著
加山宏路、加山久夫：訳

言語化された「時」の福音は、まさに終わろうとする古代世界の極めて多彩な光の中にあった。当時の時代背景を正確に把握し、今日の聖書理解に寄与する。

B6判 382頁 4,800円

〈オンデマンド版〉
新約聖書とローマ法・ローマ社会
A. N. シャーウィン・ホワイト：著
保坂高殿：訳

イエス及びパウロを裁いた、ローマ帝国の法制度、行政機構を明らかにし、新約聖書の時代背景をローマ史研究の立場から浮き彫りにする。

A5判 296頁 4,500円

価格は本体価格。重版の際に変わることがあります。
オンデマンド版書籍のご注文は出版局営業課（電話 03-3204-0422）までお願いいたします。